AC/DC
ROCK'N'ROLL AO MÁXIMO
A HISTÓRIA DEFINITIVA DA MAIOR BANDA DE ROCK DO MUNDO

**MURRAY ENGLEHEART e
ARNAUD DURIEUX**

AC/DC
ROCK'N'ROLL AO MÁXIMO
A HISTÓRIA DEFINITIVA DA MAIOR BANDA DE ROCK DO MUNDO

Tradução:
Neuza Paranhos e Soraya Borges de Freitas

Publicado originalmente em inglês sob o titulo *AC/DC – Maximum Rock & Roll*, em Sydney, Austrália, por HarperCollins Publishers Australia PTY Limited em 2006.
Esta edição em língua portuguesa é publicada por contrato com HarperCollins Australia PTY Limited.
© 2006, 2008, Murray Engleheart e Arnaud Durieux.
Direitos de edição e tradução para todos os países de língua portuguesa.
Tradução autorizada do inglês.
© 2016, Madras Editora Ltda.

Editor:
Wagner Veneziani Costa

Produção e Capa:
Equipe Técnica Madras

Tradução:
Neuza Paranhos e Soraya Borges de Freitas

Revisão de Tradução:
Cristian Clemente

Revisão:
Silvia Massimini Felix
Tatiana B. Malheiro
Mary Ferrarini

Dados Internacionais de Catalogação na Publicação (CIP)
(Câmara Brasileira do Livro, SP, Brasil)

Engleheart, Murray
AC/DC rock'n'roll ao máximo: a história definitiva da maior banda de rock do mundo/Murray Engleheart e Arnaud Durieux; tradução Neuza Paranhos e Soraya Borges de Freitas. – São Paulo: Madras, 2016.
Título original: AC/DC maximum rock&roll
ISBN 978-85-370-0738-9

1. AC/DC (Grupo de rock) 2. Músicos de rock – Austrália – Biografia I. Durieux, Arnaud. II. Título.

11-12953   CDD-782.42166092

Índices para catálogo sistemático:
1. Músicos de rock: Biografia e obra 782.42166092

É proibida a reprodução total ou parcial desta obra, de qualquer forma ou por qualquer meio eletrônico, mecânico, inclusive por meio de processos xerográficos, incluindo ainda o uso da internet, sem a permissão expressa da Madras Editora, na pessoa de seu editor (Lei nº 9.610, de 19.2.98).

Todos os direitos desta edição, em língua portuguesa, reservados pela

MADRAS EDITORA LTDA.
Rua Paulo Gonçalves, 88 – Santana
CEP: 02403-020 – São Paulo/SP
Caixa Postal: 12183 – CEP: 02013-970
Tel.: (11) 2281-5555 – Fax: (11) 2959-3090
www.madras.com.br

Em memória de Peter Wells
MURRAY

Para Ascar e Sydney
ARNAUD

Índice

Introdução 9
Capítulo 1 Com um Beijo de Glasgow 13
Capítulo 2 O Rei da Guitarra Base 25
Capítulo 3 O Sétimo Filho 35
Capítulo 4 No Início 47
Capítulo 5 Não Poderia Ganhar a Vida como um Louco 65
Capítulo 6 Foi como um Furacão 81
Capítulo 7 Então Você Acha isso Alto? 91
Capítulo 8 *High Voltage* 101
Capítulo 9 *TNT* 115
Capítulo 10 *Dirty Deeds* 131
Capítulo 11 Anarquia no Reino Unido 137
Capítulo 12 Problemas em Casa 155
Capítulo 13 *Let There Be Rock* 167
Capítulo 14 A Terra Prometida 187
Capítulo 15 *Powerage* 207
Capítulo 16 *Highway To Hell* 229

Capítulo 17 Perto demais do Sol 255
Capítulo 18 Ele Não Era o Cara Mais Ambicioso 271
Capítulo 19 *Back In Black* 287
Capítulo 20 *For Those About To Rock* 313
Capítulo 21 *Flick Of The Switch* 323
Capítulo 23 *Fly On The Wall* 333
Capítulo 22 *Blow Up Your Video* 341
Capítulo 24 *The Razors Edge* 349
Capítulo 25 *Ballbreaker* 365
Capítulo 26 *Stiff Upper Lip* 379
Capítulo 27 Nenhum Lugar Específico para Ir 395
Discografia 405
Agradecimentos 415
Créditos das Fotos 419
Índice Remissivo 421

Introdução

A história é mais ou menos assim. Jerry Lee Lewis sabia que havia um problema. Por razões que jamais em sua vida pôde entender, quem quer que estivesse sentado nos camarotes do teatro chamava mais atenção do que ele.

"O Matador" aguentou esse desrespeito pelo tempo que pôde e então saiu do palco com raiva, fitando a plateia com um olhar assassino. Ninguém ficou mais desapontado que o mais famoso casal de celebridades: John Lennon e Yoko Ono. Eles foram até o camarim de Lewis. O ex-Beatle queria restabelecer a ordem e o respeito. Ajoelhou-se em posição de adoração diante de seu ídolo e disse: "Jerry Lee Lewis, o verdadeiro rei do rock'n'roll!".

Nos últimos 30 anos, Malcolm Young e seu irmão guitarrista e colegial louco, Angus, prestam esse mesmo tipo de homenagem a Jerry Lee e a outros, como Chuck Berry, Little Richard e Fats Domino, sempre por meio de um equipamento de som monstruosamente alto.

Com esse som e vendas de bem mais de 150 milhões de álbuns, o AC/DC ajudou a celebrar encontros sexuais, bebedeiras, brigas, casamentos, nascimentos, funerais, carros novos e novas tatuagens de milhões de pessoas de Bruxelas a Brisbane, de Montreal a Manchester e arredores.

Isso faz do AC/DC não apenas uma banda de rock, mas uma instituição global.

Desde o começo, o AC/DC consistiu nesse elo musical quase mediúnico entre Malcolm e Angus, na tenacidade, na autoconfiança e na precisão suíça de tempo e ritmo compartilhada por ambos.

Enquanto sua marca registrada é um interminável catálogo de *riffs* de guitarra incríveis, que a banda desenvolveu primeiro com Bon Scott e poliu com Brian Johnson, são os espaços, os momentos para tomar fôlego, se você preferir, entre esses acordes que se tornaram sua assinatura.

Como Steve Marriott, do Small Faces e do Humble Pie, uma vez disse ao guitarrista Chris Turner, mais tarde do Rose Tattoo: "São os espaços que matam a pau".

Assim é também com o AC/DC que, surpreendentemente, queria no começo chamar-se The Younger Brothers – inspirado pelos fora da lei do Velho Oeste, que durante algum tempo acompanharam Jesse James –, só para descobrir que o nome já tinha sido registrado pela Turner.

Qual é seu elixir secreto? O que lhes permitiu elevar o rock'n'roll a uma forma de arte tão ilusoriamente simples e absolutamente pura, de modo que elementos adicionais, conservadores e modas musicais de qualquer época simplesmente não afetassem a banda?

Como eles continuaram enquanto outros ficaram pelo caminho? Como conseguiram olhar com desprezo os corpos de seus muitos detratores serem engolidos pelo passado?

O que é realmente difícil de compreender é que os Irmãos Young simplesmente não fingem nem querem fazê-lo. O resultado seria quase como descobrir que o cara insignificante de todos os dias do ônibus, com suas roupas que mal lhe cabem e seus óculos de lentes grossas, era, na verdade, um campeão de boxe adorado pelas mulheres.

Crianças recebem nomes em homenagem à banda e ninguém foi mais bem-sucedido que o garoto registrado oficialmente como Angus Malcolm George (o irmão mais velho, ex-membro dos Easybeats e mentor do AC/DC), com Bon para completar uma certidão de nascimento de dar cãibra.

E há também a *stripper* dinamarquesa que só trabalha ao som da música do AC/DC; o fã de Melbourne que se livrou do alcoolismo andando por uma semana com fones de ouvido enquanto ouvia o álbum *Powerage* a todo volume; e ainda a estação de rádio de Los Angeles que uma vez teve um segmento chamado de hora da transa do AC/DC, em homenagem ao casal que sempre telefonava para dizer ao som de qual música da banda tinham acabado de fazer sexo.

Dizem que até mesmo no túmulo de Jim Morrison, do The Doors, os nomes de cada membro da clássica banda liderada por Bon Scott foram gravados.

Este livro trata da jornada do AC/DC, desde a influência crucial dos Easybeats, passando pelos dias lendários de Bon e sua morte em

Introdução

fevereiro de 1980, pela convocação de Brian Johnson, pelo álbum fundamental *Back In Black* e pelo enorme sucesso e respeito que a banda continua a atrair até hoje.

Originalmente, este projeto foi realizado em uma tentativa de oferecer uma visão detalhada do AC/DC. Mas, no processo, descobrimos uma necessidade muito maior deste livro do que imaginávamos.

Embora o AC/DC não dê muitas entrevistas, quando as dá, os jornalistas quase invariavelmente fazem a eles as mesmas perguntas incontáveis vezes desde que a banda começou.

Sim, é verdade que o AC/DC não aparece muito para entrevistas, mas os membros da banda se mostram mais do que felizes (entre infindáveis piadas, é claro) em falar abertamente quando a pergunta certa é feita. A verdade é que os entrevistadores raramente conseguem atingir esse patamar.

O resultado é que, com notáveis exceções, como a de Christie Eliezer, da Austrália, é bem possível listar centenas de entrevistas do AC/DC para ficar com duas realmente boas.

Em certo sentido, essa falta de profundidade na história midiática da banda tornou nosso trabalho um pouco mais difícil, mas ao mesmo tempo mais válido e iluminado pela necessidade do que tentávamos fazer.

Quanto aos membros do AC/DC, basta dizer que o mundo é um lugar delicadamente equilibrado e mexer na equação poderia trazer arriscadas consequências sociais, ambientais e em qualquer outro nível que você possa imaginar.

Tente, apenas por um momento, pensar na vida sem eles.

Murray Engleheart
Arnaud Durieux

Por volta de 1962-63:
Angus com o "Rei de Carnaby Street", o estilista John Stephen, em sua loja Lord John, em Londres.

Capítulo 1

Com um Beijo de Glasgow

O calor excruciante do verão daquele ano, na metade de 1960, em North Queensland, a última fronteira selvagem da Austrália no extremo norte, tal qual o extremo sul dos Estados Unidos, já era castigo suficiente. Mas a atitude da população local representava para os Easybeats e seus companheiros de turnê, os Purple Hearts, um perigo muito maior do que uma insolação. Ninguém gostava de estranhos nesses lugares, muito menos com aquela aparência. Alguma coisa estava para acontecer e acabou acontecendo em Cairns, enquanto Barry Lyde, guitarrista dos Hearts, mais conhecido como Lobby Loyd, esperava por um hambúrguer. Um idoso local, irritado com o comprimento do cabelo de Loyd, avançou sobre ele e colocou uma faca em sua garganta. Por sorte, George Young e Harry Vanda, dos Easybeats, estavam por perto.

Lobby Loyd: "George deu um jeito no safado. Ele tem meio metro de altura mas, cara, não fique no caminho dele, George é um matador! Ele só apareceu e 'Bum!' e Harry disse: 'Não levanta daí!', coisa que ele não fez. Harry também era bom de porrada."

O jeito de George bater antes e perguntar depois era uma reação instintiva dos tempos em que cresceu nas ruas de Cranhill, Glasgow.

Cranhill passou a existir nos anos 1950, quando o governo decidiu forçar pessoas a sair dos cortiços no centro de Glasgow para uma área ao leste. O sistema de moradias era baseado em um bem-sucedido projeto semelhante no sul da Alemanha, mas na periferia de Glasgow não poderia ter fracassado mais. O empreendimento tornou-se uma bomba-relógio social, agravada por não ser visível e ser impensável até se tornar realidade. Por volta dos anos 1960, gangues armadas de navalhas surgiram nas ruas.

Nesse ambiente, William Young (nascido em 1910) e sua mulher, Margaret (nascida em 1915), criaram oito filhos: Steven (1933), Margaret (1936), John (1938), Alex (1939), William (1941), George (1946), Malcolm (1953) e Angus (1955).

A produção de aço e a construção de navios eram as principais indústrias da cidade, mas o trabalho estava difícil e a situação começou a pesar demais para William, um pintor que fora mecânico da Força Aérea durante a Segunda Guerra Mundial. A música era uma distração sempre presente. Margaret, a reverenciada única irmã entre sete irmãos, agia como uma evangelizadora para todos os tipos de blues, jazz, como o glorioso e livre Louis Amstrong, R&B e os primeiros discos de rock'n'roll de Fats Domino, Little Richard e Chuck Berry. Não demorou muito para vários membros da família começarem a tocar vários tipos de instrumentos, desde violão, piano e saxofone até acordeão e clarineta. John e Alex escolheram primeiro o violão, enquanto Stevie deu duro para aprender acordeão.

No começo dos anos 1960, Alex levou esse conhecimento para o mundo e conseguiu um emprego fixo na Alemanha tocando saxofone e baixo com Tony Sheridan, cuja banda anterior não fora nada menos que os então desconhecidos Beatles. A decisão de Alex em ganhar a vida com a música estimulou dramaticamente os sonhos de George, que se mostrava um talento promissor no campo do futebol. Os Youngs eram, é claro, fãs de futebol e torciam para o Glasgow Rangers, que por coincidência, nos anos 1950, se orgulhava de ter um zagueiro chamado George Young. Em 1961, o Rangers tornou-se o primeiro time escocês a chegar à final europeia, apenas para ser goleado por quatro a um.

Ao longo da década, porém, o clube continuou a acumular troféus em solo pátrio, o que incluiu a vitória no campeonato escocês e na Copa da Inglaterra, em 1964.

Nessa época os Youngs estavam do outro lado do mundo, depois de se mudarem para Sydney, em 1963, pelo pacote de imigração de dez libras do governo australiano. Talvez em Sydney, Angus, com 8 anos, conseguiria livrar-se de ser atropelado pela segunda vez, como já havia acontecido nas ruas de Cranhill. Deixou sua marca na Austrália assim que chegou, decorando o chão do aeroporto com o que tinha no estômago. Apesar da reputação de terra ensolarada, choveu muito durante as seis primeiras semanas seguintes à chegada da família à Austrália. Para piorar as coisas, os Youngs tiveram de dividir sua moradia básica nos alojamentos do albergue Villawood Migrant, nos subúrbios a oeste da cidade, com cobras e lagartos locais desesperados para encontrar lugares secos. Todos morriam de saudades de casa e, certa noite, William e Margaret caíram no choro. Daí em diante, os laços já fortes que uniam a família estreitaram-se ainda mais, e eles resolveram fazer de sua mudança uma empreitada bem-sucedida.

William teve mais uma dor de cabeça. Sem considerar a melhoria de possibilidades de emprego, ele esperava que a imigração ajudasse a acabar com as aspirações musicais de alguns membros da família. Apesar de ser uma atitude compreensível, foi um grande erro de cálculo. O rock'n'roll já estava bem enraizado na Austrália na época em que os Youngs chegaram. O ponto de partida foi em 1955, com o filme dos "rebeldes sem causa", *Sementes da Violência*, e sua trilha sonora com "Rock Around The Clock", de Bill Haley and The Comets, transformando os cinemas normalmente sonolentos em verdadeiros salões de baile. E então vieram os astros de rock em pessoa.

Em janeiro de 1957, Haley esteve no país. Em outubro, foi a vez de Eddie Cochran, Gene Vincent e Little Richard; na mesma época, a música de Elvis Presley chegava à Austrália. E a turnê de janeiro de 1958 com Jerry Lee Lewis, Buddy Holly e os Crickets incendiou ainda mais o país. Não contente com a apresentação alucinante como de costume, Little Richard também fez história. Durante seu voo para a Austrália, o cantor – muito espiritual – sentia que o avião era mantido no ar por anjos. Depois, quando o satélite russo Sputnik apareceu à noite no céu sobre o Estádio de Sydney, ele acreditou tratar-se de um sinal de Deus. Em resposta, ele anunciou sua aposentadoria do rock'n'roll e o começo de sua vida a serviço de Deus. O grande anel que ele atirou no Porto de Sydney no dia seguinte, para demonstrar o tamanho de sua fé, ainda está por lá, nas profundezas escuras do oceano.

Tudo isso, mais o contingente australiano de roqueiros liderados pelo superpopular Johnny O'Keefe, transformou-se no pior pesadelo de William Young. Nada disso passou despercebido por George, que com quase 18 anos começou a tocar rock'n'roll no violão, demonstrando um bom ouvido. Então os Beatles chegaram em junho de 1964 e tudo mudou de novo.

Para George, a acomodação da família trouxe mais promessas e possibilidades do que para o restante. O fato de ele ter idade suficiente para aventurar-se fora de casa sozinho era uma grande vantagem, e ele não perdeu tempo em fazer contatos musicais de todo tipo no bairro. Havia um salão comunitário e um refeitório no albergue, de modo que reunir pessoas era fácil. Mas foi na lavanderia que a música começou. George logo se enturmou com dois jovens holandeses, Dingeman Vandersluys (um baixista conhecido como Dick Diamonde) e um morador do albergue, Johannes Vandenberg (Harry Vanda, guitarrista), e com o inglês Stevie Wright (vocalista), que estava no meio da adolescência e morava na região de Villawood. O encontro inicial de George e Wright foi mais um confronto do que uma conversa cordial, porque Wright confundiu George com o irmão de alguém com quem brigara recentemente. George negou que tivesse alguma coisa a ver com a história, embora pudesse garantir-se facilmente, caso Wright, mais franzino, fosse tolo o suficiente para continuar a discussão.

As primeiras apresentações da banda tiveram recepção morna do público no albergue, como parte de eventos chamados jocosamente de apresentações "Wogs and Rockers" ["mestiços e roqueiros"] por causa das diversas nacionalidades dos participantes. Tudo de que precisavam era um baterista fixo, posto finalmente preenchido por outro inglês, Gordon "Snowy" Fleet, oito anos mais velho que alguns membros da banda.

Quando a família Young conseguiu andar com os próprios pés, mudaram-se para Burwood, uma região melhor, mais perto da cidade e servida pela principal linha de trem, com empregos mais atrativos e escolas melhores. Nessa época, Wright, que desenvolveu um forte laço com George, foi viver com a família.

Stevie Wright: "Amci me perder no meio do clã dos Youngs, estar com eles, que dividiram seu amor comigo. As primeiras músicas dos Easybeats foram escritas nessa atmosfera."

A mudança ampliou o território da banda, e com a ajuda do empresário Allan Kissick eles fizeram algumas apresentações na cidade. Desde então, embora com som alto demais e cabelos muito compridos para alguns, como marinheiros aportados na cidade, eles logo explodiram com a simples ideia entusiasmante de fazer o que os Beatles e os Kinks faziam.

Em poucos meses, Mike Vaughan apareceu com uma oferta para empresariá-los, aceita sem que eles soubessem de que se tratava, na verdade, de um ótimo negócio. Vaughan conhecia o aspirante a produtor Ted Albert da J. Albert and Son, filho de Alexis Albert, o respeitado e amigo querido da alta sociedade local e internacional, sagrado cavaleiro em 1972. A família era dona da Commonwealth Broadcasting, da qual a rádio 2UW de Sydney fazia parte. A sede da Albert ficava na rua King Street, no coração do distrito de negócios de Sydney, e era comandada pelos editores musicais de maior sucesso da Austrália. Diziam que havia poucos, se é que os havia, ouvidos mais importantes no país do que os de Ted Albert. Dias depois de uma apresentação privada no Teatro 2UW, Albert levou os Easybeats ao estúdio sob sua direção.

A Albert Productions lançou o primeiro *single* de Stevie Wright e George Young, "For My Woman", em março de 1965 e obteve pouco retorno. Mas um segundo *single* de Wright e Young, lançado em maio, "She's So Fine", agarrou logo o primeiro lugar pelo colarinho e não soltou mais.

As rádios de Melbourne, no entanto, demoraram um pouco para se deixar levar pelo charme da banda, que então fez uma apresentação para as emissoras da cidade. Os problemas começaram quando trabalhadores locais começaram a insultar a banda por conta de sua aparência, sem imaginar que brincavam com fogo.

Stevie Wright: "Uns bêbados nos chamaram de 'bicha' e então alguém me socou nas costas. Fui até os caras e disse: 'Acabei de tomar uma porrada!'. George ficou puto com o que aconteceu. Tentamos nos aproximar para acalmá-los e eles começaram a brigar. Então, George chutou um deles entre as pernas e o derrubou."

A música não era o único traço em comum dos Easybeats com os famosos e instáveis The Kinks e The Who. Mas, apesar do incidente, Melbourne abriu seus braços para a banda. De fato, como o resto do país, rapidamente sucumbiu à 'febre Easy'.

A experiência de ter "She's So Fine" na posição número um das paradas nacionais – um frenesi em tempos de beatlemania – acabaria ajudando a moldar a visão dura de George Young sobre a indústria musical.

"Foi onde toda a merda começou", George disse a Glenn A. Baker na *Rolling Stone* australiana em julho de 1976. "Nós não tocávamos mais de verdade, tentávamos apenas satisfazer a demanda... Íamos lá e tocávamos uma meia hora, ninguém conseguia nos ouvir."

Uma apresentação no Festival Hall de Brisbane, em dezembro de 1965, para 5 mil fãs fanáticos, durou um pouco mais que a metade desse tempo antes que a polícia entrasse e encerrasse o show. Do lado de fora, o táxi da banda foi cercado por admiradores empolgados demais, todos prontos para derrubar o que ficasse entre eles e seus ídolos horrorizados. No outro extremo da balança, em uma casa noturna em Bankstown, no sudoeste de Sydney, garotos locais agarraram a banda e tentaram cortar seus cabelos.

O irmão mais novo de George, Angus, ficou frente a frente com as fãs dos Easybeats quando chegou em casa da escola em uma tarde e viu centenas delas cercando o prédio depois de uma revista publicar o endereço. A polícia chegou e bloqueou todos os acessos à casa. Angus, que não desistia fácilmente, deu a volta no quarteirão, pulou a cerca de um vizinho e chegou em casa. O que ele não sabia era que tinha sido seguido. Em segundos, uma multidão aos gritos arrombou a porta e pisoteou o adolescente franzino. Ver a polícia esvaziando a casa foi surreal, e a lembrança e a adrenalina de toda a cena foram inesquecíveis.

A polícia foi exatamente do que os Easys precisaram quando fizeram uma turnê por North Queensland com os Purple Hearts. Mas havia grandes chances de os músicos sentirem-se tão confusos e ameaçados pela presença desses visitantes quanto o público.

Lobby Loyde: "No final de uma apresentação, todos [os membros da banda] estavam na saída dos fundos com pedestais de microfones e *nulla nullas* [espécie de porrete aborígene], entre outras coisas, nas mãos, esperando as portas se abrirem porque metade da cidade estava lá para brigar com a gente, e para chegar até o caminhão que ia nos tirar de lá sempre rolava uma disputa na porta dos fundos. Pense só nisso, cara: é assustador. Mas tinha briga para sair da maioria dos shows."

Singles poderosos continuaram pipocando, como "Wedding Ring", de Vanda e Young, em agosto de 1965. Em setembro, foi a vez de aparecer o álbum *Easy*.

No começo de 1966, com o álbum *It's 2 Easy*, lançado na Austrália em março, os planos eram espalhar a febre Easy nos Estados Unidos. Um acordo foi arranjado com a United Artists, com uma possibilidade de a banda aparecer no influente programa "Ed Sullivan Show". As observações casuais do produtor dos Beatles, George Martin, foram interpretadas pela mídia como praticamente um acordo para deixar os Fab 4 e unir-se aos Easy. Tudo parecia pronto. Até mesmo os Rolling Stones, que fizeram sua segunda visita à Austrália em fevereiro, foram pegos no meio da febre, e Keith Richards expressou sua admiração pela banda. No fim, no entanto, uma viagem a Londres foi considerada uma opção mais conveniente do que os Estados Unidos.

Não muito depois de sua chegada a Londres, em julho de 1966, uma ida ao Marquee Club deixou os Easybeats intimidados: a banda The Move fazia um show de arrebentar (inclusive os tímpanos dos vizinhos). Diante daquele grau de competição, toda a viagem exaustiva partindo do outro lado do planeta, de repente, pareceu uma grande futilidade. Apesar disso, os Easybeats começaram a trabalhar com Ted Albert no Abbey Road Studios só para ter o produtor Shel Talmy, recrutado pela United Artists e que trabalhou com The Who e The Kinks.

As sessões posteriores, que incluiriam Nicky Hopkins, pianista e logo em seguida parceiro dos Stones, não tiveram um começo fantástico. Uma ida da banda ao cinema uma tarde mudou tudo. Um curta antes do filme principal sobre o grupo francês de doo-wop The Swingle Singers deu a George e Harry a ideia para o *riff* e os *backing vocals* do que seria "Friday On My Mind".

Enquanto isso, na Austrália, "Sorry", de Stevie Wright e George Young, foi lançada em outubro. Com isso foi revelado ao público algo que muitos na indústria já sabiam: George era um ótimo guitarrista base.

Lobby Loyde: "Não importa o que digam sobre o surgimento daquela maneira de tocar guitarra base: era George que fazia a diferença. Era um estilo como nenhum outro no mundo. Ele tocava demais. Era como se aquele ritmo se fixasse no centro da batida. George sempre soube disso. O ritmo estava bem na sua frente. Não era um ritmozinho qualquer. George sempre foi o motor central, cara. Levava o resto da banda como um reboque."

A mais suave "Friday On My Mind" foi lançada em outubro de 1966 na Inglaterra, em novembro de 1966 na Austrália, com o álbum *Volume 3*, e em maio de 1967 nos Estados Unidos. Tornou-se um grande sucesso internacional.

Para Harry Vanda, a música foi um ato de genialidade apenas do ponto de vista de um guitarrista.

Harry Vanda: "Acho que a única coisa realmente inteligente que fizemos foi o *riff* de 'Friday On My Mind'. Soa como uma guitarra, mas são duas. Muita gente diz: 'Como vocês conseguem ir para baixo e para cima?'. Um guitarrista toca uma parte do *riff* e continua, e o outro desce na escala. Mas soa como uma guitarra só. Então as pessoas ficam perguntando como fizemos isso. É segredo."

"Friday On My Mind" foi tocada ao vivo, pela primeira vez, no que também foi a estreia inglesa da banda no Teatro Saville, de Brian Epstein, empresário dos Beatles, em 13 de novembro de 1966, em circunstâncias que foram tudo, menos tranquilas.

"Demos uma olhada no público e vimos os Rolling Stones e os Beatles na primeira fila", Vanda disse à Christie Eliezer, da revista *Beat*, "ficamos apavorados!"

Apesar de "Friday On My Mind" ter sido a joia de Vanda e Young, continuar compondo tornou-se uma tarefa quase impossível. Uma turnê europeia com os Rolling Stones em março de 1967 liberou a pressão, mesmo com as bandas se encontrando no aeroporto em Viena com 13 mil fãs e 500 policiais da tropa de choque.

De volta à Austrália em maio, quando o álbum *Good Friday* era lançado na Europa e o álbum *Friday On My Mind*, nos Estados Unidos, ficava claro que a febre Easy não diminuíra nem um pouco. No fim da turnê e logo antes da primeira ida da banda aos Estados Unidos, o baterista Snowy Fleet resolveu sair da banda e, com sua volta a Londres, Tony Cahill, ex-baterista dos Purple Hearts, entrou no seu lugar.

A estreia de Cahill foi um batismo de fogo na Escócia, onde logo se confirmou mais uma vez que a banda só era fácil no nome. Graças aos solos de guitarra muito longos, George e Harry resolveram tomar para si os problemas do público e aventuraram-se pessoalmente a resolver quaisquer rixas na multidão.

Por sua vez, a turnê americana, em agosto de 1967, foi bem mais tranquila, ainda que a condição de celebridade da banda estivesse em alta. No Max's Kansas City, o futuro bebedouro seminal de bandas punk de Nova York, o *single* "Falling Off The Edge Of The World" teve a honra de conseguir um lugar nas jukeboxes e era sempre tocado por um enfeitiçado Lou Reed, ao passo que o patrono Andy Warhol quis conhecer a banda.

Enquanto isso, a busca por algo tão bom quanto "Friday On My Mind" continuava. Para George, era uma busca frustrante. Para a banda, mergulhar em toda uma gama de outros estilos durante o processo, incluindo grandes baladas, era enervante.

"Do nosso ponto de vista foi um erro clássico", George disse a Glenn A. Baker na *Rolling Stone*. "Éramos uma banda de rock'n'roll, e o que uma banda de rock tinha a ver com aquela cafonice sentimentalista toda?"

As coisas começaram a ficar difíceis e os rachas surgiram. A situação dos Easybeats, sem mencionar a cultura das drogas que na época predominava cada vez mais na indústria da música, não passou despercebida à família Young, de volta a Sydney. Para William, era hora de George encontrar um emprego mais estável, com pagamentos semanais regulares. O pai também passou a pensar mais na ideia de que seus filhos mais novos, Malcolm e Angus, deveriam fazer outra coisa na vida que não a música.

Após o lançamento do álbum *Vigil* na Austrália e na Europa, e do álbum *Falling Off The Edge Of The World* nos Estados Unidos, em junho de 1968, os Easybeats acertaram o passo novamente com "Good Times", lançada na Austrália em julho, e em setembro nos Estados Unidos e no Reino Unido. Foi nessa fase que a amizade com o gurpo The Small Faces aconteceu, com a inconfundível voz estridente de Steve Marriot marcando presença em *backing vocals*. Circula uma história de que quando Paul McCartney ouviu pela primeira vez "Good Times", parou o carro perto do primeiro telefone para ligar à BBC e pedir para tocar de novo.

Nessa época, o irmão de George, Alex, trabalhava como compositor na editora da gravadora dos Beatles, Apple, em Londres, e foi recrutado para fazer parte de uma banda da Apple criada para ocupar o espaço pop deixado pelos Beatles. John Lennon deu a ideia de chamar o projeto de Grapefruit, no qual Alex era conhecido como George Alexander, em homenagem a um livro de Yoko Ono. As ligações com os Beatles não paravam aí. A presença de Lennon, McCartney e Ringo Starr junto a Brian Jones, dos Rolling Stones, elevou a função de revelar oficialmente a banda a um nível que a maioria jamais sonhou. Acredita-se que as digitais de Lennon estivessem também no terceiro *single* da banda, "C'mon Marianne", junto às de McCartney na produção do álbum de estreia, *Around Grapefruit*.

A sorte de George não andava tão boa. Seu desencanto com a indústria musical dobrava de tamanho a cada semana e ouvir ska em casas noturnas londrinas, como o Bag O'Nails, era uma rara diversão prazerosa. A banda ainda tinha sua magia, como prova o *single* "St Louis", de 1969, mas seria o último momento forte de uma banda que já mal funcionava como uma unidade. Uma notícia vinda tarde demais dizia que Brian Epstein mostrara interesse em empresariar os Easybeats, uma situação que teria mais que provavelmente alterado o destino da banda e agora soava como uma piada cruel.

Depois do lançamento mundial, em agosto, do álbum *Friends*, que era essencialmente uma coletânea de demos de Vanda e Young de posse da Polydor Records, uma turnê rapidamente organizada em setembro pela Austrália viu a banda despojada, com o pé no chão, no estilo *jeans* e camiseta. A resposta geral foi forte, mas estava longe da febre Easy de apenas dois anos antes. Apesar disso, os Easys fizeram alguns shows efervecentes que, na época em que chegaram a Sydney, na segunda metade de outubro, incluiu os velhos amigos e uma banda de apoio, The Valentines, com seus dois vocalistas, Vince Lovegrove e Bon Scott. Ironicamente, Scott movia-se no palco como Wright, seu ídolo, jamais fizera.

Quando a turnê acabou, os Easybeats pediram um tempo e George e Harry ficaram com um rombo financeiro estimado em 85 mil dólares. Por conta disso, não deixou de ser engraçado deparar-se com certos procedimentos, como um *single* lançado por dois selos diferentes no Canadá e outras gravações vendidas exclusivamente a vários outros. Além disso, como foi descoberto depois, o disco de ouro pelas vendas de "Friday On My Mind", pendurado com orgulho na parede da sala de estar da família Young, foi, na verdade, pelo *single* "Sorry".

George e Harry voltaram a Londres em 1970, onde mergulhariam no mundo secreto das gravadoras, mundo que achavam tão fascinante. Ao longo dos anos seguintes, ambos forjaram uma formidável identidade conjunta, oculta por uma série de disfarces. Entre eles, as bandas Tramp e Moondance (1970), Paintbox (1970-71), e o último *single* do Grapefruit com Alex Young, em 1971, e Haffy's Whisky Sour, também em 1971, ambos lançados com vários graus de sucesso no Reino Unido e na Europa.

A dupla encerrou sua estada no Reino Unido em 1972, com um projeto descompromissado ao lado do ex-baixista da banda Pretty Things, Alan "Wally" Waller (Wally Allen). O projeto foi chamado de Marcus Hook Roll Band. A "banda" era ideia de Waller, encarregado das bebidas durante as sessões no Abbey Road Studios. Mas depois de gravar dois *singles*, "Natural Man", em agosto de 1972, e "Lousiana Lady", em fevereiro de 1973, o grupo perdeu força.

Quando George, em janeiro de 1973, e Harry, mais tarde naquele mesmo ano, voltaram à Austrália, foram surpreendidos ao saberem que o projeto despertara grande interesse nos Estados Unidos, onde "Natural Man" fora lançado. Depois de tudo o que passaram com os Easybeats, eles não sabiam se riam ou choravam, mas decidiram terminar o que começaram em Londres. Com Waller novamente no comando do fornecimento de líquidos, a equipe do estúdio em Sydney aumentou, incluindo o irmão de George, Malcolm, na guitarra, embora Angus também estivesse à mão.

Harry Vanda: "Malcolm entrou nessa porque era apenas eu tocando guitarra e George no baixo. Então pensamos que precisávamos de um baterista e outro guitarrista. Eu cantei alguma coisa, assim como George."

Eles passaram um mês nos estúdios da EMI em Sydney com o engenheiro Richard Lush, um inglês que chegara à Austrália poucos meses antes, com credenciais impressionantes, que incluíam ser o segundo engenheiro do álgum Sgt Pepper, dos Beatles. Lush ficou atônito com as habilidades de Malcolm e Angus.

Richard Lush: "Estava surpreso com tanto talento em pessoas tão jovens, porque eles eram uns garotinhos. Pensei: 'Uau! Isso é fora de série, é incrível!'. Principalmente Angus."

O resultado foi o álbum de 1973 *Tales Of Old Grand-Daddy*, lançado inicialmente apenas na Austrália, mas que, para variar, veio com um problema. Para desgosto de George, a capa original mostrava um homem velho em uma cadeira de balanço, enquanto a verdadeira origem do nome era o *bourbon* Old Grand-Dad [velho avô] – uma homenagem mais que clara ao combustível noturno das sessões de gravação. Só para irritar mais, apesar do fato de que fora o interesse manifestado pelos americanos que fizera com que completassem o projeto, os resultados não veriam a luz do dia nos Estados Unidos por seis anos. Era o ciclo de azar do Easybeats de novo em ação. George estava inflexível sobre a ideia de que seus irmãos nunca fariam uma jornada semelhante, mas também tinha sábias esperanças no futuro.

"Um dia", disse em uma revista, "vai aparecer uma banda com a mesma relevância para a sociedade contemporânea que Dylan teve nos anos 1960. Essa banda vai explodir."

1971
Malcolm no Velvet Underground.

Capítulo 2

O Rei da Guitarra Base

Malcolm Young nasceu em 6 de janeiro de 1953, mesmo ano em que Elvis Presley saiu do calor escaldante e atravessou as portas da Memphis Recording Service para fazer suas primeiras gravações históricas. Fazia sentido que logo Malcolm estivesse tocando junto com discos de Elvis e dos Beatles, quando estes surgiram.

O primeiro violão de Malcolm foi um dos dois violões acústicos baratos que sua mãe comprou para ele e para Angus. Esses instrumentos tinham a dupla função de manter a paz e distrair os irmãos impetuosos. O surf rock instrumental da época esteve entre seus primeiros alvos. As mãos pequenas e o alcance limitado dos dedos de Malcolm no braço do instrumento o forçaram a tocar com uma afinação aberta.

A música, no começo, era apenas um interesse, não uma paixão avassaladora e obsessiva. Assim como George, Malcolm era um talentoso jogador de futebol e tinha uma ideia muito clara de uma carreira no esporte. Mas aos 13 ou 14 anos, o crescimento atingiu a todos de seu grupo com a mesma idade, à exceção dele. Malcolm continuou franzino e pequeno, por causa, dizem, do encanamento de chumbo de quando a família ainda estava em Glasgow. Quase da noite para o dia, todos os rapazes perto dele ficaram muito mais altos, mais robustos e, o mais importante, mais rápidos com os pés. Para piorar, os amigos de Malcolm pareciam muito mais velhos que ele, portanto tinham mais facilidade, ainda que ilegalmente, para experimentar a cultura dos bares. A aparência infantil de Malcolm não enganaria nem o mais amigável dos proprietários.

Nessa fase, ao mesmo tempo em que o interesse por música na vida de Malcolm ficava mais sério, seu irmão mais velho, George, acreditava cada vez mais em uma queda desenfreada dos Easybeats.

O entusiasmo recém-descoberto do menino de 15 anos praticamente coincidiu com vários momentos cruciais. Em 1968, ele completou o curso secundário no Ashfield Boys High School, o que era como ser libertado de uma prisão semanal, embora ele fizesse algum sucesso com as meninas graças à boa aparência e às habilidades musicais. Ter um irmão mais velho com cabelo comprido, uma característica de *hooligans* naqueles dias, para não mencionar ser um membro importante de uma das maiores bandas de rock'n'roll do mundo, tornou Malcolm um homem marcado e o meteu em uma situação complicada, do ponto de vista de seus professores.

Também foi em 1968 que Harry Vanda deu a Malcolm sua preciosa guitarra Gretsch Jet Firebird, que o serviu tão bem naquele ano. O sucesso internacional dos Easybeats e a empolgação gerada foram poderosos motivadores para Malcolm, e agora ele realmente tinha uma das ferramentas que Harry usou para fazer o trabalho todo.

George abastecia o crescente interesse de Malcolm enquanto estava no exterior, enviando os melhores e mais importantes álbuns e revistas de onde estivesse. O único problema era que esses tesouros eram invariavelmente enviados por frete marítimo, um processo lento e agonizante quando o destino era uma distante Austrália.

A jornada, às vezes, levava vários meses e com mais frequência do que gostaria, apesar do pacote reforçado, as capas de muitos discos, tão míticas e sagradas quanto seus conteúdos, ficavam danificadas.

Mas, mesmo com a demora da entrega, Malcolm ainda estava muitos meses à frente da maioria do repertório das rádios e dos programas de televisão das manhãs de sábado a que, acompanhada de algumas xícaras de chá, a família toda assistia, sempre criticando os artistas que apareciam.

Quando estava na sua casa em Sydney, George tocava baixo em *jam sessions* e berrava com propriedade, avisando sobre mudanças de tempo e de acorde, da melhor forma que conseguia com todo aquele barulho. Ele também improvisava cirurgias nas guitarras, removendo à força cordas que "não eram rock'n'roll". Para George, algumas cordas de guitarra eram tão inúteis quanto ir para uma briga armado com um palito de dentes. Você deveria estar com o equipamento certo para tocar rock'n'roll.

Malcolm completava esse aprendizado caseiro tanto em estilo como em atitude ouvindo repetidas vezes, como método de estudo, o trabalho incandescente de Erick Clapton com o Bluesbreakers de John Mayall, o Fleetwood Mac conduzido por Jeremy "Deltahead" Spencer e Peter Green, e ainda Paul Butterfield e Mike Bloomfield.

Os grandes homens do blues que o inspiraram, como Muddy Waters, assim como figuras do começo do rock'n'roll, como Little Richard, Jerry Lee Lewis e, é claro, Chuck Berry, também faziam parte de sua dieta musical.

Malcolm: "Quando eu era garoto, tudo começou com Chuck Berry. Não dá para esquecer dele. Quer dizer, quase tudo o que ele fez naquele tempo foi maravilhoso."

Mas foram as bandas inglesas que colocaram o blues e o R&B em uma roupagem pop de uns três minutos destinada às rádios que o atingiram no coração.

Malcolm: "A primeira vez que ouvi 'My Generation', do The Who, foi demais. Os Beatles e os Stones estavam no auge e, de repente, esse outro som era mais pesado. Isso mudou tudo para mim. Depois disso, acho que 'Jumping Jack Flash', e posso citar outras duas músicas, 'Honky Tonk Woman'– estas eram apenas *singles* na época – e 'Get Back', dos Beatles. Trata-se do puro rock'n'roll evoluindo, acho."

Ironicamente, a primeira exposição de Malcolm a "My Generation" do The Who foi em uma apresentação dos Easybeats. No começo, ele pensou que o hino era outra porrada de Vanda e Young, até ser informado de que era uma música que a própria banda ouvira na Radio Luxembourg.

A ética de trabalho de William Young obrigou Malcolm a arranjar um emprego em vez de apenas praticar guitarra em seu quarto e ficar de olho em mulheres bonitas e carrões. Dessa forma, ele se tornou força de trabalho e encarou vários empregos, desde conserto de máquinas de costura até aprendiz de montador, torneiro mecânico e estoquista.

Mas, diferentemente de seus colegas, Malcolm não ouvia os ruídos usuais do lugar de trabalho durante o dia. Em vez disso, os cliques e claques repetitivos das várias peças do maquinário ao seu redor transformavam-se em um ritmo tribal depois de algum tempo que, com um pouco de imaginação, o ajudava a formular ideias e estruturas para as músicas.

Isso aliado ao fato de Malcolm, assim como George, ser abençoado com um ótimo ouvido. Ele também tinha um claro talento para a guitarra e a habilidade para encontrar qualquer melodia em questão de minutos, ajudado por uma vitrola que permitia ajustar a velocidade dos álbuns, de modo que ele podia tocar junto sem precisar mexer com a afinação de sua guitarra.

Quando chegou a vez de fazer barulho em sua própria banda com o baixista/vocalista Mick Sheffzick e o baterista Brian Curby, a primeira tentativa teve curta duração.

Uma tentativa mais séria aconteceu em 1968 com o Beelzebub Blues, que às vezes chamava-se Red House e também Rubberband, sempre com o vocalista Ed Golab, o baterista Gerry Tierney, George Miller na guitarra, o baixista Sheffzick e Malcolm na guitarra solo. Às vezes, Larry Van Kriedt, um guitarrista com influência do jazz que acabara de chegar à Austrália vindo dos Estados Unidos, tocava como convidado.

Malcolm foi o pequeno impressionante ás da guitarra que com muito esforço traçou seu caminho por meio de canções de Bloodwyn Pig, Savoy Brown, Black Sabbath, The Animals, Eric Clapton em sua fase no Bluesbreakers, assim como quase todo o primeiro álbum do Cream e *Are You Experienced?*, de Jimi Hendrix. Tudo se baseava no blues mais alternativo, nada das paradas do dia das rádios. O mais agradável às rádios que havia era "Come Together", dos Beatles.

Ed Golab: "Ele era O guitarrista, quer dizer, costumávamos fazer um monte de *covers* do Cream, do Hendrix, e ele [as] dominava."

As músicas eram esboçadas com frequência no quarto de Malcolm e depois tocadas em um centro de escotismo em Rhodes, no meio da região norte de Sydney, onde às vezes eles dormiam.

Em momentos tranquilos, Golab e Malcolm, que começaram a compor suas próprias músicas, brincavam com rock latino e ouviam Stevie Wonder. Mas não havia nada de leve no amplificador que Malcolm usava, feito por um amigo da banda que era um mago da eletrônica, Bevan Boranjee.

Ed Golam: "Ele fez para o Malcolm uma caixa de som imensa, um grande alto-falante preto do tamanho de, digamos, duas portas colocadas lado a lado. Imagine algo desse tamanho. Nós costumávamos empurrar essa coisa para o centro de escotismo e as pessoas diziam: "Uau! Isso vai ser incrível!". Mal sabiam que havia apenas quatro alto-falantes dentro da caixa. Malcolm costumava ficar na frente dela, o que o transformava em um anão. Fazia com que parecesse ainda menor."

Malcolm já era bem pequeno e ainda parecia muito novo para sua idade.

Ed Golab: "Quando tínhamos uns 18 ou 19 anos, ele parecia ter uns 11 ou 12 só por conta de sua altura. Acho que era algo que o incomodava porque todas as suas namoradas eram tipo garotinhas bem novas que pensavam que ele tinha a mesma idade. Isso sempre foi um problema para ele."

O Rei da Guitarra Base

Assim como foi um problema levar a banda para uma apresentação em uma igreja. Mas com esse nome, Beelzebub Blues, não poderia ser de outro jeito.

Nessa ocasião memorável, o motorista do furgão da banda confundiu o caminho de pedras na porta da igreja antiga em estilo clássico com a entrada de um estacionamento e só quando o veículo emperrou entre dois pilares ficou óbvio que eles pegaram o caminho errado, por assim dizer. Decidiu-se que havia apenas um caminho a seguir, para a frente. Então o furgão seguiu e todo o arco de entrada da igreja desabou, cobrindo o veículo de cascalho.

Em outras apresentações, eles encontraram situações bem mais perigosas, e o outro guitarrista da banda, George, um russo alto com jeito intimidador, era o homem ideal para se ter por perto. Ele parecia exatamente o tipo de pessoa com quem era bom não mexer.

Ed Golab: "Entrávamos e saíamos desses lugares, em alguns deles com os pedestais dos microfones na mão direita como medida de proteção. Tocamos em alguns lugares barra-pesada."

O lançamento do álbum de estreia do Led Zeppelin, em 1969, não causou muita sensação. Malcolm estava entre os admiradores, mas era muito específico em sua avaliação.

Para ele, o apelo da banda começava e terminava com a música que abria o álbum, "Good Times, Bad Times" que, assim como a essência dos Stones e The Who, ficou registrada em Malcolm feito uma lição de como uma música devia ser estruturada e complementada com um grande trabalho de guitarra. Pensar sobre como a música era tocada, assim como o próprio processo de tocá-la, passou a ser uma séria preocupação para ele, ao mesmo tempo em que brincava com acordes de jazz e desenvolvia músicas em um teclado.

Por volta de 1971, o Beelzebub Blues já tinha completado sua trajetória, mas Malcolm estava sempre pronto para participar de *jam sessions*, tocando músicas como uma versão rápida de "The Letter", de Joe Cooker, e alguns jazz-blues padrão, com amigos como Larry Van Kriedt na guitarra, Ray Day no piano, Gerry Tierney na bateria e Mick Sheffzick no baixo.

Mas, na metade de 1971, a oportunidade bateu à porta quando o Velvet Underground, que não deve ser confundido com a lendária banda de Nova York liderada por Lou Reed, mudou-se de Newcastle, uma cidade industrial a 170 quilômetros ao norte da capital, para Sydney.

No começo, os Velvet tinham um som pontuado pelos teclados, como o Doors, e um desempenho no palco destrutivo como The Move e The Who. O vocalista literalmente incendiário era Steve Phillipson.

Eles gravaram o *single* "Somebody To Love", do Jefferson Airplane, junto com "She Comes In Colours", do Love, e inscreveram-se na competição Batalha das Bandas local, em Newcastle, mas estava na hora de ampliar seus horizontes.

Depois de se estabelecerem em Sydney, a banda reformulada trouxe o vocalista Brian Johnson, nada a ver com o homem que mais tarde seria uma figura proeminente na carreira de Malcolm, e estava em busca de um segundo guitarrista. A brilhante reputação de Malcolm o precedia.

Sob a recomendação do ex-Easybeat Stevie Wright, o baterista Herm Kovac e o guitarrista Les Hall foram ver Malcolm na casa dos Young em Burwood, onde se surpreenderam ao encontrar a família, que conversava entre si em um sotaque escocês carregado, quase impenetrável.

Não foi o único choque. Malcolm estava doido pelo T. Rex e a guitarra de Marc Bolan.

Herm Kovac: "Eu costumava dizer a ele: 'Isso é uma grande porcaria, Malcolm! Todas aquelas músicas soam iguais!'. Não havia ninguém do blues nem nada parecido em sua parede, só havia um grande pôster do Marc Bolan."

Depois da costumeira xícara de chá, eles sugeriram que, quando Malcolm pudesse, deveria aparecer na casa da banda em Mona Vale para fazer um teste. Para surpresa de Kovac e Hall, Malcolm não quis esperar: pegou sua guitarra Gretsch e disse a sua mãe que ia sair.

Eles viraram a noite em Mona Vale com Malcolm falando sobre seus ídolos do blues e Kovac tocando para ele alguns de seus blues favoritos. Malcolm dormiu na sala de estar e, pensando que seu convidado, dado seu tamanho e aparência, tinha apenas uns 12 anos, Kovac achou que, preocupada com o garoto, sua mãe podia ter ligado para a polícia, que poderia aparecer a qualquer minuto.

No dia seguinte, eles tocaram o tempo todo e ficou muito claro que o Velvet Underground tinha seu novo guitarrista.

Nessa época, o Velvet também tinha um novo vocalista, então a formação ficou: Malcolm (guitarra), Kovac (bateria), Les Hall (guitarra), Andy Imlah (vocais) e Mick Sheffzick (baixo). Eles fizeram sua estreia em julho de 1971 no Parramatta Rivoli, no lado oeste de Sydney.

Logo assumiram uma imagem de *bad boys*, à moda dos Stones, e *slogans* como "Mantenham suas filhas longe do Velvet Underground" começaram a circular.

Como a maioria das bandas dessa época, o Velvet era eclético, para dizer o mínimo. Eles não descartavam quase nada, de "Black Night", do Deep Purple, e "Venus", do Shocking Blue, a "My Sweet Lord", de

George Harrison, e "Can't You Hear Me Knocking", assim como músicas do Badfinger e do Slade. Na maioria delas, Malcolm fazia a guitarra solo.

Um dos álbuns favoritos de Malcolm era o primeiro de Gary Wright, *Extraction*, que ele tocava no volume máximo sempre que podia, além de incluir várias das suas músicas nas apresentações da banda.

O guitarrista do Hot Cottage, Kim Humphreys, lembra de encontrar Malcolm pela primeira vez em um ensaio dos Velvets.

"Lembro de ele dizer para mim que tinha um irmão mais novo. Já falava sobre o quanto o irmão era bom nessa época e nem sei qual era a idade do Angus, então, provavelmente uns 15 ou 16 anos."

O Velvet tocava nas noites de sábado e domingo e, então, depois da apresentação de domingo, levavam Malcolm para Burwood, para que ele pudesse trabalhar na segunda-feira de manhã na manutenção das máquinas de costura em uma fábrica de sutiãs.

Quando eles foram para Newcastle, Malcolm, que parecia estar fora dos limites de Sydney pela primeira vez, estava atônito por haver mata nativa e fazendas entre Sydney e Newcastle e quis parar o carro para sair e dar uma olhada no lugar.

A personalidade determinada de Malcolm apareceu quando eles cruzaram com o cantor e compositor Richard Clapton, que estava bem no início da carreira.

Herm Kovac: "Lembro de Malcolm dizer para mim: 'Veja esse babaca do Richard Clapton! Caraca! Ele não vai chegar a lugar nenhum copiando o nome do Eric Clapton!'. Disse isso como se só houvesse lugar para uma criatura no mundo chamada Clapton."

Malcolm não levava desaforo para casa. De uma lealdade feroz, tinha pouco tempo para tolos ou para quem ele achava que tentava levar vantagem à sua custa.

Aqueles com intenção de empresariar a banda que ele sentia que não eram genuínos eram dispensados rapidamente e sem rodeios. "Não, não gosto desse cara", ele resmungava. "Não é do rock'n'roll, é uma grande porcaria."

Ao mesmo tempo, Malcolm não perdia uma boa piada. Uma vez, quando os Velvets tocavam em Tamworth, no norte de New South Wales, ele e Kovac dividiam um quarto de hotel. Ambos tinham companhia feminina naquela noite e, quando as coisas começaram a esquentar, Malcolm logo entrou em ação.

Herm Kovac: "Eu disse: 'Mal, você tem camisinha?'. Ele disse que não. E continuou: 'Que tipo de meias você está usando, de náilon ou de lã?'. Eu respondi que eram de náilon. 'Você está com sorte, o náilon mata o esperma. De todo jeito estava escuro e eu fui seguindo o conselho dele. Mas a coisa não estava dando certo. E eu disse: 'Droga, caramba! Como é que eu faço isso?'. Ele acendeu a luz e eu em cima da menina, tentando enfiar essa meia preta nela. Malcolm, que estava na cama com a outra garota, estava rachando o bico e a garota que estava comigo estava aterrorizada. Mas eu arruinei a noite para todo mundo e Malcolm não conseguiu fazer mais nada, porque, sempre que tentava retomar a ação, caía na risada."

Então teve uma fase em que Malcolm e Imlah de repente desenvolveram um estranho interesse em ir pescar perto de Palm Beach, no norte de Sydney. Cabia a Kovac arranjar tudo, da isca e das varas de pescar ao barco. Mas o baterista não conseguia entender por que os outros dois não pescavam nada quando estavam lá. Mesmo que a atividade fosse ideia deles, tudo o que eles faziam era rir.

Então Kovac começou a perceber uma ligação entre as risadas e as performances fracas no palco.

Herm Kovac: "Levei quase um ano para me dar conta de que eles alugavam o barco para fumar maconha. Era exatamente isso. Eu disse: 'Que droga, Malcolm, você é uma porcaria de um hippie!'. Então, quando eles estavam com aquelas risadinhas, eu dizia: 'Nossa apresentação estava uma merda! Você tocou feito um merda!'. Ele dizia: 'Eu toquei superbem!'. Daí, comecei a gravar os shows e sempre que eles estavam chapados eu mostrava para eles."

Malcolm nunca curtiu muito o nome Velvet Underground. Então, quando o som da banda foi se tornando gradualmente mais pesado e forte e seu repertório começou a incluir algumas músicas do Free, incluindo "Ride On Pony", eles trocaram o nome para Pony, como homenagem, em setembro de 1972.

Sua primeira apresentação com o novo nome foi no Manly, nas praias ao norte de Sydney, onde Malcolm fez uma conexão entre equipamento e som que permaneceria com ele pelo resto de sua carreira.

Herm Kovac: "Les disse: 'Por que você não tenta o Marshall e sente como vai soar?'. Malcolm ligou sua Gretsch no Marshall e foi quando seu caso de amor com os amplificadores Marshall e a Gretsch aconteceu. Les não pegou o Marshall de volta naquela noite! Malcolm ficou preso ao amplificador e naquela semana mesmo comprou um para si, e usa aquela Gretsch vermelha e um Marshall desde então."

A pedido de Malcolm, a banda começou a dar mais espaço para seu material e gravou um *single* chamado "Keep Me Company", que nunca foi lançado.

Nessa época, tornaram-se a banda de Ted Mulry, uma aliança que os transformou nos muito bem-sucedidos Ted Mulry Gang, ou simplesmente TMG. Mas essa união tendia demais ao pop para o gosto de Malcolm.

O pequeno guitarrista deixou a banda logo depois.

Herm Kovac: "A razão que o levou a sair é que estávamos nos tornando muito pop e também servindo de banda de apoio de Ted, e ele queria fazer um som mais pesado. Ele queria tocar Deep Purple e coisas assim."

Quase no fim da banda Pony, o vocalista Dave Evans substituiu Imlah, mas em semanas estava tudo acabado.

Em fevereiro de 1973, Malcolm testemunhou um show de verdade; uma das duas apresentações dos Rolling Stones em Sydney no jóquei clube Randwick Racecourse. A banda fez sua entrada em carruagens puxadas por cavalos brancos que pareciam saídas da produção de Cinderela. Os fogos de artifício que cobriram o céu na primeira noite foram abandonados na segunda, pois as explosões assustaram os cavalos de corrida nos estábulos. Mas com toda a pompa e presença de palco, os Stones estavam no seu auge.

Mais: eles também tinham a língua afiada.

Durante a coletiva de imprensa, um Keith Richards maravilhosamente carrancudo confrontou uma jornalista que resolveu dizer que ele estava se parecendo com um desastre de trem.

Richards a desdenhou, dizendo que ela própria também não era lá grande coisa.

A provocação dele foi perfeita. Aquilo era uma banda de verdade.

1973
Angus em Kantuckee, Sydney.

Capítulo 3

O Sétimo Filho

Angus Young não foi a visão mais acolhedora e calorosa quando Herm Kovac bateu na porta dos Young em Burwood pela primeira vez.

Herm Kovac: "Aquele pequeno *skinhead*, o cara de aparência mais maligna imaginável, de cabeça raspada, foi dizendo: 'O que vocês querem?'. Eu fiquei atrás de Les [Hall], porque pensei que ele ia me bater. Perguntei: 'O Malcolm está?'. E ele, então, respondeu: 'Tá bom, pode entrar'.

Aquele pequeno *skinhead* ficava nos rondando. Usava coturnos e tudo o mais. 'Ei, venham aqui!'. Entrou em seu quarto, ligou sua SG [guitarra Gibson SG] e tocou. Subiu na cômoda chutando o ar, pulou sobre a cama, conseguia estar em todo lugar. Depois, disse: 'O que vocês acham?'. Bancando o sabichão, eu disse: 'Você sabe alguns acordes?'. 'Claro que sei!'."

Kovac tinha boas razões para se assustar com a aparência de Angus.

No começo dos anos 1970, os Sharpies ou Sharps, uma versão do movimento *skinhead* inglês vestida com mais estilo, eram não só o flagelo das áreas centrais urbanas, principalmente em Sydney e Melbourne, mas também dos subúrbios. Em Hornsby, ao norte de Sydney, somavam mais de 400 indivíduos; mas também se localizavam em outras áreas da cidade, como Burwood, Strathfield, Campsie e Town Hall.

Mesmo se Angus não tivesse tal aparência, seu temperamento estourado e, apesar de seu tamanho, sua tenacidade de pit-bull o tornavam boa companhia quando havia problemas nas noites de sábado.

Nascido em 31 de março de 1955, era o mitologicamente famoso sétimo filho, uma posição carregada de poderes únicos na mitologia do blues, além de ter vindo ao mundo no mesmo ano em que um Little Richard ensopado de suor gravou a agitada "Tutti Frutti".

A princípio, Angus tocava um banjo adaptado. Mais tarde, com o consentimento de sua mãe, veio seu primeiro violão de verdade, que ele tocava enquanto ouvia os sons que circulavam pela casa.

Angus: "Quando era garoto, os sons que eu ouvia, especialmente os que vinham dos discos dos meus irmãos, eram Chuck Berry ou Little Richard. Acho que sempre inspirei minha guitarra na de Chuck Berry.

Acho que a primeira coisa que fiz, provavelmente a primeira que toquei, foi um blues de 12 compassos. Um dos meus irmãos mais velhos, Alex, mostrou-me alguns poucos acordes, e essa foi provavelmente a única aula que tive!"

Após uma barganha tensa, Angus herdou uma velha guitarra Hofner de Malcolm, quando seu irmão recebeu a Gretsch de Harry Vanda. Com um amplificador de 60 watts, Angus conseguia fazê-la rugir.

Assim como Malcolm, Angus foi um autodidata, considerando o treino diário depois da escola como um ato sagrado, que foi recompensado. Também como seu irmão, começou a tocar sons instrumentais de surf rock, e aos 11 anos conseguia tocar músicas de Jimi Hendrix, enquanto seus amigos tentavam aprender músicas da parada Top 40.

Embora sua primeira apresentação pública tenha acontecido aos 13 anos em um café, Angus fez sua verdadeira estreia em uma igreja local, quando se juntou a alguns amigos, com quem tocou tão alto que esvaziou o lugar.

O primeiro disco que comprou foi o *single* de "Club A Go-Go", do Animals, seguido por "I'm A Man", do Yardbirds. Sentia-se atraído pela crueza e fascinado pelo som de guitarra estilo ficção científica de "I'm A Man". Amava bandas australianas, como The Missing Links e The Loved Ones, pelas mesmas fortes razões blueseiras.

Assistir à majestade infinita de Louis Amstrong, em toda a sua glória emotiva, no Estádio de Sydney com sua irmã, o deixou de olhos esbugalhados por dias.

No entanto, a atração gravitacional de "You Keep A Knockin", de Little Richard, esteve muito perto de prejudicar seu bem-estar. Angus tocava a música, principalmente uma parte dela, sem parar até sua mãe não aguentar mais e interferir, aconselhando ao filho mais novo que seria bom para ele achar outra coisa para fazer.

Ter ficado tão perto da loucura da febre Easy o influenciou muito, assim como ser o aparente herdeiro do conteúdo dos pacotes que George enviava a Malcolm enquanto estava no além-mar. Mas Angus tinha de descobrir mais e frequentemente tomava a responsabilidade em suas próprias mãos.

"Eu economizava dinheiro do meu próprio bolso, ia à cidade e, se eu quisesse um disco do Budy Guy, tinha de comprar o importado, porque as lojas locais não tinham nada assim."

O blues era como pisar em outro mundo onde as pessoas cantavam como fantasmas ou demônios, e Angus tinha fome de mais informação, a respeito. A pedido de seu pai, foi sozinho à biblioteca local, onde logo se tornou figurinha habitual, mesmo durante o horário escolar.

Lá o bibliotecário estava mais do que feliz em fornecer material de além-mar enquanto Angus se perdia em edições antigas da revista *Downbeat* com artigos sobre ídolos do blues, como Muddy Waters.

Era um ambiente de aprendizagem muito diferente do Ashfield Boys High. Sendo Malcolm seu irmão mais velho, Angus, que era conhecido como "O Banqueiro", por sua habilidade de economizar qualquer dinheiro que recebesse, já era malvisto muito antes de passar pelos portões do colégio. Quando o diretor ordenou que ele cortasse o cabelo, provocou a ira da sra. Young: ninguém, além da família, tomava decisões que dissessem respeito à família.

Ao contrário de George e Malcolm, Angus não se interessava por futebol ou outros esportes. Música e guitarras eram suas grandes paixões, assim como desenho e pintura nas aulas de educação artística, uma matéria que se adaptava bem a suas mãos pequenas, o que dava a ele alguma liberdade quando não cabulava aulas, coisa frequente.

Angus: "Eu gostava de arte, das aulas de educação artística, porque dava para enrolar bastante!"

Além disso, onde mais ele poderia modelar uma mosca de quase dois metros em papel machê, como fez para um memorável projeto da escola?

Angus: "Lembro de ir à biblioteca da escola, o que era um pouco estranho. Gostava muito de ir até lá porque dava para ficar um tempão. O bibliotecário, o professor, era um desses caras tão meticulosos sobre a referência [o formulário de requisição do livro] que nunca deixava ninguém pegar um livro!

Era como ter de preencher um requerimento de quatro páginas para tirar um livro. Bastava pedir e, quando ele tivesse acabado de preparar todos os papéis da requisição, já era hora de ir embora."

Escolher música como matéria escolar não era uma boa opção.

Angus: "Eles não deixaram! Lembro de que uma vez fizeram circular um violino para que olhássemos e ele nunca mais apareceu. Assim era a aula de música!"

Em outra ocasião, um professor de música frustrado arrancou um triângulo de suas mãos, dizendo que ele não tinha senso de ritmo.

Em 1969, Angus encontrou Larry Van Kriedt, de 15 anos, um guitarrista talentoso que se mudara de São Francisco (Estados Unidos) para Sydney. Van Kriedt logo descobriu que Angus raramente ficava sozinho.

Larry Van Kriedt: "Ele tinha um tipo de gangue de amigos em torno dele, sabe, eram os caras durões. Angus era o líder. Era o menor de todos. Vestiam uniformes escolares e fumavam cigarros.

Às vezes costumavam pegar um pouco no meu pé, eu era muito quieto. E Angus, embora fosse da metade do meu tamanho, costumava me defender: 'Deixa ele em paz! Tô dizendo, se encostar nele, vou te derrubar!'. Mas Angus, na verdade, nunca teve de brigar ou algo parecido, ele era apenas um cara durão ou algo assim. Quer dizer, ele era um tipo muito assertivo.

Como garoto de colégio, vivia encrencado e atraía um tipo de 'cultura de gangue' ao seu redor. Mas sempre senti que ele era muito honrado e leal."

Angus queria muito uma guitarra Gibson. Quando um amigo de Van Kriedt mencionou que este tinha uma, Angus o olhou de cima a baixo com desprezo.

Larry Van Kriedt: "Ele disse: 'Tem nada!'. E me perguntou outra vez: 'Você tem uma Gibson?'. Respondi que sim. E ele retomou a carga: 'Não acredito'. Daí olhou para mim e pediu: 'Posso ver?'. Então pensei que todos aqueles garotos iam entrar no meu quarto e fiquei meio preocupado: 'Bem, você pode vir. Mas não dá para esse pessoal vir junto'. Ele disse: 'Tá bom'. Ele os mantinha sob controle. Ele e outro garoto foram ver a guitarra."

Impressionado pelo fato de Van Kriedt não só ter a guitarra de seus sonhos, como também um catálogo de guitarras Gibson, Angus e Van Kriedt começaram a andar juntos escutando discos e trocando técnicas de guitarra.

Assim como aconteceu com Malcolm, o trabalho de Eric Clapton com o Bluesbreakers de John Mayall impressionou muito Angus, assim como o primeiro álbum do Led Zeppelin. No entanto, o maior ídolo de Angus nessa fase era Jeff Beck, desde o momento em que ele ouviu "Hi Ho Silver Lining". Ele comprou a cópia do *single* de Herm Kovac por dois dólares e o tocou até não poder mais em seu quarto.

Apesar dessas horas intermináveis em seu quarto, ele era capaz de cuidar de si mesmo quando saía de casa. Quando estourava alguma briga em festas em que estivesse tocando, usava sua guitarra como um porrete de seis cordas sem hesitar. Não era nenhum anjo, e uma vez ficou trancado fora de casa a noite inteira depois de ser pego roubando garrafas de leite, de acordo com a revista *Juke* de 24 de fevereiro de 1979.

Em 1970, Angus, aos 15 anos, quase não ia mais à escola, e foi para lá uma última vez depois de receber um ultimato referindo-se ao seu comparecimento precário.

A orientação vocacional ou profissional da escola, como era chamada na época, deixou um pouco a desejar. Angus disse que queria ser compositor de música só para ouvir que esse trabalho não existia mais. Ele foi trabalhar em vários empregos, incluindo horríveis períodos noturnos em um açougue e, como Malcolm, empregou-se no comércio e tornou-se aprendiz de gráfica.

Ao contrário do que reza o folclore do AC/DC, ele nunca trabalhou na revista pornográfica de Sydney *Ribald*.

Angus: "Acho que a *Ribald* costumava mudar o departamento editorial [de um lugar para o outro] porque eles eram sempre detonados e no lugar onde eu estava trabalhando acho que eles [a revista] apareceram uma semana. Só estiveram por lá durante uma semana e mudaram-se para outro lugar. Só posso dizer que dei uma ajudinha juntando uns tipos para eles."

Com um salário semanal, Angus decidiu comprar uma guitarra nova na loja Chord Music, em Burwood. Embora a Gibson SG fosse o modelo que sonhava em possuir, quando chegou a hora de decidir ele, também se interessou por uma Gibson Les Paul.

O problema era que um dos membros das gralhas pop Sherbet havia comprado a guitarra em que Angus estava de olho. Então, determinado a não dançar pela segunda vez, comprou rapidamente a Gibson SG restante.

Além disso, o modelo SG era a guitarra de seus ídolos, como Leslie West do Mountain, Pete Towshend do The Who e do pobre burrinho na capa do álbum ao vivo dos Stones *Get Yer Ya-Ya's Out!*

Angus ia aos shows da banda de seu irmão Malcolm, Velvet Underground, sempre que sua mãe deixava, embora ela impusesse duras condições.

Herm Kovac: "Angus podia vir com a gente com a condição de que, enquanto tocávamos, ele se sentasse em algum lugar onde pudéssemos ficar de olho nele e, no minuto em que terminássemos o show, ele deveria dirigir-se para onde estivéssemos. Tínhamos de deixar Angus em casa e ele costumava fazer Ovomaltine para a gente. Foi assim que eu me viciei em Ovomaltine."

Uma das primeiras bandas de Angus foi formada com Les Golab, o irmão mais novo de Ed Golab, que tocou com Malcolm no Beelzebub Blues.

Ed Golab: "Era a banda dos irmãos mais novos, sabe. E meu irmão tocava, acho que foi vocalista em algumas apresentações. Nós os ignorávamos, eram apenas uns garotos."

Foi Herm Kovac quem deu a dica a Angus, por volta de 1972, sobre qual seria sua primeira banda séria, a Kantuckee. Acredita-se que o nome foi inspirado na rede de frango frito número um do país na época. Kovac treinava o baterista Trevor James para tocar atrás de uma linha de frente que incluía John Stevens (baixo) e, às vezes, Bob McGlynn nos vocais.

Quando McGlynn se juntou à banda, sua primeira impressão de Angus foi, digamos, colorida.

Bob McGlynn: "Ele tinha dentes verdes, nunca escovava os dentes. Era um cara estranho, não era engraçadinho. Ele costumava reclamar muito: 'Oh, eu não deveria passar por tudo isso, meus irmãos não passaram', embora eles tivessem passado, sim. Ele achava que não éramos bem tratados. Mas não tínhamos um nome [conhecido] nem nada parecido.

Mas era um cara legal, ele sempre ria um pouco. Não tinha muita autoconfiança, mas quando começávamos a tocar sua confiança crescia. No entanto, ele ainda não pulava no palco, ficava parado lá. Como pessoa, ele parecia mais confiante, mas ainda não tinha muita presença no palco. Eu fazia todos os movimentos.

Acho que eles [Kantuckee] iam se chamar The Clan ou coisa parecida, o que era uma coisa muito escocesa. [Angus] era muito protetor com sua família, amigos e tal."

Para o sócio Steve Morcom, o Kantuckee representou uma surpreendente fusão de subculturas opostas.

Steve Morcom: "Angus fazia parte do Town Hall Sharps de Burwood, e Trevor fazia parte do Long Hairs, supostamente duas gangues violentas que se opunham e que dificilmente fariam algo juntas. E eles acabaram tocando em uma banda juntos. Acho que foi um momento clássico."

Angus tocava com um pequeno amplificador, embora Malcolm lhe emprestasse, às vezes, seu Marshall que, é claro, era maior do que Angus, que mal podia alcançar os botões do aparelho. Seu alcance foi muito melhor na banda em que ele escolhia seu próprio material, que ele comprava em uma loja local de discos importados em Burwood.

Ele arrematava cerca de dez álbuns por semana, a maioria, senão todos, quase inédita na Austrália na época. Aprendia tudo deles e então, de alguma forma, os devolvia e pegava mais discos. O critério de solo, ao menos para a banda, era que as músicas tivessem *riffs* bons e fortes. Por isso, músicas do Mountain, do Cactus, do Argent, do Deep Purple, do Ursa Major (dizem que Angus uma vez tocou com o guitarrista Dick Wagner, depois da fama adquirida por trabalhar com Alice Cooper e Lou Reed, em Melbourne), do Hendrix, dos Stones, da era de *Truth* e *Beck-Ola* de Jeff Beck, todas apareciam em seus shows.

Os ensaios aconteciam aos domingos ou mais regularmente, conforme a necessidade, no salão de um centro de escotismo próximo da movimentada Concord Road, em Rhodes, junto a uma grande ponte – o mesmo lugar onde Malcolm ensaiou. Quando queriam ir realmente a fundo, mudavam para a pequena cozinha do lugar, onde o som era melhor.

Caso o centro de escotismo não estivesse disponível, sempre havia o salão do centro comunitário em Hornsby Heights ou, em último caso, o quarto imaculadamente arrumado de Angus, onde a cama estava sempre feita e seus discos arquivados em perfeita ordem.

No lar dos Young, nunca havia nada mais potente que muito chá, enquanto biscoitos e incontáveis cigarros estavam sempre à mão.

Angus ignorava os cumprimentos pelos desenhos impressionantes que fazia e, às vezes, ficavam à vista, e voltava sua atenção ao que tentava tocar. Música era o que importava.

Nos intervalos, eles jogavam sinuca em uma mesa tão grande que o único jeito de manejar os tacos sem atingir as paredes era segurá-los em um ângulo de 90°. Depois dos ensaios, Angus trancava-se em seu quarto e praticava mais umas quatro horas.

Sua primeira apresentação profissional foi em Batemans Bay, na Costa Sul, a várias horas de carro de Sydney, com ninguém menos que o Velvet Underground. Logo a banda passou a tocar, às vezes, no Chequers, no coração de Sydney, onde cultivaram um pequeno grupo de fãs depois de tocarem, em uma tarde de terça-feira, para o MC Mr. Casey.

Conforme as apresentações e o tempo viajando aumentavam, o transporte do equipamento tornou-se uma questão-chave. Eles pensaram grande.

Bob McGlynn: "John Stevens e Angus, acho, compraram juntos uma antiga ambulância da Internacional. Era enorme, uma grande coisa branca. Eles costumavam viajar nela com dois amplificadores nos bancos de trás. Era como um semitrailer carregando três caixas!"

Seu primeiro disco foi feito pelo ex-guitarrista da banda Hot Cottage, Kim Humphreys, durante um ensaio em Rhodes. Humphreys fez o trabalho como um favor para McGlynn, mas, como um guitarrista de classe, também queria ver em primeira mão se Angus era tudo aquilo que seu amigo disse.

Kim Humphreys: "Cara, me deu até vontade de sair de vergonha! Lembro uma vez que a banda estava fazendo um show em algum lugar e alguém me pediu para subir e tocar porque tinha me visto na plateia. Eu disse: 'Você está brincando!'. De qualquer forma, Angus foi muito simpático, me emprestou sua guitarra, eu subi no palco e toquei algumas coisas com eles. Ele era simplesmente brilhante naqueles dias, muito forte. Sabia que o cara podia ter acabado comigo! O público provavelmente não perceberia a diferença, mas eu sim."

Bob McGlynn: "Sua velocidade era inacreditável. Kim deu a ele alguns conselhos para que desacelerasse e não se preocupasse muito em ser rápido, assim poderia tocar com mais gosto. Mas ele ainda tinha força, obviamente. Quer dizer, algumas das coisas que tocávamos não eram fáceis, e ele conseguia tocá-las mesmo com seu terrível amplificador de 50 watts."

Humphreys também não podia entender como Angus conseguia produzir aquela qualidade de som com seu amplificador Fi Sonic.

Kim Humphreys: "Eu já tive um daqueles e disse: 'Merda! Como esse cara consegue um som desses? O meu nunca soou desse jeito!'. Aquele desgraçado simplesmente fazia com que o som fosse inacreditável.

Ele era, provavelmente, mais espalhafatoso do que agora, por causa do tipo de coisas que escutava. Ele gostava muito do Jeff Beck e também do Paul Kossoff, do Free. Leslie West [do Mountain] era um de seus guitarristas favoritos.

Eu ainda tenho uma das primeiras revistas *Guitar Player* que Angus me emprestou, com Leslie West na capa. Nunca devolvi. Acho que foi daí que ele tirou aquele seu vibrato característico, do Leslie West. A outra banda de que ele gostava muito, acho que ainda tenho o álbum deles, era Cactus [o álbum com o mesmo nome da banda]."

O senso de objetividade e dedicação de Angus não deixava muito tempo para a vida social e o levou a alguns enganos no começo.

Kim Humphrey: "Acho que o cara acreditava tanto no que fazia que não se importava com ninguém. Ele sabia aonde ia, sabia o que fazia e simplesmente não tinha tempo para jogar conversa fora e falar sobre o tempo."

No fim, foi decidido que teriam um segundo guitarrista, o que permitiria a Angus, a quem outras bandas viviam tentando roubar, ter mais espaço. Mark Sneddon foi admitido e logo passou por um batismo de fogo, com 50 músicas para aprender em uma semana.

Mark Sneddon: "Angus me deu uma enorme pilha de álbuns com as músicas marcadas em cada um deles e disse: 'Vá para casa e aprenda todas elas'. Eu nunca tinha ouvido aquelas bandas na vida. Fui para casa e lembro de ficar sentado lá [praticando] por horas e horas, todos os dias, nos primeiros quatro dias. No dia da apresentação, foi uma façanha ter me lembrado de tudo, porque eu estava muito cansado."

Com Sneddon em ponto de bala, a banda, agora com cinco membros e poder de fogo de guitarras gêmeas, poderia dar conta do recado, particularmente no Chequers, onde tinham de tocar mais de quatro horas por noite.

Para sua felicidade, Angus ainda não tinha o costume de fazer a dança de São Vito no palco. Do contrário, seria hospitalizado por exaustão no fim da noite.

Mark Sneddon: "Angus costumava mover-se de um jeito próprio. Ele ficava parado lá e mexia-se pouco, tipo chacoalhando a perna. Mas ele não pulava pelo palco."

Além de músicas próprias, como "The Kantuckee Stomp", a certa altura a banda tinha mais de dez músicas do Mountain em seu show, incluindo "Long Red, Blood Of The Sun" e "Mississippi Queen", assim como material de Leafhound, Bulldog e Cactus, uma influência particularmente forte sobre eles. O trabalho lançado pelo Cactus em 1972, 'Ot 'N' Sweaty, foi um marco na *setlist* do Kantuckee: quase todo o álbum estava no repertório.

A dinâmica começou a mudar quando Sneddon mostrou que podia cantar enquanto tocava guitarra. McGlynn sentiu o clima e decidiu sair.

A essa altura, Dave Evans, que fora durante algum tempo cantor do Pony, o Velvet Underground dos últimos tempos, foi convidado a participar da banda. Como McGlynn, Evans logo ficou chocado com a cor e as condições dos dentes de Angus.

Dave Evans: "Aquilo me desconcertava. Ficava pensando: 'Caralho, ele precisa limpar os dentes!'. E tinha aquele baixista alto e gordo com ele. Era um tipo bem esquisito. O cara de dois metros de altura e Angus, com um metro e meio, compunham uma visão bizarra. Ele apresentou-se como Angus Young, irmão de George Young dos Easybeats, e também de Malcolm Young. Eu obviamente tinha ouvido falar do Malcolm por causa do Velvet Underground. Eles tocavam muito mais um tipo de música com uma guitarra de apoio pesada do que canções com letra. Ouvi isso, vi que não era a minha e não entrei para a banda."

A banda reduzida continuou com Sneddon nos vocais e na guitarra com o novo nome de Tantrum.

A agenda de shows da banda começou a expandir-se lentamente para incluir lugares como o RSL de Blacktown, no oeste de Sydney, e o Coogee Oceanic, nos subúrbios a leste da cidade. O hotel Manly Vale, nas praias ao norte de Sydney, era um de seus lugares favoritos para shows até Stevens se meter em uma briga com alguns clientes e, no fim da noite, os fregueses derrotados quererem acabar com a banda.

Em outra ocasião, foram contratados por engano como uma banda de estilo country. Depois de seis músicas e vários tímpanos estourados, foram informados de que seus serviços estavam dispensados.

Então houve a fase em que mal ligavam os equipamentos e já eram convidados a se retirar.

Mark Sneddon: "Tínhamos descido dois lances de escadas, montado os equipamentos e estávamos fazendo a passagem de som, quando um sujeito chegou dizendo: 'Ei, amigo, você não tem 18 anos'. Angus respondeu: 'Tenho sim'. E mostrou sua certidão de nascimento, uma certidão escocesa. 'Veja, tenho 18 anos, hoje é meu aniversário.' E o cara não acreditou. Então tivemos de desmontar tudo e cair fora."

Angus tirou o máximo de proveito de ser maior de idade quando Sneddon deu uma festa e ninguém apareceu, além da banda.

Mark Sneddon: "Ele apareceu completamente bêbado com uma garrafa de Bond 7. Ele gostava de seu Bond 7 nessa fase. Mas não era um grande bebedor, estava mais para um grande fumante. Um tipo de cara reservado. Ele tinha uma ideia na cabeça e aquilo lhe bastava."

Malcolm, às vezes, aparecia nos ensaios da banda em Rhodes e tocava com eles, não apenas para apoiar seu irmão, mas porque gostava de verdade do que eles faziam.

Malcolm: "Na verdade, não era uma banda ruim. Fiquei surpreso quando o vi pela primeira vez. Era alto e ele fazia bastante barulho no palco."

Foi apenas uma questão de tempo antes de George também checar o que seu irmão mais novo fazia. Durante 1973, George e Harry Vanda chegaram com um grande gravador de rolo e gravaram o som da banda pela segunda vez. Ao ouvirem, a banda não podia acreditar que se tratava deles mesmos.

Mark Sneddon: "Lembro de ouvir uma vez e dizer: 'Caramba! Somos nós? Cacete! É incrível!'"

Depois foram aos estúdios da EMI com George e Harry e gravaram "Evie" e, possivelmente, "Guitar Band".

A Tantrum continuou por mais seis ou nove meses até as coisas começarem a dar errado.

Mark Sneddon: "Angus teve alguns desentendimentos com Trevor, o baterista. Angus não conseguia lidar com ele, e eles partiam para a briga, algumas vezes. Até que Angus disse: 'Chega! Vamos achar outro baterista e chutar esse cara!'."

Mas conseguir um substituto era difícil e, para Angus, pelo menos, apareceram outras oportunidades.

Mark Sneddon: "Malcolm tinha metade de uma banda montada, não lembro que tipo de som fazia. Até que alguém sugeriu: por que você não toca com ele? No começo, Angus não ficou muito entusiasmado, mas a ideia acabou pegando."

A reação inicial de Angus diante da perspectiva de tocar com seu irmão foi de puro horror.

Mark Sneddon: "'Ah, não, não dá, nós nos mataríamos.' Mas três semanas depois estavam tocando juntos. Não sei se alguém falou com ele ou se o próprio Angus caiu em si."

Kim Humphrey, por outro lado, recorda-se de que a ideia de se juntar a Malcolm sempre esteve nos planos de Angus.

"Ele dizia: 'Sabe, logo vou estar em uma banda com meu irmão'. E acrescentava que esse era seu objetivo final."

Mark Sneddon: "Eles tinham a ideia do AC/DC e do uniforme escolar muito antes disso. Até o nome AC/DC já fora cogitado, é um bom nome, não é? Na época, nenhum de nós levou a ideia muito a sério."

1974
Malcolm, Peter Clack, Rob Bailey, Dave Evans, Angus. Chequers, Sydney.

Capítulo 4

No Início

Um dos arrependimentos de George Young era o fato de os Easybeats distanciarem-se da sua mensagem e darem as costas para a simples magia que poderia ser produzida com três acordes, tudo por causa de uma tentativa de causar uma melhor impressão musical. Ele não deixaria que Malcolm caísse na mesma armadilha com sua banda.

Quando George voltou à Austrália, contou a Malcolm histórias sobre os grandes roqueiros britânicos do momento, como Stones e The Faces.

Mas Malcolm já fizera alguma lição de casa por conta própria. Não apenas ouviu os grandes; ele os estudou e fez uma descoberta. Tanto os Stones quanto os Beatles fizeram suas experiências, como é o caso de *Their Satanic Majesties Request* dos Stones e dos álbuns conceituais clássicos como *Sgt Pepper* e *Magical Mistery Tour* dos Beatles.

Mas ambas as bandas gravitaram de volta às raízes originais do rock'n'roll com *Exile On Main Street* e, em menor grau, com *Let It Be* dos Beatles, em músicas como "Get Back".

A lição era clara.

"Você acaba voltando às raízes", Malcolm disse a David Horowitz na *Juke*, em 23 de fevereiro de 1991, "então para que se afastar delas? Por que simplesmente não trabalhar mais e dar mais duro com o que você tem?"

Embora Status Quo, Slade e Foghat fossem populares, Malcolm tinha algo mais essencial em mente. Com o enorme impacto da turnê australiana de Muddy Waters, em maio de 1973, ainda fresco na memória da maioria dos músicos locais, Malcolm queria chamar a atenção para a perda da arte do verdadeiro rock'n'roll; da energia crua, da emoção e do dinamismo de Little Richard, Chuck Berry e Jerry Lee Lewis, de músicas rock'n'roll dos Beatles como "Get Back" e, é claro, dos Stones livres da baboseira hippie e do excesso de drogas.

O que ele tinha em mente quando deixou o Pony simplesmente não aconteceu como ele esperava, e aquilo era quase seu direito inato.

Malcolm: "No começo, eu procurava um teclado, tentava fazer um pouco de rock'n'roll com piano, ser mais versátil. Mas não funcionou, provavelmente porque eu não me sentia confiante o suficiente como solista. Mesmo sem intenção de fazer muitos solos, mas apenas umas pitadas. Mas não funcionou, não consegui fazer nada bom. Foi quando surgiu o trabalho com Angus. [Antes disso] eu nem sequer pensava nele."

A princípio, Angus juntou-se aos Velvets, ao baixista do Pony, Mick Sheffzick, e ao ex-baterista do Masters Apprentices, Colin Burgess. Estava perto, mas ainda não era isso.

Então, em novembro, depois de Larry Van Kriedt, com quem Malcolm já tinha vários anos de história, substituir Sheffzick, decidiram encontrar um vocalista para aprender as letras que Malcolm já havia escrito.

Depois de uma sequência de candidatos malsucedidos, Dave Evans teve sua segunda experiência com o clã Young por meio de um anúncio no Sydney Morning Herald. O ex-vocalista do Velvet Underground/Pony há muito andava intrigado pelas referências enigmáticas de seus parceiros de banda a um membro anterior chamado de "baixinho", e agora finalmente iria conhecê-lo.

Evans não era exatamente popular entre seus companheiros de banda no Pony, então muitos ficaram surpresos quando Malcolm considerou contratá-lo como vocalista.

Um teste foi marcado em um velho escritório em Newton, a oeste da cidade, de propriedade de Allan Kissick, figura famosa e respeitada da cena de Sydney, mais poderoso que sua aparência despretensiosa indicava.

Ele foi, na prática, o empresário, agente e orientador geral de muitas bandas. Uma década antes, havia aproximado Steve Wright dos Easybeats e lidou com os negócios posteriores da banda. Foi ele quem acrescentou Colin Burgess à equação de Malcolm.

Evans ficou atordoado quando entrou e viu Burgess, porque o Masters Apprentices era uma das principais bandas australianas no fim dos anos 1960 e começo dos 1970, tendo mesmo estado em Londres.

Dave Evans: "Colin era um astro para mim, porque quando eu estava no colégio os Masters Apprentices eram grandes."

Eles tocaram alguns rocks de 12 compassos, algum material do Free e todos gostaram. Apesar de a banda não ter nome, Evans estava surpreso pelo fato de Malcolm já saber aonde queria chegar.

Dave Evans: "Ele costumava dizer: 'Estou cagando para esse país. Estou cagando para a Austrália! Esta banda vai ser grande, cara! No mundo todo!'. Sua visão era sempre ser enorme ao redor do mundo."

Depois de mais alguns poucos ensaios, Malcolm pensou em Angus juntar-se ao grupo. Além de ambos compartilharem de uma forte ética profissional, a dupla assistiu a um grande número de bandas estrangeiras e tinha ideias sobre o que funcionava ou não. Isso fazia de Angus o aliado perfeito.

A primeira experiência de ambos assistindo a um show tinha sido com os Yardbirds, no Estádio de Sydney, em janeiro de 1967. Apesar de a banda estar em fim de carreira e a efêmera parceria entre Jimmy Page e Jeff Beck ter se rompido poucos meses antes, os ingleses ainda detinham o poder e a magia do blues. Mesmo dos lugares baratos que conseguiram, a ficha caiu para Angus durante o show. Aquilo era especial.

Angus: "Acho que não rolou nada até os meus 10 anos, quando lembro de termos assistido aos Yardbirds, Malcolm e eu. Era um clima incrível. Sempre os considerei uma boa banda. Entraram, tocaram; eram bem rápidos e melódicos. Pensei, 'Isso é um espetáculo!'. Acho que na época eles tinham essa coisa de ser velozes e furiosos, mas era uma qualidade."

Quase um ano depois, The Who e The Small Faces incendiaram o solo australiano com um show violento, em volume ensurdecedor. Steve Marriott, do Small Faces, vomitou veneno na multidão do Estádio de Sydney e o The Who destruiu tudo que não pôde explodir. O show foi uma aula de atitude, e Malcolm e Angus Young assistiam a tudo com olhos e bocas bem abertos.

Em abril e maio de 1971, outra lição de rock inglês aconteceu no Randwick Racecourse, em Sydney, dada pelas bandas Deep Purple, Free e Manfred Mann. Naquela altura, Manfred Mann tinha um teclado tão pesado quanto o do próprio Deep Purple. Mais uma vez, Malcolm e Angus estavam na multidão; no entanto, o aprendizado e a inspiração não vieram das bandas de peso – Angus achou que, no mínimo, podia tocar tão bem quanto elas; a inspiração veio do abrasador rock-blues do Free. Aquele dia foi um momento seminal, em que o guitarrista Paul Kossoff e o baterista Simon Kirke, do Free, o baixista Colin Pattenden e o baterista Chris Slade, do Manfred Mann, deixaram um testamento para a memória afiada de Malcolm. E esse testamento estava destinado a influenciar os irmãos Young de uma forma ou de outra no futuro.

Então, em março de 1972, o som avassalador do Led Zeppelin irrompeu no Showgrounds de Sydney em uma apresentação longa, embora Angus preferisse ter visto o guitarrista Jimmy Page anos antes, no Yardbirds.

Angus: "Quando vi o Led Zeppelin, a banda parecia ter enfraquecido [em comparação aos Yardbirds], sempre gostei mais do Yardbirds, da sua abordagem. Quando assisti ao Led Zeppelin, me desapontei. Talvez porque esperasse mais do mesmo.

Acho que o vocalista me irritou um pouco. Ele cantava como se estivesse cutucando o nariz; estava mais preocupado em balançar os quadris do que em cantar. Não estou criticando o Zeppelin. Só esperava mais porque os Yardbirds tinham um grande vocalista, o Keith Relf. Ele não tentava impressionar com seus quadris. Concentrava-se no que deveria fazer: um pouco de rock'n'roll."

Era exatamente isso o que Malcolm tinha em mente.

Malcolm: "Um dia eu disse [para Angus]: 'Como vão as coisas? Como vai a banda?'. 'Ah, não tem nada acontecendo, só vou sair com o John, o baixista, que ainda está por aqui.' Daí eu falei: 'Bem, aparece aí e toca com a gente, vê o que acha desse cara. Achei esse cantor e ainda não boto muita fé. Ao mesmo tempo, não ligo, pode dar certo porque fica meio vazio só comigo, o baixista e o baterista'."

Malcolm levou a ideia à banda, e alguns membros duvidaram de que Angus pudesse chegar perto da habilidade e da versatilidade de Malcolm.

Colin Burgess: "Malcolm tocava guitarra solo e base ao mesmo tempo. Achava isso inacreditável, o som da banda estava fantástico. Quando Angus apareceu, eu pensei, será que ele vai ser bom assim?"

Mas o problema não era apenas ser musicalmente bom. A proximidade de um hospital e em quanto tempo uma ambulância conseguiria levar os irmãos até lá poderia ser uma preocupação bem maior.

Angus e Malcolm tinham uma relação conturbada, se não violenta, como irmãos. Angus trabalhava na guitarra em seu quarto e Malcolm em estruturas de músicas no seu, uma área da casa que era território proibido para o irmão mais novo. Ao longo do tempo, passaram a ter os mesmos interesses e a admiração mútua cresceu, assim como um sensível mecanismo de defesa com relação ao outro. A tensão, porém, nunca foi muito além da superfície.

William Young estava surpreso com o fato de seus dois filhos mais novos terem resolvido unir forças e achava que a tentativa e a tensão levariam apenas uma semana para explodir. Mas, em um nível mais básico, a união de ambos era apenas uma questão de necessidade mútua, embora George tenha percebido o potencial da dupla e, dizem, tenha arquitetado a coisa toda.

Se Angus tinha alguma reserva, a ampla visão de Malcolm para a banda entorpeceu a dor de potenciais cortes e arranhões. Ninguém mais tocava rock direito, disse-lhe Malcolm, que ficou entusiasmado depois de ter visto seu ídolo Marc Bolan e o T. Rex no Hordern Pavilion, em Sydney. Chegou a hora de tomar uma posição.

Angus perguntou onde assinar.

Larry Van Kriedt: "Malcolm era um tanto visionário. Ele sempre enxergou uma banda completa. Não pensava apenas na guitarra. Lembro de ouvi-lo dizendo que gostaria de ser o cara que toca guitarra e organiza, que compõe e faz coisas do tipo, sabe? E Angus seria o *showman* e o guitarrista solo."

Angus estava quieto e nervoso no primeiro ensaio, um pouco intimidado pelo calibre dos outros membros, como Van Kriedt e Burgess, que ainda era um verdadeiro astro.

Ele não precisava ter se preocupado.

Malcolm: "Ele apareceu e todos os caras da banda falaram: 'Caralho, isso é demais!'. Aconteceu na hora. Eu fiquei surpreso e tenho certeza de que Angus também."

Dave Evans lembra de ter ficado muito feliz com o envolvimento de Angus e de dar as boas-vindas a ele. Mas Malcolm lembra do primeiro ensaio de uma forma bem diferente da do vocalista.

"Esse vocalista tem de cair fora! [ri] Foi um caso de ódio instantâneo. O cara não gostou de Angus porque ele era menor e mais magro do que eu na época. Ele não queria Angus na banda, o que achamos inacreditável."

Entretanto, a formação foi fechada, e uma das primeiras, se não a primeira, apresentação da banda ainda sem nome aconteceu em dezembro, espremida no meio de uma apresentação de três grupos, sempre em uma posição privilegiada, no Last Picture Show, no sul de Sydney.

A situação de trabalhar sem nome não poderia durar, então decidiram fazer um sorteio em um ensaio.

Apesar de Margaret, irmã de Malcolm e Angus, receber há tempos o crédito pelo nome AC/DC, depois de ler o termo escrito em seu aspirador de pó ou em sua máquina de costura, outra fonte diz que a ideia veio do talento de George Young, ao passo que sua mulher foi inicialmente citada como fonte original da palavra.

"A mulher de George, Sandra, achou que seria um bom nome para um grupo", Malcolm explicou para Michele O'Driscoll em *Go-Set*, em 15 de junho de 1974.

O *Albert's Rocka Souvenir Songbook* confirmou essa versão em agosto de 1976, dizendo: "A mulher de George pensou no nome AC/DC", uma declaração confirmada por Angus, quando falou com Bob Hart no mês seguinte em *Spunky*. "[O nome] veio da parte de trás da máquina de costura da minha cunhada."

O nome tinha forte conotação gay na época e, como resultado, alguns dos primeiros shows agendados aconteceram em bares gay, uma situação que ia totalmente contra a natureza repleta de testosterona da banda.

A banda, porém, chegava a se divertir com aquela ambiguidade, e Malcolm e Angus gostaram da perspectiva de colocar em seu lugar alguns idiotas que acreditavam que eles fossem realmente gays.

A fonte musical da dupla era bem simples. Yardbirds, The Who, The Kinks, The Small Faces, Stones e mesmo The Spencer Davis Group eram seus favoritos. Os membros da nova banda eram fascinados pela interação rítmica de Billy Gibson e Dusty Hill, respectivamente o guitarrista, muito admirado por Jimmy Hendrix, e o baixista do ZZ Top, ao lado de clássicos como Fats Domino e Ike e Tina Turner.

A primeira vez que Angus visitou os escritórios da revista *Juke*, estava mais interessado em conhecer os arquivos sobre Jerry Lee Lewis do que em dar entrevista. Ele aprendeu observando a técnica de violonistas de flamenco, e o dedilhado do guitarrista country do sul dos Estados Unidos Jerry Reed exerceu grande influência sobre os dois.

Malcolm: "Nós sempre tivemos um ar tipo de Stones ou de Beatles... todo mundo, naquela época, tinha esse tipo de influência. O Hendrix vinha junto com os Led Zeppelins e as bandas heavy. Crescemos com esses sons e o Jeff Beck, caras assim.

Sempre fomos fãs de blues, especialmente de Muddy Waters e muita coisa de William Dixon na época da Chess. Little Richard, Chuck Berry no lado rock'n'roll e Jerry Lee Lewis. Costumávamos fazer festa com esse tipo de música. Então era tudo muito tosco e bagunçado, a gente só ria e deixava o som rolar. Isso que era para a gente. Tínhamos influências muito boas ao nosso redor, sabe, na música."

Para Malcolm era quase um processo de emburrecimento, embora fosse simples explicar a atração que esse tipo de som exercia sobre eles. Malcolm e Angus amavam a forma como o rock'n'roll era tocado, com aquelas técnicas sutis que faziam o som parecer básico.

Steve Morcom lembra de uma conversa com Angus sobre o Yes e seu guitarrista, Steve Howe.

"Angus disse: 'Olha, Malcolm pode tocar aquela coisa toda, mas vamos ficar no básico'. Mas ele queria dizer isso de uma forma muito positiva e eu sabia que Malcolm tinha muita capacidade para aquilo [música mais complexa] e podia tocar música como aquela. Malcolm já era um músico muito talentoso quando o AC/DC começou."

A data vista historicamente como o lançamento oficial daquela fórmula foi uma cortesia de Allan Kissick no Ano-Novo de 1973, no Chequers. A banda já havia tocado lá antes; às vezes, só para tapar um buraco de última hora na programação. Mas dessa vez era sério: eles eram a atração principal de uma semana de shows na casa noturna.

Situada no sul do distrito central de negócios de Sydney, o Chequers não era uma casa de espetáculos qualquer. Nos anos 1960, foi a casa noturna número um da cidade. Montado bem abaixo do nível da rua, onde se entrava por uma escadaria de mármore branco, tinha a classe e o carisma dos artistas que se apresentaram lá: de Frank Sinatra a Shirley Bassey. O anfitrião imaculado, frequentemente usando terno roxo, era o sr. Casey.

Embora no começo dos anos 1970 a casa noturna estivesse mais para um boteco da indústria fonográfica do que para o palácio que já fora, ainda tinha um certo *status* como um lugar para ser visto e ouvido, ainda que os membros do AC/DC estivessem todos vestidos com roupas do dia a dia na ocasião.

Angus: "Acho que estávamos um pouco nervosos. Mas imaginávamos estar em um bom território porque, bem, era véspera de Ano-Novo e, com o passar da noite, os frequentadores ficariam bêbados. Então achamos que isso seria uma proteção. Casey era sempre legal comigo e Malcolm. A parte boa disso: éramos uma das poucas bandas para quem ele pagava um pouco mais. Acho que todos ficaram impressionados com isso!"

Tocar no Chequers implicava três ou quatro apresentações por noite, o que significava mais de cinco horas no palco. Isso exigia agilidade mental e muita capacidade de improviso, com Van Kriedt ocasionalmente tocando sax e Malcolm, baixo. Eles tinham músicas originais como "The Old Bay Road" e "Midnight Rock" e chegavam a contar piadas para preencher o tempo.

Angus: "Acho que tocávamos algumas músicas dos Stones, muito Chuck Berry e Little Richard. Lembro-me de 'School Days', 'Nadine' e 'No Particular Place To Go'. Tocamos 'I Want You (She's So Heavy)', dos Beatles. E havia as que tocávamos sem conhecer muito bem. Malcolm dizia: 'Agora este é nosso momento jazz, Ang fará a guitarra solo. Divirta-se por meia hora'."

Às datas no Chequers seguiram-se outras apresentações no circuito de Sydney e o transporte era cortesia da Kombi de Malcolm. Toda noite, a atração principal eram as faíscas musicais entre os dois pequenos guitarristas.

Dave Evans: "Os dois rapazes faziam duelos de solos de guitarra no palco. Dois baixinhos arrepiando as pessoas. Malcolm começava, Angus respondia, então Malcolm recomeçava e acabavam tocando os dois ao mesmo tempo. Era muito empolgante."

Houve apresentações bizarras, como quando a banda foi convidada para tocar em um casamento grego do sobrinho de um amigo de Dave Evans em Sydney. Tudo corria bem até o nem tão inesperado pedido para que tocassem uma versão de "Zorba, o Grego". Depois de alguns olhares amedrontados no palco, Malcolm salvou a situação.

Dave Evans: "Ele tem um ouvido inacreditável. Nunca tinha tocado a música antes em toda a sua vida. Ele disse: 'Pessoal, não se preocupem, apenas me sigam'. Foi assim que o AC/DC tocou 'Zorba, o Grego' e matou a pau no casamento grego, cara."

George Young estava discretamente atento a tudo o que acontecia, cheio de orgulho. Para ele, o AC/DC representava um redespertar, uma esperança renovada e o ajudou a recuperar o entusiasmo perdido nos últimos dias dos Easybeats.

Toda semana, ele ia aos ensaios da banda e dava sugestões. Malcolm e Angus devoravam sua sabedoria, assim como os outros membros boquiabertos da banda.

Larry Van Kriedt: "Lembro de ter ficado impressionado com ele [George] porque ele tinha alguns versos e um trecho de uma canção e perguntava: 'O que vocês acham?'. E Dave dizia: 'Não gosto muito dos versos'. Então ele perguntava: "Como assim?". "Bem são um pouco negativos", ou algo assim.

Então George, em vez de dizer algo como: 'Não acho que sejam negativos', dizia "Ah!" e escrevia mais alguns, mais positivos, assim do nada."

Chris Gilbey começou a trabalhar na Albert Productions, a gravadora dos Easybeats, em fevereiro de 1973, como diretor de A&R (Artistas e Repertório). Depois de poucos meses, Ted Albert pediu-lhe que assumisse também as tarefas promocionais. No fim do ano, Gilbey era vice-presidente e também viu George assumindo um papel primordial, ajudando a banda.

Chris Gilbey: "Acho que no começo George foi uma influência controladora do AC/CD mais do que qualquer outro membro da banda, por ser o irmão mais velho e já ter chegado lá com os Easybeats. Ele entendia do assunto, já tinha ido à Inglaterra, tinha discos de sucesso. Acho que ele transmitiu uma ética muito forte a respeito do que se tratava a indústria fonográfica, do que se tratava a música e sobre permanecer ligado às raízes. Acho que essa foi uma das coisas que George ensinou a eles."

Em janeiro de 1974, George e Harry Vanda levaram a banda aos estúdios da EMI em Sydney, com o engenheiro Richard Lush e George regravando depois as faixas do baixo de Van Kriedt. Algumas canções foram gravadas, incluindo "Can I Sit Next To You, Girl" e "Rockin' In The Parlour", junto com "Sunset Strip" (que mais tarde ficou conhecida como "Showbusiness"), "Soul Tripper" e uma versão inicial de "Rock'n'Roll Singer", que marcou o primeiro álbum da banda.

Para Harry Vanda, as sessões da gravação realçaram uma divisão entre o que Malcolm e Angus faziam e a posição de Evans.

Harry Vanda: "Acho que eles ainda buscavam sua identidade nessa fase. Dave sempre tendeu para a parte mais glamourosa do rock, o que é aceitavel se for o que você quer fazer. Mas acho que isso não era da natureza dos irmãos, não era a praia deles. Digo isso pensando no que surgia naquelas demos que estávamos gravando. Dava para dizer que eles seriam uma banda de rock inesquecível."

Uma semana depois da gravação, Colin Burgess desmaiou no palco do Chequers.

Colin Burgess: "Alguém deve ter colocado alguma coisa na minha bebida ou algo assim, porque me derrubou completamente e eu caí da bateria. Sei que parece bizarro. Nunca tinha passado por nada parecido."

Ele foi demitido na hora e, com um dos saltos de suas botas quebrado, saiu mancando pela noite. Malcolm imediatamente o substituiu por George, que assumiu a bateria pelo resto do show.

Mas a saída de Burgess foi, na verdade, o começo de um expurgo. Logo mostraram a porta da rua também para Van Kriedt. Ventos novos sopravam, e o nome de Van Kriedt não podia mais constar na folha de pagamento.

Larry Van Kriedt: "Mencionaram que todos teriam um personagem e Angus seria um garoto de colégio. Eu seria um policial americano, o que lembra um pouco o Village People, mas eles ainda não existiam! Malcolm ia ser um piloto e usar o cabelo azul ou coisa parecida. Lembro-me de que Angus, no começo, estava puto porque não queria bancar o artista de cabaré! Mas Malcolm fez com que ele aderisse à ideia."

Durante todo esse tempo, George e Harry trabalhavam em outro disco, tendo construído um caloroso relacionamento de trabalho com Ted Albert e a Albert Productions no fim de 1973. Esse projeto foi o álbum de estreia do ex-Easybeat Stevie Wright, que estava participando do elenco australiano de *Jesus Cristo Superstar*.

Hard Road destacou não apenas as habilidades de produção de George e Harry, mas as guitarras de Malcolm e Harry. O destaque do álbum era "Evie", um épico de 11 minutos composto por Vanda e Young, dividido nas partes um, dois e três, e que tomava a maior parte do lado A do disco.

O baterista Russell Coleman participou de algumas sessões de gravação do álbum e ficou surpreso com o instinto musical e o talento de George, que também era um impressionante imitador vocal.

Russell Coleman: "Ele costumava escutar prensas de maquinário industrial pesado, tipo aquelas de selos, mas de 20 toneladas. Ele ouvia a máquina e dizia: 'É assim que eu quero essa caixa!'. Apareci uma vez com o Stevie Wright e todos os meus pratos brilhantes. George disse para me livrar 'daquele lixo'. Daí ele trouxe os pratos mais horrorosos que já vi, dizendo: 'Isto é rock'n'roll!'. E ele tinha um monte de lindas guitarras, Gibsons, Epiphones e Fenders, todas encostadas em um canto."

Malcolm ficou surpreso e desapontado quando viu o complexo processo de corte e colagem levado a cabo na gravação da Marcus Hook Roll Band, o projeto de estúdio de George e Harry que gerou o álbum *Tales Of Old Grand-Daddy,* e os métodos usados nas sessões de *Hard Road* apenas serviram para confirmar sua indignação silenciosa.

Em reação, tomou medidas drásticas quando chegou em casa. Todos os seus discos, com a única exceção de *Get Yer Ya-Ya's Out!*, dos Stones, e dos álbuns de blues, que ele sabia serem originais pelos seus erros, foram jogados fora.

Enquanto isso, em fevereiro, Allan Kissick contratou Malcolm para tocar guitarra na banda Jasper, de Sydney, cujo vocalista, John ou Johnny Cave, era um dos primeiros candidatos a vocal do AC/DC. Cave, mais tarde, mudou seu nome para William Shakespeare, adotou a moda glam rock e deu a Albert dois sucessos pop nas paradas: "Can't Stop Myself From Loving Your" e "My Little Angel", ambos de Vanda e Young.

Impressionado com o que ouvia de seu som no Jasper, Malcolm perguntou se o baixista Neil Smith e o baterista Noel Taylor não estariam interessados em se juntar ao AC/DC. A dupla era uma pechincha: não só os dois vinham com uma van, como a de Malcolm, como também tinham um sistema de PA.

No fim de fevereiro, a banda renovada assegurou uma temporada de um mês no Hampton Court Hotel depois de impressionar o dono durante os ensaios feitos na casa. Como o Chequers, o Hampton tinha uma programação fatigante de três apresentações de 45 minutos que, com descansos de meia hora, dava um total de cinco horas de trabalho por noite.

O AC/DC não tinha um, mas dois momentos de destaque no show para manter a atenção do público. Um era uma versão inflamada de "Jumping Jack Flash", que durava 12 minutos, com Malcolm e Angus duelando um com o outro como loucos. O outro era uma versão estendida de "Baby Please Don't Go", com a participação de Malcolm nos vocais.

Tanto Angus como Malcolm ainda tinham empregos durante o dia e tinham de levantar cedo. Por isso, nos intervalos, Angus ajeitava-se em algum canto sossegado onde pudesse dormir um pouco.

Neil Smith logo percebeu que se juntara a algo muito especial, não apenas por causa da combinação de talentos de Malcolm e Angus e pelo fato de serem os irmãos mais novos de George.

Smith ficava surpreso por Malcolm e Angus não terem muitos amigos na indústria do rock'n'roll e quererem manter-se o mais longe dela possível. Depois das apresentações, Angus apenas ia para casa praticar e a dupla tinha opiniões muito definidas e duras sobre a música e os músicos da época.

"Lembro de estar no Chequers uma noite. Malcolm tomava um uísque e eu, uma cerveja, quando ele pergunta: 'O que você acha dessa banda?'. Eu respondi: 'Acho que eles são ok'. Ele perguntou: 'Eles são bons?'. 'Bem, não muito...', eu disse. Daí Malcolm soltou: 'Eles são uma merda, não são?'. Era como eles costumavam pensar. Era oito ou 80, não havia meio-termo. E eles sabiam, simplesmente sabiam o que tinham de fazer.

Uma vez Angus disse para mim: 'É uma pena que Hendrix morreu, porque poderíamos acabar com ele no palco!'. Você tomava umas cervejas com ele e o ouvia dizer: 'Vamos ser uma das maiores bandas do mundo'. Imagine um menino de 20 anos falando isso. Qualquer um diria: 'Calma aí, amigo, o quê? O que você está dizendo? Quer uma cerveja?'."

Em fevereiro e março, a Geordie, uma banda glam de peso da Inglaterra, cujo vocalista era Brian Johnson, excursionou pela Austrália. Chris Gilbey, da Albert, ajudou a organizar a turnê, já que a companhia representava os interesses de publicação da britânica Red Bus Music, que contratou a banda. Angus assistiu ao show deles na casa noturna Hornsby Police Boys e Malcolm, no Chequers.

Sempre ansioso para documentar os progressos de seus irmãos, George novamente providenciou uma gravação do AC/DC em sua casa em Epping, onde tinha um estúdio. Infelizmente, o amplificador do baixo de Smith quebrou e a gravação não ficou boa. O único resultado foi apenas outra tomada de "Can I Sit Next To You, Girl".

Enquanto eles se apresentavam com regularidade, abril trouxe um novo capítulo em um show ao ar livre no Victoria Park, nos arredores do distrito empresarial, no centro de Sydney. O AC/DC estava determinado a causar impacto. Uma boa impressão em um show de tais dimensões traria uma publicidade inestimável.

Nessa apresentação, as fantasias sobre as quais discutiram foram finalmente reveladas.

Dave Evans: "Decidimos nos vestir de uma forma bizarra para chamar a atenção. [Para] Angus, sua irmã deu a ideia de vesti-lo com um uniforme de colégio, com calças curtas e uma mochila nas costas. O baixista decidiu usar calças de montaria, capacete e óculos escuros para parecer-se com um policial rodoviário. O baterista usou um traje de palhaço com uma cartola, um tipo de arlequim, e Malcolm vestiu um macacão branco com botas azuis, como um aviador. Eu usei botas vermelhas com uma calça apertada pra caralho e uma jaqueta listrada em vermelho e branco que era muito colorida.

As pessoas diziam: 'Uau, o que é isso!', principalmente sobre o uniforme de colegial. O visual da banda era de outro mundo. Era algo diferente. Fizemos o show e foi para lá de ótimo, claro."

De todos os figurinos, o de Angus, de uniforme escolar, era o mais memorável e convincente. Fazia uma ligação direta com seu tempo de colégio, quando o menino entrava correndo pela porta da frente de casa à tarde e ia direto para a guitarra, sem nem trocar de roupa, tamanho seu entusiasmo.

Sua irmã mais velha, Margaret, viu possibilidades de um figurino que congelaria Angus nos 16 anos. A princípio, ele ficou tímido e nada entusiasmado com o uniforme escolar, e precisou de Malcolm e George para convencê-lo.

Com todo o seu impacto atraente, o uniforme de colégio não seria o único personagem que Angus manteria em circulação nos próximos meses. Vestido de Zorro, por exemplo, Angus tocava guitarra como se fosse um violino, usando como arco uma espada de plástico, em uma discreta referência à experimentação de Jimmy Page com um arco de violino quando ele e Malcolm assistiram aos Yardbirds no fim dos anos 1960.

Dave Evans: "Ele também costumava lutar comigo no palco, como se estivéssemos em uma briga de espadachins. Eu usava o suporte do microfone enquanto ele me atacava com a espada até eu erguê-lo nos ombros. E ele tocava guitarra montado nos meus ombros."

O show no Victoria Park foi um momento decisivo para a carreira da banda, mas para Neil Smith e Noel Taylor foi o fim da linha; eles foram despedidos logo depois, após ficarem na folha de pagamento por apenas seis semanas. Com eles, foram-se seus respectivos personagens de palco, e o conceito original do figurino foi para o espaço.

Neil Smith: "Eles viviam falando: 'Vamos ser a maior banda do mundo!'. E nós respondíamos: 'Tá bom, tá bom...', e bebíamos outra cerveja. Não levávamos essa história tão a sério como eles. Imagino como isso devia ser frustrante para Malcolm."

Smith e Taylor saíram, e a banda realizou testes em seu espaço de ensaio em Newtown. O baixista Rob Bailey, que tocou com a banda Flake no show no Victoria Park, e o baterista Peter Clack foram recrutados.

Dennis James: "Nessa época, ambos tocavam na minha banda, que se chamava Train, eu acho. Eles receberam uma ligação de Ray Arnold [o primeiro empresário do AC/DC] falando sobre o teste. Eu fui junto. Aqueles dois, além do meu vocalista Wayne Green, foram convidados a juntar-se a eles. Wayne infelizmente (para ele) não aceitou. Eu, é claro, não recebi nenhuma oferta... por ser o líder da banda!"

"Evie", de Steve Wright, foi lançado em maio de 1974 e tornou-se o maior *single* australiano do ano. Também foi a primeira oportunidade mundial de ouvir Malcolm em disco. No dia 9 de junho, enquanto "Evie" estava no auge, Wright, agora um grande astro solo apoiado por seu álbum *Hard Road*, lançado em março, tocou na Opera House de Sydney. Um público estimado de 10 mil pessoas chegou para assistir ao show gratuito, embora o espaço tivesse capacidade para acomodar, no máximo, poucos milhares de pessoas.

Em uma reunião dos Easybeats, Wright foi acompanhado por George Young no baixo e Harry Vanda na guitarra; foi a primeira aparição pública do trio desde o fim dos Easybeats, com Malcolm na guitarra base e Dave Evans, John Paul Young e Neil Johns do Blackfeather fazendo vocais de apoio. Malcolm e Dave Evans trabalharam em dobro, já que o AC/DC abriu o evento.

A crítica da edição da *Go-Set*, de 22 de junho de 1974, dizia que a banda de apoio "era uma força a ser reconhecida como tal" e que "o AC/DC parecia ótimo e soava ótimo".

Foi uma cobertura inestimável, principalmente porque a banda estava sendo oficialmente contratada pela Albert Productions naquele mesmo mês.

Por volta dessa época, um pouco da futura identidade do AC/DC apareceu quando a banda foi fazer um show nos subúrbios ao sul de Sydney e viu um pôster anunciando a apresentação com um relâmpago separando o AC do DC, uma ideia que Chris Gilbey, da Albert, teve para enfatizar o senso de energia no nome da banda. Era perfeito e colou.

Em 22 de julho, o primeiro *single* do AC/DC, "Can I Sit Next To You, Girl", e "Rockin' In The Parlour", ambos tirados das sessões de janeiro na EMI, foram lançados na Austrália. Graças à criatividade de George e Harry, foram enviadas cópias ao exterior, arrematadas por fãs entusiasmados.

A primeira crítica fora da Austrália saiu na edição da primavera de 1975 da revista *Who Put The Bomp*, de Greg Shaw, escrita pelo próprio, um velho fã dos Easybeats e admirador de Vanda e Young que, sem nenhuma informação negativa sobre a banda, fez algumas observações interessantes.

"O AC/DC é como Vanda e Young com músicos de estúdio; se for um grupo real, sua semelhança com os Easybeats do começo é surpreendente... uma evolução moderna daquele som clássico... um disco formidável."

Um vídeo da banda tocando a música foi gravado em um teatro vazio chamado The Last Picture Show, em Cronulla, onde eles tocavam com regularidade. Bernie Cannon, produtor do programa "GTK" (Get To Know), da ABC Television, que era exibido durante dez minutos a partir das 18h30, das segundas às quintas-feiras, dirigiu o vídeo naquela manhã de domingo com uma surpreendente inovação: ele decidiu gravar em cores antes que houvesse transmissões em cores.

Apesar de seu formato contido e do horário, o "GTK" era um programa de alcance nacional e uma ferramenta importantíssima para expor a banda em regiões do país onde ela não tinha tocado. Essa situação foi meio remediada por uma turnê australiana de pequena escala para capitalizar o sucesso nas paradas de "Can I Sit Next To You", em áreas como o sul e o oeste da Austrália, onde em alguns lugares a música entrou na parada Top 5.

Em Sydney, a energia e o entusiasmo da banda ganhavam até mesmo os públicos mais intimidadores. Wizard, do Annandale/Leichhardt Sharpies, que tinha 60 membros, lembra de uma noite no Hornsby Police Boys Club: "Um dos caras pulou no palco, tirou o boné do Angus e deu a ele um boné dos Sharpies, que era só um boné de golfe, e ficou com o boné do Angus. Depois devolvemos o boné; ele era apenas para algumas canções".

Em agosto, "Can I Sit Next To You" estreou na "GTK", no mesmo mês em que Lou Reed, o rei da decadência rock'n'roll, fez uma turnê pela Austrália pela primeira vez. Quem melhor para abrir o show de Lou Reed do que uma banda jovem, com um guitarrista com uniforme de colégio, com um nome que muitos achavam ter conotações bissexuais? A turnê era nacional e foi uma primeira oportunidade promocional para o AC/DC.

No show de Melbourne, durante a turnê, Malcolm explodiu e ligou imediatamente para George quando descobriu que o uso do sistema de som pelo AC/DC ia ser drasticamente cortado.

Dave Evans: "George voou na mesma hora para Melbourne. Ele disse para os caras [os técnicos de som de Lou Reed]: 'Vocês tratem de liberar a porra do som para os meninos'. E ficou do lado do PA, do mixer. Quis ter certeza de que nós tivéssemos todo o equipamento. Ninguém se mete com George Young!"

Foi em Perth, durante as apresentações de Reed, que uma importante mudança de papéis aconteceu na banda. Malcolm anunciou que Angus tocaria guitarra solo e ele faria a base, em vez de se revezarem, como vinham fazendo.

Dave Evans: "Ele disse: 'Precisamos de foco nesta banda'. Ele é um cara muito perspicaz, sabe, muito voltado para os negócios. Lembro de dizer ao Malcolm, 'Cara, adoro pra caralho o jeito como toca guitarra!'. Falei: 'Vai ser um desperdício se você não fizer a guitarra [solo]. Você é ótimo, melhor que a porra do Angus!'. Ele respondeu: 'Não importa'."

Angus sempre teve o desejo de dominar o show, de fazer solos para deixar o público boquiaberto e, além disso, caso precisasse verificar detalhes técnicos, Malcolm, mestre nesses assuntos, estaria ao seu lado. Era a combinação perfeita.

A definição clara dos papéis nas guitarras entre Malcolm e Angus veio com outras mudanças. A ascensão dos Skyhooks, uma banda fantasiada e teatral de Melbourne, apressou o fim do figurino no AC/DC. Eles não queriam entrar em uma competição de roupas com ninguém, muito menos com as fantasias escandalosas do Skyhooks. Apenas Angus permaneceu com seu uniforme de colégio.

Em compensação, em vez de apenas tocar parado e concentrado na música, Angus tornava-se cada vez mais ativo sob as luzes, estimulado por nada além de leite, montes de barras de chocolate e incontáveis cigarros.

Em uma entrevista na televisão no começo dos anos 1990, o contemporâneo Scot Billy Connolly falou sobre quando começou a usar fantasias bizarras e de como sentia que poderia fazer o que quisesse, porque naqueles trajes ele não representava nada. Angus passou a encarar o uniforme de colégio da mesma forma e ele começou a libertá-lo.

Com o incentivo de George e de Malcolm, descobriu, aos poucos, que poderia correr pelo palco como um doido, atingir a profundidade emocional que admirava tanto em instrumentos como o saxofone e, ao mesmo tempo, deixar orgulhosos seus ídolos, como Jeff Beck e Leslie West, do Mountain.

Com os holofotes direcionados mais para Angus, as pequenas tensões entre Dave Evans e os irmãos Young, que pareciam baseadas em um conflito de personalidades mais que qualquer outra coisa, acirraram-se.

Em uma noite, Evans, com a ajuda de uma garrafa de Drambuie, caiu nas mãos de Malcolm e de um Angus muito frustrado, que deram uma surra no cantor de boteco. A agressão liberada por Angus ajudou a solidificar seu personagem no palco e deixou todos em alerta. Havia mais atrito sobre dinheiro, pouco, apesar de todo trabalho duro, e a administração do empresário. Evans e Dennis

Laughlin, o segundo empresário da banda, partiram para uma briga física em Adelaide e tiveram de ser separados.

Apesar de todas essas faíscas, ou talvez por causa delas, os irmãos Young não duvidavam que o AC/DC estivesse destinado a ser grande. Geordie Leach, na época na banda Buster Brown, de Melbourne, lembra de um encontro com Malcolm e Angus fora de um show em Adelaide.

Geordie Leach: "Fomos pegar as chaves do Hospital Hotel e estávamos voltando quando vimos Angus e Malcolm sentados na escada de um bar, tocando guitarra elétrica como se fosse acústica para si mesmos. Alguém disse: 'Vocês estão acontecendo!'. E eles responderam: 'Vamos ser grandes!'."

Em Adelaide, encontraram o homem que os ajudaria a chegar lá.

1969
Bon Scott e The Valentines. Melbourne.

Capítulo 5

Não Poderia Ganhar a Vida como um Louco

Bon Scott ouviu o *single* do AC/DC, "Can I Sit Next To You", no rádio, em Adelaide. Era o tipo de som que ele amava cantar. Então, o locutor disse o nome da banda e o encantamento prévio foi substituído por um desprezo irônico: eles eram gays.

Em 1974, aos 28 anos, Ronald Belford Scott já criara um nome considerável na indústria fonográfica australiana.

Nascido em 9 de julho de 1946, em Forfar, perto de Kirriemuir, na Escócia, Bon tinha 6 anos quando sua família emigrou para a Austrália. Residiram em Melbourne durante alguns anos antes de se mudarem para Perth, em 1956. Na escola, seu sotaque o tornou um alvo e ele recebeu um ultimato: ou falava como todos ou teria problemas. Bon não estava para ser ameaçado.

"Não estava nem aí", ele contou a Daniela Soave, do *Record Mirror*, em 18 de agosto de 1979. "Ninguém bota banca para cima de mim."

Houve outras complicações. Em sua classe na escola, havia outro menino chamado Ron. Então, para se diferenciar dele, optou por ser chamado de Bonnie, em homenagem ao seu país de origem.

Foi um passo que combinou direitinho com sua decisão de juntar-se à banda de gaita de foles Fremantle Scots com seu pai e, de 1958 a 1963, Bon foi campeão iniciante de caixa de bateria. Para grande contentamento de seus pais, ele também fez parte da banda de gaita de foles que tocou durante a cerimônia de abertura dos Jogos Imperiais em Perth, em novembro de 1962.

Mas, quando chegou à adolescência, ser chamado de Bonnie não era nada ideal, como sempre nessa idade, para um garoto empenhado em se autoafirmar.

Ele esteve em vários empregos depois de sair da escola, incluindo o de carteiro, mas nenhuma experiência em sua vida até aquele ponto teve tanto impacto quanto trabalhar ao lado de um valentão que usava brincos e tatuagens em um barco de pesca de lagostins. Empolgado com o visual e a atitude sem frescuras do homem, Bon mandou furar a orelha e tatuou seu ombro.

Bon cantava Chuck Berry e Elvis desde o fim dos anos 1950, para horror de sua mãe, que achava que rock'n'roll não se qualificava como música. Mas só quando ele completou 18 anos, em 1964, fez sua primeira aparição pública em Port Beach Stomp, em Perth, com sua primeira banda, The Spektors, nome inspirado em Phil Spector, o criador do efeito sonoro de estúdio chamado "parede de som".

Os ensaios aconteciam em um pequeno salão de igreja, mas foram prejudicados pelo fato de Bon estar passando um tempo no reformatório por não ser nada angelical.

Wyn Milson: "Só podíamos fazer shows aos sábados e domingos porque ele estaria trancado o resto da semana. Era um garoto um pouco selvagem, arrumava muita encrenca. Acho que o puseram no reformatório porque ele e uns amigos, todos menores de idade, roubaram um carro e dirigiram pela ponte Fremantle em direção ao porto. Lembro de que, quando o deixavam sair nos fins de semana, costumavam raspar sua cabeça até não sobrar quase nada de cabelo."

Após cumprir seu tempo no reformatório, Bon foi liberado e a banda começou a fazer algum progresso, cultivando seguidores por toda Perth e em algumas localidades próximas.

Bon dividia seu tempo no palco entre a bateria e sua alternativa preferida: cantar. O vocalista também tocava bateria, mas Bon sabia que era muito melhor. Dennis James lembra-se de ver os Spektors em um baile do seu colégio, em novembro de 1964.

Dennis James: "Bon era o baterista, mas ainda posso vê-lo saltando para a frente e cantando 'You Really Got Me' [do Kinks]. Já nessa época a rapaziada via ali algo diferente."

Quando os Spektors acabaram, em 1966, Bon e Wyn Milson uniram forças com o vocalista Vince Lovegrove, de outra grande banda de Perth, os Wynstons. Por sugestão de Alan Robinson, da Radio 6KA da cidade, adotaram o nome de The Valentines e começaram a emplacar a soul music de Wilson Pickett e de Sam & Dave.

O progresso da banda na cena musical foi rápido. Em outubro, eles abriram um show para P. J. Proby em Perth e, em março de 1967, foram contratados pela Clarion Records. Seu primeiro *single* foi lançado em maio, com "Everyday I Have To Cry"/"I Can't Dance With You", *covers* de Arthur Alexander e dos Small Faces, respectivamente. Bon fez vocais de apoio no lado A e a voz principal no B.

Em junho, aconteceu o grande momento dos Valentines: a chance de abrirem o show dos Easybeats, recém-chegados de sua temporada triunfal no exterior, no Capital Theatre. Bon, como grande fã, ficaria mais do que feliz em comprar um ingresso para assistir ao show. Em vez disso, engatou uma amizade com George Young.

Esse relacionamento também rendeu a apresentação de março dos Valentines, mais uma vez abrindo para os Easybeats. Essa ocasião mostrou a versatilidade musical de Bon.

Wyn Milson: "George disse que tinha uma música para nós. Nós a gravamos com George na guitarra e cantando em um quarto de hotel em Scarborough. Usamos um gravador bem ruim. Voltamos, colocamos a música em acetato na estação de rádio e ouvimos lá.

A coisa sobre 'She Said' é que essa música tinha uma pequena sequência de flauta doce tocada por Bon. Ele era bom em vários instrumentos, era um guitarrista razoável, podia simplesmente escolher alguma coisa e aprender a tocar."

Logo "Everyday I Have To Cry" tornou-se um *single* campeão de vendas no oeste da Austrália e a banda estava tocando seis noites por semana. Mas, depois que os Valentines ganharam o concurso regional Batalha de Bandas de Hoadley, atravessaram o país no mês seguinte para se apresentarem nas finais nacionais em Melbourne, e a animação na cidade os fez pensar em expandir seus horizontes.

Em agosto, "She Said", de Vanda e Young, foi lançada e alcançou a parada Top 10 no oeste da Austrália. Era como uma saudação de "bem-vindos" em seu estado de origem.

Em outubro de 1967, os Valentines mudaram-se para Melbourne, onde o ritmo da cena musical era quase frenético. Nas manhãs de sábado, grandes lojas de departamentos frequentemente tinham três ou quatro bandas tocando em seus telhados.

Com o novo ambiente da banda, aconteceu uma mudança em como se apresentavam. Bon, dividido entre cantar e tocar bateria, queria desesperadamente se posicionar à frente da banda de maneira permanente e pôde então satisfazer essa vontade ao lado de Vince Lovegrove.

A soul music que eles tocavam também precisou ser repensada para competir em Melbourne, então começaram a tocar Rolling Stones, Them e The Who. Estavam chegando à praia de Bon.

Na época, apesar de a banda fazer quatro shows diferentes nas noites de sábado, às vezes com poucos minutos para ir de um lugar a outro, eles viviam em uma casa, com dinheiro que mal dava para a sobrevivência. A situação chegou ao ponto em que foram forçados a se alimentar no supermercado com o que pudessem comer na hora, torcendo para que ninguém os abordasse antes de caírem fora.

Em fevereiro de 1968, o primeiro material original dos Valentines, "Why Me?"/"I Can Hear The Raindrops", foi lançado. Apesar do apoio do estado de origem da banda, onde figurou no top 30 de Perth, o álbum fracassou em Melbourne e no resto do país.

Por volta da metade do ano, os Valentines decidiram mudar-se temporariamente para Sydney, onde gravaram versões do Soft Machine, "Love Makes Sweet Music" e "Peculiar Hole In The Sky", esta última composta por Vanda e Young para a banda. Em agosto, entraram para a top 20 de Adelaide e Perth, mas o impacto nacional ainda estava longe.

Em novembro, houve outra reformulação de imagem. Eles se tornaram uma banda pop assumida que tocava muitos *covers*, alinhada com o movimento do pop bubblegum, em voga na época. Com essa mudança, vieram os trajes de palco coloridos e brilhantes, de mangas transparentes, que eram um problema para Bon.

Embora ele não mudasse por dentro de jeito nenhum, Bon precisou cobrir suas tatuagens, grande tabu social na época, com base, apesar de que, quando ficava suado, o material nas suas mangas tornava-se translúcido de qualquer maneira. Mas ele tinha de tentar.

No entanto, quem considerasse Bon um alvo fácil por causa do seu modo de se vestir no palco se surpreenderia.

Wyn Milson: "Ele era um cara durão e sabia disso. Estive em várias situações em que pessoas me ameaçaram ou provocaram e ele quis partir para a briga. Bon não era desses caras que saem em busca de encrenca, mas caso encontrasse não fugiria.

Ele sempre queria ultrapassar os limites. Fosse o que fosse que qualquer um fizesse, ele sempre ia um pouco mais além. Bebida, drogas ou qualquer coisa. Caso você fosse amigo dele, seria amigo para sempre, não importa o que acontecesse. Ele era esse tipo de pessoa, dava para confiar a própria vida a ele. Caso você estivesse encrencado, em uma situação perigosa ou em uma emergência, ele era o cara para ter ao seu lado.

Não Poderia Ganhar a Vida como um Louco

Eu estava com ele uma noite e acho que uns policiais nos pararam em Melbourne. Bon acabou xingando um deles e passou a noite na cadeia. Tivemos de tirá-lo de lá de manhã. Isso acontecia porque, às vezes, ele não conseguia ficar de boca fechada, mesmo quando isso era o melhor a se fazer."

Noel Jefferson, um amigo dos Valentines, também via Bon como alguém muito hábil com a mão esquerda. "Bon impressionava-me por ser um homem valente, durão, mas gentil. Nunca o vi apanhar em uma briga de rua. Ele era muito rápido com sua mão esquerda. Muito forte.

Sempre brigava com caras maiores que ele. Imagino que houve situações em que levou a pior, mas nunca o vi machucado."

Em março de 1969, foi lançado o *single* "Ebeneezer"/"My Old Man's A Groovy Old Man", que deveria sair, a princípio, no dia dos namorados [o Valentine's Day]. "My Old Man", mais uma canção composta especialmente para a banda por Vanda e Young, tornou-se um sucesso nacional e, de repente, pela primeira vez, dinheiro não era mais um problema, assim como reconhecimento.

Públicos recordes começaram a se reunir para vê-los em salões de dança de Melbourne, e os Valentines recebiam cachês inéditos em apresentações em Sydney. Fãs invadiam o palco durante as apresentações; quando não podiam ser controlados, o show tinha de ser interrompido.

O que as multidões histéricas não sabiam era que havia, na realidade, dois Valentines, um com shows que aconteciam mais cedo para um público jovem e outro mais barulhento e pesado, sem roupas vistosas e músicas pop comerciais, que tocava tarde da noite em casas noturnas.

Nessas apresentações mais agressivas, Bon, às vezes, surgia como ele mesmo, com o conjunto de timbales que comprou.

Wyn Milson: "Bon cantava sons do comecinho do Led Zeppelin, do primeiro álbum do Santana, coisas assim. Precisávamos do seu tipo de voz para isso. Eu queria, e Bon também, definitivamente ser essa banda. Não sentíamos satisfação alguma em tocar vestindo roupas coloridas, cantando musiquinhas água com açúcar."

Foi em Melbourne que Bon encontrou seu velho amigo Billy Thorpe, que conheceu nos anos 1960, em Perth. Thorpe tinha acabado de chegar à cidade e criou uma nova versão amplificada de sua banda, The Aztecs. Bon foi uma das primeiras pessoas a sofrer o impacto de seu som.

Billy Thorpe: "Ele [Bon] era um doidão, cara, um doidão. Todos os sujeitos tinham aquela síndrome de valentão. Eu sofro dela. Todos nós falamos: 'Que merda é essa que você tá me dizendo???!!! Que porra você tá olhando???!!!'

Bon não era diferente. E havia alguns produtos químicos nocivos a nossa volta naqueles dias que faziam com que ficássemos muito mais rápidos do que seríamos em condições normais. Tudo isso regado a uísque tornava o ambiente bastante agressivo. Bon fazia parte de tudo isso. Ele era como todos nós. Estamos falando de 24, 25 anos. Acho que Bon era um pouco mais novo que eu. Ele era um sujeito legal, de confiança.

Era engraçado olhar as qualidades de Bon como cantor de rock e de Bon como cantor de cabaré, porque eram duas personalidades extremas. Uma delas ganhava dinheiro vestido de *smoking* com gravata-borboleta. E o outro, ao mesmo tempo, estava, depois dessas apresentações, nos bastidores fumando maconha e bebendo com os Aztecs. A seguir, voltava ao palco para soltar a voz em um tom alto sempre que pudesse.

Lembro de ouvir dele em uma noite, de repente: 'Sabe, eu vou conseguir, eu vou conseguir'. Ele estava muito frustrado porque estava empacado nos Valentines. Queria pirar e não conseguia ganhar a vida assim."

Romântico ao extremo. Bon uma vez pegou um trem de Melbourne para Sydney só para levar uma garota ao cinema, e voltou para Melbourne no dia seguinte, uma viagem de ida e volta de 2 mil quilômetros.

Enquanto isso, a loucura em torno dos Valentines continuava, com a ajuda das bombas de fumaça colorida e de Bon e Vince pulando como cabritos monteses sobre os amplificadores da banda. Um Lovegrove completamente satisfeito disse à *Go-Set* que o segredo do sucesso da banda era a combinação de seus vocalistas.

"Sou mais popular que Bon", Lovegrove disse à revista, na edição de 14 de junho de 1969, "mas ele é melhor cantor do que jamais fui. De fato, acho que ele é o cantor mais subestimado de toda a Austrália."

A veia pop dos Valentines ficou ainda mais óbvia em julho, com o lançamento de "Nick Nack Paddy Whack" (com uma letra de Bon pela primeira vez, no lado B, "Getting Better"), e eles chegaram ao número nove na categoria de melhor banda australiana na enquete anual dos leitores da revista *Go-Set*.

Em setembro, a imagem pública da banda, formada por rapazes certinhos, sofreu um golpe severo quando policiais invadiram um clube de salva-vidas surfistas perto de Melbourne, escolhido pela banda como base para ensaios e trabalhos de composição. Eles foram presos por posse de maconha, depois que o membro de outro grupo conhecido os entregou para salvar a própria pele.

As acusações e a posterior mudança da banda para transformar a situação em algo positivo, apoiando abertamente a legislação sobre a maconha, nem sequer arranharam sua popularidade.

Para deleite de Bon, depois de uma presença no especial televisivo sobre os Easybeats, eles novamente abriram para a banda, dessa vez no Caesar's Palace de Sydney, onde os Valentines receberam, no mínimo, tanta atenção quanto a banda internacional de volta ao seu país de origem. Uma noite, Stevie Wright assistiu à banda incorporando seu alter ego mais *dark* em um casa noturna e mal pôde acreditar no tom da voz de Bon urrando "Whole Lotta Love", do Led Zeppelin.

Apesar do esplendor da apresentação com os Easybeats, as coisas estavam a ponto de ir por água abaixo. As esperanças de que "My Old Man's A Groovy Old Man" fosse lançada na Inglaterra despareceram, e eles ficaram apenas em terceiro lugar no concurso Batalha de Bandas de Hoadley. Parecia um presságio. E era.

A banda tinha apenas começado a gostar de exercitar seus músculos criativos e a fazer seu próprio som, quando uma disputa arrastada no rádio sobre pagamento de direitos autorais viu o conteúdo australiano ficar de fora das listas de músicas a ser tocadas. O *single* de fevereiro da banda, "Juliette", para o qual Bon compusera letra e melodia, literalmente morreu na tempestade das ondas do rádio.

Os problemas não acabavam aí. A banda precisou comparecer à corte em Geelong para responder às acusações de posse e consumo de maconha. Todos os membros declararam-se culpados e cada um recebeu liberdade condicional em troca de uma fiança de 150 dólares e da promessa de bom comportamento. E, então, o programa televisivo "GTK", da ABC Television, decidiu penalizar os Valentines por conta própria, banindo-os.

Em uma nota mais clara e para o alívio de todos, a imagem suave foi finalmente dispensada, em favor de jeans e camisetas mais convencionais.

Em abril, a banda mudou-se para Sydney, mas seu destino já estava decidido. Bon, em uma típica demonstração de lealdade, estava relutante em seguir adiante, mas ele queria mais e sentiu que o mundo e o que queria fazer nele escapavam de suas mãos.

Wyn Milson: "Acho que ele se sentia limitado pessoal e artisticamente com os Valentines. Acho que realmente queria ser o único vocalista, não queria dividir os holofotes, como vinha fazendo nos Valentines."

No começo dos anos 1970, a banda fez seu último show no Bertie's, em Melbourne, justamente quando alcançaram o sexto lugar como o melhor grupo australiano na enquete anual de leitores da *Go-Set*. Eles desfizeram a banda oficialmente em 1º de agosto.

Na época, Bon uniu-se à Fraternity, formada por Bruce Hove (baixo), Mick Jurd (guitarra), John Bisset (teclados) e Tony Buettel (bateria), este último substituído mais tarde por John Freeman. Eles eram exatamente o que Bon buscava nessa fase. Era uma direção nova e bem mais séria. Ele adorou.

A princípio, nem todos da banda de Sydney estavam convencidos de que Bon pudesse trabalhar.

John Bisset: "Um dia, do nada, Bruce anunciou que Bon queria ser nosso vocalista. Eu estava um pouco cético até o primeiro show, porque não era um grande fã dos Valentines. Mas todos me asseguraram que Bon era sério. Os Valentines eram uma banda pop e nós nos considerávamos uma banda de hard rock. Então havia um certo esnobismo em jogo."

Todas as dúvidas desapareceram com a primeira apresentação de Bon. Eles nem tinham sequer ensaiado juntos, mas ele, como de costume, pegou o jeito, já que ouvia há tempos as mesmas músicas de que seus novos companheiros de banda gostavam. Além disso, tinha uma voz forte. Com o lugar na banda confirmado, Bon mudou-se para a casa dos membros do Fraternity, nos subúrbios no leste de Sydney.

A banda já tinha gravado um *single*, "Why Did It Have To Be Me?", e estava para gravar outras músicas.

Quando estava na estrada, não era incomum a banda fazer três shows por noite em lugares diferentes em Melbourne e ainda ter de montar e desmontar o equipamento a cada apresentação. Era um trabalho duro e nada romântico. Mas havia recompensas de todo o tipo para astros como Bon.

John Bisset: "Havia, de fato, uma turma de *groupies* em Melbourne, que nós batizamos de 'Brigada do Bebê', porque todas elas tinham bebês com astros de rock ou candidatos a tal. Ficavam grávidas de seus ídolos sem nenhum constrangimento. Uma vez, acho que foi durante a Batalha dos Sons em Melbourne, ele [Bon] me apresentou uma linda garota que estava grávida de uns oito meses de um filho dele. Fiquei chocado e disse: 'Vocês vão se casar?', e ambos começaram a rir. Eles nem sequer haviam pensado nisso, ela só queria ter o bebê dele."

Bon não pôde acreditar quando o Fraternity conseguiu a chance de abrir para um agitado Jerry Lee Lewis no White City, em Sydney. Infelizmente, não foi a melhor noite da banda. Para muitos do público, a coisa mais empolgante do Fraternity foi a cara de Bon pintada para a guerra.

O sistema de som deixou os vocais de Bon inaudíveis e forçou a banda a fazer um show quase completamente instrumental. Mas a experiência não foi uma perda total. Bon era um grande fã de Jerry Lee Lewis, e ele e "O Matador" se deram muito bem.

Seguir Jerry Lee Lewis de volta aos Estados Unidos pareceu uma possibilidade quando um *single* para o Sweet Peach, um selo de Adelaide, chamou a atenção da gravadora MCA nos Estados Unidos, que, segundo o que se conta, queria muito um álbum inteiro da banda. O álbum foi finalizado em Sydney, em dezembro, e feito em menos de 14 horas, sem nenhum polimento depois da produção.

Bon nunca foi de perder uma apresentação, principalmente com amigos, e fez parte das sessões do álbum *At The Mountain Of Madness*, do Blackfeather, mais ou menos na mesma época. Ele tocou flauta doce em "Seasons Of Change" e timbales e tamborim em "The Rat" (suíte) e, sem querer, preparou o terreno para uma amarga ironia que estava por vir.

Primeiro, o Fraternity fez uma grande mudança. Na metade do sufocante verão de janeiro de 1971, mudaram para o sul da Austrália para viver em comunidade em uma fazenda de sete acres a 27 quilômetros de Adelaide, nas montanhas, em Aldgate.

Apesar de a obra-prima de rock'n'roll de 1968, *Music From Big Pink*, do grupo The Band, ter sido uma grande influência, a camiseta "Super Screw" [Superfoda] de Bon era um anúncio de sua disponibilidade para algo mais pesado e sujo. Como seus ídolos americanos, o Fraternity via a si mesmo como mais que uma banda, mais como A banda, ou seja, a única que importava.

A mudança para Adelaide foi impulsionada por uma proposta de um homem de negócios local, Hamish Henry, um agitador de família rica, com um senso de negócios perspicaz e um plano ambicioso para dominar o mundo da música a partir do sul da Austrália. Uma coleção de artistas, fotógrafos, agentes, *roadies*, motoristas e ajudantes de rock'n'roll, em geral, entrava e saía de seu escritório, e Henry comprou um ônibus com 26 assentos para transportar seus contratados.

Logo que chegou, Bon foi trabalhar para Henry, tentando ganhar uns dólares a mais limpando seu quintal, aparando a grama e outros bicos. Era chato, mas o ambiente era animado.

O ex-membro do Valentines, Vince Lovegrove, também se mudou para Adelaide e tornou-se uma unidade promocional composta de um só homem como jornalista, agente de banda, promotor, produtor de show televisivo e apresentador.

A primeira demonstração do poder de Henry veio com o Festival Myponga, com participações do recém-chegado Fraternity e do emergente peso-pesado inglês Black Sabbath, que não fizeram no festival sua melhor performance.

Ozzy Osbourne: "Voamos para lá, destruímos o hotel, entramos no mar com quatro carros."

Na viagem de volta para casa, o avião parou em Perth para reabastecer.

Ozzy Osbourne: "Sentei na porra de um muro por uns 15 minutos e tive queimaduras de sol que nem um filho da puta. Então tive de me sentar por 36 horas em um daqueles velhos 727, na merda da classe econômica. Nunca me esqueci disso."

Então, o Fraternity abriu para os pesos-pesados Deep Purple, Free e Manfred Mann quando foram para Adelaide, em abril de 1971.

Sua programação era exaustiva, mas ninguém se queixou. Os ensaios aconteciam frequentemente durante seis horas por dia com apresentações à noite seguidas de festas até não poder mais. Era trabalho pesado, mas era levado muito a sério porque a música era séria.

Às vezes, a seriedade era excessiva, como recorda o parceiro de banda Peter Head:

"Era sempre uma experiência penosa. Os caras discutiam até o último detalhe, o tom do acorde, o som de uma reverberação, uma palavra em uma letra e começavam a aumentar o som de suas vozes até gritarem uns com os outros e, às vezes, chegavam a brigar fisicamente por discordarem sobre como fazer as coisas."

A vida em Adelaide Hills era mais idílica.

Uma parte integrante da cena era o artista Vytas Serelis. Em um raro domingo de folga, alguns do grupo acabavam na propriedade de 17 acres de Serelis, em Carey Gully, onde suas pinturas, esculturas e invenções estavam em toda parte, com carros e ônibus velhos.

Peter Head: "Vince, Bon, Vytas e eu éramos muito próximos nessa época. Às vezes, nos sentávamos ao redor de uma fogueira ao ar livre tocando violão, cantando, escrevendo novas músicas, tocando com Vytas na cítara, ficando doidões de maconha, cogumelos mágicos, ácido, cachaça, o que fosse, e nos divertindo muito. Esposas, filhos, namoradas, amigos músicos e artistas juntavam-se a nós, às vezes por dias a fio."

Foi a calmaria antes da tempestade da decepção. John Ayers juntou-se à banda em março. Em maio, seu segundo *single*, "Seasons Of Change", o primeiro com Bon, foi lançado pelo selo Sweet Peach. A mesma música que Bon gravou com o Blackfeather foi escolhida para ser gravada pelo Fraternity entre fevereiro e março em Adelaide. Alcançou o topo das paradas do sul da Austrália.

Mas o álbum *At The Mountain Of Madness*, do Blackfeather, tinha sido lançado em abril e, cruelmente, sua versão de "Seasons Of Change" era um grande sucesso em todo o país. Isso apesar do fato de a gravadora Infinity/Festival ter, segundo o que se fala, estranhamente prometido não lançar o Blackfeather em competição com o Fraternity. Bon teve uma discussão furiosa sobre o assunto e partiu para as vias de fato em rede nacional, mostrando seu baixo nível de tolerância com a merda que os outros falam.

John Swan, que mais tarde tocou bateria no Fraternity, estava, na época, em uma banda chamada Hard Time Killing Floor e costumava tocar nos mesmos shows que o Fraternity.

"Eles eram grandes em todo lugar, mas em Adelaide eram imensos porque tinham aquele som. Eles pareciam com The Band e ninguém gostava muito de The Band naquela época. Para mim, o Fraternity arrebentava com todos eles, sem desrespeitar o pessoal do The Band.

Isso não tinha nada a ver com o fato de sermos amigos deles na época, porque o que você sente está mais para reverência, que é o oposto de ser amigo, pois não dá para acreditar que gente que você conhecia, ou conhecia você, seja tão talentosa."

O cancelamento da viagem planejada aos Estados Unidos na mesma época não causou tanto impacto pelo fato de o Fraternity ter sido considerado uma das melhores bandas da Austrália pela revista *Go-Set*. Ganhar a competição nacional Batalha dos Sons de Hoadley, em julho, e conseguir uma viagem a Los Angeles, 2 mil dólares em dinheiro e 300 dólares em tempo de gravação em estúdios em Melbourne também ajudou. Em vez de irem aos Estados Unidos, usaram o tempo em estúdio para gravar seu segundo álbum.

A chegada de Sam See na guitarra e no piano viu uma expansão na dinâmica musical da banda em direção a um toque mais country. Essa mudança só foi acentuada pelo fato de que quando o muito esperado álbum de estreia do Fraternity, *Livestock*, foi finalmente lançado, no fim de 1971, um ano após ter sido gravado, estava claro que a banda já tinha mudado.

Apesar de parecer que nada aconteceria, o lançamento de um *single* em março de 1972, "Welfare Boogie", foi no mínimo mais uma prova de que, apesar de seu ambiente musical culto, a poesia de lirismo cru de Bon continuava latente. Mas qualquer ideia de que "Welfare Boogie" transformaria o Fraternity no Status Quo foi afastada pela apresentação da banda no musical de Peter Schulthorpe, *Love 200*, com a Orquestra Sinfônica de Melbourne e Jeannie Lewis.

Lobby Loyde: "Ele podia estar em bandas de vanguarda em Adelaide, mas sempre era possível saber a três quadras de distância que Bon estava cantando, porque ele sempre chegava lá, bem no limite do alcance vocal o tempo todo. Ele não fazia rodeios com frases musicais impressionantes. Ele apenas ia em frente."

Àquela altura, seu verdadeiro foco era a Inglaterra. Então, durante vários meses de 1972, a banda mudou-se para Londres, mas não antes do casamento de Bon com sua namorada, Irene, uma loira atraente.

O segundo álbum da banda, *Flaming Galah*, "idiota" na gíria australiana, foi lançado durante sua ausência, em abril.

Infelizmente, a Inglaterra não era tão glamourosa como parecia do outro lado do planeta ou em reportagens de revistas como a *Go-Set*. Eles ensaiavam bastante, mas as apresentações eram escassas, quase inexistentes. A banda e sua equipe, 17 pessoas ao todo, viviam em uma casa de três andares sem aquecimento em Finchley, um subúrbio que mais tarde, na carreira de Bon, o trataria ainda mais duramente.

Nos primeiros meses, tudo o que podiam fazer era ver suas dívidas aumentar e os relacionamentos acabar. Para tentar ajudar nas despesas, Bon trabalhou no balcão de um *pub*.

No fim de 1972, apareceu uma turnê alemã, com datas em casas noturnas de Berlim, Frankfurt e Wiesbaden. As coisas estavam melhorando.

John Bisset: "Eles queriam rock, e a banda respondeu na medida certa. Bon falava com o público em alemão e eles o adoraram."

No caminho de volta à Inglaterra, a banda tocou com Brian Auger, do Oblivion Express, em uma cidade na França, enquanto em outra ocasião Tim Bogert, o baixista do Cactus, ex-Vanilla Fudge, estava ansioso para subir ao palco com os australianos.

Mas tocar com algumas celebridades menores e abrir para nomes mais estabelecidos (como o Status Quo, que sempre ofuscava a banda de abertura) não pagava as contas e, em março de 1973, Bisset deixou a banda. Sam See já tinha saído.

John Bisset: "Não levávamos nada muito a sério, além de apenas tentar nos divertir. Na Inglaterra, nossa diversão começou a ficar um pouco preocupante. Boa parte do encanto se foi, e não tínhamos dinheiro para nos embebedar. Mas, realmente, a música e a composição de canções eram secundárias."

Em desespero, decidiram renomear a banda de Fang, em uma oferta de misturar-se a bandas como Slade e Geordie. Mas com as barbas e a calvície avançada dos seus integrantes, o Fang não parecia nem tocava como seus inspiradores, apesar de terem em comum com eles a paixão pelo volume alto e pela diversão.

O Fang abriu para o Geordie no Torquay Town Hall em 23 de abril, e em Plymouth no dia seguinte. Bon ficou encantado com a voz áspera, a personalidade afável e a natureza crua do vocalista do Geordie, Brian Johnson, que costumava erguer o guitarrista da banda nos ombros durante suas performances.

Após os shows com o Geordie, o Fang seguiu abrindo para uma banda alemã de space rock, Amon Duul II, que tinha um som de destruir ouvidos e mentes. Em maio e no começo de junho, abriram para o Pink Fairies no Village Roundhouse, em Londres.

A volta para a Austrália era inevitável, mas voltar capengando depois da última apresentação de agosto, no Reino Unido, não era o retorno digno com que sonhavam os integrantes.

John Bisset: "Acabamos pagando o preço por nossa total falta de direção. Por toda a era do Fraternity, do início ao fim, sempre penamos de uma semana para a próxima. Era sempre difícil, nunca tínhamos dinheiro."

Lobby Loyde: "O Fraternity foi uma grande banda, cara. Acho que eles foram uma das bandas sensacionais deste país. Eram tempos difíceis para aquele tipo de rock'n'roll."

Na época, o guitarrista Loyde liderava o Coloured Balls, uma banda barra-pesada de Melbourne, que fazia rock'n'roll pesado em volume ensurdecedor, com um visual que ficava entre a gangue de Laranja Mecânica e os *skinheads*. Era, sem dúvida, o tipo de banda de Bon.

Lobby Loyde: "Bon Scott estava no palco com os rapazes tocando a cada oportunidade que tinha, porque adorava o som deles e queria estar onde o fogo estivesse. Cara, se Bon tivesse entrado em qualquer outra banda naquela fase, teria sido uma como os Coloured Balls. Ele amaria cantar com eles. Ele costumava me dizer: 'Você é um puta vocalista, cara! Você precisa de mim!'. E é verdade, eu era um puta vocalista, mas não achava ninguém que quisesse cantar como eu, então eu cantava. Não porque queria, mas porque eu tinha de cantar. Bon era o único [outro] que poderia ter cantado na banda."

Billy Thorpe: "Bon costumava aparecer e ficar nos bastidores. Ele idolatrava duas bandas: os Aztecs e Lobby e os Coloured Balls. Ele queria ser vocalista das duas! Ele me dizia: 'Eu até mataria para estar em uma banda como essa!'."

Em 1974, Bon estava de volta a Adelaide, onde se juntou a seu amigo Peter Head. Ambos resolveram montar uma nova banda, dessa vez tocando simples música country. Os membros da banda nunca foram definidos e a regra de nunca apresentar os mesmos integrantes em mais de um show da banda, chamada de Mount Lofty Rangers, fez com que mais de 200 músicos passassem por ela. Era bem diferente do Fraternity.

A última substituição de Bon em sua antiga banda foi um jovem Jimmy Barnes, famoso depois no Cold Chisel. Em seu primeiro show, de acordo com a lenda, a banda tocou em um volume tão alto que espatifou várias janelas no *pub* onde se apresentava.

Durante o dia, Bon trabalhava pesado carregando caminhões com fertilizante. Ao menos era um tempo bom para pensar e compor.

Peter Head: "Ele vinha à minha casa e dizia que, enquanto trabalhava, compunha músicas em sua cabeça o dia todo. Como seu conhecimento musical era escasso, queria que eu o ajudasse a escrever as músicas, as arranjasse e então as tocasse com o Mount Lofty Rangers.

'Ele apareceu com duas belezas! 'Clarissa', uma balada country cheia de sentimento sobre uma ex-namorada, e a engraçadíssima 'I've Been Up In The Hills Too Long'. Durante esse tempo, para me agradecer por ajudá-lo com suas músicas, Bon ofereceu-se para cantar em qualquer demo das minhas músicas. Foi assim que um dia paguei a soma régia de 40 dólares para contratar o novo Slater Studio de oito faixas e gravar duas das minhas músicas com Bon cantando, 'Round And Round' e 'Carey Gully'."

Para Bon, os Rangers eram uma zona confortável e uma loja musical, ainda que a música nem sempre se ajustasse às ideias que ele rabiscava em seu caderno. Foi assim até uma discussão tarde da noite em um ensaio no Lion Hotel.

Um Bon furioso, bêbado e aborrecido depois de uma briga com Irene saiu correndo em sua motocicleta e bateu em um carro. Perdeu vários dentes, feriu o pescoço, quebrou a clavícula e esteve em coma por três dias, durante os quais o monitor ligado ao seu coração mostrou uma linha reta por várias vezes. Também tiveram de fixar sua mandíbula com um fio.

A motocicleta teve danos irreparáveis e Bon parecia ter ido pelo mesmo caminho. Seu lindo sorriso foi danificado, o rosto expressivo estava desfigurado, seu andar garboso tornara-se coxo. E o pior, sua autoestima estava no chão.

Não Poderia Ganhar a Vida como um Louco   79

Somado ao fracasso do Fraternity, o golpe era duplamente cruel. Os amigos ficaram horrorizados e de coração partido por ele.

A reabilitação foi lenta, mas logo depois ele estava raspando cracas de barcos na doca seca no Porto de Adelaide. Para ganhar um dinheiro a mais, ajudava Lovegrove a pintar o escritório de sua agência e colava pôsteres para ele.

Colar pôsteres para outras bandas, enquanto sonhava acordado dolorosamente com o que poderia ter sido depois de toda a promessa do Fraternity era duro, para dizer o mínimo. Um dos pôsteres que Bon colou pela cidade foi possivelmente para uma banda que Lovegrove e sua mulher promoviam em uma turnê por Adelaide. Seu nome? AC/DC.

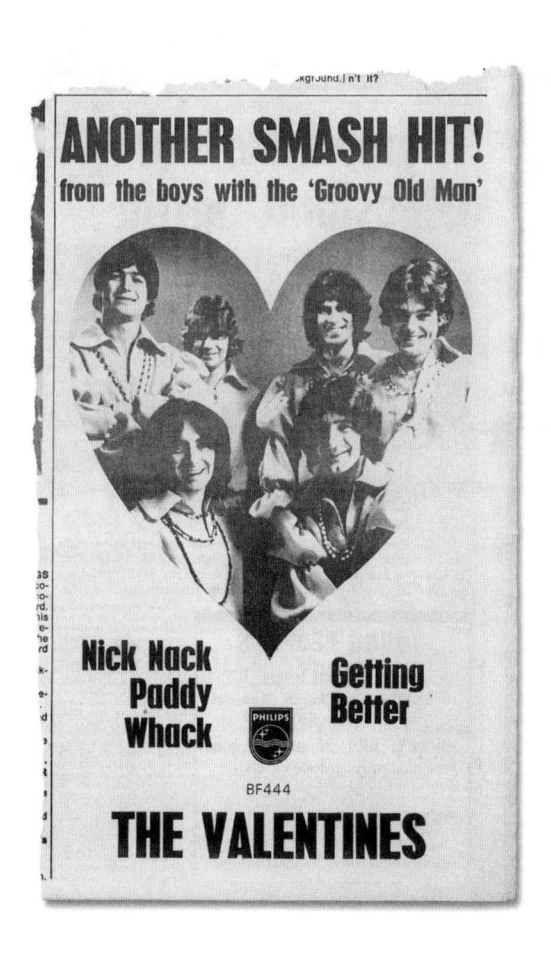

1974
Malcolm, Peter Clack, Bon e Rob Bailey. Hordern Pavilion, Sydney.

Capítulo 6

Foi como um Furacão

A primeira vez que Malcolm e Angus encontraram Bon, ele estava furioso por ter vestido a roupa de baixo de sua mulher por engano. Foi uma apresentação adequada ao furacão humano que Vince Lovegrove escolheu como guia, guarda-costas e motorista do AC/DC em Adelaide.

O primeiro dia em que Bon pegou no volante quase foi o último de todos. Seu comentário – enquanto voava pela estrada em seu sedã FJ Holden dos anos 1950 – de que tinha acabado de sair do hospital depois de um acidente sério com sua motocicleta não deixou ninguém muito tranquilo. Felizmente, de alguma forma, todos sempre chegaram inteiros ao destino.

Mas Bon levou sua função muito a sério, principalmente porque gostava dos seus deveres. Acompanhava a banda praticamente dia e noite, providenciando enormes baseados nas horas mais impróprias da manhã e dando inúmeras dicas sobre sua habilidade como baterista. Sabendo ou não, Bon encaixava-se perfeitamente na banda, mas não como baterista.

George Young já mencionara a Lovegrove que a banda precisava muito de um novo vocalista para substituir Dave Evans, cuja personalidade há muito vinha batendo de frente com Malcolm e Angus. Eles falaram com Stevie Wright, que recusou a oferta, sentindo que a última coisa que Malcolm e Angus precisavam era de sua ajuda. Lovegrove sugeriu Bon, e George, que se lembrava dele com entusiasmo da época em que os Easybeats cruzavam com os Valentines na estrada, gostou da ideia.

Lovegrove providenciou para que Bon estivesse no show que o AC/DC ia fazer no Pooraka Hotel.

Bon não podia acreditar no que via quando o AC/DC subiu no palco. A visão de Angus em agitação contínua o fez rir quase sem parar. Ele também teve um vislumbre do futuro diante de si e, de uma forma ou de outra, determinou-se a agarrar a oportunidade como pudesse.

Um bando de faladores na frente do palco provocava Angus de todas as formas possíveis durante toda a noite. O que eles não sabiam era que o guitarrista não se preocupava com o tamanho deles nem com quantos eram.

Angus, enfim, explodiu e mostrou ao grupo seu veneno, depois parou em frente ao palco e esperou para ver se eles se atreviam a revidar. Bon estava admirado com a ideia de que o menor sujeito do lugar fosse também o mais temível.

Depois do show, todos se encontraram no camarim. Bon, que a essa altura já estava completamente bêbado, lançou um desafio sorridente a Malcolm e Angus. Os irmãos eram muito novos para terem alguma ideia de como fazer o verdadeiro rock'n'roll, o vocalista brincou, e ele estava pronto para dar um curso intensivo. A dupla riu e desafiou Bon, que eles sabiam ser bem mais velho, a mostrar seu melhor.

O porão de Bruce Howe, do Fraternity, no subúrbio de Adelaide, foi o palco para o encontro descompromissado depois do show no Pooraka. Vários membros curiosos do Fraternity apareceram para ver seu velho companheiro de banda tirar a poeira com os Youngs.

Malcolm e Angus lembravam-se de Bon nos Valentines e depois no Fraternity, então sabiam que ele podia cantar uma música. Por seu lado, Bon percebeu que os irmãos Young eram o poder central da banda e sabia que George Young estava por perto. Também sabia que uma oportunidade de ouro se apresentava para ele e queria responder com a melhor performance de sua vida.

Mas o amor de Bon pela bateria era forte. Enquanto ele queria estar à frente do AC/DC como vocalista, também tinha outra posição na banda esquematizada na cabeça: Angus e Malcolm nas guitarras e ele na bateria.

Angus: "Ele nos levou a um pequeno estúdio e estava tocando bateria. Dissemos: 'Ok, já temos um baterista, Bon. Precisamos de um bom cantor!'. Ele continuava dizendo: 'Mas sou um baterista! Comecei como baterista de rock'n'roll!'. Dissemos: "Sim, nós sabemos'. Ele era bom baterista."

Com Bon finalmente atrás do microfone e John Freeman, do Fraternity, na bateria, a *jam* durou a noite inteira e, bem no momento em que o sol nascia, o empresário do AC/DC ofereceu a ele um lugar na banda junto com seu velho amigo, Dennis Laughlin.

Bon estava encantado e, apesar de sua provocação anterior, estava preocupado com sua idade e a juventude do resto da banda. Ele sabia que não tinha mais 21 anos e não tinha certeza se conseguiria acompanhar Malcolm e, principalmente, Angus.

Enquanto Bon pensava que a oferta havia sido retirada, a banda tinha compromissos no outro lado do país em Perth, incluindo uma permanência de seis semanas na Beethoven's Disco, abrindo para o travesti Carlotta. O show era provavelmente resultado do trabalho feito na turnê de Lou Reed. O AC/DC levou Evans, que então parecia um morto-vivo, para Perth.

A viagem de 2.700 quilômetros foi feita por terra, pela Planície de Nullarbor, uma área semiárida que se estende pela maior parte do interior da Austrália. Conhecido como um dos trechos de rodovia mais longos e retos do mundo, não era pavimentado na época e ficava em uma das paisagens mais inóspitas do planeta. Para piorar as coisas, alguns membros da banda tiveram de viajar na carroceria do caminhão.

Dave Evans: "Todo o equipamento estava empilhado na carroceria, o PA e muitas outras coisas, e tivemos de viajar lá, tentando nos ajeitar em algum lugar. Então ficou um breu, não dava para ver porra nenhuma. Tínhamos lanternas e, se você quisesse tomar água ou qualquer outra coisa, tinha de acender um isqueiro. Tivemos de usar bandanas e lenços sobre o nariz e a boca, por causa de toda aquela poeira vermelha do deserto."

Então um pneu furou e começou a chover. Felizmente alguém parou e os ajudou a trocar o pneu.

Quando finalmente chegaram em Perth, Evans ficou sem voz em um show e Dennis Laughlin teve de fazer os vocais. Com seus compromissos cumpridos, de uma forma ou de outra, a banda fez a cansativa viagem ao leste em setembro e parou em Adelaide, mais uma vez, para um fim de semana de shows.

Bon estava esperando e, quando recebeu novamente o convite para entrar para a banda, estava mais do que pronto para aceitar.

Depois de uma *jam* de boas-vindas no Pooraka, Bon subiu ao palco com seus novos empregadores em uma casa de espetáculos em Adelaide chamada Countdown. No público estava Phil Eastick, que mais tarde entraria para a equipe do AC/DC.

"Ele subiu ao palco e cantou algumas músicas. Não acho que Dave Evans se deu conta do que acontecia no palco, mas no minuto em que ele [Bon] subiu ao palco, dava para ver que aconteceu algo mágico."

Peter Head: "O AC/DC era a resposta perfeita para Bon. Ele tinha sempre consigo um caderno onde rabiscava letras para músicas, e os Youngs tinham uma máquina de rock'n'roll pronta para ele."

Para Bon, o AC/DC foi um bem-vindo elixir da juventude. Pela primeira vez em sua carreira, podia ser ele mesmo e ter uma cabeça suja para compor canções como "She's Got Balls". Os membros do Fraternity teriam simplesmente virado as costas para a ideia de se associarem a inspirações tão primitivas.

Era quase a mesma situação de seu ídolo Alex Harvey, o líder escocês da Sensational Alex Harvey Band. Harvey, como Bon, não era nenhum jovenzinho e teve vários falsos começos de carreira musical antes do SAHB estourar em 1972 e ele finalmente poder tornar-se o que queria mesmo.

Wyn Milson: "Aquele era o verdadeiro Bon Scott. Era o lado que ele tentara trazer à tona na sua época com os Valentines, mas não conseguiu."

Infelizmente, sua entrada para o AC/DC marcou os últimos momentos de seu casamento com Irene, embora as bravatas tenham disfarçado sua tristeza.

"Eu gostava mais da banda do que da garota, então me juntei à banda e deixei a garota", ele disse à Anthony O'Grady na RAM, em 19 de abril de 1975.

Dores de amor à parte, era uma situação em que todos saíram ganhando. Ele não apenas cantava com uma banda excelente, que era tudo o que ele sempre quisera, mas com uma banda excelente com uma grande linhagem.

Ele sentiu que o AC/DC começou no ponto em que seus ídolos, os Easybeats, pararam. E com George Young, a quem Bon admirava tanto, como mentor, parecia não haver razão nenhuma para que a nova fase não tivesse magia. Ele comprou um grande estoque de metedrina e empacotou suas coisas para a mudança para Sydney, onde se encontraria com a banda e se prepararia para a quarta fase de sua carreira.

O problema era que o AC/DC, tecnicamente, passou a ter dois vocalistas. Com toda a empolgação com a presença de Bon, a pressão começou a tornar-se infernal para Evans. A essa altura ele não tinha quase nada a ver com a banda e apenas os acompanhava no palco: ele sabia que alguma coisa estava acontecendo, e não necessariamente às suas costas.

Em Melbourne, na rota para Sydney, a banda finalmente tratou do destino de Evans depois de um show no Esplanade Hotel em St. Kilda, no fim de setembro. O vocalista voltou a Sydney e formou o Rabbit, uma banda pesada, mas totalmente glam, que fundiu a bateria de Gary Glitter com rock'n'roll bad boy e um baixo agressivo. Lançaram dois álbuns: *Rabbit* (1975) e o mais bem-sucedido *Too Much Rock 'n'Roll* (1976).

Assim que o AC/DC voltou a Sydney, no começo de outubro, Bon fez sua estreia oficial no Rockdale Masonic Hall, um local cerca de uma hora ao sul da cidade. Ele usou a linguagem mais colorida e brutalmente expressiva que podia enquanto criava letras na hora, olhava com malícia e sorria durante o show, metido em um macacão justo de cetim vermelho. A maioria das pessoas estava surpresa demais para se ofender: ninguém nunca tinha ouvido nada como "She's Got Balls", a primeira música que tocaram juntos.

O grande mistério era como Bon foi capaz de fazer tudo naquela noite.

Angus: "Lembro de todo aquele *bourbon* e, porra, também tinha maconha! Eu disse pro Malcolm: 'Caralho, Mal, se esse cara puder andar, já será alguma coisa!'. Quer dizer, as garrafas de *bourbon* não paravam de vir. Naquela época, Mal costumava beber vinho de gengibre Stone's Greenn e respondeu: 'Ah, e daí?'

Quando entramos, meus pés saíram do chão. Quer dizer, sabia que ele [Bon] estava fazendo tudo aquilo para me impressionar, mas era como um furacão, a voz dele, e ele apenas tinha soltado um grito forte. O lugar... o público simplesmente parou. Você tinha de ver. Como eu disse, meus pés saíram da porra do chão e aconteceu."

O maior choque foi para os fãs do recém-saído Dave Evans, que foram ao show para ver seu ídolo. Bon deu a triste notícia para eles.

Malcolm: "Bon falou antes mesmo da banda. Entrou em passos largos, agarrou o microfone e anunciou: 'Quem veio para ver Dave Evans cantar com o AC/DC não vai vê-lo hoje. Ele se casou e a banda o demitiu'. Claro que pensamos na hora: 'Que inferno! Que porra esse cara fez!?'.

Quando subia no palco, simplesmente assumia o comando. Ele era muito bom para trabalhar no palco. Não dava para acreditar no quanto era profissional, embora não desse para perceber isso. Parecia que Bon estava apenas se divertindo. Mas ele realmente sabia o que acontecia lá em cima."

Bon, um grande fã do comediante Lenny Bruce e de suas observações ácidas, trouxe consigo muito mais do que uma personalidade imensa, que lhe serviria bem em uma carreira de ator, e uma grande voz. Embora ele não tenha mudado a aparência da banda da noite para o dia, pois o próprio Bon vestia frequentemente macacões de cetim vermelho ou branco, enquanto o resto do AC/DC usava botas e roupas influenciadas pela cena glam, criou-se um vínculo no grupo pela primeira vez, e a experiência de Bon trouxe um novo nível de linguagem de palco, para o qual Angus e particularmente Malcolm tendiam havia anos. Bon e sua atitude do tipo "foda-se" deram um impulso extra à banda.

Os talentos cômicos de Angus também se acentuaram com a chegada do igualmente mordaz Bon, com um provocando o outro como uma dupla clássica de comédia. Angus declarou, rindo, que quando conheceu Bon teve de dar a ele alguma cultura e ajudá-lo a falar de forma mais socialmente aceita, dizendo: "Desculpe-me, seu cabaço" ou "Vá se foder, por favor".

Como a banda logo descobriu, Bon também era um ímã de mulheres, com histórias sobre totais desconhecidos solicitando-lhe que agradasse a suas mulheres.

Havia também o lado educador de Bon, que escolhia velhos álbuns e *singles* em lojas de discos de segunda mão e os passava a Angus, com entusiasmados e detalhados discursos sobre as músicas e os artistas que os gravaram. *High School Confidential* e *Great Balls Of Fire* do astro mundial Jerry Lee Lewis, que Bon adorava, estavam entre os tesouros presenteados ao pequeno guitarrista, que provavelmente não teve a coragem de dizer que já conhecia aquelas músicas muito bem.

Bon podia falar de seu ídolo Jerry Lee em primeira mão, já que excursionou com ele pela Austrália junto com o Fraternity.

Angus: "Ele [Jerry Lee Lewis] gostou de Bon como parceiro de bebida. Bon me contou que seu empresário escondia sempre as garrafas. Jerry Lee Lewis dizia para o cara que estava com ele, tomando conta dele: 'Não se esqueça das minhas botas!'. Ele continuava dizendo para o cara: 'Não se esqueça daquelas botas!'. Bon perguntou: 'Por que ele está nesse pânico por causa das botas?'. Então, quando chegaram ao camarim, ele disse a Bon: "Aqui!". Pegou as botas e tirou de dentro duas garrafas de *bourbon*!"

Com o futuro de Bon na banda consolidado depois do show de Rockdale, seguiram-se datas em Adelaide e Melbourne, incluindo as Noites Gay no Hard Rock Café subterrâneo de Michael Browning. As Noites Gay deram a Bon uma primeira oportunidade de realmente se soltar diante do público e sentir até onde poderia ir.

Alguns clientes seguravam vibradores e mostravam os mamilos graças às suas camisetas com buracos estrategicamente cortados. Bon adorou a atenção recebida, tanto boa como má, para não mencionar as provocações, e deu o melhor de si. Ele costumava trazer seus próprios adereços, como vibradores e até mesmo um chicote, tudo para conseguir uma reação.

Browning, ex-empresário da banda de enorme sucesso Billy Thorpe & The Aztecs, foi uma figura importante na cena de Melbourne. Ele ficou pasmo com o novo AC/DC.

Em viagens anteriores a Melbourne, a versão da banda com Dave Evans já o havia surpreendido, em grande parte graças, naturalmente, à performance maluca de Angus. Mas, com Bon no leme, o AC/DC tornou-se um circo de rock'n'roll com dois picadeiros de deixar, no mínimo, o público boquiaberto, mas, como Browning já conhecia o passado do vocalista, custou a acostumar-se com isso.

Michael Browning: "Eu já conhecia Bon da época em que estava com os Valentines, então minha impressão dele era de um cara como um ídolo adolescente. Por isso foi difícil para mim, no começo, aceitá-lo no AC/DC. Mas ele provavelmente estava mal escalado nos Valentines, porque ficou perfeito no AC/DC, sem dúvida alguma. Combinou muito bem com a personalidade de Bon. Funcionou."

Browning formulou uma proposta empresarial para ser apresentada à banda e logo decidiu para quem contar a ideia.

Michael Browning: "Malcolm era o cabeça, o organizador interno. Não havia dúvida sobre isso, ele era o chefe. Ele compreendia o que se passava ao seu redor em um nível empresarial. Como empresário você logo percebe com qual membro da banda pode ter um relacionamento profissional, e eu saquei logo que era Malcolm. Ele, da perspectiva da banda, dirigia o show. Caso tivesse algo para vender a eles, deveria falar com Malcolm primeiro e, a partir daí, venderíamos para o resto da banda."

A oferta de empresariar a banda foi examinada inicialmente por Malcolm, e então George foi chamado.

Michael Browning: "George estava muito, muito ciente das armadilhas da indústria fonográfica e não queria que o grupo caísse nas mesmas armadilhas por que ele mesmo passou. Eu estava bem consciente disso."

Tudo começou a ir de vento em popa quando Browning passou a empresariar oficialmente a banda em novembro. Ele era um estrategista afiado e um empresário astuto.

Uma de suas primeiras iniciativas foi a maior: mudar a banda para Melbourne de vez e colocar o AC/DC diante do mesmo público durão e entusiasmado dos Aztecs e dos Coloured Balls. Melbourne era uma cidade roqueira. Foi um grande passo para Malcolm e Angus: para eles, a família e a instrução de sua irmã mais velha, Margaret, era tudo.

John Swan tem memórias carinhosas do lar dos Youngs em Burwood e de Margaret.

John Swan: "Eu costumava pegar o trem para Burwood e eles tinham sempre por lá uma grande panela de sopa. Era uma coisa escocesa típica, e havia grandes figuras espalhadas pela casa, músicos de renome jogando cartas, bebendo, e Margaret sempre ficava de olho para que todos tivessem um prato de sopa para contrabalançar o álcool, nos acalmando um pouco. Se tivéssemos um prato de sopa diante de nós não teríamos um copo! Ela era um tipo de mãezona ou irmãzona.

É claro que não se podia dizer nenhuma besteira para ela. Todos sabiam que não se falava com ela do mesmo jeito como falávamos com outras mulheres. Caso alguém fizesse isso, estaria ferrado. Todos sabiam do que eles eram capazes!"

A mudança significava que os shows do Black Sabbath no Hordern Pavilion, no começo de novembro, com abertura do AC/DC – o segundo encontro de Bon com os monstros ingleses em muitos anos – seria um tipo de adeus não oficial da banda a Sydney.

Mas, antes da transferência para Melbourne, a gravação do primeiro álbum da banda, *High Voltage*, no Albert Studios, em Sydney, estava agendada para aquele mês. George Young e Harry Vanda fizeram a produção do disco, gravado depois dos shows. Começavam a trabalhar depois da meia-noite e terminavam, às vezes, às seis ou sete da manhã.

O pessoal em seu trabalho de estreia formava um coletivo. George tocou baixo assim como Rob Bailey, do AC/DC, enquanto Tony Currenti, do The 69ers, fez quase toda a bateria. O baterista da banda na época, Peter Clack, e John Proud, que tocou no ábum do Marcus Hook Roll Band, também participaram de uma faixa cada um: "She's Got Balls", que, para espanto da banda, era uma ode de Bon à sua ex-mulher, Irene, e "Little Lover", respectivamente. Acredita-se que George também tenha tocado bateria no álbum.

Herm Kovac também quase tocou:

"Eu estava prestes a sair em turnê [com a Ted Mulry Gang] quando Malcolm me ligou e disse: 'Estamos com problemas com algumas das músicas lentas do novo álbum e precisamos daquele estilo do [baterista do Free] Simon Kirke. Você poderia aparecer no estúdio e tocar?'. Mas eu tinha de cair na estrada."

Embora Malcolm e Angus tenham começado a desenvolver papéis separados no palco, ainda havia alguma experimentação no estúdio. Em

"Soul Stripper" a dupla trocou alguns trechos e em "You Ain't Got A Hold On Me" Malcolm fez o solo.

Harry Vanda: "Tentamos uma ou duas coisas no estúdio, um pouco de troca de papéis. Poderia ter funcionado, poderia soar bem, mas não estava tão bom quando acabaram. Apenas confundiria a identidade da coisa."

Em apenas dez dias, *High Voltage* estava pronto.

Chris Gilbey: "Sugeri chamar o álbum de *High Voltage*, reforçando o logotipo [de relâmpago], o [nome] AC/DC e sua natureza elétrica. Lembro que eles acharam uma grande ideia."

Nessa época, Angus podia ser ouvido no rádio detonando em "Guitar Band", o primeiro *single* de *Black Eyed Bruiser*, o segundo álbum de Stevie Wright, ainda a ser lançado.

O momento era construído silenciosa e estrategicamente. Em 29 de novembro, o AC/DC fez sua primeira aparição no "Countdown", o novo programa musical das noites de domingo da ABC Television, com sua versão de "Baby Please Don't Go", de Big Joe Williams.

A música ainda demoraria meses para ser lançada como *single*, mas como o programa de alcance nacional "Countdown" era muito baseado em Melbourne, a exposição, exatamente antes de a banda se apresentar na cidade, foi uma estratégia perfeita. Uma nova ida ao programa três semanas depois manteve o nível de empolgação.

O grande plano de Browning estava dando muito certo. Ele sabia, em primeira mão, que Melbourne seria a cidade do AC/DC.

Michael Browning: "Se não fosse por Melbourne, o AC/DC não existiria. Não havia estrutura em nenhum outro lugar do país."

1975
Bon, Malcolm, Phil Rudd e Angus. Sydney.

CAPÍTULO 7

Então Você Acha isso Alto?

O volume ensurdecedor e a atitude sem frescura de Billy Thorpe & The Aztecs e de Lobby Loyde & The Coloured Balls, somados ao gosto pesado do público, abriram o caminho para o ataque do AC/DC a Melbourne. Nada definiu melhor o estado de ânimo da capital sulista que o primeiro Festival de Sunbury, em janeiro de 1972. Um evento de três dias nos arredores da cidade, famoso mais pelos rios de cerveja do que por um eventual clima de paz e amor, marcou a coroação dos Aztecs diante de um enorme público de 30 mil pessoas.

Em um momento essencial do rock australiano, o álbum duplo que os Aztecs lançaram depois, *Live At Sunbury*, esteve ombro a ombro nas paradas com *Exile At Main Street*, dos Stones, e com o quarto e místico disco do Led Zeppelin, sem precisar de nenhuma bajulação da mídia.

A questão central era a intensidade da música. Michael Browning chamava isso de "energia Aztec", um termo para um som e um nível de decibéis metálicos antes que qualquer um soubesse o que era "heavy metal".

Operando em paralelo aos Aztecs em Melbourne, entre 1972 e 1974, estavam os Coloured Balls, liderados por Lobby Loyde. Eles tinham um som matador e uma imagem que combinava com eles, mas a atenção que despertavam vinha por todas as razões erradas.

Os Sharpies eram fãs entusiasmados dos Aztecs, mas viam Loyde, cujo visual espelhava o deles mesmos, como um messias, e apareciam em massa aos shows dos Balls, em que as confusões eram comuns. Sob o peso de um ciclo de publicidade que vinha das mídias mais pobres, que alimentavam a crescente violência em seus shows, quando os Balls gravaram seu terceiro álbum, *Heavy Metal Kid*, em 1974, já tinham decidido se separar.

Graças à grande atenção da polícia, quando o AC/DC se estabeleceu em Melbourne, as hordas itinerantes de Sharps desapareceram em grande parte, embora não inteiramente; mas o mesmo espírito e a atitude permaneceram no público da cidade. Melbourne tinha tudo a ver com o AC/DC: Michael Browning estava totalmente certo.

A reputação de shows agitadíssimos os precedeu graças ao show principal na véspera de Ano-Novo no Festival Hall de Melbourne e mais ainda a um incidente no Prahran's Station Hotel, quando Angus criticou alguém claramente indiferente à performance da banda.

Malcolm: "Angus saltou sobre a multidão, perseguiu o cara, pegou a cerveja dele e despejou sobre sua cabeça. Esse cara tinha o cabelo bem cheio, de forma que primeiro a cerveja formou uma poça no alto da cabeça, para depois escorrer lentamente para o rosto. Pensei: 'Ele vai matar o Angus!'. Ele não fez nada. Simplesmente ficou sentado lá, todo embaraçado. Achei, na época, que Angus tinha passado dos limites, mas todos gostaram. Esse cara que teve a cerveja despejada na cabeça tornou-se meio que um herói!"

A próxima ação de Browning foi fazer a banda assinar um contrato com o agente Bill Joseph, que lidava com algumas das principais bandas de Melbourne. Um contrato de seis meses com a agência Joseph's Premier Artists proporcionou a cada membro um salário de 60 dólares por semana e cobriu o custo de seu sistema de som e reparos no ônibus da banda, um monstro que pertencera à Ansett Airlines.

Enquanto Browning tomava as providências necessárias a longo prazo, a banda hospedou-se no Octagon Hotel, em Prahran. Começaram na hora o alvoroço e a política de portas abertas para garotas e membros de outras bandas.

Browning achou a tempo uma casa para a banda em St. Kilda – um lugar independente, espaçoso, quase vitoriano em Lansdowne Road. Para Malcolm e Angus, era a primeira vez que moravam fora de casa e também um meio de começarem a viver por conta própria.

As garçonetes locais e os trabalhadores da noite logo perceberam que o endereço da Lansdowne Road era uma alternativa mais barata e animada do que os *pubs* e casa noturnas locais, então apareciam com suprimentos para festas altas horas da madrugada. Havia sempre alguém feliz em recebê-los.

A banda muitas vezes conseguia mais do que queria; então um médico estava sempre à espera de um telefonema, 24 horas por dia, para curar uma eventual coceira ou erupção nojenta.

Saint Kilda era uma área suspeita, e não era de surpreender que houvesse um prostíbulo ali por perto. Assim como também não espantava o fato de Bon ter conquistado uma das garotas de lá.

Sempre havia alguém que estivesse tocando na cidade, assim como alguns gângsteres locais e até mesmo, no outro extremo da escala, membros de um grupo Hare Krishna sediado na região.

A polícia era uma visitante regular, até se dar conta de que as festas eram o único crime dos ocupantes da casa. A partir de então, mostravam-se mais interessados em tentar tocar os instrumentos que ficavam espalhados pela casa do que em apresentar mandados de busca.

Enquanto Lansdowne Road era uma central de festas, os shows da banda eram exercícios de agressividade contraindicados para os fracos de coração.

A jornalista Jen Jewel recorda uma dessas primeiras apresentações.

"Angus tinha sempre de subir, como uma cabra montanhesa, no que fosse que estivesse no alto, ele tinha de escalar a coisa e seguia serpenteando por todo lugar. A banda era poderosa, afiada e incrível de se ver. Não me lembro de vê-los em um show ruim ou inconsistente. Eram como um pequeno exército. Estavam lá para entreter, e as pessoas teriam de engoli-los."

Os músicos locais mais famosos estavam igualmente impressionados.

Billy Thorpe: "Lembro de um show em Melbourne em um grande campo de críquete e estávamos todos na carroceria de um caminhão no meio do campo. Aqueles eram os velhos dias de grandes produções com um caminhão que levava o PA e algumas poucas bugigangas e uns seguranças desgraçados cheios de anfetaminas, com os braços cruzados, olhando para a multidão. Lembro de estar ao lado do palco só vendo esses caras e imaginando eles falarem: 'Vamos até o fim'. Dava para dizer. Você sabe quando a próxima onda está chegando. [Johnny] O'Keefe [lendário roqueiro australiano] dizia para mim: 'Vi você chegando'. Eu vi o AC/DC chegando."

Mas, em uma ocasião no Hard Rock, as farras de Bon o tiraram de cena durante o show e ele teve de descansar nos bastidores enquanto Malcolm e Angus fizeram o vocal.

O baixista Rob Bailey e o baterista Peter Clack não viram muito da loucura de 24 horas em Lansdowne Road. Foram demitidos no começo de janeiro de 1975. A saída de Bailey já era esperada, não por ele ser muito alto como foi dito, mas porque levou sua mulher, na época, para a estrada. A presença constante dela não caiu muito bem.

O substituto de Clack, Russell Coleman, não era estranho ao círculo da banda, pois tinha trabalhado ao vivo com Stevie Wright e também em sessões para o álbum *Hard Road*, do mesmo músico. Quando o AC/DC e Wright tocavam juntos em Perth, Angus, de vez em quando, aproximava-se de Coleman.

Russell Coleman: "'Um dia vamos tocar juntos' ele disse, e ele costumava dizer sempre que Stevie Wright seria o vocalista."

Quando Coleman foi contratado, Bon, e não Stevie, estava à frente do AC/DC. Coleman conhecia Bon dos Valentines, e sua fama de farrista, muito para o desconforto do baterista, não mudara desde então.

"Ele costumava gostar de menininhas. Lembro de ficar um pouco nervoso na banda porque os pais delas apareciam com um taco de beisebol e coisas assim. Muitas vezes. Elas [as adolescentes] simplesmente se atiravam nele, ele não podia fazer nada. O cara estava sempre em uma farra constante."

Depois da saída de Bailey, George Young assumiu o baixo e a última coisa com que estava preocupado era diversão. Suas lembranças de ser forçado a pedir cigarros para quem quer que estivesse dirigindo para os Easybeats, enquanto "Friday On My Mind" era um enorme sucesso, ainda estavam vivas e dolorosas.

Consequentemente, em um ato de amor verdadeiro, George estava preparando psicologicamente seus irmãos e a banda em geral para as dificuldades que teriam pela frente, quando eles, como ele próprio planejava, saíssem do país e tivessem de batalhar para abrir caminho começando por bares e hotéis baratos. Para Coleman, as dificuldades incluíam ganhar bem menos do que ganhava com Stevie Wright e viajar de um extremo do país a outro em poucos dias no que ele chamava de "ônibus da tortura."

Russell Coleman: "[George] queria prepará-los para que estivessem fortes o suficiente para os Estados Unidos e a Inglaterra."

Mas George não pensava apenas na boa forma da banda.

Russell Coleman: "George costumava dizer para mim o tempo todo que queria uma formação parecida com a dos Easybeats, que era um baterista mais velho [como era o caso de Snowy Fleet] e uma marionete à frente para fazer a coisa funcionar. Esse era o jeito duro de George dizer as coisas!

George sempre acreditou. Dizia: 'Eles vão fazer tudo o que os Easybeats não fizeram'."

Ao mesmo tempo em que Coleman estava impressionado com George, admirou-se com a dedicação de Angus, mais preocupado em ser o melhor guitarrista do mundo do que em farrear.

Russell Coleman: "Ele dormia com sua guitarra naquela casa maluca. Todos saíam para beber e correr atrás de garotas, e Angus ficava em casa praticando. Dei a ele meu Chuck Berry, meu Little Richard e todos aqueles discos ao vivo e ele adorou. O dia todo colocava os discos para rodar e tocava junto, pulando pela casa.

Ele, provavelmente, foi a pessoa mais focada que conheci quando dizia: 'Vou fazer isto'. Não era fácil vê-lo sem a guitarra naqueles dias."

Coleman também descobriu que Bon não tinha medo de nada e corria qualquer risco, conscientemente ou não. Uma noite, em uma festa com outras personalidades do rock'n'roll, Bon assumiu essa ética a ponto de quase esbarrar em consequências fatais quando, para horror de Coleman, inadvertidamente engoliu uma enorme cápsula de morfina.

Russell Coleman: "Uma *groupie* apareceu dizendo: 'Bon morreu, venham para casa logo!'. Fui vê-lo e ele estava azul, com o rosto virado para o chão. Vi aqueles dois arrombados tentando reanimá-lo e nada acontecia. Pusemos o cara no chuveiro e nada. Então o levei para o hospital.

Bon não sabia nada [sobre drogas]. Não era envolvido com drogas. Ele era um bebedor, gostava de seu uísque. Acho que aquilo [o incidente com a morfina] foi um choque para ele.

Não havia uso de drogas nem nada na banda naquela época, eles apenas costumavam beber demais. Angus comia seus sucrilhos, sucrilhos de chocolate o dia todo..."

Coleman decidiu que era hora de seguir em frente. Para ele já bastava. Algum tempo depois, quando trabalhava nos estúdios da ABC Television, no programa "Countdown", esbarrou em Angus, que ainda estava convencido de que o AC/DC estava destinado a ganhar o mundo.

Russell Coleman: "Angus disse: 'O que você está fazendo?'. Respondi que estava tocando em uma banda de rock'n'roll dos anos 1950. Ele retrucou: 'Você estava na melhor banda de rock'n'roll do mundo!'."

Phil Rudd, nascido Philip Hugh Norman Witschke Rudzevcuts, em Surrey Hills, Melbourne, em 19 de maio de 1954, foi o próximo a assumir a bateria da banda. Rudd pegou a febre da bateria no colegial e deixou sua mãe louca, pedindo-lhe para comprar o instrumento, o que ela ignorava pensando ser um interesse passageiro que não duraria mais de uma semana.

Depois que saiu da escola, aos 15 anos, e teve dinheiro suficiente, comprou uma bateria barata, mas só aguentou uma aula formal. A última coisa que precisava era de um livro didático ensinando como bater em tambores.

Simon Kirke, do Free e do Bad Company, e Corky Laing, do Mountain, foram seus primeiros ídolos, assim como Ringo Starr. Phil costumava tocar junto com os discos dos Beatles, sentando o mais perto possível dos alto-falantes, para assim poder ouvir a música e manter o ritmo do som que fazia.

Mas foi ouvindo "Tin Soldier", dos Small Faces, pela primeira vez, que aconteceu seu momento crucial. O modo como o baterista Kenny Jones conduzia a banda depois de uma breve passagem de órgão o deixou arrepiado.

A banda local Mad Mole foi o primeiro canal para as habilidades de Rudd, assim como Krayne, um trio com uma vida curta, de um fim de semana, com um toque de Zeppelin, Uriah Heep, Deep Purple e jazz, com Geordie Leach, um amigo de escola de Rudd, no baixo. Charlemagne veio a seguir, em 1972, embora em seu único ano de existência apenas tenham tocado músicas do Humble Pie, dos Small Faces e do Free em pequenos bares e em festas. Nenhuma dessas bandas interferiu no recém-começado emprego de Rudd como aprendiz de eletricista.

A Smack, em junho de 1973, foi um exercício bem mais sério. Depois de poucas semanas, Gary "Angry"Anderson foi convidado para um ensaio e juntou-se à banda como vocalista. Na época, mudaram o nome para Buster Brown, depois de ouvir conselhos da indústria sobre as implicações do nome Smack [heroína], que não representava as atividades recreacionais de nenhum dos membros da banda.

Nos shows do Buster Brown, rolava desde "Jumpin' Jack Flash", dos Stones, "Stay With Me", do The Faces e "Saturday Night's Alright (For Fighting)", de Elton John, passando por "Superstition", de Steve Wonder, Jeff Beck e Eric Clapton, na voz rouca de Anderson, até Rod Stewart.

Geordie Leach, que se juntara à banda em dezembro, sabia que Rudd tinha uma magia rítmica única.

Geordie Leach: "Phil estava destinado a ser um astro do rock, não importava como. Ele tinha um grande senso de tempo e, por isso, todos o queriam na banda: ele conduzia tudo com muito coesão sempre. Ele me transformou no baixista sólido que sou hoje.

Digger (Dallas "Digger" Royal, baterista do Rose Tattoo) transformou-me em um baixista mais extravagante, mas Phil foi quem me disse: 'Você vai me ouvir e vamos fechar esta porra para que ninguém se meta entre nós'. Ele sabia isso naquela época e tinha apenas 19 anos."

Um mês após a chegada de Leach, a banda tocou no festival de Sunbury de 1974. Trinta mil pessoas à luz do dia era uma coisa bem diferente de encarar umas poucas centenas na escuridão de uma casa noturna, e os integrantes da banda estavam morrendo de medo. Mas fizeram o show de suas vidas e, pela primeira vez, foram chamados duas vezes para o bis.

A agenda de trabalho da banda aumentou como resultado de Sunbury, e Rudd foi forçado a deixar seu trabalho de aprendiz depois de quase cinco anos, por ter dificuldades para equilibrar o trabalho diurno com os compromissos do Buster.

A forte imagem de punk de rua do Buster Brown atraiu a atenção dos Sharps: eles definitivamente não eram uma banda pop em uma época em que a maior novidade no país, os Skyhooks, o eram descaradamente. Eram uma banda rock'n'roll, e Phil dirigia um carro que se adequava perfeitamente a esse molde.

Geordie Leach: "Ele sempre foi louco por carros. O primeiro carro que comprou e que usávamos para transportar o Buster Brown era um HK Monaro amarelo com quatro marchas. Era o máximo naqueles dias. Seu pai tinha uma loja de carros usados."

Em março, a banda foi contratada pela Mushroom Records e, em julho, o *single* "Buster Brown" foi lançado, seguido por apresentações no GTK em setembro e outubro. No fim de 1974, a banda gravou seu primeiro álbum, *Something To Say*, que, como o *single*, foi produzido por Lobby Loyde em uma febril sessão de 12 horas.

As finanças chegaram quase a ponto de não existir, uma situação a que Rudd se opunha, o que fez com que fosse tachado de encrenqueiro. Ele foi demitido em novembro. O álbum foi lançado em janeiro de 1975, mas soava experimental; era um pálido reflexo do atrativo bruto dos shows ao vivo. O Buster resistiu por mais um ano até se desfazer.

Lavar carros na loja de seu pai foi sua ocupação nos meses seguintes. Então, Trevor Young, dos Coloured Balls, que tocou no Buster Brown enquanto Rudd, por sua vez, esteve brevemente com os Balls, telefonou. Young mencionou que o AC/DC procurava um baterista e sugeriu a Rudd fazer-lhes uma visita. Rudd pediu que Geordie Leach fosse com ele e se candidatasse ao posto ainda aberto de baixista, mas ele não quis.

A sala de ensaios em Lansdowne Road era o *hall* de entrada da casa, e lá, com todos de cueca, foi onde o baterista mostrou o que sabia. Eles tocaram juntos o material gravado para o álbum *High Voltage*, a ser lançado em breve, bem como clássicos do rock'n'roll, basicamente tudo que demonstraria se Rudd tinha a habilidade crucial de tocar com ritmo.

Logo ficou claro que tinha, e Rudd foi contratado para a vaga de baterista, com a promessa de trabalho regular e sólido. Ele ficou encantado.

"Não se encontram muitas pessoas como Malcolm e Angus por aí", disse ele a Matt Peiken, na *Modern Drummer,* em agosto de 1996, acrescentando que "Bon queria ser o baterista, mas era um cantor bom demais."

Como um velho baterista, Bon sabia reconhecer quando estava diante de um dos bons e adorou o estilo livre de frescuras de Rudd. Ele também ficou com um pouco de inveja. Ah, se ele fosse assim tão bom.

Apesar de o trabalho de Rudd estar garantido – uma mudança que, com o currículo do baterista no Buster Brown, provavelmente traria mais alguns Sharps para os shows do AC/DC –, fechar com um baixista ainda estava difícil, embora Geordie Leach tivesse sido chamado. Nesse meio-tempo, Malcolm e George dividiram o posto, dependendo da situação e da disponibilidade de George.

Três semanas após a contratação de Rudd, a configuração da banda era a seguinte: Bon, Angus, Malcolm, George e Phil, a mesma do quarto festival de Sunbury, nos arredores de Melbourne, em 25 de janeiro de 1975. Lá, George quase resolveu os problemas do posto de baixista da banda, aproximando-se de Lobby Loyde.

Lobby Loyde: "Em Sunbury, ele [George] disse: 'Cara, sei que você adora tocar guitarra, mas esta é uma banda do cacete e você seria um baixista matador porque tem ritmo'. Eu realmente pensei no caso porque, na verdade, por um tempo, quando acabamos com todos os bateristas que quase matamos no Coloured Balls, Phil tocou conosco e ele era foda. Eu o adorava. Achava que ele sincopava como um louco. O cara era roqueiro."

O Sunbury de 1975 foi bem diferente das edições anteriores do festival de três dias. O evento de 1974 destacou o então pouco conhecido Queen – que, como esperado, foi atormentado pelas massas cheias de cerveja – e um novo grupo de Melbourne, os Skyhooks.

Em 1975, a decisão de ter o Deep Purple em lugar dos Aztecs como banda principal causou tanta surpresa quanto os Skyhooks com seu novo vocalista Graeme "Shirley" Strachan, exibicionista e provocativo. A diferença era que os Skyhooks eram gloriosamente escandalosos, enquanto o Deep Purple escandalizou apenas quando descobriram que a banda inglesa havia recebido 150 mil dólares, o que não deixava muito para os bolsos ou a autoestima das bandas locais, claramente consideradas de segunda classe.

Quando Billy Thorpe descobriu que o Deep Purple, com David Coverdale à frente, apregoada na época como a banda mais barulhenta do mundo, faria o show com os 14 mil watts de sistema PA adicional com que eles desembarcaram no país, não quis entregar sua coroa de "Senhor Volume" sem uma boa briga.

Billy Thorpe: "Alugamos cada peça de equipamento em Melbourne, todos os PAs e colocamos no palco como amplificadores de guitarra. Foi a montagem de som mais poderosa! Então, seus cuzões, vocês acham que tocam alto? Tá bom, então. Nosso som foi ensurdecedor de tão alto."

Thorpe também começou a reconhecer no AC/DC alguns elementos que os Aztecs usavam. Principalmente o "final Aztec", que podia durar tanto quanto a própria música.

Billy Thorpe: "Todas as bandas pegaram isso, entre elas o AC/DC. Muito daquilo e do floreado musical veio diretamente dos Aztecs, que originalmente era Lobby e eu tocando juntos. Eu terminava, ele tocava um pouco mais, então eu voltava a tocar mais um pouco. Tínhamos algo a ver com o estilo bombástico e barulhento disso e de seu grande poder, porque Michael Browning viu o valor que isso tinha nas mãos certas.

Todas as bandas que reduziam o volume eram os caras que cagavam de medo por causa disso. Havia poucas bandas que podiam [aumentar o volume]. Lobby e os Balls acabaram conseguindo fazer isso, os Aztecs podiam e o AC/DC podia. Era o resultado direto de eles trabalharem conosco, foi daí que isso nasceu; aquele *riff* exato em um som de volume alto era característico dos Aztecs naquela época. Então eles o desenvolveram. Não estou tomando o crédito pelo som do AC/DC. Seu som vem da nossa influência e de ter um dos melhores compositores de *riffs* do planeta como irmão, o George."

A competição de decibéis entre o Deep Purple e Thorpe não foi a única batalha em Sunbury, em 1975. Uma vaga para o AC/DC surgiu de repente por conta dos boatos de que, por algum motivo, o Deep Purple não tocaria. Mas, quando chegaram ao lugar, não só tiveram de andar no meio da multidão com seu equipamento de palco, como descobriram que o Deep Purple estava tocando afinal e o AC/DC viria em seguida.

Para piorar, o Purple estava determinado a fazer o melhor em sua performance, para logo em seguida tirar todo o equipamento do palco. O que significava que nenhuma banda tocaria por várias horas.

Michael Browning: "Eu estava com a banda [o AC/DC] nos bastidores quando o Deep Purple terminou e, de repente, todos os técnicos chegaram e começaram a desmontar as luzes. O gerente de produção do Deep Purple decidiu que pegariam tudo que veio com eles e as outras bandas teriam de esperar algo como até quatro horas da manhã para poderem tocar.

Eu basicamente disse: 'Porra nenhuma!'. E dei instruções para minha equipe de *roadies* montar o palco para a banda tocar. O que aconteceu, então, foi que o AC/DC, a equipe de *roadies*, George Young e eu entramos em uma briga feia com toda a equipe e o empresário deles bem no meio do palco."

Michael Browning era um homem grande e George Young era aquele sujeito estourado que, nesse tipo de situação, não se intimidava com ninguém. Eles fizeram valer suas posições.

O AC/DC fez as malas e voltou para Melbourne sem tocar uma nota. Uma oferta para tocar no dia seguinte foi recusada de uma maneira, digamos, indelicada.

Um dia depois do festival, eles tocaram no RSL Club de Sorrento, em uma situação que não chegava aos pés do que poderia ter sido o enorme público de Sunbury. Mas tudo isso serviria para moldar o caráter, e George não queria que fosse de outro jeito.

1975
Não apenas um rostinho bonito: Malcolm durante a gravação do vídeo de *High Voltage*. Supreme Sound Studios, Sydney.

Capítulo 8

High Voltage

O álbum de estreia do AC/DC, *High Voltage*, foi lançado em 17 de fevereiro de 1975 pelo selo Albert, distribuído pela EMI, e foi a primeira evidência cabal de que o AC/DC não era PSS (para ser sacaneado).

A contracapa era bastante sóbria, até mesmo um pouco misteriosa. Havia apenas uma série de fotos de Malcolm, Angus e Bon e um endereço de contato do seu então fã-clube em Sans Souci, no sul de Sydney, não longe de onde Bon tivera sua estreia oficial na cidade com a banda.

O trabalho artístico da capa era algo completamente diferente. Outra ideia de Chris Gilbey, da Albert, mostrava o desenho de um cachorro mijando em uma subestação elétrica e um par do que provavelmente eram latas de cerveja amassadas.

Chris Gilbey: "Olho aquilo hoje em dia e penso: 'Que ridículo'. Mas, na época, parecia bastante, não revolucionário, mas meio que agressivo. Pessoas disseram para mim na época: 'Você não pode pôr um cachorro urinando na capa de um disco! É nojento! Você não pode fazer essas coisas!'."

O artista comercial Paul Power trabalhava na EMI em Sydney e colocou-se à disposição para fazer a arte da capa com assistência do colega artista da EMI, o falecido Paul Winter.

Paul Power: "Lembro de algumas pessoas em posições mais altas reclamando sobre minha falta de bom gosto por apresentar uma capa de disco ofensiva. Quase mandei os três chefões inomináveis da EMI se foderem. Estava sob muita pressão. Achava que eu tinha reproduzido o espírito da banda. Estava prestes a ser demitido, podia sentir, quando quem apareceu? Bon Scott! Acho que ele ouviu o fiasco no corredor. Colocou os braços sobre meus ombros e disse: 'Não é uma maravilha? Você realmente captou o espírito da banda! Adorei!'.

Os três figurões ficaram boquiabertos! Dava para ouvir um alfinete caindo! Bon disse a eles: 'Estou levando o Paulie para tomar uma cerveja. Vocês não se importam, né? Quer dizer, um trabalho bom desses merece um prêmio, certo?'. Os três murmuraram: 'Certo'. Esperamos até sair da EMI e morremos de rir. Ele salvou meu emprego e a capa do álbum *High Voltage*."

Se a capa de *High Voltage* colocou a banda bem longe dos caretas de então, o que estava dentro do plástico, em faixas como "She's Got Balls", a música sobre a ex-mulher de Bon, representava um ato de rebeldia ainda mais brutal.

"Ela certamente tinha colhões", Bon disse na estação de rádio 2SM de Sydney, em fevereiro (referindo-se ao título da música "She's Got Balls"). "Ela teve os meus por um bom tempo."

"Stick Around" foi outra inspiração vinda da vida amorosa de Bon na época, sua incapacidade de ficar com uma mulher por mais de uma noite e de entender por quê.

"Consegui fazer uma boa música a partir desse sentimento", ele disse na 2SM. "Elas ainda me abandonam. Agora eu canto essa música todas as noites na cama."

"Show Business" era uma prévia do que estava por vir de Bon sobre a vida na estrada, enquanto "Little Lover", uma música com que Malcolm brincava desde uns 14 anos, tinha originalmente o nome de "Front Row Fantasies", mas foi mudada para proteger os inocentes. E os não tão inocentes. Afinal, Bon escreveu a letra sobre Angus, "o mais ilustre pequeno amante que conheço".

Assim como "Baby Please Don't Go", "Love Song", como é chamada no álbum, é do tempo de Dave Evans com a banda e era originalmente conhecida como "Fell In Love". Bon reescreveu a letra. George Young e Harry Vanda ficaram eufóricos quando a ouviram pela primeira vez, acreditando que a música poderia fazer o que a canção épica de 11 minutos "Evie" fez por Stevie Wright.

"Não somos totalmente pervertidos", Phil Rudd disse na 2SM sobre "Love Song", em uma rara entrevista. "Temos nossos pontos fracos, sabe?". "Fale por você!", Bon retrucou.

Curiosamente, o *single* foi chamado "Love Song (Oh Jene)" graças a um erro ortográfico. Deveria ter sido "Love Song (Oh Jean)".

High Voltage foi lançado no Hard Rock Café, em Melbourne, em 19 de fevereiro. A entrada custava um dólar ou era de graça com "uma viseira AC/DC", um acessório de moda para proteção contra o sol inexplicavelmente popular na época.

Nessa fase, Bon tinha cortado o cabelo curto, já que uma grande parte do público da banda em Melbourne era composta de Sharps. Ele pensou que, se não podia bater neles, bem, não em todos de uma vez, o melhor que podia fazer era adotar parte de seu visual.

Não que ele ou qualquer membro da banda estivesse com medo. De fato, uma briga certa noite no hotel Council Club entre a equipe de *roadies* da banda e os famosos Heidelberg Sharps terminou em uma vitória esmagadora do AC/DC.

Por mais que o amigo John Swan estivesse preocupado, essa tenacidade, particularmente de Malcolm e de Angus, tinha muito a ver com aquela velha frase: "Não é o tamanho do cachorro que conta, mas o tamanho da briga do cachorro".

"Os meninos – Malcolm, Angus e Bon – desceram do palco porque algum idiota atirou uma garrafa ou provocou Bon. Nós estávamos ao lado do palco e eles foram direto do palco para a pancadaria. Não eram os caras mais altos do mundo nem os mais sarados, mas, vou lhe dizer, não era bom mexer com eles. Ninguém dizia que eles tinham aptidão para brigar, mas..."

Logo depois do lançamento do álbum, o baixista Paul Matters juntou-se à banda por recomendação de George Young, que o viu tocar com a banda Armageddon, de Newcastle.

Como a gravadora do AC/DC, a Albert, era baseada em Sydney e a cidade já tinha caído no charme avassalador da banda, aconteceu uma recepção lá para o lançamento de *High Voltage*, seguida por uma série de orgulhosas noites de boas-vindas no Chequers.

Mas quando o primeiro *single* do álbum, "Love Song (Oh Jene)" com "Baby Please Don't Go", foi lançado, no dia 3 de março, ainda foram as rádios de Melbourne e Adelaide que registraram a maior parte da atenção, mais para "Baby Please Don't Go" do que para o estilo mais para o rock progressivo e sentimental da balada romântica.

O *single* alcançou o número dez nas paradas nacionais no mês seguinte. Foi amparada nesse sucesso que a banda fez sua primeira aparição na televisão sem ser no programa "Countdown", tocando "Baby Please Don't Go" em um teleton de Melbourne.

No começo de março, Matters foi demitido depois de umas poucas semanas e George novamente assumiu o baixo. Enquanto isso, uma viagem à Inglaterra estava em fase de planejamento, e a banda voltou ao estúdio da Albert para gravar um novo *single*.

Eles amaram o título de seu álbum por sua imagem e energia e sentiram que ele representava tudo o que o AC/DC defendia; então, decidiram dar um passo adiante e escrever uma música chamada "High Voltage", depois que George, como sempre, acertou em cheio com a ideia de uma melodia que continha os acordes A, C, D, C.

Chris Gilbey: "Lembro que depois que começamos a divulgar o álbum, que estava indo muito bem, George e Harry vieram me mostrar a mixagem de uma música chamada "High Voltage". Eu disse: 'Pelo amor de Deus, caras! Temos um álbum chamado *High Voltage* e vocês me trazem a porra de uma música chamada 'High Voltage'! É muito tarde para mudar o álbum, acrescentar mais uma faixa, vai ter muito desapontamento e blá-blá-blá'. Então fiquei pensando: que raios vamos fazer?"

Apesar das preocupações de Gilbey, "High Voltage" seria lançada como *single*. George tocou baixo na gravação mas, por melhor que ele fosse, essa não era uma solução a longo prazo, então começaram os testes em Lansdowne Road.

A peça perdida que eles procuravam chegou em 16 de março. Seu nome era Mark Evans. Crescido no subúrbio simples de Prahran, em Melbourne, os 18 anos de experiência de vida de Evans eram perfeitos.

Steve McGrath, um *roadie* do AC/DC, deu a ele a dica de que a banda procurava um guitarrista. Evans conhecia o grupo por vê-lo no "Countdown" e foi conhecê-lo.

Era um sábado. Evans recebeu uma fita do álbum *High Voltage* para que a escutasse e se preparasse para o teste no dia seguinte, que, ele descobriu, era para baixista, e não para guitarrista.

Mas não importava. Ele começou a tocar guitarra aos 14 anos até trocá-la pelo baixo aos 17. Embora tivesse um pouco mais de 18 meses de experiência no instrumento, era um papel no qual ele se sentia confortável.

Depois de seu teste, Evans foi ao Station Hotel e teve uma briga com um segurança, o que o fez ser barrado no hotel. Na noite de terça-feira seguinte, quando voltou para ver o AC/DC tocar, o segurança, como seria de esperar, reforçou o banimento feito havia duas noites e não o deixou entrar. Bon, que Evans nunca tinha visto antes, veio para liberá-lo. O que Evans não sabia quando Malcolm lhe disse que o AC/DC tocaria no Station naquela noite era que ele já havia sido escolhido como o novo baixista na sua primeira banda mais séria.

O momento da chegada do sociável Evans não poderia ter sido melhor para sua própria carreira ou para fundamentar a banda com uma composição sólida. Com Evans a bordo, Malcolm, que, como George, tocava baixo às vezes nos últimos meses, pôde voltar permanentemente para a guitarra. O AC/DC estava, então, pronto para exibir uma frente unificada para sua apresentação lendária de 23 de março no "Countdown" tocando "Baby, Please Don't Go".

A banda tocou a música nos ensaios. Depois Bon desapareceu até a gravação do programa. No último minuto, reapareceu vestido como a colegial mais perturbadora do planeta. Ele parecia hilário, o perfeito complemento para Angus em seu uniforme. Havia algo estranhamente ameaçador e perigoso nos modos e ações de Bon.

A televisão familiar das noites de domingo jamais seria a mesma, e tudo para irritar o apresentador de "Countdown", Ian "Molly" Meldrum.

Angus: "Bon teve a ideia. Ele pensou: 'Ok, vou chocar!'. Então apareceu com aquele uniforme de garotinha. Ele pensou, bem, se entrarmos e formos nós mesmos, ele [Meldrum] apenas irá aceitar [pensando]: "Oh yeah, hã hã!". Mas quando Bon apareceu vestido daquele jeito, Meldrum simplesmente enlouqueceu!"

Billy Thorpe reconheceu muito do que ele próprio costumava fazer em algumas palhaçadas de Bon.

Billy Thorpe: "Costumávamos fazer competições de beber cerveja e de camiseta molhada, com jarros de cerveja e gente jogando cerveja na cabeça. Tudo tinha a ver com álcool. Eu sempre saía impune, e Bon observava o que funcionava, como todos nós, como eu mesmo roubei ideias de [Johnny] O'Keefe, de modo que eu via muito de mim em Bon. Novamente, não estou dizendo que Bon Scott seja uma cópia de Billy Thorpe, mas eu o influenciei, assim como outras pessoas."

As próximas apresentações no "Countdown", que entre novembro de 1974 e dezembro de 1976 seriam nada menos do que 38, em pessoa ou em vídeos, foram menos ousadas, mas não menos teatrais. Eles faziam tudo para causar o máximo de impacto na televisão. E as aparições no "Countdown" foram deliberadamente transformadas em eventos.

Embora o uniforme escolar fosse o preferido para participações ao vivo, em uma das apresentações Angus foi transformado em Super Angus; em outra, foi um piloto em um avião artesanal. A fantasia mais memorável, fora o uniforme de garotinha de Bon, foi Angus vestido de gorila em uma jaula, sendo arrastado por Bon vestido de Tarzã.

O produtor e diretor de "Countdown", Paul Drane, lembra:

"Antes do início do programa, vestimos Angus com a roupa de gorila e o pusemos nessa jaula, que erguemos acima do público, na rede de iluminação, antes da entrada das pessoas. Ele ficou lá suspenso dentro daquele traje de gorila, que não devia ser muito confortável, nem consigo imaginar, com sua guitarra e muito, muito quieto. Os outros membros da banda estavam em algum outro lugar do estúdio.

Então o público entrou e nem sabia que Angus estava lá. Daí o baixamos no meio da multidão depois da introdução do programa, a essa altura ele já devia estar lá havia uns 30 minutos, e eles tocaram furiosamente. Foi incrível."

Naquela época, as cenas teatrais não ficaram restritas apenas às apresentações no "Countdown". Michael Browning tinha literalmente um carpinteiro no Hard Rock Café capaz de executar quase qualquer ideia que eles tivessem.

Em uma semana havia uma enorme teia de aranha feita de corda e Angus executava um número de Homem-Aranha ou Bon aparecia caracterizado de aranha em uma roupa com várias pernas e braços. Em outra ocasião, havia uma cabine de telefone no palco na qual "Clark"Ang se transformaria em Super-Homem. Bon colocou um ponto final nessa história e trancou Angus lá dentro. Ou talvez a porta tenha simplesmente emperrado e Angus não conseguiu sair de lá.

Todas essas ideias cabiam confortavelmente na mesma época de que veio o uniforme escolar de Angus.

"Estar no colégio simplesmente [era a inspiração para essas cenas teatrais] e, acredite ou não, assistir ao Pernalonga e ao Papa-Léguas", Angus disse a Ben Wener em *Orange County Register*, em 13 de abril de 2001. "Eles sacaneiam demais uns aos outros, sabe?"

O poder de seus shows ao vivo, somado ao espetáculo que apresentavam no "Countdown", estava conseguindo o efeito desejado. Em 20 de abril, a banda fez um show no Myer Music Bowl, em Melbourne, vendido como o Concerto Australiano para Bangladesh, organizado pela Freedom From Hunger, com a Daddy Cool à frente de um show de 11 bandas, com o AC/DC em sexto lugar depois do Hush.

Bon chegou de novo vestido de colegial, parecendo despreocupado com o fato de sua maquiagem ter derretido sob a chuva que despencou naquele dia. Embora o clima ruim tenha atrapalhado o comparecimento, a maioria das pessoas esperou até o AC/DC tocar antes de ir embora.

Em Sydney, eles tocaram no Hordern Pavilion para "Polaroid In Concert", o novo programa do Canal Nove, que proporcionou à banda sua primeira exibição nacional em um fervoroso número ao vivo, já que, em "Countdown", a banda apenas cantava e fazia *playback* dos instrumentos. Assim puderam mostrar realmente ao que vinham.

Sua atitude corajosa, a pouca tolerância geral para lidar com o que consideravam besteira e um prazer evidente em ultrajar o sistema levaram a uma observação interessante na revista *RAM*, em 19 de abril. Provavelmente, pela primeira vez, foram rotulados como uma banda punk em um artigo intitulado "AC/DC: a Austrália também têm bandas de punk rock, sabe?". A *Rolling Stone* australiana também lhes deu o mesmo rótulo, referindo-se ao AC/DC como "a maior banda punk de Melbourne".

Mas apesar do fato de, na época, a banda tocar "Heavy Metal Nites" no Hard Rock Café, em um sentido bem amplo o rótulo "punk" servia. O AC/DC era formado por punks de rua, ou seja, rebeldes, assim como Elvis e os Stones em começo de carreira, Pretty Things, The Who, The Small Faces e The Kinks. Eles não tinham problema nenhum em assumir o rótulo.

O estranho foi o momento em que aconteceram as declarações da *RAM* e da *Rolling Stone*. Os Sex Pistols fariam seu primeiro show dali a sete meses e o The Clash só apareceria publicamente em agosto de 1976.

A atitude endiabrada de Angus no palco com certeza não contribuiu muito para acalmar a impressão de que o AC/DC queria saquear e destruir a vida dos cidadãos decentes. No fim da semana, seus uniformes escolares eram um risco para a saúde pública, graças à combinação do suor em largas porções, fumaça de cigarro e nódoas de ranho. Ele sempre ficava surpreso com o fato de as garotas em frente aos seus shows ficarem felizes e até mesmo orgulhosas em serem banhadas em sua saliva, suor e muco.

Com certeza não havia nada muito educado ou refinado na febril apresentação ao vivo do AC/DC naquela época, em grande parte baseada no álbum *High Voltage*, com vários *covers* de Chuck Berry, dos Stones e de músicas de Elvis, como "Heartbreak Hotel".

Enquanto o personagem colegial de Angus se tornava uma marca registrada, Bon ainda optava por fantasiar-se ou, às vezes, despir-se para ocasiões especiais, como foi o caso em um show no Festival Hall de Melbourne com o Slipt Enz e os superpopulares campeões das manchetes Skyhooks.

Bon não queria ser ofuscado, então se vestiu de Tarzã, com uma tanga minúscula e pendurou-se em uma corda saltando para o palco das caixas do PA empilhadas. Funcionou perfeitamente nos ensaios, mas no dia do show ele falhou ao calcular a distância de seu salto.

Angus: "Hoje em dia você conta com equipamentos especiais de segurança, mas ele [Bon] simplesmente agarrava uma corda e atirava-se das caixas do PA. Ele conseguia sem problemas. Então, no dia do show, ele se jogou, mas foi um pouco como aquele gato do Pernalonga, o Frajola, fazendo o mesmo e caindo diretamente no meio da cachorrada. Ele esqueceu que a garotada ia estar em pé sobre as cadeiras e voou diretamente para a multidão. Havia um monte de menininhas por lá e ele voltou para o palco usando apenas sua sunga. Rasgaram tudo o que ele usava!"

Phil Eastick (membro da equipe): "Aquele show em Melbourne foi uma das primeiras vezes que eu os vi fazer aquele número de subir nos ombros [Angus nos ombros de Bon] no meio do público. Lembre-se de que não havia tecnologia sem fio. Fizemos isso com um fio na guitarra de Angus que ia até os fundos do Festival Hall. E Bon, de tanga, o levou lá e o trouxe de volta."

Uma série de shows diurnos para a Semana dos Colegiais, em maio, no Hard Rock Café, foi tão caótica quanto. Bon perdeu um show e Angus e Malcolm o substituíram nos vocais.

O AC/DC passara a ser um verdadeiro fenômeno em Melbourne e apareceu no "Countdown" incríveis quatro vezes em junho. Ansiosos para registrar o momento, foram feitos arranjos para filmar ao menos parte da apresentação da banda como atração principal no Festival Hall, em 16 de junho, com Stevie Wright e John Paul Young.

Mais tarde, uma montagem dessa filmagem com cenas extras "ao vivo" da gravação de "High Voltage" no Estúdio Supreme Sound de Sydney, no começo de julho, renderia um vídeo para o próximo *single*, "High Voltage", e para "Show Business". O vídeo foi dirigido pelo americano Larry Larstead e rodado com cinco câmeras, o que era algo incomum naquela época.

Chris Gilbey, da Albert, escolheu Larstead por causa de seus incríveis comerciais para a Coca-Cola e ficou impressionado com suas técnicas durante a gravação para o AC/DC. Depois de gravar a banda ao vivo, foram feitos *closes* de Bon. O diretor molhava o rosto do vocalista constantemente com pulverizador de água para criar a ilusão de suor escorrendo pelo rosto, enquanto Bon cantava mais alto do que o costume para mostrar os músculos tensos da garganta. "Ele queria garantir a captura de cada aspecto da imagem ao vivo de Bon", disse Gilbey, "para que o vídeo fosse o mais real o possível."

No meio do ano, a banda mudou-se de Lansdowne Road. Um aeromodelo deixado para trás por Phil Rudd tornou-se uma curiosa lembrança de sua presença. Eles passaram a morar no Freeway Gardens Motel, na época um centro de atividade para qualquer banda na cidade, onde a devassidão continuou.

High Voltage **109**

Foi lá que uma imensa ruiva tasmaniana chamada Rosie, que junto com uma amiga ficaram conhecidas como Gêmeas Jumbo, passou a fazer parte da lenda do AC/DC e da crescente lista de conquistas de cama de Bon. Rosie se apaixonou à primeira vista pelo vocalista, que era o típico astro do rock em ascensão. Pelos cálculos de Bon, Rosie tinha mais de 1,83 metro de altura e pesava quase 127 quilos.

"Ela era grande demais para dizer não", ele disse a Bill Scott na *WABX,* em julho de 1979, "então tive de encarar... meu Deus, antes eu tivesse escapado... era como uma montanha. Dá para imaginar os problemas que tive."

Era um clássico de Bon: a vida era um circo onde ele tinha de fazer todos os números antes de seguir para a próxima cidade. De acordo com a lenda, no dia seguinte, enquanto Bon tentava fingir que estava dormindo, ouviu Rosie fazer as contas com sua amiga. "Com este são 28 nesta semana!"

A próxima vez que a banda viu Rosie foi em fevereiro do ano seguinte, quando estavam em Georgetown, na Tasmânia. Então, por algum motivo e para decepção de Bon, ela estava muito, mas muito mais magra do que era.

Em 23 de junho, "High Voltage" e "Soul Stripper" foram lançados como *single* na Austrália, enquanto *High Voltage,* o álbum, ganhou o disco de ouro naquele mesmo mês. O impacto do novo *single* foi instantâneo.

Chris Gilbey: "Ele entrou de cara em todas as listas das principais rádios. As pessoas adoraram. Lembro que o álbum *High Voltage* vendeu cerca de 125 mil cópias antes de lançarmos o álbum seguinte. Com certeza, os últimos 50 mil foram vendidos por causa do [*single*] 'High Voltage'. O incrível, é claro, foi que a música 'High Voltage' não estava no álbum."

Com "High Voltage", o *single,* e o vídeo eletrizante que o acompanhava, o AC/DC chegou lá finalmente. Mas ainda tinham uma condição de prejudicados em face do fenômeno que foram os Skyhooks e o Sherbet.

O pop melódico inofensivo do Sherbet, que mais tarde alcançaria sucesso mundial com "Howzat", foi muito popular em todo o país, com enormes vendas de disco e turnês nacionais que eram operações gigantescas. O visual e o som da banda eram diametralmente opostos ao território que o AC/DC começava lentamente a chamar de seu, formado pelas classes trabalhadoras, fortões de camisetas regatas e ocasionalmente pelo universo da tatuagem.

Enquanto isso, os Skyhooks, a invenção do baixista Greg Macainsh, que estava cansado do visual jeans e do som baseado no blues de tantas bandas e artistas do momento, iam para o palco com trajes cada vez mais surpreendentes, que fariam os New York Dolls, os Tubes e Alice Cooper parecer monótonos e sem imaginação.

Seu álbum de lançamento, *Living In The Seventies*, de 1974, foi de longe o mais vendido da Austrália nessa época, com um número sem precedentes.

Diferentemente do Sherbet e do Skyhooks, o território do AC/DC, em grande parte, ainda se restringia a Melbourne, onde a rotina de trabalho semanal, que ajudava a mantê-los em forma, de mais de quatro shows por dia e sete dias por semana, era uma mina de ouro, porém muito exaustiva. Depois de um show na hora do almoço em uma escola, havia ainda nada menos que quatro shows antes do fim do dia. Malcolm e Angus desdobravam-se, sabendo que essa era uma boa base para o que acreditavam que aconteceria no futuro.

Para Bon, embora fosse um veterano, ainda havia um certo romance em tudo aquilo. Mas mesmo ele, às vezes, ficava entediado, e uma noite, no caminho de casa depois de um show, adquiriu outro brinco só para matar o tempo.

"Eu não tinha nenhum lugar para colocá-lo [o brinco], entende", ele disse a Anthony O'Grady na *RAM*, em 19 de abril de 1975, "então peguei um alfinete e disse para um *roadie* espetar. Bem, de toda forma foi alguma coisa a fazer para passar o tempo."

Chegar aos shows, às vezes, era complicado. Quando o ônibus quebrava, o que acontecia com muita frequência, o amigo de Phil Rudd, Geordie Leach, recebia um telefonema.

"Phil telefonava dizendo: 'Sua mãe está usando o carro? Venha nos buscar para levar ao show'. Eu tinha um Toyota Crown, então os cinco se apertavam ao carro. Tinha tanta gente que ficávamos cercados pela multidão para chegar lá. Uma vez eu perdi a porra do retrovisor e minha mãe ficou puta! Outra vez foi a antena que sumiu na saída de um show, às vezes eram as calotas..."

As recompensas não financeiras por seu trabalho duro eram maravilhosas. Durante uma semana, um jornal tentou documentar o número de mulheres que passou pelas portas do endereço razoavelmente fixo da banda. Pelas suas contas, eram cerca de cem.

"Eram 110", corrigiu Angus, com um misto de horror fingido e orgulho ferido. Na verdade, eram provavelmente muitas mais.

A teoria de Bon para atrair mulheres baseava-se em um princípio e centrava-se em estar no palco. As luzes, o som e sua grandeza o tornavam um ímã. Esse magnetismo gerava festas, e essas festas atraíam mais mulheres. Simples. Era um ciclo de prazer interminável que crescia cada vez mais.

No entanto, o processo, às vezes, levava a algum estresse, como, por exemplo, no caso do incidente da Granny's. Uma noite depois de um show, duas garotas aproximaram-se da banda com uma oferta de ir a um lugar misteriosamente chamado Granny's ["Casa da Vovozinha"]. Enquanto Bon, nu, fazia todos os tipos de ginásticas bizarras, a ação começou a rolar a sério no chão da sala, até que a vovozinha chegou. Sua presença rapidamente esvaziou o lugar.

Angus, ao contrário do resto da banda, raramente saía, a não ser para os shows, e preferia ficar em casa comendo chocolates, lendo quadrinhos, bebendo chá, leite, tocando guitarra – nunca deixava de lado essa sua faceta – e assistindo a qualquer filme de Clint Eastwood que passasse na televisão. Mas iludia-se com a ideia de que, embora algumas garotas parecessem muito entusiasmadas nos shows, teriam horror de passar a noite com ele.

Bon, por outro lado, metia-se frequentemente em encrenca quando seus hormônios falavam mais alto, o que acontecia na maior parte do tempo.

Uma vez, o problema teve mais a ver com uma trilha de provas deixadas em forma de uma série de fotos de Bon e uma amiga na cama.

As fotos eram relativamente inocentes, até que na manhã seguinte, a amiga de Bon, ainda cansada da festa, chamou a atenção da polícia enquanto estava a caminho do trabalho. Eles a levaram à casa, acharam as fotos e ameaçaram punir o vocalista por crime de pornografia.

Nem todas as confusões em que Bon se deu mal envolviam a lei. Sua reação a uma batida forte na porta um dia foi instantânea e direta.

"Cai fora! Estou no meio de uma trepada", ele, mais tarde, lembrou de sua resposta a Irvin Sealey em *Rock Gossip,* em 1979.

Resposta errada.

Quem batia era o pai, possivelmente, da mesma garota que apareceu nas fotos com ele.

Vince Lovegrove: "O pai da garota não a queria andando com Bon. Ele voltou em seguida e colocou a porta abaixo com ajuda de um amigo, arrastou Bon para fora, deu-lhe uma surra e o atirou em uma roseira. Como resultado, ele perdeu todos os dentes da frente. Quando isso aconteceu, fiquei horrorizado, mas foi quase como, ok, era o Bon, você esperava que algo assim acontecesse.

Ele era um bom lutador de rua e não recusava uma briga, mas preferia evitar. Não por não querer brigar, mas porque preferia pacificar a situação a ver-se envolvido nela. Mas, caso o desafio surgisse, ele aceitava, nunca fugiu de uma rixa."

Como Bon, Angus também aguentou alguns maus-tratos, mas os dele eram autoinfligidos, já que a essa altura sua performance no palco dava a impressão de alguém apanhando do homem invisível. Ele ficava imerso em um frenético ritual primitivo em que chacoalhava o corpo incansavelmente como se estivesse possuído. De fato, seus movimentos eram tão desvairados e incomuns que começaram a circular boatos de que, na verdade, seus movimentos resultavam de graves problemas comportamentais.

Angus, com certeza, não tinha medo de nada. Saltava no meio da multidão e abria espaço na marra para si mesmo girando loucamente, enquanto o fio de sua guitarra emaranhava, para desespero da equipe de *roadies*. As pessoas ficavam achando que ele iria explodir.

Mas aqueles movimentos selvagens e a permanência em pernas alternadas, uma dança febril que ele adotou até mesmo em *jams* em quartos de hotel, tarde da noite, não eram simplesmente um exagero do modo como sempre reagira à música totalmente absorvido por ela. Isso vinha também de ser extremamente focado: ele não se permitia sorrir e acenar para os fãs.

A outra parte disso era o valor de entretenimento. Angus achava, depois do encorajamento de George, que rolar no chão e fazer o *duck walk* ["passo de pato"] de Chuck Berry, que ele adotou dos maneirismos de dança de um sobrinho, teria um maior impacto em qualquer audiência.

"Eu cagaria e mijaria nas pessoas se fosse preciso", ele disse à *Beat Instrumental*, em agosto de 1976.

Depois de um tempo, a energia nervosa de Angus acalmou-se automaticamente e seu movimentos frenéticos tornaram-se ações involuntárias e naturais sempre que ele pisava em um palco e sentia o som dos amplificadores através de si.

Angus: "Por alguma razão desconhecida, talvez por eu ser um cara pequeno, sempre que estou tocando, meu corpo inteiro vibra, enquanto a maioria das pessoas faz vibrar as notas na guitarra. Então, quando toco um acorde no final da guitarra, eu simplesmente o sigo. Outros caras deixam seus dedos fazer a caminhada. Comigo, o corpo todo vai seguindo."

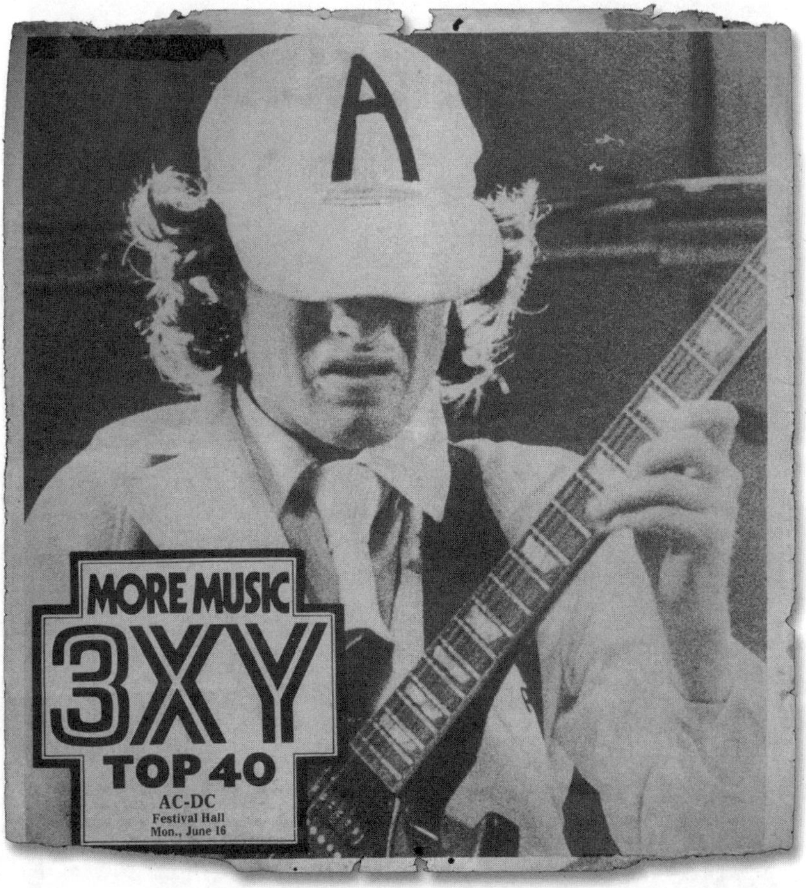
A
MORE MUSIC
3XY
TOP 40
AC-DC
Festival Hall
Mon., June 16

1975
Bon em Albury, New South Wales.

Capítulo 9

TNT

No começo, a voz na fita de introdução da banda soava quase conservadora quando anunciava a chegada do AC/DC no palco. Mas a cada vez que o nome era repetido tornava-se mais rápido, mais desesperado, o tom mais alto e agudo. Depois de um minuto ou dois, a voz soava como se pertencesse a um maluco robótico movido a anfetamina e cafeína. Gritava de entusiasmo.

O álbum *TNT*, gravado em julho de 1975 no Albert Studios, em Sydney, com George Young e Harry Vanda novamente na produção, apresentou-se da mesma forma.

Essas não foram as primeiras sessões do álbum, com músicas como "The Jack", que já era um sucesso ao vivo, tendo sido gravadas em abril.

No estúdio, as músicas eram quase sempre trabalhadas em um piano com George, Malcolm e Angus, todos espremidos em um único banquinho. Usando um piano eles conseguiam tocar as partes do baixo e da guitarra ao mesmo tempo. George estava sempre de olho, "detectando as merdas" e estimulando as ideias que Malcolm trazia com excesso de paixão.

Harry Vanda: "Em muitas canções fazíamos umas poucas tomadas e quase sempre gravitávamos na primeira dupla. Havia sempre aquele tipo de espontaneidade imediata. Todos costumavam ficar juntos em uma sala, com todos os amplificadores amontoados em uma sala com a percussão! Acho que era um pesadelo de gravação, mas funcionava."

Enquanto esteve em Sydney, a banda tocou em vários shows, incluindo duas noites no consagrado Bondi Lifesaver. Roger Grierson, que mais tarde seria membro do Thought Criminals, estava entre aqueles na cena punk de Sydney que consideraram a energia do AC/DC nos shows do Lifesaver mais do que um pouco atrativa.

"O som simplesmente atingia você. Era muito poderoso, roqueiro e econômico. Fui aos bastidores. Ninguém estava a fim de papo e não queriam que bebêssemos a cerveja deles, mas Phil Rudd me deu um cigarro. Aquela foi a extensão da conversa, eles estavam exaustos. Nunca tinha visto ninguém suar tanto em um show.

Lembro de dizer [ao encontrar o sócio da loja Phantom Records em Sydney e mais tarde do selo com o mesmo nome] ao Jules Normington que o AC/DC era o melhor negócio e ouvir dele: 'Besteira! Você precisa ver essa banda que estou empresariando chamada [os Stooges de Sydney, inspirados no MC5] Radio Birdman!'. Ri e respondi a ele: 'Você está brincando? Ninguém chega perto do AC/DC!'. Fomos ver o Birdman tocar no Heffron Hall, e eu ainda precisava ser convencido. Eles tinham muita coisa boa, mas não eram o AC/DC."

O álbum *TNT* foi finalizado em duas semanas. Depois, a banda voltou a Melbourne. Em agosto, Michael Browning começou as negociações para levar o AC/DC para fora da Austrália, para os públicos de além-mar em outubro. As coisas certamente não seriam tão grandiosas ou frenéticas como na cidade natal que adotaram para si.

Mais tarde, no mesmo mês, eles participaram de uma série de uma semana de shows na hora do almoço nas férias escolares na loja de departamentos Myer, no centro da cidade.

No papel, as apresentações gratuitas pareciam uma ótima ideia de marketing. Mas houve anarquia na ocasião do primeiro show, na sessão de roupas femininas, com o comparecimento de milhares de fãs. Alguns desmaiaram quando a multidão investiu em direção à banda, e o equipamento foi derrubado quando a massa histérica, sem ter aonde ir, invadiu o pequeno palco. Depois de alguns minutos e somente duas músicas, o show foi encerrado para a segurança de todos.

A banda foi forçada a escapar por um provador de roupas, mas Bon foi separado do resto da banda e teve seus sapatos e a maior parte de suas roupas, incluindo parte de seu jeans, arrancados por um enxame de garotas. Malcolm saiu da loja com um corte sobre o olho, mas a loja levou a pior, com perdas de milhares de dólares em mercadoria roubada e danos gerais.

Lá se foi a chance de um compromisso de quatro dias.

O segundo álbum-solo de Stevie Wright, *Black Eyed Bruiser*, produzido por Vanda e Young, também foi lançado em agosto, nove meses depois de "Guitar Band", com uma pequena participação de

Angus na guitarra, ter sido lançado como *single*. A desafiadora faixa título tinha exatamente o mesmo estilo de melodia e vocais que Bon fazia nessa época.

Não havia muito sentido em atravessar o oceano antes de conquistarem Sydney e Melbourne. Por isso, Browning acertou um show grátis ao ar livre no Victoria Park, em Sydney, em 7 de setembro, para manter a chama acesa.

Chris Gilbey, da Albert, percebeu que uma série de anúncios de rádio da 2SM de Sydney seria a forma ideal de promover o show. Então, em uma manhã de sábado, ele foi para Manly, nas praias ao norte de Sydney, com um gravador da 2SM com um logotipo da estação no microfone, que, ele imaginou, atrairia os garotos mais antenados, que certamente conheceriam o AC/DC. Com esse áudio ele planejava criar um anúncio de rádio de 30 segundos.

Mas conseguir gente na praia para entrevistas não foi o problema.

Chris Gilbey: "Você já ouviu falar do AC/DC? 'Não, quem são eles?' Você já ouviu falar do AC/DC? 'Não, o que eles fazem?' Ninguém sabia que diabos era o AC/DC! Pensei: 'Merda! Isso vai ser difícil!'."

Gilbey então partiu para um plano B e deciciu apenas perguntar às pessoas sobre suas bandas favoritas. Com alguma licença criativa, as respostas poderiam ser moldadas da forma que quisesse.

"Então perguntamos: 'Qual é a sua banda favorita?'. 'Ah, eu gosto do Sherbet!' 'Por que você gosta do Sherbet?' 'Gosto das pernas do Daryl [o vocalista Daryl Braithwaite]', diziam algumas garotas. Então pensei, isso é legal, usaremos para o Angus. Reformulávamos a pergunta dizendo: 'Por que você gosta do Angus?'. 'Gosto das pernas dele!'"

Com a fita cheia de citações, Gilbey voltou à cidade e passou na casa de um amigo. Depois de um tempo, notou que a namorada de seu amigo tinha uma voz muito profunda. Sua mente começou a correr e ele perguntou se ela queria participar do anúncio que ele desenvolvia para o AC/DC.

Chris Gilbey: "Eu disse: 'Simplesmente fale o que quiser. Ou imagine que você é a mãe de um garoto que quer ia a um show do AC/DC e não acha uma boa ideia, o que diria?'. Nós a deixamos na porta da frente para que sentisse aquele clima todo de bater na porta. Ela disse: 'Não deixaria minha filha ir a um show de uma banda como essa – eles são nojentos, blá-blá-blá.' E prosseguiu nessa lenga-lenga de banda de rock'n'roll nojenta, horrível e depravada chamada AC/DC. E foi fantástico!"

As opiniões dos garotos das praias do norte foram deixadas de lado depois disso. O locutor Mike Drayson, com sua voz poderosa, entrava no fim do anúncio, dizendo uma única frase escrita por Gilbey: "AC/DC: eles não são uma banda bem-comportada".

O show do Victoria Park foi um enorme sucesso, tanto que chegou a dar uns sustos em Angus e Bon.

Angus: "Quando fomos para o meio do público, todos pararam de uma vez e vieram para cima de nós. Nós dois dissemos: 'Merda! Corre!'. Foi como a última batalha do general Custer."

Chris Gilbey: "O disco entrou nas paradas na semana seguinte e foi assim que o AC/DC estourou em Sydney: por causa daquela campanha de anúncios baseada no desconhecimento da banda em qualquer lugar do mercado, com exceção do pessoal do rádio e da indústria fonográfica, que sabia que havia uma vibração sobre o AC/DC. Bum! Explodiu a partir daí."

Não muito depois, de volta a Melbourne, Phil Rudd quebrou seu polegar durante uma briga em um show importante nos subúrbios, no Matthew Flinders Hotel, depois de socar um cara que atirou um copo em Angus e abriu um talho na mão do guitarrista. Rudd precisou de uma cirurgia para corrigir seu polegar adequadamente, mas, mesmo depois de se machucar, deixar o palco e ficar fora do show nunca foi sua opção. Lealdade era tudo.

"Com uma mão, sem mão nenhuma", ele disse a Phil Lageat no *Rock Hard France* em junho de 2001, "tinha de fazer parte do show para mostrar meu apoio à banda."

Michael Browning: "Houve alguns lugares que eram barras-pesadas e lembro de Angus me dizer: 'Da próxima vez que voltarmos aí queremos uma cerca de segurança ou coisa parecida, uma rede ou qualquer outra coisa protegendo ao longo dessas linhas'. Mas aquilo não era por causa do AC/DC; era apenas a natureza do lugar."

Na noite seguinte, a banda tocou atrás de uma cerca de arame com o antigo baterista Colin Burgess, que substituiu Rudd em alguns shows enquanto ele era forçado a cuidar de seu polegar. Os danos poderiam ter sido bem piores em outro show desse período quando alguém correu furiosamente com uma faca de açougue.

Burgess ficou contente de ver que um dos sonhos de Angus àquela altura se realizara.

Colin Burgess: "Eles tinham o ônibus com a inscrição AC/DC na frente. Lembro de Angus dizendo que ele queria isso desde o começo, um ônibus com a inscrição AC/DC."

O baterista também ficou impressionado com um dos rituais de Bon antes dos shows para aquecer as cordas vocais.

Colin Burgess: "Bon fazia um gargarejo com vinho do porto toda noite antes do show. Na verdade, ele não bebia, cuspia fora, para tornar sua voz rouca na medida para o show. Era incrível."

Bon também podia ser maravilhosamente imprevisível.

Colin Burgess: "Lembro de um show que fizemos em algum lugar onde fecharam o bar, então Bon disse: 'Nada disso, vou assumir o bar!', e serviu bebidas para todos."

Angus: "Lembro ainda de Bon passando seus jeans no balcão de um bar uma noite. Todos se irritaram um pouco quando ele desocupou o balcão tirando as bebidas, mas conseguiu um vinco perfeito naqueles jeans!"

Ainda com Burgess, a banda foi a Adelaide, onde se juntou à banda The Keystone Angels, que acabara de encerrar uma turnê australiana abrindo para Chuck Berry.

O guitarrista John Brewster lembra a emoção de ver o AC/DC pela primeira vez:

"A música era sensacional. Eles já faziam várias coisas que você vê nos shows do AC/DC de hoje. Angus fazia aquela cena do pequeno *striptease* e, em vez desse palco hidráulico que Angus usa agora nos grandes shows girando, ele apenas pulava sobre uma mesa de bar e fazia a mesma coisa. É claro que copos e garrafas e jarras de cerveja iam para o chão, mas era incrível.

E Bon costumava carregá-lo para o meio do público e naqueles dias Angus não tinha um transmissor de guitarra, então o fio era imenso. Ele tinha uns *roadies*, que eram como uns salva-vidas do fio, conduzindo-o enquanto Angus movimentava-se no meio do público."

O AC/DC ficou entusiasmado com os Keystone Angels. Bon e Malcolm falaram sobre eles para George e Harry Vanda, que viram a banda ser contratada pela Albert, onde se tornariam os muito populares Angels.

Depois do último show em Port Augusta, a 300 quilômetros de Adelaide, Brewster estava sentado com Bon na frente do ônibus da banda, enquanto seu equipamento estava empacotado na parte de trás.

John Brewster: "Ele basicamente traçou seus planos para o futuro, sem se gabar de nada, mas sabia da sua força. Sabia que estava em uma banda que tomaria o mundo como uma tempestade, sabia. Apenas calmamente e sendo um visionário do futuro, dizia que iriam para o exterior e permaneceriam lá até arrebentar com tudo."

Por volta da metade de setembro, as vendas do álbum *High Voltage* alcançaram 25 mil unidades, mas a certeza de que os planos para uma curta visita promocional a Londres foram abandonados os deixou sem opção além de voltar a um ciclo sem-fim de turnês pela Austrália.

Eles fizeram uma breve pausa para tocar "High Voltage" no prêmio King of Pop da *TV Week* em outubro, embora premiações e ter de lidar com abraços e beijos de gente da indústria fonográfica ultrapassasse os limites de sua tolerância.

No jantar, tarde da noite, Bon, que nunca deixava passar uma oportunidade de barbarizar, sacou um enorme vibrador na frente de um executivo da televisão. Naquela mesma noite, com alguns drinques na cabeça, o vocalista disse o que pensava sobre a grande diferença que havia entre o AC/DC e o resto da indústria fonográfica.

Na sala de estar dos bastidores, Bon começou literalmente a rasgar seu caminho por entre pilhas de revistas *TV Week* com um furioso menosprezo. Não muito depois disso, a visão de um peru em uma das mesas o encheu de ideias. Ele encheu a cavidade da ave com champanhe, que bebeu enquanto comia um bocado do peru só para manter a energia em alta. Ofereceu a Daryl Braithwaite, do Sherbet, que aceitou alguns goles do sacramento borbulhante. O vocalista do AC/DC ficou de lado e observou, gargalhando: fora uma longa noite e e ele tivera de se aliviar de alguma forma.

A primeira turnê australiana do AC/DC de maior vulto começou dia 10 de novembro e estendeu-se até janeiro de 1976. Não atingiu apenas os públicos principais da banda em capitais como Sydney e Melbourne, mas também os centros regionais do país. Era aí que a verdadeira diversão costumava começar.

Chegar a cidades fora das áreas costeiras densamente povoadas era frequentemente uma faca de dois gumes. Por um lado, esse público raras vezes tinha a oportunidade de ver, em carne e osso, a quem assistia na televisão ou ouvia no rádio e, por isso, era bastante receptivo. Por outro lado, bandas visitantes, principalmente aquelas com uma postura mais desafiadora, eram muitas vezes encaradas como uma ameaça à ordem masculina local e, como tal, um ímã para encrencas.

"Nós escapávamos de uma garrafa aqui, de um punho ali", Angus disse à *Juke* em 30 de janeiro de 1988. "Eles só paravam de tentar nos provocar quando a música era rápida e pauleira. As músicas podiam começar mais lentas, mas tinham de acelerar na metade!"

Em um show em Perth, alguém que conseguiu subir no palco achou que seria engraçado dar um golpe de luta livre no guitarrista. Angus revidou, os outros cidadãos reagiram e a polícia apareceu com todo o vigor da tropa de choque.

Malcolm: "Lembro-me de que em Bendigo, em Victoria, todos os jovens da cidade estavam prontos para nos encher de porrada! Isso porque alguém pegou a namorada de alguém na última vez em que estiveram na cidade.

Eles gostavam de perseguição de carro, e Phil era um maníaco atrás da direção. Então, caso alguma merda como aquela acontecesse, Phil dirigia e fazia todo tipo de truques. Costumávamos sair pelas rodovias no meio das quebradas e andar de ré, brecar de repente, apagar os faróis e nos esconder! Víamos os caras passar por nós berrando, ligarem o carro e voltarem para a cidade para pegar suas mulheres!"

Mas, caso fosse necessário partir para a briga, a pequena estatura dos membros da banda nunca foi problema. De fato, tornava a desforra ainda mais vital.

Malcolm: "Éramos todos baixinhos. Quer dizer, vamos encarar a verdade, qualquer um poderia acabar com a gente. Mas, quanto menor você é, mais acredita que tem de ser forte. Bon era mais alto que a gente, mas ele não era um cara muito forte, bebia muito e estava sempre cambaleando um pouco aqui e ali. Mas éramos todos corajosos. Se decidíssemos brigar, todos se envolviam, ninguém fugia. Acho que o lance era nossa união.

Normalmente o valentão do pedaço ia até os bastidores apresentar-se ao Bon, ele sempre conseguia que o maior casca-grossa do lugar quisesse ser seu amigo. Isso era bom. Mas tinha vezes em que não havia caras assim por perto."

Bon não atraía esse tipo de elemento por conta de sua etiqueta à mesa (a qual, como ele mesmo tinha demonstrado, também possuía). Ele matava a cobra e mostrava o pau. O baterista Ray Arnott, um amigo da banda que fez um número em uma sessão de estúdio para a Albert com Harry Vanda e George Young, lembra de Bon uma vez, de propósito ou não, equilibrando a balança da justiça em Melbourne.

Ray Arnott: "Lembro desse cara que me atacou uma vez no Prahran Hotel e então, cerca de um mês depois, Bon o encheu de porrada no meio da rua Chapel!"

No dia 8 de dezembro, foi lançado o *single* "It's A Long Way To The Top (If You Wanna Rock'N'Roll)", mostrado ao público do "Countdown" duas vezes no mês anterior. Sua letra é um exemplo de primeira da poesia de rua de Bon tirada diretamente de seu caderno.

Angus: "Ele era bom nisso. Ele chamava de poesia de banheiro, mas era definitivamente uma forma de arte da qual ele se orgulhava. Sempre escrevia coisas à medida que avançava, como 'Long Way To The Top'. George lia seu caderno. Um dia deu com o verso: 'a long way to the top if you wanna rock and roll' [um longo caminho até o topo se você quer fazer rock'n'roll]. Estava lá escondido. Não tinha nenhuma letra, apenas o título.

Você dizia a ele: 'Bon, você pode fazer melhor que isso', e ele fazia. Ele saía e trabalhava duro na letra. Ou então, se ficava travado, dizia para Mal: 'Me dá uma luz'. Mal o ajudava, escrevia uns poucos versos ou dava uma ideia e ele deslanchava ou me perguntava se eu tinha alguma poesia suja em algum lugar! Alguma inspiração..."

Bon só começava a tecer sua magia lírica uma vez que a banda estivesse em estúdio e ele tivesse uma ideia aproximada do som de uma música e, principalmente, um senso de seu andamento rítmico. Então ele achava um canto sossegado, como o almoxarifado ou mesmo a cozinha da Albert, armado de caneta, papel e seu caderno de ideias. A lubrificação era cortesia da bebida escolhida, uma necessidade econômica na época: garrafas de vinho de gengibre Stone's Green. George estava sempre à mão para acalmar e encorajar o vocalista, caso ele se sentisse pressionado.

Michael Browning: "Ele trabalhava muito intensamente. Acho que era sempre uma época difícil para Bon, porque suas letras eram muito importantes: cada palavra contava."

A gravação original de "It's A Long Way To The Top" era um testemunho tanto do extraordinário talento de George como da energia da banda.

"A música nunca era tocada na íntegra em estúdio", o baixista Mark Evans disse a Volker Janssen, do *Daily Dirt*, em 2000. "Era gravada a partir de uma grande *jam*. Isso era coisa de George Young. O cara é um gênio."

Harry Vanda: "'A Long Way To The Top' foi uma grande pancada, nós todos ficamos dizendo: 'Uau! Escutem isso! Daria um bom som'. Então foi assim que tudo começou."

Introduzir o som das gaitas de fole também foi ideia de George, que buscava um novo ângulo e um novo som para o gancho central da música, que realmente dividiu a banda. Bon, segundo consta, nunca sequer tocou no instrumento, reconhecidamente difícil de aprender, isso sem falar em fazê-lo soar melódico.

Foi uma surpresa para George, que se enganou quando Bon disse que tocou em uma banda de gaita de foles, pensando que ele tocara o instrumento, quando, na realidade, havia tocado percussão. Bon conseguia aprender rapidamente a maior parte dos instrumentos que escolhia e, somado a sua experiência com flauta doce dos tempos de colégio e no Fraternity e um conhecimento geral de técnicas de respiração, logo acrescentou a gaita de foles à sua lista de conquistas.

O instrumento representou um estranho, quase cômico, alívio nas apresentações ao vivo mais agressivas. Mas, apesar de poucas coisas serem mais românticas para um escocês, principalmente um chamado Scott, do que uma gaita de foles, o instrumento acabou se tornando um grande peso e responsabilidade para Bon.

Michael Browning: "Aquela gaita de foles era um fardo em sua vida. Que eu me lembre, acho que o instrumento provavelmente o pressionava mais que qualquer outra coisa. Quase sempre não funcionava. Era um instrumento difícil para acompanhar o andamento das guitarras, porque tem de ser bombado com ar e tocado quando está cheio, o que é muito difícil de sincronizar com as guitarras."

Em dezembro, foi dado o primeiro passo mais importante para levar o AC/DC para o mundo. Depois que a Atlantic americana perdeu a oportunidade de contratá-los, o diretor da Atlantic Records britânica, Phil Carson, fechou com eles um contrato mundial.

Isso colocou o AC/DC na companhia de bandas como os Stones, o Led Zeppelin, artistas como Ray Charles, Aretha Franklin, Buddy Guy e Junior Wells, bem como a banda Cactus, cultuada por Angus. Para um grupo da Austrália, onde as gravadoras estavam mais dispostas a estourar seus orçamentos em apresentações locais de artistas internacionais do que a apoiar artistas do mercado local comprovadamente em ascensão, como o AC/DC, foi uma bela vitória e uma doce vingança aliadas a um "foda-se".

Browning já tinha planejado uma turnê pela Inglaterra no começo de 1976, e sua irmã Coral, radicada em Londres, batalhava por um contrato de gravação para a banda e agendava apresentações em casas noturnas. Ela já havia estado com Carson para discutir como empresária do tecladista Rabbit, ex-Free.

Phil Carson: "A garota entrou no meu escritório. Era maravilhosa. Pensei, essa menina é gata pra caralho. Digamos que eu queria conhecê-la melhor. Mas ela era completamente profissional. Sentou, negociamos [o Rabitt], ela sabia do que estava falando e a coisa parou por aí.

Estava quase a convidando para jantar, quando ela disse: 'Olha, espero que você não ache inapropriado, mas meu irmão mais novo é empresário de um grupo na Austrália e eles são ótimos'. Em 1975, ninguém ligava para a Austrália e quem estava bombando no país não interessava a ninguém que contratasse grupos naquela época. Mas queria sair com a garota, então ia dizer o quê? 'Não'? Disse: 'Tudo bem, deixe algum material e eu vou ouvir'."

Coral fez melhor que isso. Abriu sua pasta, que, para espanto de Carson, tinha uma tela e um projetor e passou um filme do AC/DC em ação. Ele amou o que viu, ofereceu um contrato à banda e os colocou na turnê Back Street Crawler na Inglaterra, programada para começar em poucos meses.

Phil Carson: "Pensei: 'Bem, vou contratá-los porque, obviamente, se eu esperar, ela vai trazer o grupo para a Inglaterra e alguém vai fazer isso antes'. Mas pensei que era melhor fazer um negócio barato porque não queria enfurecer Jerry Greenberg [presidente da Atlantic americana], caso ele não gostasse da banda quando voltasse de férias.

Então fiz negócio com eles em 1975. Acho que a taxa de *royalties* era 12% e o adiantamento era 25 mil dólares por álbum em todo o mundo, com exceção da Austrália. Mas era um contrato para um único álbum, com a opção de mais dois álbuns por ano, e quatro sugestões. Então, por 25 mil dólares contratei o AC/DC para 15 álbuns! Foi a negociação inicial. Pensei, bem, ninguém vai querer me matar por ter feito um negócio desses! Pelo amor de Deus, eu só tinha de vender 10 mil discos na Inglaterra e tudo estaria bem. Tinha certeza de que eles davam conta disso."

Carson telefonou para Michael Browning às três da manhã e o AC/DC teve seu contrato internacional.

Um pouco antes do Natal, a banda voltou ao Albert Studios para gravar duas novas faixas como potenciais *singles*; uma delas era "Jailbreak".

Herm Kovac: "Lembro de entrar [no Octagon Hotel, em Prahran] e os desgraçados do Malcolm e do Angus, todos menos o Phil Rudd, estavam tocando pelados! Havia garotas lá e tudo, e Malcolm disse, 'Escute isso', e tocou 'Jailbreak'. Tinha acabado de escrever a música. Eu disse 'Cara, soa como 'Gloria'!'".

Doc Neeson [The Angels]: "Esta é uma história que o George Young nos contou: Bon estava na cabine de voz [durante a sessão de gravação de 'Jailbreak'], que ficava um pouco fora da linha de visão da sala de controle. Ele estava chegando na parte da letra que diz 'bullet in his back' [bala nas costas] e tinha tomado um tanto de vinho de gengibre Stone's Green. Eles diziam: 'Cante outra vez, Bon, com um pouco mais de expressão' ou coisa parecida. Eles sempre dizem para você repetir algumas vezes uma parte como essa.

Então Bon cantou 'With a bullet in his BACK!' e tomou uns goles de vinho. 'Bullet in his BACK!' Mais uns goles. 'Bullet in his BACK!' '...Bon?' Nessa hora dava para sacar que teve uma pequena pausa. 'Bon? Bon?' Foram à cabine e ele estava apagado no chão. Ele se esforçou tanto que desmaiou. Então tiveram de finalizar a música no dia seguinte.

Ele cantava e construía um tipo de tensão, era como se realmente fosse atacar alguém e, bem quando você achava que ele ia estraçalhar, entrava com aquela risadinha: 'He, he, he!'. Não há como fazer igual, não dá para imitar, era o jeito de ele atuar.

Não dava para saber se Bon ia pular na plateia e acertar alguém do público ou deixar a pessoa quieta. Por isso, ele tinha as pessoas sob controle. Ia correr tudo bem ou não? Ele tinha aquele elemento perigoso em seu modo de atuar."

O álbum *TNT* foi finalmente lançado no fim de dezembro e anunciou a chegada do clássico AC/DC, com o veneno, os vocais perigosos e as letras diretas de Bon, as guitarras-irmãs de Malcolm e Angus, unidas por telepatia fraterna e uma precisão rítmica tal que daria para acertar um relógio por elas.

Lobby Loyde: "É aquela coisa de ritmo exclusiva da Austrália. Nossas divisões rítmicas nos tornam diferentes de qualquer um no mundo. Se a coisa não cresce, não toma rumo e não é rítmica, também não é rock'n'roll. Se não é rock, é merda. Melhor deixar para lá, manter-se longe, é uma praga."

Acima de tudo, *TNT* tinha uma identidade e um foco único, que faltava a *High Voltage*, um álbum um pouco prematuro. *TNT* era um manifesto.

Harry Vanda: "Imagino que uma ou duas faixas do primeiro álbum, algumas poucas coisas, eles experimentaram e provavelmente não repetiriam. Acho que dá para dizer que *TNT* foi o que realmente lançou sua identidade. Tipo, este é o AC/DC, não há dúvida sobre isso, é o que será e como vai ficar. Depois que você conhece sua identidade, sabe o que não fazer."

A arte de capa foi algo que o Sensational Alex Harvey Band faria, com a parte interna da capa dupla com detalhes pessoais pitorescos de todos os membros da banda. As datas de aniversário foram deixadas de fora para provocar, com exceção da de Bon, por algum motivo.

Simon Maynard, da revista *Juke*, achou que *TNT* seria a trilha sonora perfeita para um filme chamado *Brats Out Of Hell* e que, no geral, o álbum era um verdadeiro manual de instruções para uma banda de rock'n'roll.

Havia o toque de "It's A Long Way To The Top (If You Wanna Rock'N'Roll)", o treinamento na prática ("Rock'N'Roll Singer"), as armadilhas de saúde das atividades ocupacionais durante a jornada ("The Jack"), a criação do personagem do vocalista ("Live Wire", "TNT" e "The Rocker"), os triunfos ("High Voltage") e o romance (uma versão de "School Days" de Chuck Berry).

O álbum continha uma regravação de "Can I Sit Next To You, Girl" e uma versão com uma letra mais suave de "The Jack", para evitar a ira dos censores e dos programadores de rádio conservadores.

Angus: "Quando a tocamos pela primeira vez ["The Jack"] no estúdio, disseram: 'Bem, talvez devêssemos gravar outra versão porque é uma música cativante e talvez o rádio a toque.' Então Bon disse: 'Ótimo, agora posso fazer algo bem esperto com ela.' Quando tocávamos "She's Got The Jack" [ao vivo], ele sempre fazia a versão sem censura e achava que era um grande jogo de palavras. É claro que quando ele cantou [no estúdio], rolamos de rir porque sabíamos a letra original."

A música originou-se em uma turnê em Adelaide por causa de uma carta que Malcolm recebeu depois de um show de uma garota em Melbourne com quem transou.

Malcolm: "Nós ficávamos em uma casa grande nessa época. Se eu me lembro, lá ficavam o Jimmy Barnes e Cold Chisel, todos esses caras de Adelaide, o Swanee [John Swan]. Tinha um monte de gente lá. Estávamos cantando juntos com as guitarras e recebi essa carta dessa menina de Melbourne me acusando de passar gonorreia [na gíria em inglês, *the clap* ou *the jack*], coisa que eu nunca tive. Então pensei, espera aí, essa menina me passou a doença! Então fiz exames e estava limpo.

"Mas o lance foi que, quando recebi a carta, passei para o Bon, que estava sentado ao meu lado e comecei a tocar um blues e começamos juntos a cantar 'She's Got The Jack'. Nós meio que esquecemos a história e não nos preocupamos mais com isso, mas então dias depois estávamos tocando com os caras um blues lento e Bon recomeçou a cantar. A música saiu daí.

Bon foi tanto à clínica de saúde sexual em Melbourne que eles o conheciam por seu primeiro nome, em vez de apenas por um número. Todos eram chamados '1102?'. Mas quando se tratava de Bon era 'Bon?!'"

Uma vez, toda a banda acabou pegando a doença graças a um grupo de garotas. Acreditando que tais feitos não deveriam ficar incógnitos, da próxima vez que todas elas estavam no público, na hora do refrão de "The Jack", ele apontou cada uma delas enquanto cantava o verso demolidor.

Bon não só dava o troco, como, na verdade, foi pioneiro de um brutal e primitivo método de sexo seguro.

"Uma vez tive gonorreia", ele disse a Phil Sutcliffe em *Sounds* em 28 de agosto de 1976, "e essa garota queria transar e era tão feia que eu pensei: 'Merda! Ninguém mais comeria essa menina, então ela não vai espalhar a doença'."

"O problema foi que ela então passou o bastão para Phil Rudd que, semanas depois, foi contatado pela garota que queria o reembolso do custo do tratamento médico que ela teve de fazer. Mais tarde, quando a garota apareceu para ver a banda, Bon explicou durante a música 'The Jack' que era ele quem devia pagar a conta dela. Era uma questão de honra."

TNT marcou claramente o momento em que a técnica de empresariar de Michael Browning estava pronta para bombar.

Michael Browning: "Vim de uma escola de empresários em que meus ídolos eram gente como Andrew Loog Oldham e Gordon Mills, que empresariaram Tom Jones, Chas Chandler e esse tipo de gente. Eles eram muito proativos em material de imagem e criação de questões controversas. Eu era muito influenciado por esses caras.

Era o conceito 'Se os pais os odeiam, a garotada vai amá-los'. Jogando com a imagem de *bad boys*."

Um dos princípios fundamentais dessa teoria era construir, ou pelo menos promover, uma atitude nós-e-eles, já bem presente em Angus e Malcolm. Eles tinham uma violenta mentalidade de gangue e outras bandas, a não ser que provassem amizade, eram ignoradas nos shows em um exercício de intimidação por exclusão. O AC/DC simplesmente não precisava de mais ninguém, inclusive de jornalistas.

A jornalista Jen Jewel Brown lembra de voltar ao hotel da banda uma noite após uma apresentação para uma festa e perceber essa atitude de isolamento em ação.

Jen Jewel Brown: "Você tinha essa sensação de que estava em uma sala com boxeadores ou algo parecido. Como se houvesse todo um entendimento entre eles no qual você não podia se meter, não podia participar. Parte disso vinha do fato de eu ser mulher e parte por não fazer parte do círculo, das relações da Albert.

Eles falavam de mim. Fiquei bastante impressionada com o fato de eles serem tão fechados e pensei que havia ali um pouco de machismo, não muito, mas um tipo de exclusividade... essa coisa de amizade entre homens, essa coisa masculina."

A campanha promocional de *TNT* de mala direta à mídia com uma cueca vermelha com a inscrição "Dynamite?" em preto e branco sobre a virilha destacava perfeitamente o conceito de *bad boy* de Browning. Além disso, funcionou: *TNT* vendeu 11 mil cópias em sua primeira semana de lançamento.

Isso atraiu ainda mais fãs fervorosas para a chama da banda. Bon era o astro e recebia montes de cartas detalhando todo tipo de propostas sexuais explícitas, inclusive uma descrevendo na parte de trás de um tampão as intenções da remetente de fazer sexo oral.

"Achei ótimo", ele disse a Irvin Sealey em *Rock Gossip* em 1979. "Ela pode até ser uma baranga velha disfarçada, mas estou sempre aberto para um pouco de emoção."

Angus: "Bon, uma vez, contou uma história sobre uma garota que foi até ele uma noite quando estávamos tocando em algum lugar. Ela estava lá com dois bebês no colo olhando para ele. Ele falou que ela não disse nada demais, apenas "Oi, Bon" e ficou falando, mas ele disse que apenas ficou olhando aqueles dois bebês. E ficou tentando lembrar de onde a conhecia..."

Angus não ficava exatamente fora desse esquema. As garotas frequentemente escreviam para ele dizendo que estavam guardando a virgindade para o dia em que encontrassem o guitarrista e comprando contraceptivos para a ocasião especial. Enquanto isso, Angus também estava fazendo sua própria poupança.

Chris Gilbey: "Lembro de Michael dizendo a certa altura que Angus, no fim de cada semana, costumava socorrer outros membros da banda com dinheiro conforme precisassem, porque nunca gastava dinheiro com nada. Tudo o que fazia era tomar *milk-shakes* e fumar cigarros. Ao passo que Bon era, naturalmente, um bebedor. Michael me disse que Angus costumava ter promissórias de Bon por conta disso."

Mas o sexo e o sucesso não enfraqueceram a luta ou o espírito de luta da banda. Em dezembro, durante a Turnê Nacional de Verão "Lock Up Your Daughters" [Tranquem Suas Filhas], o AC/DC abriu para o Skyhooks no Hordern Pavilion, em Sydney.

Tudo deu errado durante uma apresentação do AC/DC depois de Bon, por algum motivo, ter levado um chute de outro membro da banda e sair do palco, mas pelo meio do público. Os fãs que estavam no gargarejo mal puderam acreditar na sua sorte e carinhosamente agarraram seu ídolo a ponto de, quando finalmente o vocalista emergiu da multidão, parecer que lutara muitos *rounds* de uma luta de boxeadores pesos-pesados.

Talvez houvesse alguma coisa no ar, porque poucas semanas depois, no Shepparton, ao norte de Victoria, aconteceu de novo. Angus mal conseguia tolerar a impertinência de alguns locais no show. Mas depois, com a equipe de *roadies* da banda a reboque, estava em busca de vingança e os encurralou. Havia algo no ar. O problema foi que o pau quebrou a poucos metros da delegacia local. Angus foi agarrado por um policial e passou a noite em cana, de acordo com a *RAM* de 23 de abril de 1976.

Angus: "Você vai a uns lugares onde tem o palhaço da cidade. Nove entre dez vezes você o ignora. Quando chega a tocar em você, não dá para ficar parado e deixar que te detonem."

Havia algo profético no fato de Bon ter dado a Angus uma camiseta com a inscrição: "Aqui tem encrenca".

No fim do ano, o álbum *High Voltage* ganhou o disco de ouro triplo, com a venda de 45 mil unidades. Mas não houve comemoração no show de Ano-Novo em Adelaide: em vez disso, houve tumulto.

A banda, sem culpa, entrou no palco atrasada e a energia elétrica foi cortada depois de tocarem apenas duas músicas. Bon controlou a situação e teve sorte de não ter sido preso por incitar um tumulto. O apresentador do "Countdown", Molly Meldrum, entregou a Bon sua gaita de foles e o vocalista foi carregado nos ombros de um fã pelo meio da multidão e a observou destruir o palco e o equipamento.

A Austrália começava a parecer um lugar muito pequeno e restritivo. O AC/DC tinha de romper com isso.

1976
Só parece fácil de tocar: Angus, Mark Evans e Malcolm gravando o álbum *Dirty Deeds*. Albert Studios, Sydney.

Capítulo 10

Dirty Deeds

"Você é da revista *Juke*? Você é Al Webb?"

Essa mesma pergunta ameaçadora foi repetida a noite toda na comemoração em Melbourne pelos discos de ouro dos álbuns *High Voltage* e *TNT*. O pessoal do AC/DC estava furioso com algumas observações que Webb fez e queria tirá-las a limpo pessoalmente com o jornalista.

Frank Peters, da *Juke*, passou a noite tentando afastar-se dos linchadores de Webb, dentre eles, para seu desconforto, alguns tinham a impressão de que ele próprio era Webb. De qualquer maneira, Peters foi convidado a voltar para o hotel da banda para uma festa. Sua conversa com George Young recomeçou de onde havia parado antes: afinal, ele era Al Webb ou não era?

Depois de um tempo, Malcolm veio e agarrou a camisa de Peters com o punho cerrado e, com os dentes mais cerrados ainda, o avisou de que ele era sortudo pra caralho por não ser Webb. Não foi nenhuma surpresa a manchete na capa da *Juke* de 13 de março de 1976: "AC/DC ataca *Juke*", um artigo de página dupla assinado por Peters.

Mesmo assim, a banda deu seu recado: não se metam com a gente.

Frank Zappa ficaria orgulhoso dessa tolerância zero com a mídia. No fim dos anos 1960, ele foi o defensor impávido das esquisitices da indústria fonográfica, como Alice Cooper e Captain Beefheart, contratando-os para seu selo Straight.

Quando Zappa voltou à Austrália, em janeiro de 1976, cruzou com o AC/DC e adorou o que viu: uma banda frenética de rock'n'roll formada por baixinhos, liderada por um guitarrista virtuoso vestido com um uniforme de colegial e um cantor que era um misto de poeta, pirata e lutador de rua.

Malcolm, Angus e Bon adoraram o humor de Zappa, e os irmãos Young ficaram maravilhados com as habilidades musicais do homem.

"O primeiro homem que quis nos levar para os Estados Unidos foi Frank Zappa", Angus disse a Phil Lageat na *H*, em dezembro de 1996. "Ele nos viu na Austrália e amou nosso modo de tocar."

O *single* de "It's A Long Way To The Top" alcançou a quinta posição nas paradas nacionais da Austrália no mês anterior, mas, como mostrou o encontro com Zappa, os atalhos às vezes aparecem.

A proposta de Zappa, fosse qual fosse o motivo, não deu em nada, então a atenção voltou-se para a gravação do que seria o álbum *Dirty Deeds Done Dirt Cheap*. O trabalho começou em janeiro no Albert Studios, com George Young e Harry Vanda novamente na produção.

Como de hábito, George tomou a dianteira no trabalho de gravação, tocando baixo em "There's Gonna Be Some Rockin". Não era a primeira vez. Embora Mark Evans fosse o baixista principal, Malcolm e George também contribuíram com a levada rítmica nos primeiros álbuns do AC/DC. Como sempre, George, que podia tocar quase qualquer instrumento, frequentemente se mantinha oculto em seu trabalho reservado e meticuloso, registrado na gravação: o estúdio era seu laboratório.

Ao menos uma das músicas gravadas, "Back Seat Confidential", não faria parte do álbum, enquanto a tradicional melodia escocesa "Bonny Banks Of Loch Lomond", que eles renomearam como "Fling Thing", só apareceria no *single* "Jailbreak", lançado mais tarde naquele ano.

As sessões de gravação foram programadas de forma a permitir à banda continuar a turnê Lock Up Your Daughters pelo país até 23 de janeiro. Então, depois de voltar ao estúdio em fevereiro, de novo não pela última vez, algumas de suas apresentações em Melbourne fizeram história no rock'n'roll australiano.

Em 23 de fevereiro, o "Countdown" filmou a banda tocando "It's A Long Way to The Top" em cima de um caminhão que percorreu de cima a baixo a Swanston Street, no coração do centro de negócios de Melbourne. A ideia teria vindo de uma visão que Malcolm teve nos primeiros dias da banda, embora outros reclamem a autoria do conceito para si, talvez no molde do lançamento da turnê americana de 1975 dos Rolling Stones, quando a banda tocou "Brown Sugar" em cima de um caminhão percorrendo a Fifth Avenue, em Nova York.

Naturalmente, o começo planejado, às sete horas da manhã, não aconteceu; mas a filmagem parecia bastante simples, embora tenha precisado de algum planejamento do produtor Paul Drane. O orçamento do "Countdown" não era exatamente imenso, de modo que Drane teve de economizar nos eventos especiais filmados fora do ambiente normal de estúdio de televisão.

Paul Drane: "Que eu me lembre, tínhamos duas câmeras e consegui que o caminhão percorresse de cima a baixo a Swanston Street, embora, claro, só tenhamos gravado em uma direção. Acho que fizemos tudo em duas horas e foram necessárias cerca de quatro passagens para termos as gravações e tudo de que precisávamos: a logística de mudar a direção do caminhão, trazer os caras de volta, ter a câmera em posições um pouco diferentes, organizar esses tipos de coisa. Lembro de Bon pirando com a gaita de foles, soprando o instrumento e se divertindo".

Angus: "Por vezes, alguns de nós quase caímos do caminhão, eu que o diga. Foi o caso de, sabe, Bon dizer: 'Vou segurar você pelo seu short' e Malcolm apoiar-se em Bon."

Michael Browning: "Se você assistir ao vídeo e olhar bem de perto, verá que não havia muitas pessoas prestando atenção. Mas, pensando bem, foi um evento importante para a banda, embora tenha sido apenas um dia normal. Não foi uma coisa assim muito grandiosa."

Custo total? Menos de 400 dólares. Apesar de ter sido rodada uma segunda versão do vídeo na City Square, ela nunca foi usada. Não foi preciso.

O rápido bombardeio de *singles* continuou no dia 1º de março, com o lançamento de "TNT" e "Rocker". "Rocker" começou como uma *jam* em torno de uma velha progressão de rock'n'roll em checagens de som, enquanto "TNT" – com o verso de abertura da segunda estrofe imitando um comercial da TV australiana, de spray para moscas que apresentava uma mosca anti-higiênica de desenho animado – foi composta a partir de uma sucessão de acordes criada por Malcolm.

Angus: "Tínhamos o título: TNT. Mas, quando estávamos fazendo a letra, Bon disse: 'Empaquei nesse refrão'. Eu estava fazendo vocal de fundo, cantando junto, e George perguntou: 'O que você tá fazendo?'. 'Cantando junto' Respondi. Ele disse: 'Por que você não diminui o refrão e faz o que estava fazendo lá? Tente'. Começou daí.

Então George concordou que seria uma boa introdução, começando daquele jeito e Bon entrando depois. Foi um caso de experimentação. Nunca fui o melhor cantor de fundo do mundo, então George disse: 'Ei, até que você leva jeito.'"

As vendas do álbum *TNT*, enquanto isso, iam bem. Alcançaram a segunda posição nas paradas. As vendas refletiram no modo como a banda foi recebida no Myer Music Bowl, em Melbourne, onde apareceu antes da Little River Band, o que foi um pouco como se The Who abrisse para os Eagles.

O AC/DC recebeu de novo boas-vindas entusiásticas, dessa vez da maior multidão que o lugar vira em muito tempo. Por alguma razão, a direção do Bowl cortou a energia elétrica antes que o AC/DC pudesse tocar o bis e o público respondeu atirando no palco um mar de latas. Uma equipe de filmagem dirigida por Chris Lofven estava por ali e filmou as cenas para um filme chamado *Oz*, renomeado como *20th Century Oz* no lançamento norte-americano.

Com *High Voltage* e *TNT* recebendo o disco de ouro triplo, as sessões de gravação de *Dirty Deeds Done Dirt Cheap* pareciam não ser tão urgentes, mas continuaram a se prolongar desde tarde da noite até de manhã cedo.

Em 13 de março, foi como se o show do Myer Music Bowl nunca tivesse acontecido, com um acontecimento na pista de corrida Warwick Farm, no oeste de Sydney, envolvendo Sebastian Hardie, Ol'55 e Finch que tomou conta das manchetes. Era difícil dizer se o pequeno grupo disperso de cerca de 200 pessoas foi graças à chuva ou ao lugar relativamente remoto.

Bon, para variar, bebeu alguns drinques e não demorou muito para começar a usar os andaimes do palco como sua academia particular, em uma sequência de exercícios que a equipe de *roadies* impediu rapidamente. Sua gaita de foles parecia ter tido um longo dia, igual ao do gaiteiro, e como sempre não estavam preparados para a função em "It's A Long Way To The Top". De toda forma, a luz fraca do fim de tarde no outono e a falta de luz no palco logo tornaram difícil saber quem fazia o quê.

Um show grátis à tarde, na praia do Porto de Sydney, sob um cartaz com a inscrição Concerto de Rock do Bicentenário das Estrelas e Listras, um curioso tributo ao 200º aniversário da independência norte-americana, foi o oposto em termos de quantidade de pessoas. Diante de milhares de fãs, o AC/DC, que novamente tocou sob a luz fraca do fim de tarde, uniu-se a Bill Thorpe, Ted Mulry Gang e John Paul Young no palco em um pontão flutuante.

Isso não foi obstáculo para algumas fãs desvairadas que tentaram nadar até o palco flutuante, só para serem interceptadas pela guarda costeira. Algumas provavelmente ficariam muito felizes em remar até o Reino Unido, onde o AC/DC estaria nas próximas semanas.

Com a expectativa de uma longa estada na Inglaterra, antes de partir, a banda acumulou um estoque de material inédito. Assim, um vídeo para "Jailbreak", pronto para ser lançado novamente produzido e dirigido por Paul Drane, e foi rodado para o "Countdown" em uma pedreira remota perto de Sunshine, a oeste de Melbourne.

Paul Drane: "Era o começo do nosso departamento de efeitos especiais e, por causa de retrições orçamentárias, eu tinha uns seis explosivos. Fizemos uma tomada com cada um deles, pois não podíamos nos dar ao luxo de usá-los todos juntos.

Havia umas portas de cadeia, de onde Bon deveria escapar depois que uma explosão as escancarasse.

Nós não sabíamos a quantidade [de explosivos] de que precisaríamos para fazer as portas se abrir em um estouro e eu tinha dois caras da contrarregra com bastões tentando abrir as portas, portanto, as dobradiças não estavam lá, na verdade, e caíram antes da tomada.

Eu precisava fazer algumas tomadas de Bon sendo alvejado pelas costas e ainda alguns *closes*. Era a primeira vez que tínhamos acesso a algo como essas bolsinhas explosivas de 'sangue'. Pusemos um pacote nas costas dele e acontecia uma pequena explosão que liberava 'sangue' em sua camisa.

Tivemos de rodar essa cena quando voltamos à cidade, perto da ABC, em um pequeno parque nas redondezas da estação de trem de Elsternwick. Acho que foi por volta da hora do almoço do dia seguinte e tínhamos de novo esse cara [Bon] em ação, alguém [Malcolm] com uma arma de brinquedo na mão e essas pequenas explosões acontecendo. Conseguíamos fazer coisas assim em uma tomada."

"Jailbreak" não foi o único vídeo feito nesse período. A Albert fez um terceiro para "It's A Long Way To The Top" e uma segunda versão de "Jailbreak".

As gravações para *Dirty Deeds Done Dirt Cheap* também continuaram no Albert Studios até a última semana de março.

Antes da partida para o exterior, houve uma apresentação de despedida da banda em 27 de março, no Bondi Lifesaver, em Sydney. Aproveitando ao máximo um momento de grande visibilidade, Angus mostrou o traseiro no palco, provavelmente pela primeira vez, e usou o bar local, que tinha o comprimento da sala, como passarela. Ele fez isso vestido com pouco mais que suas cuecas, para a diversão e, sem dúvida, o espanto do público.

Billy Thorpe uniu-se a eles em uma *jam* fechada, e então chegou a hora de despedir-se da Austrália pelo resto do ano e dizer olá para o Reino Unido e a Europa. Tudo parecia tão repentino: Bon estava na banda havia apenas 17 meses.

Mas George Young tinha um plano de cinco anos para lançar Malcolm e Angus no resto do mundo, e eles estavam com a programação bem adiantada.

1976
Sem vergonha de implorar: Bon e Angus no Marquee.

Capítulo 11

Anarquia no Reino Unido

Como amuleto de boa sorte, um presente de partida a si mesmo ou simplesmente uma lembrança indelével de seu lar espiritual, Bon aumentou suas tatuagens antes de o AC/DC partir para Londres. Seu braço tornou-se o orgulhoso dono das tatuagens de um leão e de um emblema escocês.

Uma semana após a banda levantar voo, de repente, para sua primeira turnê britânica no dia 1º de abril de 1976, o "Countdown" lançou com exclusividade o vídeo de "Jailbreak", meses antes de o *single* estar disponível. O simbolismo não poderia ter sido mais poderoso, o AC/DC realmente se libertava da Austrália.

Seu caminho no Reino Unido já tinha sido aberto com mais que apenas as cenas emocionantes de "High Voltage" e da festa de rua de "It's A Long Way To The Top", as impressionantes vendas na Austrália, os incontáveis artigos de revistas e imagens de Bon e do sempre maníaco Angus.

Lobby Loyde fez uma contribuição entusiasmada à sua campanha no Reino Unido:

"Eu escrevi um monte de coisas para eles como jornalista sob um pseudônimo convincente. Eu costumava escrever para Browning todas as coisas do começo do AC/DC. Todos ou alguns daqueles nomes suspeitos nas primeiras coisas eram eu, porque eu amava a banda e todos os jornalistas a odiavam e eu dizia: 'Cara, eu posso escrever essa porra!'. Escrevemos montes de coisas para levar à Inglaterra, diagramamos e imprimimos a porcaria toda, por que não? Eu adorava a banda, então ao menos era positivo sobre como eles eram ao vivo."

A partida da Austrália coincidiu com o lançamento do *single*, em 2 de abril, no Reino Unido, de *"It's A Long Way To The Top"* acompanhado de *"Can I Sit Next To You, Girl"*. O *single* se tornou o preferido dentre os *hits* da semana na influente Radio Luxembourg. Era um começo encorajador, mas ninguém tinha ilusões sobre o que ainda teriam de fazer.

"Estamos preparados para começar tudo outra vez", Malcolm disse a Brad Leonard na revista *Countdown* de fevereiro de 1988. "Sabíamos que tínhamos algo de valor."

Lobby Loyde: "Quando o AC/DC deixou o país, as pessoas costumavam dizer: 'Oh, cara, serão só mais um na multidão!'. Eu sempre falava: 'Amigo, esses caras têm os *riffs* mais hipnóticos, quando se concentram em uma faixa fazem um rock dos diabos!'. Sempre soube que chegariam lá. Dizia: 'Cara, aposto minhas bolas que o AC/DC vai se tornar uma banda de massa e todas as outras vão fracassar'. O AC/DC tinha aquela sensibilidade internacional."

A banda inteira e a equipe se mudaram para uma casa no subúrbio de Barnes, em Londres. Bon tinha seu próprio quarto, quando estava lá para usá-lo, ao passo que Malcolm e Angus dividiam um, assim como Mark Evans e Phil Rudd, que dividiam um beliche.

Rudd logo retomou seus *hobbies* de onde parou em Melbourne. Em casa, foram os aeromodelos. Depois, começou a filmar tudo o que se movia com uma velha câmera de cinema que arranjou. Em Barnes, sua atenção voltou-se para os barcos de brinquedo. Para o descrédito das crianças do lugar, com quem ele costumava dividir a superfície das lagoas da vizinhança e depois ir embora, abandonando os barquinhos.

Embora Michael Browning tenha estado em Londres com os Aztecs e Bon, com o Fraternity, era a primeira vez no Reino Unido para Malcolm, Angus, Mark e Phil. Não havia muito conforto à espera deles: de fato, um misto de *dèjá-vu* e tragédia estava à espera.

Antes de tudo, os planos para a turnê do AC/DC ficaram caóticos. Eles foram originalmente escalados para pegar a estrada com o The Kids, seus colegas de selo, conhecidos anteriormente como The Heavy Metal Kids, cujo vocalista da classe baixa de Londres, Gary Holton, teria mais tarde uma briga com a banda australiana. Esses planos desfizeram-se no ar.

Mas eles ainda tinham os shows que Phil Carson, diretor da Atlantic Records no Reino Unido, prometeu com o Back Street Crawler, a nova banda do ex-guitarrista do Free, Paul Kossof, que impressionara Malcolm e Angus no Randwick Racecourse, em Sydney, vários anos antes. Eles também estavam na Atlantic britânica e seu vocalista Terry Slesser também brigaria mais tarde com o AC/DC.

Mas os shows com o Back Street Crawler ou Back Scratcher [coça-costas], como o AC/DC passaria a chamar a banda, agendados para começar em 25 de abril, foram tragicamente adiados depois que Kossoff, cujos problemas com drogas não eram segredo, morreu em um voo para Nova York. Embora o fato tenha ocorrido semanas antes de o AC/DC deixar a Austrália, eles não tiveram tempo suficiente para achar um substituto adequado como parceiro de turnê.

Por isso, o AC/DC viu-se em Londres em acomodações que não eram exatamente as de um hotel cinco estrelas, sem trabalho e tendo de lidar com todas as despesas de viver em um país estrangeiro.

Carson sentiu-se péssimo. O Back Street Crawler era sua banda, ele mandara Kossoff para os Estados Unidos para fazer a promoção e agora ele estava morto, assim como a turnê do AC/DC no Reino Unido.

Bon não estava a fim de ter pena do homem que estragou tudo para ele. "Aquele merda do Paul Kossoff ferrou com nossa primeira turnê", disse ele em uma peça promocional que apareceu na *RAM* em 30 de julho de 1976.

Bon tinha seus próprios problemas. De acordo com uma fonte, não muito depois da chegada da banda ao Reino Unido, ele foi parar em um hospital depois de ter o que foi considerado uma overdose. Supostamente, o fato foi quase uma repetição do que acontecera em Melbourne um ano antes.

Mas as desventuras de Bon em território inglês não acabaram. Uma noite, ele saiu sozinho e foi para um *pub* local em Finchley, onde trabalhara na época do Fraternity.

São várias as versões sobre o que teria realmente acontecido lá. Há relatos sobre alguém não ter gostado do jeito como Bon o encarava ou não ter aprovado o jeito como ele olhava para sua namorada. Há até mesmo quem diga que Bon tentou começar uma briga. Em todo caso, o resultado foi um só: ele levou um copo de cerveja na cabeça e foi nocauteado.

Bon teve de usar óculos escuros em uma sessão de fotos para cobrir o rosto machucado, mas o acessório só serviu para deixá-lo com uma aparência estranhamente sinistra. Para Bon, isso fazia parte do estilo de vida selvagem.

Todo esse tempo de ócio forçoso – uma proposta de um show com o grupo ganês de percussão Osibisa não parecia aceitável – somado ao fato de estarem tão longe de casa e morando tão perto uns dos outros deu a Browning a oportunidade de realmente formar suas opiniões sobre cada um dos seus empresariados.

Michael Browning: "Angus praticava todos os dias sentado na cama, assistindo à televisão. Ele gostava de "Agente 86". Não bebia e não era nenhum conhecedor de comidas refinadas; então, comer era apenas comer.

Malcolm adorava futebol e ir a estádios. Eu jogava um pouco de golfe com ele. Lembro que saíamos bastante para comer comida indiana, esse tipo de coisa. Acho que ele era um pouco mais ousado. Gostava de beber, sair e se divertir.

Bon estava naquela loucura sexual decadente... bem, todos gostavam de sexo. Acho que era um dos maiores passatempos. Ele era mais intelectual, mais poético, tinha gostos mais sofisticados. Seus interesses baseavam-se, com certeza, nas coisas boas da vida. Bon era alguém que conhecia um bom vinho."

Por fim, um agente local, Richard Griffiths, com quem Browning estabeleceu um relacionamento, entrou em cena e acabou com o desemprego da banda. Griffiths conseguiu o primeiro show do AC/DC no Reino Unido, uma única apresentação de graça no pequeno Red Cow, em Hammersmith, em 23 de abril.

Malcolm e Angus tinham, cada um, seu amplificador Marshall e rezaram para que nada desse errado, porque não havia outros equipamentos. Segundo contam, havia apenas umas 50 pessoas no show, que consistia em duas apresentações de 45 minutos. Quando a banda fez um rápido intervalo, todo o público correu à cabine telefônica mais próxima e chamou seus amigos. Na segunda parte, o lugar estava lotado.

Buzz Bidstrup (baterista dos Angels): "Não era muita gente – talvez umas 100 ou 150 pessoas – e Bon fez aquele número com Angus nas costas durante todo o show. Algumas pessoas comentaram depois sobre como era um pouco além da conta. Não que se esforçassem demais, mas algumas vezes davam essa impressão."

Alguns dias depois do show no Red Cow, a banda apresentou-se, mais uma vez de graça, no Nashville Rooms, em West Kensington, onde apenas três dias antes os Sex Pistols abriram para o The 101'ers, grupo de Joe Strummer antes do Clash. O AC/DC foi apresentado nos pôsteres como uma "Extravagância Punk Antípoda", um rótulo que John Peel, que vinha tocando o álbum *High Voltage* muito antes da contratação da banda pela Atlantic, cunhou na Radio 1, da BBC.

Glen Matlock do, Sex Pistols, estava entre o público do show:
"Eu costumava ir vê-los e os achava bons."

Lemmy do Motörhead também viu o show do Nashville e ficou mais entusiasmado do que o baixista do Sex Pistols:

"Foi ótimo. Bon fez aquela coisa de carregar o Angus nos ombros no meio do público. Era um grande cantor. Parecia que ele realmente fazia sexo enquanto cantava!"

Sendo Bon quem era, isso não estava totalmente fora de questão, e em 30 de abril seus gargarejos vocais estavam à disposição em álbum, pela primeira vez na Europa, com o lançamento de *High Voltage*, uma compilação dos dois primeiros álbuns australianos, *High Voltage* e *TNT*.

Com a absoluta intensidade de seus shows, a banda logo foi classificada pela imprensa como parte da emergente cena punk. Muitos deles viram o AC/DC como piada e estavam obcecados em bolar manchetes com trocadilhos intermináveis baseados no fato de que a banda veio da terra "lá embaixo".*

O AC/DC não deixava os desaforos baratos, muito menos vindos de jornalistas idiotas, a quem muitas vezes deram sermões longos e furiosos sobre a situação pobre e degradada do rock'n'roll. De maneira que essa primeira reação apenas serviu para incendiá-los ainda mais.

Malcolm e Angus trabalharam com cuidado na maior parte de suas vidas, refinando suas habilidades musicais que, de repente, com a chegada do punk, não eram mais consideradas necessárias. Bon era mais filosófico e sentiu que o punk era saudável, porque estava dando um grande chute no traseiro do rock'n'roll.

Estar ligado ao início do movimento punk pode ter sido um lance fácil de propaganda e promoção, mas confundiu o verdadeiro público que o AC/DC queria atingir. Eles foram vistos por alguns como punks demais para os roqueiros e roqueiros demais para os punks.

Michael Browning: "O AC/DC era considerado um pouco fora de todo aquele movimento e foi ignorado durante algum tempo por muita gente que de outro modo teria aderido a eles imediatamente. De forma que, quando muito, o movimento punk na verdade atrapalhou o AC/DC."

Apesar da irritação, eles logo magnetizaram públicos com seu poder, sua energia e um Angus de supostos 16 anos, de acordo com a publicidade da banda, embora ele tivesse, na verdade, 21 anos, durante shows esporádicos em casas noturnas ao longo de maio.

A primeira turnê britânica começou em 11 de maio e incluiu nove shows de abertura para a nova formação do Back Street Crawler e os primeiros shows do AC/DC no Marquee em 11 e 12 de maio. Nessas últimas

---

* N.T.: Em inglês, '*down under*' é como os ingleses chamam a Austrália, por estar embaixo da Inglaterra no mapa-múndi.

apresentações, Angus mostrou o traseiro pela primeira vez fora da Austrália, em uma demonstração que, na sua opinião, não foi diferente de Little Richard rasgando suas roupas ou Jerry Lee Lewis martelando o piano com o salto das botas.

Os shows com o "Back Scratcher" [os Back Street Crawler] foram reduzidos a 30 e, para piorar as coisas, o AC/DC abria para uma banda que, sem Kossoff, era menos conhecida que os próprios australianos.

Com uma noite de folga em 15 de maio, o AC/DC foi ao Hammersmith Odeon para saber o que havia por trás do alvoroço sobre o Kiss e seu espetáculo circense. Bon ficou muito impressionado.

Uma semana depois, foram ver os Rolling Stones durante seus shows no Earl's Court, em Londres.

"Eles estavam terríveis", Angus disse a Bob Hart na *Spunky*, em 6 de setembro de 1976. "Nós os botaríamos para fora do palco."

Ser a atração principal no Marquee pela primeira vez, em 4 de junho, depois de gravar no dia anterior quatro músicas para o programa de John Peel na rádio BBC, foi um momento especial.

Os Stones, os Yardbirds, Hendrix e The Who, todos ídolos do AC/DC, se apresentaram no Marquee, embora a casa tivesse mudado de endereço ao longo dos anos.

Poucos dias depois do término de sua primeira turnê a Lock Up Your Daughters, em 8 de junho, um festival de 19 dias no Reino Unido, patrocinado pela revista semanal *Sounds* por sugestão de Phil Carson da Atlantic, começou em 11 de junho. A *Sounds* foi a defensora do início do AC/DC. A edição de 12 junho trazia na capa um Angus suado, de olhar lascivo, e fazia a pergunta: "Você empregaria esse recém-formado?".

Michael Browning: "[A *Sounds*] tinha um jornalista chamado Phil Sutcliffe, que ajudou muito a mudar a vibração da mídia, porque a *NME* e o *Melody Maker* estavam muito frios com relação ao grupo, e a *Sounds* estava muito, muito positiva. Quer dizer, era bom para o pessoal da *Sounds* também."

O conceito da turnê era o de um grande espetáculo de rock'n'roll. Por um ingresso de 50 pences, os fregueses tinham um DJ e vídeos de grandes nomes do rock'n'roll do momento, incluindo os Stones e o Kiss, e uma apresentação do AC/DC, com a premiação de um *single* novo àqueles que entrassem primeiro pela porta. A banda estava impressionada por ser a banda de apoio de alguém tocando discos.

Ian Jeffery, que trabalhou com Rick Wakeman, do Yes, e pediu para Carson cuidar da banda na estrada enquanto estivesse no Reino Unido, lembra:

"Eles tinham um 'garoto colegial mais bem-vestido' e 'garota colegial mais bem-vestida' em todos os lugares aonde iam. Os fregueses escolhiam quem era o melhor. 'O que vocês acham dela?' E eles vibravam! Todo cara era vaiado, então o vencedor era quem recebia a vaia mais alta."

Era oficial: o AC/DC era uma banda de garotos no Reino Unido. As adolescentes histéricas ficaram na Austrália.

A reação à turnê variava dependendo de onde os shows aconteciam, mas começou em Glasgow, o lar espiritual de Angus, Malcolm e Bon, que mostrou sua nova tatuagem escocesa à multidão, que respondeu entusiasmada.

Os fãs tiveram uma batalha com a segurança no City Hall desde a primeira música e começaram a tocar fogo nos assentos. Também destruíram a primeira meia dúzia de fileiras, enquanto outros assentos eram rasgados depois que a banda, totalmente exausta, apresentou quatro bis e acabou com a farra.

A gaita de foles mais uma vez dava a Bon suas próprias dores de cabeça.

"Não sei se essa desgraça vai funcionar", ele disse a uma multidão muito participativa no teatro Leith, em Edimburgo, no segundo show da turnê. "É como tentar fazer sexo com um polvo. Não dá para saber qual deles agarrar, sabe?"

Foi durante a turnê que os nova-iorquinos Ramones fizeram sua estreia britânica na Roundhouse, em Londres, em 4 de julho, um evento que teve um efeito sísmico no movimento punk britânico. Dee Dee Ramone ouviu falar sobre o AC/DC em jornais ingleses de música importados, que serviriam bem à banda em sua turnê norte-americana.

Dee Dee Ramone: "Acho que eles estavam tocando no Marquee e eu não consegui ir. Queria ter ido! Isso foi quando havia no Reino Unido jornais realmente bons, como o *Sounds*, *NME* e o *Melody Maker*. Costumava comprá-los toda semana e, por um bom tempo, foram o único meio nos Estados Unidos de manter contato com o rock [no Reino Unido], até aparecer a *Rock Scene*. Passei a gostar muito do AC/DC pela imprensa. Acho que eles são maravilhosos."

A turnê Lock Up Your Daughters terminou no Lyceum, em Londres, em 7 de julho, com o lendário DJ e admirador do AC/DC John Peel no comando. A Atlantic Records organizou uma competição para "o garoto colegial mais bem-vestido" e "a garota colegial que mais gostamos", com prêmios em álbuns e jeans e, para o grande vencedor, uma guitarra folk Epiphone que curiosamente servia para o volume do AC/DC.

O garoto vencedor não merece menção, mas a sortuda garota certamente sim.

"Lindas pernas compridas", Bon disse a Anthony O'Grady na *RAM* em 27 de agosto de 1976, "cabelos loiros compridos, ela era muito, muito *sexy*, ligas, meias, vestido curto."

Embora tenha perdido uma oportunidade de provar essas delícias, a sorte de Bon pareceu mudar dois dias depois. Em 8 de julho, a banda fez para ele uma festa de aniversário, mas, embora entusiasmado e emocionado pela expectativa, ele não apareceu nessa noite nem nos dias seguintes. Estava se divertindo em uma festa particular.

Bon disse à *RAM* que transou durante todo o seu aniversário. Começou às 23h50 e foi até às 12h15.

Festejava sua reputação e estava feliz por mantê-la.

"Se você acha obcenos comportamentos normais como beber, transar com garotas ou cuspir no chão...", ele disse à *RAM*, "...vou te mostrar o que é obceno de verdade."

As críticas impressionadas das apresentações começaram a pipocar sem parar, e a banda estava em um momento de ascensão. A situação estava bem longe das experiências ociosas de Bon no Reino Unido com o Fraternity, vários anos antes.

Ele, com certeza, não foi à televisão na época, como o AC/DC fez em 13 de julho no Teatro Wimbledon, em Londres. Foram filmados ao vivo para o que foi sua primeira aparição na televisão europeia, em um especial com Marc Bolan chamado Rollin' Bolan, parte do programa "Superpop", da LWT, que incluía uma apresentação do astro travesso. Malcolm deve ter beslicado a si mesmo.

O público inglês teve uma breve pausa dos ataques da banda quando o AC/DC seguiu para suas primeiras apresentações no continente europeu, com cinco shows em uma casa noturna da Suécia a partir de 16 de julho. Mas não antes de Bon mudar um de seus hábitos de palco.

Angus: "Bon nunca usava sapatos no palco, sempre fazia o show descalço. Foi só quando começamos a nos apresentar pela Europa que ele passou a calçar sapatos. Pensei: 'Caramba, o que está acontecendo?'."

No dia do primeiro show europeu, o *Sun* de Londres publicou um artigo de página inteira destacando a banda com a manchete "Louca Eletricidade!". Com uma temporada de shows no Marquee garantida para todas as segundas-feiras de 26 de julho a 23 de agosto, o artigo saiu melhor que um anúncio pago.

Carson conseguiu as apresentações depois de aproximar-se de Jack Barry, que administrava a legendária casa noturna.

Phil Carson: "Na primeira vez [no Marquee, poucas semanas antes], havia cerca de 15 babás suecas que, de alguma forma, ouviram falar sobre o AC/DC, só Deus sabe como, mais umas 20 ou 30 pessoas, gente que iria lá de qualquer forma porque era uma casa de rock. Mas depois da terceira semana não dava mais para comprar ingressos. Foi com essa rapidez que eles aconteceram. Nós ainda não vendíamos muitos discos no começo, mas eles funcionavam muito bem com o público ao vivo e mantiveram a mesma vibração durante todo esse tempo. E conquistaram seu próprio público."

Pouco depois, uma fila de fãs começava a se formar já às 17 horas, todos desesperados para estar no mar de mais de mil corpos apertados no ambiente sufocante da casa noturna com capacidade para 700 pessoas para ver o AC/DC detonar às 21 horas. A situação chegou ao ponto em que a polícia precisou controlar a multidão e as equipes locais de televisão chegaram para cobrir o caos. Depois do show, os fãs saíam quase nus na tentativa de combater o calor intenso, que era muitas vezes superior às altas temperaturas do verão abrasador do lado de fora.

A banda era forçada a agir da mesma forma, bem antes de voltarem ao pequeno camarim do Marquee. Angus acabaria o show, como sempre, de cueca ou até mesmo tocando completamente nu, como aconteceu uma vez.

"O lugar parecia uma colônia nudista quando terminávamos o show", Bon disse a Debbie Sharpe, do *Herald* de Melbourne, em 4 de setembro de 1976."

Os australianos bateram o recorde de público do Marquee mais de uma vez e, no fim da temporada, houve noites extras em uma tentativa de atender à demanda. Não é de admirar que Jack Barry tenha dito que o AC/DC era a banda mais incrível que já vira tocar no Marquee desde o Led Zeppelin.

Michael Browning: "Vi um documentário, que estreou já há algum tempo, sobre o Marquee em que os proprietários falavam sobre as bandas que tocaram lá e excluíram totalmente o AC/DC, o que achei extraordinário. Eles quebraram os recordes da casa, o que eles fizeram lá foi definitivamente histórico. Nunca vi um lugar tão cheio, com a transpiração escorrendo pelas paredes. Literalmente, era como se houvesse uma mangueira no alto das paredes."

Entre os que se submeteram à experiência fisicamente desgastante de ver o AC/DC no Marquee estavam, surpreendentemente, dois ex-membros do Creedence Clearwater Revival em missão de reconhecimento.

Michael Browning: "Os caras do Creedence Clearwater, o setor rítmico, foram porque a Atlantic propôs que eles se envolvessem na produção do AC/DC."

A aliança proposta não foi muito além do estágio dos planos preliminares por razões indeterminadas.

Outros que cruzaram com o AC/DC na consagrada casa noturna lançaram um desafio em vez de uma proposta de negócios. Os rivais do AC/DC pela supremacia no Marquee eram Eddie & The Hot Rods, que gravaram "Live At The Marquee", um *single* incendiário de sete polegadas.

O vocalista do Hot Rods, Barrie Masters, lembra a batalha pela famosa casa:

"Com Hendrix e os Stones, o nome Marquee realmente tinha prestígio. Bater um recorde lá era outra coisa. Chegamos perto disso algumas vezes, mas nunca conseguíamos chegar em primeiro, e o dono, na época, Jack Barry, sempre nos enrolava. Quando finalmente conseguimos, fizemos uma festa seguida de uma grande bebedeira, porque pensamos: 'Maravilha, nossos nomes vão estar em livros e tudo!'. Então bastou literalmente uma semana para o AC/DC bater nosso recorde!

A aglomeração era enorme lá na frente, especialmente perto do fim do show, era de enlouquecer. Estava tão quente lá dentro, era inacreditável. As pessoas desmaiavam e a ambulância não conseguia entrar para pegar quem passava mal. Então, literalmente, se alguém desmaiava ou se feria, as pessoas o levantavam e carregavam acima das cabeças. É o que lembro do show do AC/DC, as pessoas sendo carregadas para fora!"

Algumas das brincadeiras de Angus no Marquee não contribuíram muito para calar as manchetes da mídia, que relacionava a banda a animais australianos nativos: como sua gracinha para o público de tirar a roupa e saltitar pelo palco como um canguru pelado e coberto de suor e ranho, um truque que ele dizia ter aprendido com Bon.

Com o suor das saunas do Marquee ainda ardendo em seus olhos, em 14 de agosto, uma sequência com o AC/DC tocando "Jailbreak", gravada no mês anterior, apareceu no programa "So It Goes", da Granada TV. A música foi lançada como *single* no Reino Unido, em 30 de julho. Cinco semanas depois, os Sex Pistols apareceram pela primeira vez na televisão inglesa, no mesmo programa, e mostraram o *single* "Anarchy In The UK".

Com a ascensão dos Pistols e do punk em geral, veio o risco profissional de levar cusparadas. Como seria de esperar, o AC/DC não tolerava levar banhos de ranho do público e sempre descia no meio da multidão para punir os ofensores.

Eles não ficaram frente a frente com muitos dos principais artistas da cena punk, embora uma briga entre Bon, o lutador de rua, e J. J. Burnel, baixista do grupo The Strangles, faixa preta em caratê, com fama de não levar facilmente desaforos para casa. Tinha sido uma briga valendo campeonato.

Para Angus, os Pistols simplesmente copiaram o visual de Bon em Nashville:

"Lembro de estarmos fazendo uma sessão de fotos e o cara falou: 'Vejam, este é o Sex Pistols', e você via o [Johnny] Rotten feito um Rod Stewart, aloirado. Sei que eles foram no Nashville Rooms quando estávamos tocando lá, e que da próxima vez que o vimos ele tinha tudo que o Bon usava, cada detalhe!"

Mas, diferentemente dos Pistols, que tentavam irritar o maior número possível de pessoas da indústria fonográfica, a incansável ética de trabalho do AC/DC atraía oportunidades com potencial para elevá-los a outro nível, como uma vaga no prestigiado Reading Festival, em 29 de agosto.

No entanto, perante a um público estimado de 50 mil pessoas e um programa que incluía Ted Nugent e Eddie & The Hot Rods, por razões inexplicáveis, Reading foi tudo, menos um triunfo. A apresentação da banda foi forte, como sempre. Mas, pela primeira vez, tocavam para um público muito grande e variado, no qual muitas pessoas provavelmente não tinham ideia de quem eles eram. A chuva também não ajudou.

Bon parecia ter sentido esse estado de ânimo desde o começo.

"Ei vocês!", ele berrou. "Com toda essa chuva em cima de nós, o melhor a fazer é produzir calor para que a água evapore antes de atingi-los, certo? Vamos ver o que vocês podem fazer."

"Vocês que precisam provar alguma coisa", disse alguém na multidão.

Michael Browning: "Acho que nesse ponto estávamos um pouco influenciados pela Atlantic Records. Antes, eles tiveram o Zeppelin em Reading e era como, 'Esse é o grande momento. Você vai lá e vai ter sua própria equipe nos bastidores, como se interpretassem grandes astros', e isso meio que falhou um pouco.

"'É?, disse o DJ, acho que John Peel.' [Estávamos] apenas fazendo pose: 'Ninguém está autorizado a entrar no palco, ninguém está autorizado a ficar nos bastidores quando eles passavam o som'. Muitas coisas que eram simplesmente prematuras.

Acho que isso meio que definiu o tom e a vibração da coisa toda. Não foi um de seus grandes momentos. Era só a vibração [não a banda]."

Nem mesmo Angus ter deixado cair as calças para desviar a atenção da mulher de seios enormes que passou em frente ao palco durante o show os salvou. Com uma impressão de que meses de trabalho duro foram pelo ralo em menos de uma hora, uma acalorada reunião aconteceu depois para discutirem que merda deu errado e, o mais importante, por que em um momento tão crucial de exposição em sua temporada inglesa.

Os motivos foram difíceis de apontar, já que, com certeza, não era por uma performance fraca. Em qualquer caso, foi apenas uma dificuldade temporária. Não era necessária nenhuma reformulação de métodos: bastava que continuassem focados.

George Young foi ao Reino Unido com Harry Vanda para produzir quatro músicas para um EP que já estava nos planos desde antes, gravado no começo de setembro no Vineyard Studios, onde a dupla trabalhara antes. Acabaram descartando o EP, mas as músicas "Love At First Feel", "Carry Me Home", com sua letra perturbadora sobre Bon embebedando-se até a morte e "Dirty Eyes", que seria retrabalhada e renomeada como "Whole Lotta Rosie", seriam todas lançadas mais tarde.

Por mais entusiasmadas que fossem as gravações, uma viagem iminente para a Alemanha, onde o AC/DC foi anunciado e noticiado como uma banda de punk rock, foi infinitamente mais emocionante que ficar preso em um estúdio. E a banda estava lambendo os beiços de ansiedade. Principalmente Bon, cujas intenções eram claras.

"Vamos ser como a milícia nazista para o público e a Gestapo para as *groupies*", ele disse a Anthony O'Graddy na *RAM* de 27 de agosto de 1976.

Bon acertou pela metade. As fortes vendas do álbum *High Voltage* deram a impressão de que a banda seria recepcionada por homens de braços abertos, assim como por mulheres de pernas abertas. Mas a resposta inicial em um dos shows com um punhado de alemães foi bem diferente. No começo, o público estava sentado no chão e só se levantou gritando entusiasmado quase no fim do espetáculo.

Durante sua estada e enquanto iam a shows locais de *striptease*, a banda gravou "I'm A Rebel", uma música de Alex Young, que morava em Hamburgo nessa época, no Maschener Studios. George fez a produção, mas a gravação nunca foi lançada e a música teve depois um *cover* da banda alemã de heavy metal Accept.

Assinar um contrato mundial com a agência de John Jackson, a Cowbell, representante de artistas e bandas como Rod Stewart e Roxy Music, alçou o AC/DC à primeira divisão, e de 20 de setembro até o fim de outubro eles embarcaram em uma turnê de 19 apresentações pela Europa.

Essa turnê incluía outra rodada de shows pela Alemanha, em que alguns promotores insistiram em uma cláusula contratual que impedia Angus de se despir no palco.

Sem problemas. Na época eles ganhavam cerca de mil dólares por noite, cem vezes mais que nos primeiros shows na Europa e no Reino Unido.

A turnê incluía shows de abertura para o Rainbow, banda nova de Ritchie Blackmore, ex-guitarrista do Deep Purple. Embora Blackmore não estivesse diretamente envolvido na briga entre o AC/DC e a equipe do Purple, em Sunbury, em janeiro de 1975, o músico começou depois uma intriga por conta própria, quando, segundo contam, teria dito que assistiu ao AC/DC e achou que a banda era "uma nova baixa no rock'n'roll" sem nada a oferecer.

Acredita-se que esse comentário surgiu de um incidente ocorrido no começo dos shows no Marquee. De acordo com Angus, que explicou a situação longamente para Christie Eliezer na *Juke*, em 11 de dezembro de 1976, Blackmore foi ao Marquee com o convertido ao AC/DC e veterano da cena inglesa Screaming Lord Sutch, que levou antes Noel Redding e Mitch Mitchell, ex-membros do Experience de Jimi Hendrix, para verem a banda.

Blackmore queria participar de uma *jam* com o AC/DC durante o bis, mas, como eles estavam sentindo os efeitos do calor intenso na danceteria lotada, Angus teve problemas para permanecer em pé no fim do show, e a banda decidiu não voltar ao palco.

O problema é que ninguém contou para Blackmore, que ficou esperando. Dias depois, Blackmore estava dando uma entrevista e aparentemente terminou criticando o AC/DC.

Alex Young, que conhecia Blackmore havia anos, conversou com ele.

"Os garotos vão abrir para sua banda", teria dito Alex, segundo um relato de para Christie Eliezer, da *Juke*, "e que merda é essa que você anda atirando neles na revista?"... Então Alex disse, "eu não me preocuparia com o que você pensa deles, mas sim com o que eles pensam de você, e eles acham que você é um monte de merda."

Apesar da acidez de ambos os lados, a situação foi logo resolvida e uma amizade começou entre Alex e Blackmore em meio a vários drinques.

A banda então estava livre para desfrutar dos prazeres que cidades como Hamburgo tinham a oferecer, prazeres estes que, obviamente, incluíam o sexo. Enquanto saía com Phil Rudd, Angus foi confrontado por uma enorme prostituta que queria apenas nove marcos alemães por seus serviços.

"Para você, garotinho, nove marcos", ele disse na rádio 2JJ em novembro de 1976. "Foi uma oferta muito boa para ser recusada! Ela tinha duas vezes meu tamanho."

Em uma casa noturna, Bon e Phil Rudd não acreditaram no que viram. Um tipo encurvado em um assento perto deles estava completamente nu e batendo punheta. Aquilo era bastante estranho, mas então apareceu uma mulher e vagarosamente tirou o casaco. Não estava usando nada por baixo. O par começou a fazer sexo sobre uma plataforma que então, de alguma forma, flutuou feito um truque de mágica proibido para menores.

Enquanto um proposto, ainda que prematuro, álbum ao vivo não se concretizava, o AC/DC estava em alta com sua maior turnê britânica até então, uma temporada de 15 apresentações a partir de 27 de outubro, com o *single* de "High Voltage" entre os dentes.

Logo apareceu um problema que era quase um presságio. A Politécnica de Oxford vetou a apresentação da banda, pelo enigmático motivo de que suas músicas continham "evidentes referências vulgares e baratas a ambos os sexos".

Depois que Angus tirou suas roupas em Birmingham e foi acusado de marturbar-se no palco, o esquadrão da moral de cada área transformou o AC/DC em seus garotos do pôster. O baixinho foi até mesmo ameaçado com prisão em Liverpool e Glasgow, caso abaixasse as calças no palco.

Depois da carnificina da visita anterior da banda a Glasgow, dessa vez no City Hall, havia uma forte presença da segurança dentro da casa, enquanto o esquadrão de choque estava estacionado nos arredores.

Angus tirou a roupa mesmo assim, embora a banda tenha saltado na sua frente para bloquear a visão. Teria acontecido um tumulto, caso ele fosse preso. A presença do esquadrão de choque teve uma inesperada mudança quando, mais adiante na turnê, a polícia ocasionalmente tomava um drinque nos bastidores do show e dizia à banda o quanto tinham gostado do show. No entanto, estar ao lado das autoridades não impediu que a gaita de foles de Bon fosse destruída pelos fãs. Ele nunca mais tocaria o instrumento.

Angus: "Ele [Bon] tinha aqueles pequenos microfones feitos especialmente para isso, eles estavam em todos os foles e funcionavam direitinho. Ele estava todo orgulhoso de tocar o instrumento, mas o deixou ao lado do palco [durante o show] e, claro, os garotos pegaram e reduziram a gaita de foles a pedacinhos! Depois, puseram fogo nas cortinas! Foi o fim."

O AC/DC chegou à Inglaterra em abril, e seus integrantes batalharam desde o zero até o topo. Em 10 de novembro, a banda estava triunfante no palco do Hammersmith Odeon de Londres. Foi sua primeira apresentação como banda principal na casa perante 2.500 fãs ululantes que foram brindados com "Big Balls" de *Dirty Deeds*, em uma versão tocada pela primeira e última vez na história da banda.

Nos bastidores estavam membros do The Damned, Eddie & The Hot Rods e, possivelmente, os Sex Pistols.

Steve Jones (Sex Pistols): "Acho que os vi uma vez. Onde foi? No Hammersmith Odeon? Eu estava tão bêbado que não lembro de nada."

De acordo com a mídia da época, o pessoal do Hot Rods foi até lá para, naquela noite, resolver uma pendência da época da grande guerra por território no Marquee. Tudo não passava de publicidade.

Barrie Masters (Hot Rods): "Éramos amigos. Nós saímos juntos e tudo. Encontramos os caras de novo e fomos beber juntos."

O show do Odeon foi um sucesso absoluto e estava bem longe dos cachês entre 10 e 25 libras das primeiras apresentações no Reino Unido. Mas teve seus momentos de estresse quando Bon decidiu pegar o metrô para ir ao show e se perdeu. Ele finalmente chegou ao lugar dez minutos depois que o AC/DC já estava no palco.

Dias depois, Michael Browning descobriu que tinha o momento da chegada de Bon filmado. Para comemorar o feito do Hammersmith, ele arranjou um fotógrafo para registrar a marquise do teatro.

Michael Browning: "Estávamos olhando as provas quatro ou cinco dias depois, e eis que lá estava Bon indo para o show em frente à marquise do teatro. Ele tinha acabado de saltar do metrô na estação de Hammersmith. Muita coincidência."

Antes do término dos compromissos com a turnê na Grã-Bretanha em 15 de novembro, o AC/DC ganhou mais um presente explosivo. Em 12 de novembro, o álbum *Dirty Deeds* foi lançado no Reino Unido.

A versão britânica do álbum tinha faixas diferentes do lançamento original australiano. Eles deixaram de lado "RIP (Rock In Peace)" e

"Jailbreak" e acrescentaram "Rocker", do *TNT*, e "Love At First Feel" das sessões de Vineyard.

Uma capa totalmente nova também ficou a cargo da Hipgnosis, a companhia de *design* responsável pela arte singular dos álbuns do Pink Floyd e do Led Zeppelin.

A manchete da resenha da *Sounds* estampava: "As mesmas músicas e danças de sempre (mas e daí?)". Era um sentimento ao qual uma banda como Status Quo há muito já havia se acostumado.

Francis Rossi: "'O quê? [A mesma música] de novo?' as pessoas falam. E eu respondo: 'Bem, sim, sinto muito, mas sim'. Uma das perguntas que as pessoas nos fazem é: 'Quando vocês vão mudar sua música?'. E eu digo: 'Bem, você não diria isso para o BB King. Ele te daria uma porrada.'"

A edição de 6 de novembro da *NME* tinha um anúncio de página inteira que, para combinar com o tom de *bad boy* do álbum *Dirty Deeds*, configurado como se fosse uma página de um tabloide barato chamado *Sunday Purple*. Uma manchete estrategicamente escrita, "AC/DC shock outrage probe [AC/DC choca a investigação por ofensa]", aparecia acima de uma imagem do álbum. Na chamada no canto do alto, à direita, lia-se: "Colegial depravado mostra tudo", junto a um número de telefone.

Quase dava para ouvir o som da Atlantic Records escrevendo cartas de desculpas para quem realmente tivesse aquele telefone.

Não muito depois, "It's A Long Way To The Top" foi lançada nos Estados Unidos como *single*. Uma oportunidade para fazer os primeiros shows em solo norte-americano veio na forma de duas apresentações em Los Angeles, no Starwood, no fim de novembro. As notícias cada vez mais furiosas em publicações britânicas como *Sounds*, *NME* e *Melody Maker* obviamente foram filtradas.

High Voltage que, assim como a versão inglesa do álbum, tinha o melhor dos álbuns *High Voltage* e *TNT* australianos, foi lançado nos Estados Unidos em 28 de setembro. Uma viagem promocional fora planejada para coincidir com seu lançamento, mas foi adiada para novembro, coincidindo perfeitamente com as datas dos shows no Starwoods.

"Pessoas como Wolfman Jack já tocavam nossos discos havia dois anos", Bon disse para Christie Eliezer, da *Juke,* em 11 de dezembro de 1976, "assim como John Peel fazia na Inglaterra."

A *Rolling Stone* dos Estados Unidos não estava entre as mais entusiasmadas pela banda. Como Ritchie Blackmore, o redator Billy Altman zombou da banda dizendo que, em termos de hard rock, o álbum e seus criadores representavam "o auge da decadência".

Enquanto isso acontecia, houve problemas com o visto nos passaportes, que acabaram por esgotar os ânimos durante a temporada nos Estados Unidos. Mas o que realmente determinou o destino da viagem foi o fato de a Atlantic norte-americana não estar interessada no AC/DC.

Phil Carson: "Nos Estados Unidos, ninguém fazia porra nenhuma, ninguém ligava."

Ficou decidido encerrar a turnê antes do ano seguinte e voltar para a Austrália, como planejado. Não que aquela volta ao lar fosse exatamente uma prioridade, mas, com os Estados Unidos fora da agenda no momento e bons públicos garantidos na Austrália, por que não? O dinheiro não seria perdido. As turnês no exterior eram caras e, apesar do público entusiasmado no Reino Unido e na Europa, as vendas de seu álbum internacional ainda não chegavam perto de um nível capaz de sustentá-los.

Além disso, chegava o Natal, tempo de estar com a família e os amigos, e eles precisavam pensar em um novo álbum. Os Estados Unidos podiam esperar: diferentemente do AC/DC, o país não sairia do lugar. Mas, por trás do pano, a Atlantic Records estava para jogar sujo com seu investimento.

1976
Dando um pulo: Angus. Hordern Pavilion, Sydney.

CAPÍTULO 12

Problemas em Casa

"Os desgraçados conseguiram" devia ser a chamada para a turnê australiana de boas-vindas do AC/DC. Depois de sete meses de enormes progressos, ensopados de suor, no Hemisfério Norte, eles com certeza bancaram os moleques mimados quando voltaram ao país em 26 de novembro de 1976.

Apesar de um cansativo voo de 32 horas, eles deram uma coletiva de imprensa no aeroporto de Sydney quando chegaram. E a coletiva não foi em um canto qualquer do lugar. Pela primeira vez, para a banda australiana, a coletiva aconteceu na mesma sala de imprensa onde Frank Sinatra e Bob Hope estiveram. A confusão provocada pelo entusiasmo da mídia foi tanta que mesmo velhos amigos não conseguiram chegar perto da banda.

Bon adorou a atenção. Ele vinha trabalhando havia um bom tempo por um momento como esse e dominou a situação.

Enquanto isso, Angus passou a maior parte da coletiva bebendo inocentemente um *milk-shake*, enquanto seus colegas de banda forravam o chão com um mar de latas vazias de cerveja. Apesar de sua presença quase tímida fora do palco, o guitarrista sabia a hora de levantar, e logo decidiu baixar as calças para as câmeras.

O acontecimento caiu bem nas mãos de uma mídia que ouviu falar sobre os horrores do punk rock e agora tinha bem a sua frente o que imaginava ser o artigo genuíno sorrindo, balançando e mostrando o traseiro.

As manchetes bem-intencionadas como "Os Reis do Punk Rock acabam com os ingleses", no *Sunday Observer* de agosto, não ajudaram.

A maior parte da trilha sonora da próxima turnê, oficialmente chamada de A Giant Dose Of Rock'N'Roll, sairia do álbum *Dirty Deeds Done Dirt Cheap*, finalmente lançado na Austrália em 20 de setembro, precedido pelo *single* "Jailbreak", em 14 de junho.

O desenho na arte da capa do álbum não poderia ter representado melhor a imagem da banda ou a posição de Bon à frente dela. Seu antebraço estava erguido defensivamente e ostentava uma tatuagem com o nome do álbum, enquanto ao fundo uma imagem emburrada e muito menor de Angus, com um cigarro pendurado na boca, fazia um gesto rude. Era a imagem publicitária de *bad boy*, idealizada por Browning, levada ao máximo.

O título do álbum veio dos dias em que Angus estava assistindo na televisão a um estranho desenho animado do começo dos anos 1960 chamado Beany e Cecil. O arqui-inimigo da dupla era um personagem chamado Dishonest John [João Desonesto], em cujo enorme cartão de negócios estava escrito: "Dishonest John, Dirty Deeds Done Dirt Cheap" [João Desonesto, Feitos Sujos Realizados de Forma Barata].

Bon falou a Anthony O'Grady sobre várias músicas do álbum na *RAM* de 26 de agosto de 1976. O vocalista disse que "Ain't No Fun" referia-se à simples verdade de que "leva tempo para fazer dinheiro suficiente para comer a Britt Ekland", mulher de Rod Stewart na época.

Ele também discutiu a origem de faixas como "Squealer", sobre uma virgem ("mas depois eu acabei com ela..."), "Big Balls" ("eu também tenho bolas grandes, acabei de checar"), "RIP" ou "Rock In Peace" ("foda-se tudo enquanto eu estiver tocando"), "Ride On" ("sobre um cara que é destratado pelas garotas... não consegue achar o que ele quer!") e "Problem Child", centrada em Angus.

Quando Bon se juntou a Angus, o par deu à 2SM uma explicação um pouco diferente sobre algumas músicas. O guitarrista disse que achava que "Problem Child" era sobre Bon, porque "ele esteve preso". Angus acrescentou que "RIP" foi ideia de Malcolm, em defesa – e homenagem – a velhos roqueiros como Jerry Lee Lewis, que estiveram do lado errado da lei. E "Ain't No Fun", assim como "A Long Way To The Top", era baseada inicialmente em um verso de Bon que chamou a atenção de George.

No geral, *DDDDC* era menos elaborado que *TNT* e enfatizava as dificuldades de gravar entre compromissos de turnê cada vez mais exigentes. Músicas como "Ain't No Fun", "RIP", "Jailbreak" e principalmente a resignação solitária de "Ride On" eram quase exercícios de estilo de Bon, e tinham um sentimento de impaciência, de querer que o mundo se foda, dando lugar à simples e calma solidão.

O lado mais pernicioso de Bon causou grande reação depois do lançamento, em 5 de outubro, do *single* "Dirty Deeds Done Dirt Cheap". O problema foi que o número falado por ele na letra da música levou a telefonemas perturbadores a uma viúva moradora dos ricos subúrbios ao leste de Sydney, embora a banda não tivesse a intenção de dar um número de telefone verdadeiro.

Chris Gilbey: "O número, 36-24-36, era Bon colocando em uma música as medidas que, na época, eram o ideal para as formas femininas. Perguntei a Bon, na ocasião, qual era a história por trás do número de telefone, e ele me explicou: 'Chris, não é um número de telefone! É só 36-24-36! Qual é o problema?'."

A Albert não perdeu tempo pensando na questão e não apenas se desculpou, mas cuidou para que mudassem o número de telefone da mulher.

A turnê Giant Dose foi reduzida antes mesmo de começar, com o show de abertura de 2 de dezembro, no Centro de Entretenimento de Perth, inexplicavelmente cancelado. Um show em Adelaide no Estádio Apollo, dois dias depois, finalmente deu a partida na turnê, e logo ficou evidente, não apenas por conta da abertura instrumental floreada de "Love Song", que não se tratava da mesma banda que partiu para o Reino Unido.

O AC/DC sempre foi bem entrosado e afinado, mas agora era excelente. Não havia mais momentos de afinação ou histórias de Bon. Havia apenas uma precisão de máquina que só o trabalho diário na estrada por longos períodos pode produzir.

Uma equipe de filmagem sob a direção de Russell Mulcahy, que mais tarde dirigiria alguns dos videoclipes mais extravagantes dos anos 1980, viajou com a banda e capturou toda a ação para o projeto de um documentário. Apesar da filmagem seguinte, que somava duas horas de material não editado, o filme nunca foi lançado em sua totalidade; vídeos promocionais para "Baby Please Don't Go" e "Problem Child" foram feitos a partir dele e, em seguida, usados nos Estados Unidos e na Europa. O fotógrafo Colin Stead também estava na turnê para tirar fotos para o projeto de um livro.

Enquanto isso, desencadeou-se a tempestade sobre os crimes cometidos pelos *bad boys* da banda, um tópico que ganhava força silenciosamente. Já incitada por relatos do Reino Unido, assim como pela maior parte da mídia, a estação de rádio de Sydney 2SM, que foi forte adepta da banda, referiu-se depreciativamente ao AC/DC como um "grupo de punk rock" e ameaçou dar as costas para a banda em futuras promoções, caso Angus reincidisse em seu comportamento nudista.

Durante essa fase, em visita à estação de rádio 2JJ com Bon, Angus abaixou as calças no ar. Houve algumas reclamações dessa vez.

Até mesmo os políticos do estado de Nova Gales do Sul entraram em ação para impedir que as jovens fãs fizessem tatuagens com o nome do seu componente preferido do AC/DC. O secretário da Juventude e Serviços Comunitários, Rex Jackson, decretou que estúdios de tatuagem deveriam ser monitorados para garantir que nenhum menor de 16 anos fosse tatuado sem autorização dos pais.

Do outro lado do planeta, figuras bem mais importantes negavam sua aprovação: a Atlantic Records dos Estados Unidos recusou o lançamento norte-americano do álbum *Dirty Deeds Done Dirt Cheap*.

Na época, somente artistas como Ted Nugent, ZZ Top e Kiss ofereciam alguma resistência à dominação de artistas muito populares e fáceis de ouvir, como Peter Frampton, Fleetwood Mac e os Eagles, que faziam o som favorito das rádios norte-americanas.

As bandas de rock pauleira só tinham alguma atenção nas ondas do rádio porque construíram uma base de fãs ao longo de anos na estrada. O AC/DC não teve a oportunidade de marchar com suas tropas em uma turnê pelos Estados Unidos e na época não havia meio de algo tão cru e áspero como *Dirty Deeds* abrir caminho nas listas de música das rádios por si mesmo. Era uma situação sem solução.

Embora ninguém tenha dito nada em público, a rejeição norte-americana incomodava. Ensurdecer e fazer milhares de fãs ingleses perder peso em uma noite era ótimo, mas a meta principal sempre foi estourar nos Estados Unidos.

Ter o segundo álbum daquela campanha recusado foi um amargo golpe psicológico. Mas bem mais preocupantes eram as críticas que continuavam a vir dos Estados Unidos: eles queriam que o AC/DC tivesse um vocalista melhor.

Disseram que os norte-americanos tinham dificuldade em entender Bon e, se as equipes que trabalhavam com a banda não conseguiam entender as letras, como sua voz soaria nas importantíssimas redes de rádio norte-americanas?

O esnobismo dos norte-americanos para com o álbum era irônico, visto que, por volta da mesma época, houve uma cerimônia para entregar à banda discos de ouro duplos pelas vendas australianas de *Dirty Deeds* e dois discos de platina por *TNT*, que àquela altura atingira a cifra de 100 mil cópias. Esses prêmios somavam-se aos oito discos de ouro que o AC/DC já tinha recebido.

O que sabiam os norte-americanos?

A festa da premiação não foi apenas dedicada aos negócios, claro. Bon exibia a tatuagem de uma flor e um par de andorinhas localizadas bem perto de sua linha púbica, e Angus, como era agora sua marca registrada, abaixou as calças.

Mas, para a surpresa de todos, o que chamou mais a atenção da mídia não foram essas brincadeiras, nem o peso considerável de todos os prêmios, mas o fato de a banda gabar-se de um feito que não era totalmente inacreditável: ter levado para a cama cerca de cem garotas desde o retorno do Reino Unido.

"AC/DC gaba-se de orgias sexuais", alardeava o *Sunday Mirror* em 5 de dezembro. Era justamente o tipo de publicidade da qual eles não precisavam.

No dia em que a história da "orgia" veio à tona, o Myer Music Bowl de Melbourne estava de olho no AC/DC, enquanto os Bay City Rollers e a moda dos tecidos xadrezes à escocesa, introduzida por eles, estavam do outro lado da cidade no Festival Hall. A versão refeita de "The Jack" ressaltou subliminarmente a diferença entre eles e o pop puro e cheio de emoção dos colegas escoceses, os Rollers. A música destacava a introdução quase lírica de Bon sobre a história de quando ele contraiu gonorreia, deliciosamente com o mesmo tom de "Maria", de *West Side Story*.

A música instigou Richard Guilliatt da *RAM* a escrever que o show na Myer foi "sem dúvida o concerto mais selvagem que já vi. O público era um bando de garotas adolescentes selvagens e caras encrenqueiros".

Essa impressão aumentou quando Bon ordenou que permitissem a entrada das 2 mil pessoas que escutavam do lado de fora, o que totalizou um público estimado de 5 mil pessoas.

Mas nem todos da capital sulista, onde a banda fez um show surpresa no Tiger Hall do Hotel Royal Oak, em Richmond, eram receptivos, mesmo com o AC/DC sendo formado por garotos locais de sucesso internacional. Para Bon, tratava-se de uma história repetida.

Uma garota fugitiva foi direto ao hotel do AC/DC. Foi apenas uma breve visita, mas logo depois, após ser avisada pelo pai da garota, a polícia chegou. Fizeram uma busca nos quartos da banda, mas não acharam nada. O drama, porém, não tinha terminado.

Um pouco depois, a polícia telefonou e avisou que o pai não estava nada satisfeito. Resolveu fazer justiça pelas próprias mãos chamando alguns amigos para ir encontrar Bon.

"O guarda lhe disse", Angus contou a Ian Flavin no *National Rock Star*, em 5 de março de 1977, "'Se eu fosse você, amigo, cantaria ajoelhado!'."

Felizmente, a situação se acalmou e as orações não foram necessárias.

Nos bastidores, as coisas não eram sempre tão tempestuosas e confusas, como lembra o membro da equipe do AC/DC Phil Eastick:

"Um dia, nos bastidores, Angus estava sentado esperando um equipamento ser arrumado ou coisa parecida, enquanto tocava um maravilhoso violão! Lembro de dizer: 'Caralho! Não sabia que você podia tocar assim!'. Ele respondeu: 'Posso, só que ninguém vai me pagar por isso'."

Quando a turnê chegou a Sydney, em 12 de dezembro, Rory Petrie, da *RAM*, compareceu ao show do Hordern Pavilion, que começava no calor escaldante de verão no estranho horário das 14 horas.

"Dizer que eles tocam alto é pouco", ele disse na edição de 14 de janeiro de 1977. "Está mais para um som vivo que penetra a carne e os ossos."

Com apenas cerca de 2.500 fãs nos mais de 5 mil assentos do Hodern, o show de Sydney foi o exemplo mais evidente das mudanças que ocorreram durante a ausência de oito meses da banda no exterior somadas ao efeito da recente má publicidade.

Além da baixa nos números, havia também uma mudança no público do AC/DC. Embora a banda ainda alimentasse revistas adolescentes, como a *Spunky*, que veiculava um anúncio com a foto de uma garota que não devia ter mais do que 12 anos como parte de uma competição para ganhar um álbum *Dirty Deeds*, as multidões entusiasmadas de adolescentes que marcavam cada uma de suas aparições durante a era do álbum *TNT* começaram a sumir.

Em seu lugar, o número de fãs do sexo masculino crescia lentamente em garagens e oficinas de todo o país, talvez em resposta à cena maldosa no salão de bilhar estampada na capa do álbum *Dirty Deeds*.

Michael Browning: "Antes de ir para a Inglaterra, eles tocavam para meninas histéricas. Na Inglaterra, aconteceu exatamente o oposto, e isso foi importado de volta para a Austrália".

Isso servia bem para Malcolm. Ele sempre quis que o AC/DC fosse uma banda de rua.

Malcolm Young: "A banda atraía marmanjos. Cada vez mais caras passaram a vir aos shows. No final, lembro que era quase como, bem, esta é, na verdade, uma banda predominantemente para homens."

Foi em algumas regiões menores visitadas pela turnê Giant Dose, fora das grandes cidades, que a verdadeira diversão começou. Nesses lugares a mídia vazou informações sobre a chegada da banda, de modo que os comitês de boas-vindas estavam preparados.

Em Camberra e Wollongong houve ameaças não muito sutis da polícia de que a eletricidade seria cortada caso Angus não permanecesse adequadamente vestido para o show ou se o comportamento da banda fosse inaceitável de qualquer outra forma. O guitarrista conseguiu escapar da punição em Camberra porque Bon cobriu seu traseiro bravamente despido com uma placa de "censurado".

Em Albury, o programa do show teve sua venda proibida e a polícia apreendeu todas as cópias, porque a legenda sob uma foto de Bon era uma repetição de sua citação infame sobre querer fazer dinheiro o suficiente para ir para a cama com Britt Ekland.

A srta. Ekland, por acaso, foi a um show do AC/DC no Fórum de Los Angeles vários anos depois, certamente em uma feliz ignorância acerca da sua fama.

Houve uma situação parecida em Tamworth, onde o prefeito proibiu o show da banda. Eles já tinham agendado o Town Hall e pago um adiantamento, no caso de quaisquer danos. Mas em uma reunião posterior, perto da data da apresentação, o show foi proibido por conta de relatos negativos da mídia.

Uma série de desenhos surpreendentes feitos pela Albert como parte de um *kit* para a imprensa, inspirados na paixão da banda pela bebida, provavelmente não ajudou a causa.

Phil Eastick lembra o que acredita ser a raiz do problema em Tamworth.

"A história que circulava na turnê naquela época era que algumas jovens teriam aparecido na tarde anterior à chegada da banda e deixaram bem claro que estavam muito, muito ansiosas para conhecer os integrantes. Não sabíamos, mas parece que uma delas era filha do prefeito. Então, da perspectiva dele, ela estava perdida e foi assim que a história começou a ganhar vida por si mesma."

No geral, os conceitos de marketing da banda deliberadamente baseados na imagem de *bad boy*, que funcionaram tão bem no passado, com a ascensão do punk rock no Reino Unido e os relatos das palhaçadas de Angus com o traseiro de fora, tornaram-se um Frankestein das relações públicas.

Mas a situação evoluiu e passou de uma amolação a algo simplesmente surreal. Em um retorno aos primeiros dias do rock'n'roll, quando se acreditava que a música envenenava as mentes da juventude mundial, uma equipe de reportagem de um programa de televisão sobre atualidades chegou a Tamworth para cobrir as supostas perversões e subversões do AC/DC.

A equipe de televisão ficou de mãos abanando, a não ser que considerasse uma ameaça à ordem social as seguidas vezes em que a pobre Coral Browning, irmã de Michael Browning e assessora de imprensa da banda, foi atirada na piscina de vários hotéis onde o grupo ficava.

É claro que a mobília da piscina acabava indo para a água também, mas era mais refrescante sentar-se sobre os móveis dentro da piscina do que sob o sol abrasador de verão. Esse foi o máximo de selvageria do AC/DC.

O posicionamento da *RAM* sobre a proibição em Tamworth parecia ligar o AC/DC ao que acontecia no Reino Unido. Logo abaixo da notícia sobre a banda estava uma foto de Johnny Rotten do Sex Pistols e um artigo sobre o alvoroço que os Pistols criaram por falarem palavrões em sua lendária entrevista na televisão com Bill Grundy.

Enquanto isso acontecia, o AC/DC teve sua própria "experiência Grundy" em um *talk show* da televisão australiana. O apresentador estava falador e alegre até eles irem para o ar. Então seu tom mudou e ele apresentou Malcolm como membro do "famoso" AC/DC e, como Grundy, o encorajou a dizer algo escandaloso. Malcolm saiu intempestivamente do estúdio, e foi perseguido pelo diretor do programa, que lhe pediu para fazer sua saída novamente para que pudessem filmá-la direito.

Para Malcolm, o AC/DC não era punk, como também não o eram nenhuma das bandas inglesas rotuladas como tal nessa mesma época. Ele sabia quem eram os verdadeiros encrenqueiros, os verdadeiros punks: seus ídolos do blues, homens valentes que viviam e morriam do mesmo jeito e que estavam cagando para como se vestiam.

Malcolm: "Esses veteranos do blues, como o gaitista Little Walter, apenas viviam sua vida. Uma vida louca. Ele era um pouco como Bon, bebia todas as noites, coisas assim e costumava apanhar muito. Esses foram os verdadeiros James Dean. Na verdade, James Dean não foi nenhum valentão, sabe o que eu quero dizer? Era todo bacana. Ele escondia alguma coisa. Algo grande!

Os verdadeiros punks foram os negros: foram os caras que tiveram de brigar desde o começo para ser aceitos. Os brancos acompanharam a história e foram influenciados por eles."

Na opinião de Angus, ele viu o punk muito antes e mais bem realizado.

"Eles tentavam ser como o Small Faces do começo, lembra deles?", Angus perguntou a Christie Eliezer, da *Juke*, em 11 de dezembro de 1976. "Eles foram para o palco praguejando e cuspindo e dizendo foda-se a todos. Mas ao menos os Small Faces e os Rolling Stones eram músicos competentes."

Na Austrália, AC/DC estava para ter um cara a cara inexpressivo com um dos líderes do movimento punk do país, assim determinado pela mídia britânica. A banda de Brisbane The Saints causou um grande impacto com o *single* "(I'm) Stranded" e foi aclamada internacionalmente como a resposta australiana aos Ramones, embora tenham se desenvolvido independentemente. Os Saints foram uma das duas bandas que abriram o último show do ano da turnê Giant Dose no Great Miami Hall, na Costa Dourada, em Queensland.

O guitarrista dos Saints recorda:

"Acho que não estávamos muito acostumados com toda a noção de etiqueta de bastidores. Ficamos andando nos camarins e coisas assim, e acho que eles esperavam que todos caíssem fora. Sua equipe de *roadies* ficou bem chateada com a gente e com nossa equipe de *roadies*, que não era profissional, eram apenas amigos carregando nossas coisas de graça. Acho que rolou uma troca de socos entre a equipe dos Saints e a equipe do AC/DC."

Browning estava para ganhar uma nova dor de cabeça. Phil Carson, diretor da Atlantic no Reino Unido, telefonou.

Michael Browning: "Ele [Carson] estava com muitos problemas para convencer Jerry Greenberg, o presidente da Atlantic dos Estados Unidos, de que deviam continuar com o grupo. O adiantamento [para o próximo álbum] era de apenas 35 mil dólares, mas tivemos de abaixar para 25 mil dólares. Isso parece nada hoje em dia, mas você deve se lembrar de que estamos falando dos anos 1970, e essa quantia era substancial o bastante para uma companhia como a Atlantic Records. Então tivemos, na verdade, de abaixar o adiantamento em dez paus para que eles continuassem com o grupo."

Phil Carson: "Ninguém da gravadora [nos Estados Unidos] ligava, a ponto de que, quando o AC/DC entregou o segundo álbum, que era *Dirty Deeds*, eles não o lançaram. Eles largaram a banda.

Eu consegui uma reunião com Ahmet e Nesuhi Ertegun [os fundadores da Atlantic] e disse: 'Vocês não podem desistir do AC/DC. Vejam, vendi 25 mil discos na Europa, é só o começo, vamos deixar rolar'.

E, graças a Deus, eles escutaram, apesar de até o presidente da companhia e sua equipe de A&R não gostarem da banda. Acho que Jerry [Greenberg] escutava seu pessoal de A&R, o que era justo, acho que eles venderam 7 mil discos [nos Estados Unidos], então por que insistir neles?"

A turnê Giant Dose continuou na Tasmânia no fim da primeira semana de 1977 e viu um show reunir apenas 60 pessoas. Não que eles não tivessem fãs sérios nessa parte do mundo.

Phil Eastick: "Launceston é o lar de alguns motoqueiros barras-pesadas que adoravam o AC/DC. Quando Phil [Rudd] e eu estávamos lá saindo de um show, fomos confrontados por um grupo de motoqueiros e pensei que íamos tomar porrada. Mas não, eles, na verdade, pararam para nos dizer como éramos fantásticos e nos convidar para uma festa em sua casa que saiu do controle. O carro da equipe sairia por volta das 7h30 ou 8 horas na manhã seguinte e eu tive de implorar para sair de lá [da festa] às 7h15 para alcançar o carro ou teria de viajar na garupa de uma Harley para comparecer ao show naquela noite. O Phil ainda estava lá quando eu saí."

Também foi em Launceston que Eastick descobriu, em primeira mão, o quanto as percepções da mídia estavam erradas sobre o AC/DC.

"Uma garota subiu no palco e estava tentando baixar o short de Angus quando eu a empurrei para fora do palco de modo um pouco rude, mas não a soquei nem nada. Eles ficaram horrorizados! Nunca tinham visto ninguém fazer aquilo com seus fãs porque nunca precisaram. No fim do show houve conversas como: 'Cara, por que você teve de empurrá-la com tanta força?' 'Bem, ela estava tentando tirar as calças do Angus.' 'Estava, e daí? Ele já tocou sem calças antes.'"

De volta ao continente australiano, a banda logo viu aproximar-se mais problemas com o governo. A câmara de Warrnambool, no estado rural de Victoria, influenciou várias reclamações, que novamente se baseavam em relatos da mídia e retirou a permissão para a banda tocar no Warrnambool Palais.

Foi o terceiro cancelamento da turnê, provocando perturbadoras comparações com a desgraçada e avassaladora Anarchy In The UK dos Sex Pistols, que parou, de repente, várias semanas antes na Inglaterra, quando a banda pôde fazer apenas três das 19 apresentações planejadas.

Mas era tempo de reagir. Na parte urbana de Victoria, eles foram ameaçados com a ação da polícia ao menor problema. A banda, então, decidiu fazer uma declaração sobre como vinham sendo tratados. Depois de saberem que a polícia fora dispensada, a banda e toda a sua equipe ficaram nuas no palco. Felizmente, a turnê acabou em 14 de janeiro no Wendouree Shire Hall de Ballarat e todos suspiraram aliviados.

Problemas em Casa

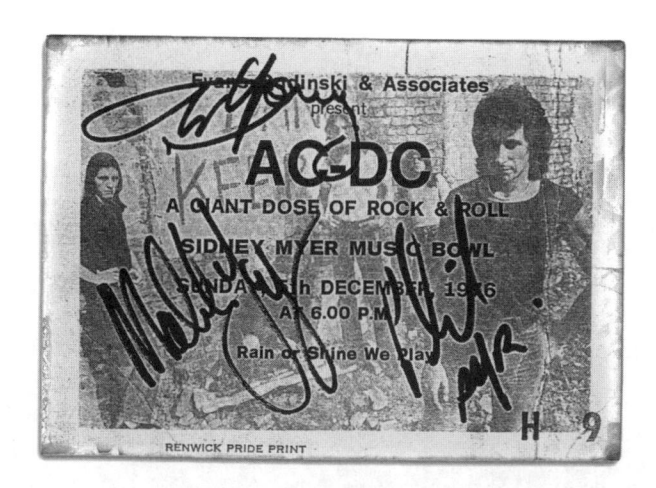

1977
Malcolm, Phil, Angus, Mark Evans e Bon. Rainbow, Londres.

Capítulo 13

Let There Be Rock

A reação à turnê Giant Dose assinou efetivamente a sentença de morte da Austrália em relação ao AC/DC. Além de os Estados Unidos torcerem o nariz para o álbum *Dirty Deeds*, a banda então, mais do que nunca, tinha algo a provar: que eles poderiam enfiar na bunda de algumas pessoas.

De qualquer forma, o impacto que causaram no Reino Unido e na Europa precisava se repetir em seu próprio país com um álbum que não tivesse apenas potencial para conquistar público e crítica, mas que pudesse alçar a banda ao círculo dos pesos-pesados.

Por isso, quando entraram no Albert Studios, quase imediatamente após chegar em Sydney, depois da turnê Giant Dose, o plano era gravar um álbum com George e Harry que fosse mais uma carta de intenções do que simplesmente outro item de prateleira. Os outros que se preocupassem com *singles* de sucessos e em tocar no rádio.

Malcolm notou que alguns artistas de rock, principalmente aqueles do circuito dos estádios norte-americanos, perceberam o poder que tinham as canções um pouco mais longas com solos estendidos e truques em geral na guitarra. Como ninguém no mundo era melhor em floreios de guitarra do que Angus, era grande a tentação de se mostrar na competição de como fazer o verdadeiro rock'n'roll, com os punks emergentes de um lado e o soft rock norte-americano do outro.

Angus: "Dissemos, vamos fazer um álbum de guitarra incrível! Foda-se!"

O estúdio de gravação da Albert era perfeito para o que planejaram. Todos os amplificadores estavam na mesma sala que a bateria, posicionada em um canto. O som da guitarra transbordava nos vocais e nos microfones da bateria de modo que uma gravação perfeitamente precisa era difícil, mas fazia parte do charme.

Os amplificadores também eram ótimos, novos e brilhantes. Na Inglaterra, a banda conseguiu um patrocínio da Marshall Amplification, de onde Angus e Malcolm saíram com vários amplificadores Marshall cada um e Mark Evans com equipamentos pesados para seu baixo.

Seus velhos amplificadores foram vendidos a preço de banana aos eternamente gratos membros dos Angels. Para o guitarrista do Angels, John Brewster, foi um simples ato que destacava tudo o que acontecia na Albert.

"Não se tratava apenas do AC/DC ou dos Angels ou do Rose Tatoo ou de George e Harry, mas de todo mundo. Tenho certeza de que todos nós tínhamos nossos objetivos, mas havia o sentimento de que você pertencia a essa maravilhosa família. Todos nós nos interessávamos uns pelos outros.

Malcolm costumava vir aos nossos primeiros shows, ele ficava em pé no meio do público e sempre falava de forma positiva. Dizia: 'Adoro aquela música em que você toca uma grande introdução'. A coisa toda era fantástica."

Havia um sentimento de comunidade parecido no estúdio da Albert. Era um pouco como trabalhar em turnos; havia sempre alguém tocando antes de você.

Buzz Bidstrup (The Angels): "Você sabia que nos submarinos os caras se revezam para dormir? Eles dormem nas mesmas camas, então você se deita em uma cama e ela ainda está quente. O mesmo acontece com os estúdios. Você entrava em um estúdio onde o AC/DC esteve por umas dez horas ou algo parecido e o lugar ainda estaria aquecido, estalando, zunindo."

Essa era exatamente a cena a cada manhã depois das gravações do álbum *Let There Be Rock*, abastecidas pelo McDonald's. O material foi escrito no estúdio e testado no piano com George.

O tempo também era a essência, o que servia perfeitamente à ética de estúdio de George e Harry.

Harry Vanda: "Espontaneidade é a palavra básica. Acho que falávamos naquele momento sobre o rock'n'roll sem frescura, queríamos dizer exatamente isso! Bolas para todos os lados! E não a coisa toda do rock'n'roll norte-americano, que demora dois anos para ser gravada.

Eles tinham ideias muito, muito definidas sobre o que queriam, etc. Assim como nós. Naquele campo, você sempre está buscando por bumbos maiores e melhores, caixas maiores e melhores e, em consequência, tudo o que vem disso.

Nunca nos preocupamos muito em saber se tudo soava direito. Para nós era sempre mais importante se tinha ousadia e atmosfera, sabe, se tinha coração. Então se tivéssemos de escolher entre uma gravação que tinha todo o coração e tivesse enrolação e zunidos e tudo, ficaríamos com esse, porque preferiríamos à versão estéril; correta, mas chata. Em *Let There Be Rock*, conseguimos unir algumas daquelas coisas em que o som estava bom e o desempenho estava todo presente."

Buzz Bidstrup viu essa teoria em prática em várias ocasiões.

"Eles tocavam uns 15 ou 20 minutos sobre um *riff* ou sentimento, tocavam a música poucas vezes e então George dizia: 'Acho que vocês conseguiram o tom, meninos! Foi muito bom!'. Então eles apertavam o botão de gravação e gravavam a música.

Na maior parte do tempo, Bon cantava na pequena cabine lateral e a banda ficava no estúdio um. Angus fazia seus solos se arrastando pelo chão ou sobre os amplificadores. Eles eram bem doidos."

A faixa título do álbum, para a qual Bon compôs a letra em um escritório da Albert com a ajuda de uma Bíblia de uma livraria dos arredores, é uma prova disso.

Angus: "Lembro que perto do fim [da gravação da música 'Let There Be Rock'] saía fumaça do amplificador, tinha fumaça saindo de trás do amplificador! George estava gritando: 'Não pare!' Eu lá mandando ver, vendo a fumaça encher a sala. Continuei até o fim e então o amplificador meio que desistiu, só fez 'bláááá!' Derreteu. [*Let There Be Rock*] foi um álbum em que ele fritava."

John Brewster dos Angels era um observador regular no estúdio e testemunhou a música "Let There Be Rock" sendo plasmada na fita.

"Era muito empolgante vê-los no estúdio, porque não ficavam sentados como grandes astros experientes com fones de ouvido apenas ensaiando os movimentos. Eles tocavam como se estivessem no palco, que era seu jeito natural de ser. Uma inspiração total. Acho que me lembro dos fones de ouvido de Angus saírem voando e eu tive a sensação engraçada de que ele finalizou no chão fazendo seu giro em volta do objeto."

Let There Be Rock foi completado em cerca de duas semanas – diferentemente da gravação titubeante do álbum *Dirty Deeds* – e soava tão forte quanto eles queriam.

Livres dessa tarefa, a banda tocou em um grande show em ambiente fechado, como parte do Festival de Sydney, em 30 de janeiro, no Haymarket, no centro da cidade, em uma noite quente e úmida de verão. Por alguma razão, os fãs da banda tinham de desembolsar três dólares para ver o AC/DC, enquanto custava apenas um dólar para assistir à doçura e à luz da internacionalmente bem-sucedida Little River Band no mesmo festival.

Mas a banda brilhou e não apenas por causa dos novos dentes reluzentes que Bon colocou em Londres, pela incrível suposta quantia de 800 libras, ou talvez apenas graças ao serviço nacional de saúde inglês. Os novos dentes incomodaram e demoraram um tempo para se acomodar, mas um Bon muito bêbado estava em plena forma e começou a música "Can I Sit Next To You, Girl" [posso sentar ao seu lado, garota] como "Can I Sit On Your Face, Girl" [posso sentar em seu rosto, garota]. Houve ocasiões nessa mesma época em que ele também se referia à música como "Can I Shit Next To You, Girl" [posso cagar ao seu lado, garota].

Um pequeno número de shows em Adelaide, Melbourne e Perth, com outro em Sydney, no Centro Cívico Hurstville, aconteceram entre 12 e 15 de fevereiro e foram as últimas apresentaçõess oficiais públicas de Bon na Austrália com o AC/DC.

Phil Rudd não tinha grandes lembranças de Hurstville. De fato, seu conflito com um segurança, na última vez em que a banda tocou na casa, não deixou todos muito animados para voltar. O show em si possuía o mesmo clima primitivo – tanto no palco como para o público – que tinha preocupado Rudd, embora não tenha havido problemas dessa vez, exceto por algumas falhas do sistema de som.

Angus pegou o microfone e o público pela garganta com a abertura de "TNT".

"Tá certo", ele berrou. "Tem bastante gente por aí então! Tudo bem? Vamos! MEXAM-SE!", ele gritou ao mesmo tempo em que Rudd começou uma batida firme apenas com o bumbo e o chimbau. "Vamos! Oi! Oi! Oi!", ele gritou, antes de pensar em uma estratégia melhor. "Foda! Foda! Foda! Foda! Quero ouvir vocês!"

Mesmo com o entusiasmo da multidão, era menos que um décimo do tamanho dos públicos para os quais tocaram no Reino Unido, o que representava muito do que havia de errado em o AC/DC tocar na Austrália naquele momento.

Era no mínimo satisfatório descobrir que, enquanto a Austrália tinha, em grande parte, lhes dado as costas, os leitores da *Sounds* no Reino Unido ainda botavam fé neles. Os resultados da enquete anual da revista foram impressos em 19 de fevereiro e, na categoria de melhor banda nova, o AC/DC ficou em sétimo lugar, na frente do Thin Lizzy e dos Sex Pistols, que ficaram em nono e décimo lugares respectivamente. Os leitores da *NME* foram menos entusiasmados e deram ao AC/DC o 14º lugar na categoria de melhor grupo novo.

O resto do mundo acenava claramente. Mas isso significaria menos boas temporadas em Sydney com a família e os amigos na casa de George em Epping, onde Bon, Malcolm, Angus e amigos como John e Rick Brewster, dos Angels, reuniam-se em churrascos.

Eram ocasiões familiares maravilhosas que frequentemente terminavam com uma *jam* coletiva ou com George fazendo os vocais em músicas de Dylan, Little Richard e Fats Domino.

John Brewster: "George ficava no piano e Angus sempre entrava na onda. Ele é uma grande figura, que por acaso também é um guitarrista inacreditável. E Malcolm fazia o mesmo na guitarra base."

Um *single* de "Dirty Deeds Done Dirt Cheap" com "Big Balls" e "The Jack" foi lançado no Reino Unido em janeiro como preparação para uma turnê em fevereiro. Em um ataque surpresa no melhor estilo "foda-se", o pôster da turnê trazia um aviso bem-humorado no estilo de serviço comunitário declarando que "Todas as estações de rádios estão proibidas de tocar este disco".

Infelizmente, seu conteúdo, uma capa com um desenho de Angus com as mãos sugestivamente afundadas no bolso e seu estilo representavam uma era e um personagem que a banda deixou mentalmente para trás com a gravação do álbum *Let There Be Rock*. Contudo, *Dirty Deeds*, gravado 12 meses antes, mas confusamente o "novo" álbum britânico, era o foco da turnê no Reino Unido.

As datas dos 30 shows foram colocadas na contracapa da *Sounds* e começaram em 18 de fevereiro com uma apresentação na universidade de Edinburgo que quase resultou em tumulto. Durante "Dog Eat Dog", a banda teve de parar de tocar para tentar restaurar alguma ordem, opondo-se aos métodos brutos adotados pela equipe de segurança quando os fãs tentaram subir no palco.

Em uma breve reprise do medo e da abominação despertados pela turnê Giant Dose na Austrália, três shows foram cancelados depois que câmaras locais, preocupadas com qualquer coisa remotamente ligada ao punk, recusaram-se a ter bandas de rock de qualquer tipo em suas instalações. É claro que não ajudava ter um *single* com músicas como "The Jack" [sobre gonorreia] e "Big Balls" [grandes colhões].

Nessa época, as autoridades não queriam correr riscos e, não muito surpreendentemente, a banda teve a permissão recusada para apresentar-se no City Hall de Glasgow, onde as lembranças de problemas em shows anteriores permaneciam frescas na memória.

A banda não teve dificuldade com isso. Eles sabiam que algum dia seriam novamente bem-vindos, e a vingança era um prato a ser servido frio e em volume bem alto.

O show no famoso Rainbow de Londres, em 11 de março, foi memorável por duas razões. Primeira: Angus quase dividiu ao meio um cara que cuspia nele; segunda: Doug Thaler, agente da American Talent International (ATI), viu o AC/DC pela primeira vez.

Thaler já tinha certa história com a banda, por ter encontrado George e Harry no fim dos anos 1960, quando os dois estavam nos Easybeats e ele estava tocando com Gene Pitney.

Doug Thaler: "Lembro de George Young dizendo naquele verão de 1967: 'Tenho um irmão de 11 anos em casa que toca guitarra melhor que qualquer um desta turnê!'. Achei que ele estava brincando. Então, em meados de 1976, um promotor de Columbus, Ohio, chamou minha atenção para um disco que estava indo muito, muito bem no mercado, chamado "It's A Long Way To The Top", de um tal de AC/DC. Encomendei uma cópia do álbum, escutei a faixa e pensei: 'Ei, isto é bom, é rock. Gostei'."

Thaler notou que o álbum era produzido por seus velhos amigos George e Harry e, depois de procurar aqui e ali, conseguiu o telefone da Albert Productions em Sydney. Ele conseguiu fazer um lance bem-sucedido para ser agente do AC/DC na América do Norte, uma associação que duraria até o fim de 1979.

Naquela noite no Rainbow, David Krebs, que àquela altura empresariava Ted Nugent e o Aerosmith, estava com Thaler. Ele gostou do que viu no AC/DC e, em seguida, ofereceu-se para coempresariar a banda nos Estados Unidos com Michael Browning e dividir a parte empresarial no processo. Browning recusou a oferta.

Enquanto isso, discutiam-se planos para um álbum ao vivo gravado em Glasgow e várias paradas na última turnê australiana, além do lançamento do documentário de Russell Mulcahy sobre a turnê Giant Dose. Os projetos acabaram arquivados.

Em 21 de março, dia do último show da turnê no Reino Unido, o álbum *Let There Be Rock* e o *single* "Dog Eat Dog" acompanhado de "Carrie Me Home", a angustiante visão de um suicídio pela bebida de Bon, das sessões Vineyard, foram lançados na Austrália. As vendas do álbum não chegaram perto das de *TNT* ou *Dirty Deeds*, mas não era isso que estava em questão.

Uma visão mais abrangente era que o álbum representava uma reformulação total do AC/DC e uma grande expansão de seu som. Era quase possível sentir o cheiro das válvulas dos novos amplificadores queimando. A monocromia granulada da arte de capa era praticamente um código de cores direto combinado com o logotipo branco da Marshall sobre a grade preta do alto-falante.

Para Angus, o álbum era o equivalente da guitarra das gravações radicais que Little Richard tinha feito para o selo Specialty nos anos 1950. Em *Let There Be Rock*, ele fez o equivalente da guitarra de rock'n'roll do estilo "sheets of sound" [camadas de som] do mestre do sax John Coltrane, com uma mescla de notas executadas em alta velocidade.

Pela primeira vez, mulheres reais eram representadas pelo nome nas letras de Bon. Havia Ruby, seu nome real era Wendy, mas foi apelidada de Ruby Lips [Lábios de Rubi] por Ted Mulry, cujo nome era mencionado nas primeiras frases de "Go Down". A banda a conhecera depois de um show no Festival de Moomba, em Melbourne, em 1976.

Também havia Rosie, a lendária e enorme tasmaniana ruiva. A expedição sexual de Bon pelo corpo dela era celebrada em "Whole Lotta Rosie", uma quase releitura do título "Sixteen Tons", de Tennessee Ernie Ford.

Angus: "Malcolm tinha o *riff* e George disse: 'Por que não experimentamos um pouco? Tente [inserir] essas pausas no começo [da música]'. Malcolm e Bon foram sempre grandes fãs daquela velha música de Elvis Presley, aquele blues que ele fez no começo de sua carreira, 'Misery', ou algo parecido."

Malcolm: "Sempre fomos grandes fãs do rock'n'roll do começo, como Elvis e 'Heartbreak Hotel', coisas assim com dinâmica, que param e começam. Em todo caso, para 'Whole Lotta Rosie' procurávamos um sentimento como o de Little Richard, um bom e velho sentimento de rock chapado e ver como poderíamos usar as guitarras. A música evoluiu com isso, mas você só está em busca da vibração, o que é excitante, e era isso que estávamos ouvindo. Fácil de compor, mas ainda circula por aí como um clássico."

Felizmente, não havia nomes ligados ao trocadilho baseado no blues e apenas blues puro "Crabsody In Blue", uma variação menos eficaz do mesmo tema venéreo de "The Jack", do álbum *TNT*. "Crabsody", é claro, era uma peça sobre a terrível coceira causada pelos chatos nos pelos pubianos, uma aflição generalizada na época, já que a maioria das bandas relacionava-se intimamente com o mesmo círculo de moças.

Em um sinal dos, então, tempos decisivos para a banda na Austrália, o jornal *The Sun,* em Sydney, deu a *Let There Be Rock* um D+, com o título cortante: "Que chatice".

Mas a gravação elevou o AC/DC ao *status* de uma banda de álbum, algo que antes era privilégio de gente como os Stones, The Who e Led Zeppelin. Lá se foram as caricaturas com suprimento de eletricidade e explosões ligadas ao nome da banda e associações óbvias com o uniforme de colegial de Angus. Em vez disso, e talvez estrategicamente, as imagens ao vivo dentro da capa mostravam Angus de peito nu ou com uma camiseta rasgada, sem sinal de uniforme colegial.

Chris Gilbey: "Depois do primeiro e do segundo álbuns, lembro de pensar que tínhamos de sair dessa coisa de desenho animado para nos tornarmos uma banda mais séria e não aparentar frivolidade. Não seria uma palavra que eu usaria na época, mas certamente era esse tipo de sentimento."

Como foi o caso com *Dirty Deeds*, a banda estava no exterior durante os preparativos para o lançamento australiano de *Let There Be Rock*, e por isso a arte de capa teve de ser feita sem a presença da banda. A oportunidade bateu na porta do inglês Chris Turner, que naquele ponto era um membro ocasional do Rose Tattoo e, nos anos 1960, dividiu palcos e equipamentos em Londres com um tal David Jones, mais tarde conhecido como David Bowie, e Steve Marriott.

Chris Turner: "[O fotógrafo] Colin [Stead] foi ao meu estúdio e disse: 'Você pode deslizar os dedos pelo braço [da guitarra]?'. O que, é claro, eu provavelmente podia, você sabe, a gente se esforça! Então fizemos a foto e, olha só, ela saiu na capa. Mas eu ouvi depois Angus falar que dava para perceber que são os dedos de Turner porque eles são gordos! Angus e Malcolm tinham dedos muito magros, então eu levei isso na brincadeira, que era a intenção deles."

Let There Be Rock

Stead lembra que Malcolm ou Angus ou ambos odiaram a capa no começo, achando que ela se parecia demais com algum tipo de disco sério de professor de guitarra em vez do disco excitante que era.

Do outro lado do mundo, o AC/DC estava se preparando para uma turnê europeia. Dois dias antes de começar, deram um tempo para filmar uma apresentação em Londres especialmente para o centésimo programa "Countdown", apresentado por Leo Sayer. Foi um dia longo e maçante, mas o álcool corria livre no bar e o clima tornou-se perfeito para a virulenta "Dog Eat Dog".

Os 12 shows da excursão europeia, que começaram em 5 de abril, incluíram a abertura de shows para o Black Sabbath na França, Alemanha, Suíça, Bélgica, Holanda e Suécia. O primeiro show em Paris com sua nova equipe de *roadies* foi um desastre de primeira classe.

O equipamento do AC/DC tinha sido separado do resto e estava em condições muito ruins. No entanto, eles só descobriram isso no show. Furiosa, a banda foi forçada a encurtar sua apresentação, mas não antes de Angus liderar um ataque ao equipamento que os prejudicou, lembrando The Who no seu melhor estilo destrutivo.

Angus: "Fomos para o palco e tudo deu errado, todo o equipamento estava falhando. Estávamos tocando e o público nos encarava sem reação. Acho que tocamos uns 20 minutos, então simplesmente destruímos o palco. Era apenas frustração por tudo dar errado. Todo nosso equipamento, guitarra, amplificadores, quebrou, então o palco ficou destruído, e quando saímos, o público explodiu. Como disse Malcolm, eles pensaram que éramos o porra do Picasso [uma declaração artística], que aquilo era arte!"

A equipe olhava horrorizada. Afinal, era sua responsabilidade manter o equipamento de trabalho em ordem, não importavam as circunstâncias. Mas, enquanto se preparavam para ser execrados pela banda, receberam, em vez disso, um pedido de desculpas. Foi um dos primeiros gestos de lealdade que viriam a ser uma das marcas da atitude do AC/DC.

Apesar de todos os embaraços, a retaliação explosiva do AC/DC no palco contra os equipamentos gerou uma publicidade sem preço para os próximos shows, durante os quais Ozzy Osbourne e Bon trocaram segredos sobre calçados.

Ozzy Osbourne: "Lembro que fizemos um show na Suécia e eu costumava usar esses sapatos creepers de solado alto no palco. Bon veio até mim e disse: 'Outro cara de bom gosto', e me mostrou os seus. Os sapatos eram ótimos para o palco e eu pensava que era o único cara que os usava. Lembro disso muito bem."

De acordo com uma lenda muito difundida, na Suécia, o baixista do Sabbath, Geezer Butler, teria apontado um canivete para Malcolm, que em seu estilo típico respondeu socando Geezer no rosto. Como resultado, segundo contam, o AC/DC foi expulso da turnê.

Graham Wright, que trabalhava como técnico para Bill Ward, baterista do Sabbath, explicou mais tarde o que realmente aconteceu no BlackSabbath.com.

"O Sabbath, o AC/DC e suas respectivas equipes de *roadies* estavam tomando um drinque no bar de um hotel em Zurique, na Suíça, depois de um show no Volkhaus. Geezer brincava com um canivete de brinquedo, que em vez da lâmina tinha um pente. Malcolm achou que fosse um de verdade e irritou-se. Fim da história."

De toda forma, a turnê foi interrompida quando os últimos shows em Estocolmo e Helsinque foram cancelados. A tensão, havia muito tempo, era o combustível para o trabalho do AC/DC. Choques entre os membros da banda a qualquer momento eram também lugares-comuns. Mas nada impedia o show.

De volta a Londres, depois da turnê com o Sabbath, o embate de personalidades entre Mark Evans e Angus, que crescia havia algum tempo, explodiu.

Michael Browning: "Um dia recebi um telefonema de Malcolm e Angus. Estávamos em Londres, fui ao apartamento deles, e eles me disseram que queriam se livrar de Mark. Ele e Angus não se olhavam nos olhos. Costumavam manter um tipo de briguinha contínua, mas nada que eu achasse que se tornaria uma ameaça ao show [uma ameaça à sua posição na banda]."

Evans foi demitido em 3 de maio; sua última apresentação com a banda foi na turnê com o Sabbath em Gothenburg, na Suécia, em 22 de abril. Em sua volta para a Austrália, uniu-se com o Finch e apareceu em seu álbum *Nothing To Hide*, de 1978, e então, depois de a banda mudar de nome para Contraband, também em seu álbum de mesmo nome, de 1979.

No fim de 1983, depois de um tempo no The Beast, um trio com Robin Riley, ex-membro do Rose Tattoo, Evans foi aos Estados Unidos para juntar-se ao Heaven, empresariado por Michael Browning, em shows com o Black Sabbath, Judas Priest, Mötley Crüe e outros.

Os testes para um novo baixista para o AC/DC começaram imediatamente em Londres. À essa altura, ficar fora da estrada e se afastar das atenções, pelo menor período que fosse, não era uma opção.

Circularam boatos de que o ex-Sex Pistols Glen Matlock fora considerado para o lugar de Evans, o que seria uma tremenda ironia com relação à postura antipunk do AC/DC, embora eles, às vezes, bebessem juntos.

Glen Matlock: "Eles nunca falaram nada para mim nesse sentido. Talvez tenham pensado a respeito, mas nunca fui convidado. Também não sei se a ideia cairia bem para mim, para ser honesto. Acho que meus joelhos são ruins demais para isso."

Malcolm e Angus esperavam inicialmente preencher o lugar do baixista vasculhando suas memórias. Ambos ficaram muito impressionados com o talento e a ética de trabalho de Colin Pattenden, do Manfred Mann, quando tocaram no Randwick Racecourse, em Sydney, com o Free e o Deep Purple, vários anos antes. Em um momento durante o show, Pattenden quebrou uma corda do baixo, mas não perdeu uma única nota, enquanto um *roadie* contorcionista conseguiu, de alguma forma, substituir o instrumento.

Browning ficou horrorizado com a perspectiva de recrutar alguém tão distante do visual e da idade dos membros do AC/DC.

Michael Browning: "Ele era um bom músico, [mas] visualmente era o cara errado. Tínhamos muitas e muitas coisas pela frente para realizar na indústria fonográfica, principalmente nos Estados Unidos, e não queríamos chegar lá com um baixista velho. Minha atitude foi tipo 'Vocês não podem estar falando sério'."

O candidato preferido de Browning, por outro lado, era o inglês Cliff Williams, que, criado em Liverpool, não estava em nenhuma banda na época e não sabia que despertava interesse. De modo que ficou surpreso ao receber um telefonema do nada perguntando se gostaria de passar por um teste.

Além do apoio de Browning, Williams não tinha exatamente nenhuma grande vantagem. Não era um grande fã da banda, embora gostasse do que tinha ouvido. Apenas os viu tocar na televisão uma ou duas vezes e não tinha nenhum de seus discos. Browning exigiu dele um curso intensivo de AC/DC.

Michael Browning: "Eu estava tão preocupado com a ideia de eles ficarem com esse cara que eu literalmente o treinei sobre o que tocar e como tocar em seu teste."

O teste de Williams aconteceu em uma sala de ensaio pequena e despretensiosa em Victoria, Londres. Ele estava nervoso, mas rapidamente foi tranquilizado pela banda, que o pôs à prova em *jams* de blues e músicas como "Live Wire".

Williams, cuja personalidade tranquila foi um forte ponto a seu favor, soube, pela reação deles, que tinha ido bem. Mas não sabia exatamente quanto tempo passaria até Browning telefonar oferecendo o trabalho.

Michael Browning: "Ele acertou na mosca e eu lembro deles dizendo: 'Cara, ele fez exatamente o que estávamos procurando!'. Ah, é mesmo?"

Por ironia, Williams tinha feito um teste para a Earth Band do Manfred Mann quando parecia que Pattenden estava destinado ao AC/DC. Em 27 de maio, Cliff Williams foi oficialmente contratado como membro da banda.

Williams era mais velho que a maioria dos membros do AC/DC e trouxe uma profundidade calma e uma enorme experiência. Nascido em 14 de dezembro de 1949, em Romford, sua família mudou-se para Liverpool quando ele tinha 9 anos. Teve sua primeira guitarra aos 10 e apenas dois anos depois estava tocando em casas noturnas.

Influenciado pelos companheiros de Liverpool, os Beatles, como quase todo o planeta, aos 14 anos conseguiu seu primeiro baixo e começou a tocá-lo – mais pela praticidade do que por qualquer sonho antigo – quando uma banda local fez uma chamada de emergência.

Armado com o conhecimento que conseguira absorver dos discos dos Beatles, dos Stones e de Ry Cooder, ele completou seu treinamento com uma única aula com um vizinho baixista. O que foi mostrado era impressionante, mas inútil para a música na qual estava interessado.

Aos 16, Williams, cuja outra grande paixão eram as motocicletas, deixou a escola para trás e foi trabalhar em uma fábrica local. A música logo se tornou prioridade e a banda em que tocava decidiu profissionalizar-se, um movimento que inicialmente pareceu justificado por conta da oferta de tocar em quatro shows em uma casa noturna local. No entanto, seu vocalista foi demitido no último show do contrato. Foi o fim da linha.

Depois de uma mudança para Londres, para uma temporada malsucedida com Jason Eddie e seu Rock And Roll Show, Cliff chegou ao fundo do poço do rock. Sem dinheiro, sem endereço fixo e obviamente sem acesso à água quente para tomar banho, foi forçado a uma vida dura, dormindo em uma caixa.

Tocou com Delroy/Williams Soul Show e outras bandas de blues. Então, trabalhou em um supermercado, em uma oficina mecânica e ainda, algumas vezes, com demolição.

Em maio de 1970, respondeu a um anúncio da *Melody Maker* e conheceu o guitarrista Laurie Wisefield. Quando sua primeira banda, Sugar, acabou, Williams e Wisefield formaram a Home com o veterano da cena Mick Stubbs (vocais) e Mick Cook (bateria).

Em agosto de 1971, seu álbum de estreia, *Pause For a Hoarse Horse*, foi lançado no Reino Unido e na Europa e, em novembro eles abriram para o Led Zeppelin no segundo show da turnê Electric Magic, no Wembley Empire Pool. O Argent, os Faces e o Jeff Beck Group estavam entre outros artistas e bandas com quem o Home viria a trabalhar, sendo que o mês de fevereiro de 1972 viu o lançamento de seu álbum.

Em setembro, o segundo álbum, *Home*, foi lançado no Reino Unido e recebeu ótimas críticas e apoio constante de John Peel e Bob Harris, da BBC. A *Melody Maker* o chamou de um dos melhores do ano. O trabalho vendeu 10 mil cópias apenas na Grã-Bretanha.

Uma turnê no Reino Unido abrindo para o Mott the Hoople foi o veículo promocional perfeito, e a apresentação no Rainbow de Londres impressionou a *NME*.

"Quem foi assistir ao Mott the Hoople no Rainbow, na última semana", lia-se na crítica de 28 de outubro, "voltou falando do Home."

O uso de um arco de violino por Cliff em seu baixo era sempre uma atração especial do show.

Em janeiro de 1973, o Home foi considerado o quinto "novo nome mais promissor" em uma enquete dos leitores da *NME*. A última das bandas gravadas pela BBC seguiu fazendo dois shows em março, abrindo para o Slade no Wembley Empire Pool. No fim de julho, foi lançado o álbum conceitual *The Alchemist*, inspirado no livro *O Despertar dos Mágicos,* de Louis Pauwels. Embora saudado pela *Disc* como "um trabalho de gênio", eles não conseguiram causar impacto comercial.

Depois da saída de Scrubbs, a banda excursionou pelos Estados Unidos como o grupo de Al Stewart, entre maio e junho de 1974. Eles se separaram depois disso, quando Wisefield foi convidado para juntar-se ao Wishbone Ash.

Williams ficou nos Estados Unidos e formou o Stars, de vida curta, e, depois de algum trabalho de estúdio, juntou-se à banda de estilo mais pop Bandit, em 1976, em Londres. O álbum com o mesmo nome da banda saiu em janeiro de 1977 e foi muito bem recebido pela imprensa britânica, mas completamente ignorado nos Estados Unidos.

O destaque dos meses seguintes foram cinco shows no Reino Unido, em março e abril, abrindo para o projeto dissidente do Deep Purple, Paice Ashton Lord. Mas todos queriam saber sobre o movimento punk, encabeçado pelos Sex Pistols e o tão falado grupo australiano AC/DC.

Em maio, o Bandit acabou e rapidamente tornou-se a banda de apoio para o padrinho britânico do rock e do blues, Alexis Korner, com quem gravaram um álbum no País de Gales. Esse trabalho foi arquivado e lançado na Alemanha apenas em 1990, quando as gravações foram redescobertas, como *The Lost Album*.

Por mais honroso que fosse, unir-se a Korner nunca foi exatamente uma mudança de sorte para o baixista. Mas um telefonema recebido logo depois com certeza foi: uma oferta para tentar o AC/DC.

Após o teste bem-sucedido e depois de participar de *jams* outras três vezes com seus novos companheiros de banda, Williams resolveu rápido seus negócios da melhor maneira possível no curto tempo disponível. Ele tinha de estar em Sydney em junho para enfrentar um batismo profissional de fogo.

Não somente era a primeira turnê norte-americana do AC/DC, de importância crucial, ancorada no lançamento nacional de *Let There Be Rock* no país, como também um novo álbum estava programado para ser gravado antes disso. Williams estava mais do que pronto para tudo isso: pela primeira vez em sua carreira, estava em uma banda que não era afiada apenas tecnicamente, mas também tinha poder e energia para queimar.

Com Williams entre seus membros, o AC/DC ganhou uma versatilidade fresca e um *backing vocal* adicional, enquanto Bon estava grato por ter alguém por perto com quase a mesma idade que ele.

As sessões de gravação foram produtivas, mas no fim só ajudaram a dar forma ao que seria o álbum *Powerage*, lançado no ano seguinte. As músicas que saíram das sessões incluíam "Up To My Neck In You", "Kicked In The Teeth Again" e uma primeira versão de "Touch Too Much".

Apesar da crescente programação internacional do AC/DC, o sexo continuava entre as preocupações de todos. Angus explicou um cruel processo de avaliação nos shows, que estava mais relacionado à imagem do que a qualquer outra coisa.

"Se tiver um visual legal, você vai direto para a cama", ele disse a Jack Mooney, da *People*, em 28 de julho de 1977. "Se for horrorosa, cai fora da cidade."

Em uma noite de folga, Angus e Bon se juntaram ao Rose Tatoo no palco do Bondi Lifesaver em versões cáusticas de "Johnny B. Good", de Chuck Berry, e "Whole Lotta Shakin' Goin' On", de Jerry Lee Lewis. Angus correu pelo palco como sempre fazia e terminou no meio do público, em algum lugar no fim do fio ligado à sua guitarra.

Angry Anderson (Rose Tatoo): "Bon foi um dos únicos vocalistas a subir no palco e cantar com a banda. Nunca me senti confortável com a ideia de alguém cantar com minha banda. Nós o tínhamos em tão grande estima, consideração e carinho que ele tinha um convite permanente para cantar conosco.

Bon amava o Rose Tatoo, e ele e Angus nos apoiavam muito, muito. Eles diziam: 'Vocês têm de conseguir um contrato para cair fora daqui [Austrália]'. E não éramos contratados, quer dizer, não ficávamos presos a um contrato, bem, todos éramos presos muitas vezes, o que era parte do problema, mas não conseguíamos um contrato para gravar.

Os meninos levaram George e Harry que, como eles diziam, poderiam ver além de todas as outras coisas e saber se éramos uma banda talentosa. Graças a eles conseguimos um contrato."

Em julho, ainda em solo australiano, ficou decidido espremer mais uma tarefa na programação e gravar um vídeo para "Let There Be Rock", que poderia ficar guardado até o lançamento do *single* duplo, mais tarde naquele mesmo ano. A filmagem de baixa definição foi feita em Surry Hills, em Sydney, em uma igreja que hoje é conhecida como Kirk Gallery, um salão de exposições e recepções.

Seguindo o tema bíblico da música e seu cenário, Bon vestiu-se de padre e cantou como se fizesse um sermão, enquanto Angus estava vestido como um garoto de coro de igreja ou talvez um anjo usando um traje que se completava com uma auréola que chacoalhava de acordo com seus movimentos malucos.

O vídeo resultante, que foi gravado na igreja e no Albert Studios, teve uma dolorosa e debilitante conclusão para o vocalista. Quando Bon pulou do altar no fim da música, aterrissou com força nos bancos da frente e rompeu todos os ligamentos de um dos tornozelos. Para ele, foi apenas mais um dia de trabalho. Mesmo.

No mesmo mês, a banda inteira voltou ao Bondi Lifesaver para duas apresentações, quando Williams apareceu em público pela primeira vez e não foi na melhor das circunstâncias. Os problemas para conseguir um visto de trabalho faziam com que o inglês não pudesse tocar com a banda, ao menos oficialmente.

Por esse motivo, os shows do Lifesaver foram planejados para ser shows secretos, que reconhecidamente também serviriam para dar uma injeção financeira à casa. No entanto, anunciados no nada enigmático ingresso como "The Seedies", como eles eram carinhosamente conhecidos, "Dirty Deeds" e "Surprise Live Wire International Guest Act" [Apresentação Surpresa de um Grupo Internacional e Elétrico], não era preciso ser nenhum físico nuclear para adivinhar quem apareceria.

Sua equipe basicamente agarrou cada peça de equipamento que pôde para a ocasião e as armazenou em toda parte, incluindo o bar e o lado de fora do lugar.

Phil Eastick: "Parecia que o lugar realmente transpirava e estava molhado naquela noite, sabe? Já tinha visto provavelmente mais de cem shows [do AC/DC] naquele ponto e acho que foi a melhor coisa que já os vi fazendo. Foi demais."

Na segunda noite, a notícia se espalhou, e fãs com sorte suficiente para serem espremidos do lado de dentro da casa foram brindados com verdadeiramente um dos maiores momentos do rock'n'roll australiano.

O Lifesaver já recebeu muitos shows memoráveis do AC/DC, como na vez em que Angus pisou em um copo enquanto abria caminho pelo bar fazendo o *duck walk*. As solas de seus tênis eram obviamente finas demais para protegê-lo e um *roadie* ultrapassou o chamado ao dever, enfaixando seu pé com fita isolante, enquanto o paciente continuava se movimentando. Depois do show, Angus sangrou por todo o chão do camarim.

Angus: "Acho que, por causa da adrenalina, o corte pareceu pior do que era. Foi como um filme, sabe, apenas jorrava. Acho que [sangrei em] umas meninas naquela noite. Elas foram para casa com um pouco de molho de tomate."

O segundo show de Cliff no Lifesaver fez os frequentadores de shows ficar animadinhos e de boca aberta, mas, de qualquer maneira, vibrando. Tudo graças à presença de uma amiga da banda.

Fess Parker, da Big Swifty, a banda que abriu para o AC/DC naquela noite e que mais tarde se chamaria The Radiators, relembra:

"Eles tinham uma van do lado de fora gravando tudo. Havia pessoas em cima das mesas, até mesmo grudadas nas paredes. Fizemos nossa apresentação e fomos para a frente vê-los. Eu estava umas poucas fileiras atrás e no minuto seguinte uma garota subiu ao palco, arrancou o microfone de Bon e o enfiou sob a saia. Eu não conseguia acreditar! Isso é rock'n'roll! Eu fiquei rindo porque imaginei que o cara do som na van de gravação, de repente, deve ter pensado: 'Onde foram parar todas as frequências altas do microfone de Bon? O que está acontecendo?'. Ela enfiou a coisa bem dentro dela!

Foi uma noite muito louca, aconteceu de tudo. Havia uma gritaria nos bastidores e eu fui lá dar uma olhada. Tinha um *roadie* com uma garota em cima da mesa mandando ver! E todo mundo estava em volta, de pé nas mesas batendo palmas."

Angus: "Tudo virou uma verdadeira Babilônia!"

Enquanto os shows faziam um sucesso estrondoso, o recrutamento de Williams e a popularidade crescente da banda no exterior despertaram o desprezo de alguns. Muitos membros de carteirinha da cena punk australiana, fãs do Radio Birdman e dos Saints, atraídos a princípio pela intensidade, honestidade e energia pura do AC/DC, deram as costas para a banda.

Roger Grierson (The Thought Criminals): "O AC/DC tornou-se muito popular e o Birdman era muito legal porque era uma banda independente. A partir daquele momento, houve uma guerra e passou a haver diretrizes muito claras sobre quem estava fora e quem estava dentro. O AC/DC estava fora ou era certamente da lista dos que não eram legais, porque estiveram no "Countdown", e coisas assim. Cliff Williams era um garotinho bonito e o punk tinha acontecido, por isso eles lotavam os shows.

Como diz Nick Cave: '1977 foi o ano em que lutamos contra o sistema e não vimos ninguém do AC/DC ao nosso lado. Eles não se alistaram na guerra contra o papo-furado. Precisávamos de recrutas e eles não se apresentaram'."

Deniz Tek (Radio Birdman): "Lembro que invejava a facilidade aparente com que eles acumulavam sucesso. Achávamos que sua música era mais daquela mesma viagem dançante capenga do começo dos anos 1970, tão predominante. Nós a comparamos com coisas como o Foghat ou Lobby Loyde e o Coloured Balls. Éramos fãs dos Easybeats, mas achávamos que o AC/DC só conseguiu marcar pontos por causa do nepotismo, pela ligação familiar. Eles eram o inimigo só por conta de sua popularidade. Não era nada pessoal."

Malcolm e Angus estavam pouco se lixando para o que qualquer um, ou pelo menos todos os da cena punk australiana, pensavam sobre eles.

Para eles, o punk rock, mesmo em um maior sentido, o que incluía a banda inspirada pelos MC5 e os Stooges, Radio Birdman, era uma combinação de amadorismo e moda e não merecia nada mais que seu completo desprezo. No entanto, Malcolm mais tarde admitiu que o movimento serviu para alguma coisa: matar os *hippies*.

Uma turnê com uma banda britânica por volta do Natal foi cogitada, mas, nesse momento, além das preocupações com a agenda internacional, a banda simplesmente não precisava do aborrecimento de lutar mais uma vez contra ativistas da moral mal informados e vereadores instáveis. Além disso, eles sabiam, desde o início, que a sobrevivência apenas na Austrália era uma perspectiva limitada e restritiva por causa de seu tamanho e sua população.

"Precisávamos ir e fizemos isso assim que tivemos dinheiro nas mãos", Angus disse a Vince Lovegrove, da *Juke* [ex-vocalista ao lado de Bon no Valentines], em 28 de fevereiro de 1981. "Sabíamos que teríamos de começar do zero em todo lugar."

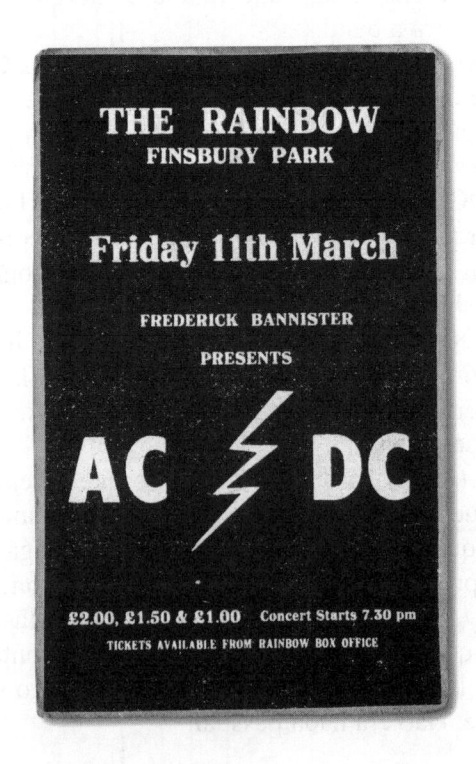

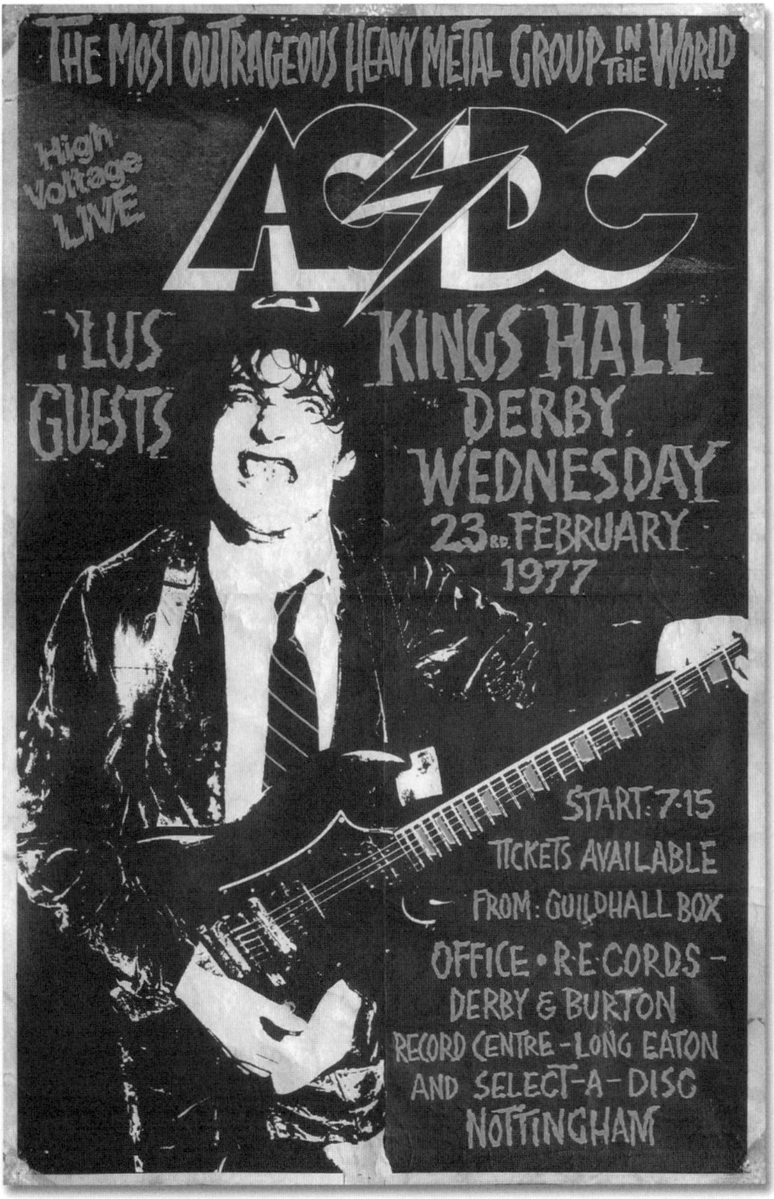
THE MOST OUTRAGEOUS HEAVY METAL GROUP IN THE WORLD
High Voltage LIVE
AC/DC
PLUS GUESTS
KINGS HALL
DERBY
WEDNESDAY
23RD FEBRUARY
1977
START: 7·15
TICKETS AVAILABLE
FROM: GUILDHALL BOX
OFFICE • R·E·CORDS -
DERBY & BURTON
RECORD CENTRE - LONG EATON
AND SELECT-A-DISC
NOTTINGHAM

1977
Não é o Grateful Dead: Bon, Angus, Malcolm. The Old Waldorf, São Francisco.

Capítulo 14

A Terra Prometida

Um pouco antes do nascer do sol, Barry Chapman, figura pioneira do rádio australiano, sentou-se para uma conversa cara a cara com Jimmy Page, do Led Zeppelin. Por volta do final da entrevista, no quarto do hotel do guitarrista, Chapman perguntou quais, na opinião de Page, seriam as grandes bandas à vista no horizonte, grupos que talvez seguissem os passos enormes do Led Zeppelin.

Page respondeu entregando a Chapman duas fitas cassete. Uma era do Clash, que dera sinais de que ia despontar na cena punk; a outra era do AC/DC. A invasão dos Estados Unidos estava oficialmente anunciada.

Os 50 estados nunca estiveram realmente em questão quando o AC/DC começou. As imagens transmitidas pelos aparelhos de televisão australianos nos anos 1960 e começo dos anos 1970 focalizavam exclusivamente a Inglaterra, lar dos Beatles, dos Stones, do The Who, entre outros, como o ponto mais alto do mercado da música, o lugar para conquistar o planeta aos olhos do mundo inteiro.

Foi assim até que o AC/DC chegou de fato ao Reino Unido e percebeu, por todo o seu sucesso imediato, que o outro lado do Atlântico era realmente o lugar onde deveriam concentrar sua energia. Era, afinal, o berço do rock'n'roll e o lar de muitos dos ídolos de Malcolm, Angus e Bon.

Jerry Lee Lewis, Little Richard, Fats Domino, Chuck Berry, Muddy Waters e Howlin' Wolf tinham o vermelho, o azul e o branco correndo em suas veias, assim como os grandes do jazz, como Louis Armstrong, Miles Davis e John Coltrane. Os Estados Unidos também eram lar de Elvis e dos estúdios Graceland, Sun e Stax, além da gravadora Chess.

Por esses motivos, ir aos Estados Unidos era quase uma peregrinação, da mesma forma como foi para os Stones na primeira vez. A conquista dos EUA fazia bastante sentido.

Malcolm e George não se esqueceram de que os Easybeats sempre foram cultuados nos shows nos Estados Unidos, dando a entender que uma campanha de sucesso nos Estados Unidos era prioridade.

O lançamento norte-americano do álbum *Let There Be Rock*, em 15 de junho, preparou o terreno para a chegada do AC/DC, com o objetivo de fazer frente à febre disco e ao soft rock que sufocava as ondas do rádio e as pistas de dança do país. A Atlantic passou a ser mais receptiva à banda.

Phil Carson: "Fui ao John Kalodner [A&R da Atlantic nos Estados Unidos] e disse: 'Escute, temos esse grupo. Seu antecessor não achava que *Dirty Deeds* fosse um bom álbum, não quis lançá-lo. Venha à Inglaterra e veja o que eles fazem'. Ele veio, com Jerry Greenberg [presidente da Atlantic norte-americana]. E ambos gostaram e lançaram *Let There Be Rock*."

O álbum saiu com uma pequena revisão na lista de faixas em relação à edição australiana. "Crabsody In Blue" foi substituída por "Problem Child". Além disso, a arte de capa era bem diferente. A versão norte-americana trazia uma foto ao vivo na frente e, pela primeira vez no mundo, o logotipo da banda em um estilo que seria a marca registrada da banda: o nome gravado sobre uma fria placa de metal, trabalho do diretor de arte da Atlantic, Bob Defrin.

Tomado como um todo, *Let There Be Rock* era uma carta de intenções perfeita para o ataque do AC/DC aos Estados Unidos.

Perry Cooper, que começou na Atlantic em 1977 como diretor de relações artísticas, lembra:

"Jerry Greenberg deu ao meu ex-chefe [Michael Klenfner] e a mim um filme que mostrava o AC/DC. Gostamos do que ouvimos da banda, mas nunca a tínhamos visto. Tenho de dizer que meu chefe não queria nem olhar o vídeo, então o deu para mim. Vi e fiquei louco. Tirando o dia em que assisti ao Chuck Berry fazer o *duck walk*, nunca tinha visto uma banda de rock como aquela.

Então decidimos: 'Vamos trazê-los para uma turnê'. Porque naquela época o selo estava pensando em livrar-se deles, ao menos aqui nos Estados Unidos. Eles não tocavam no rádio, suas letras eram consideradas sujas. No começo, o rádio os evitava como a uma praga."

Como Doug Thaler, Cooper tivera um contato anterior com a banda. Quando viu o AC/DC ao vivo pela primeira vez, teve a sensação de que conhecia Cliff Williams de algum lugar, mas não conseguia lembrar-se de onde. Então percebeu.

"Eu disse: 'Você não estava com a banda do All Stewart anos atrás?'. Ele respondeu: 'Shhiu. Não conte para ninguém'."

A primeira parte da turnê nos Estados Unidos começou em 27 de julho, no Texas. Apesar de toda a disciplina relacionada com o protocolo da turnê, Bon, como de costume, regia-se por suas próprias leis de tempo, lugar e direção, como mostrou em algumas ocasiões antes do primeiro show.

Ele e a banda separaram-se a caminho do Texas, depois que uma mulher mexicana no aeroporto chamou tanto a sua atenção que ele perdeu o voo. Com tempo para matar, o par foi a um boteco onde Bon alegremente começou a derrotar todos na sinuca.

Infelizmente, os amigos de um dos derrotados, por acaso a maioria das pessoas no bar, não aceitaram muito bem as vitórias do estrangeiro. Bon percebeu a mudança nos humores, perdeu estrategicamente alguns jogos e caiu fora.

O primeiro dos 27 shows da turnê nos Estados Unidos foi aberto pelo famoso grupo canadense Moxy, no World Armadillo Headquarters, um prédio enorme em estilo de celeiro em Austin. Mais uma vez, Bon desapareceu antes do show.

Ian Jeffery (diretor da turnê): "Estávamos lá ensaiando havia alguns dias e no dia do show todos estavam lá. 'Cadê o Bon?'. De repente, 30 minutos antes de as portas [abrirem], duas horas atrasado para o ensaio, etc., aquela porra de caminhonete apareceu sobre a colina. E lá estava o Bon com um bando de mexicanos. Ele estava no lago, em uma balada com eles, que resolveram trazê-lo para o primeiro show."

O show foi um batismo de fogo. Em geral, os imbecis não eram tolerados naquelas terras. O que dizer então de guitarristas australianos em miniatura e malucos de uniforme de colégio? Todos se prepararam para uma chuva de projéteis ou coisa pior. Em vez disso, depois de uns poucos minutos, eles receberam uma arrepiante chuva de elogios.

Em todos os seus anos de estrada, o *roadie* e mais tarde escritor Barry Taylor nunca tinha visto um público tão enlouquecido: "Cinco mil texanos muito violentos em vários estados de decadência narcótica e alcoólica", como ele pôs em seu livro *Singing In The Dark*, de 1990.

Conseguir uma reposta estrondosa tão longe de casa aumentou muito a confiança, mas confiança nunca foi realmente um problema. Autoconfiança não era algo que faltava no AC/DC. Eles sabiam que eram bons, o público norte-americano tinha se impressionado em ver pessoas tão pequenas, como Angus e Malcolm principalmente, fazendo um som tão forte.

Angus: "Quando fui aos Estados Unidos pela primeira vez, algumas das mulheres que costumavam me procurar eram como amazonas. Eu abria a porta e dizia: 'Ok, sou apenas o mordomo'."

As portas que Angus abria não eram exatamente as de hotéis de cinco estrelas. O orçamento era enxuto, o luxo era pouco e raro, mas ir aos Estados Unidos nunca significou férias para eles.

Ian Jeffery: "Ficávamos em uma van de 3,6 metros, eu [e os membros da equipe] Barry Taylor e Keith Evans. A banda ficava em sua perua com as guitarras. Sempre pedíamos comida na lanchonete Dairy Queen. Na época não tínhamos PDs [*per diems*: um verba diária para comida, etc.]. Fazíamos uma vaquinha, tomávamos um sorvete, abastecíamos a van e íamos para o próximo show."

Os meios de transporte modestos do AC/DC causaram problemas com a segurança dos shows, que se recusavam a acreditar que eles fizessem parte do show sem uma limusine.

Angus: "Chegávamos em uma perua velha, e houve muitos shows em que tivemos de gastar metade do tempo brigando do lado de fora com os seguranças dos bastidores para entrar. Muitas bandas vinham em grandes limunises e tal."

Eles não contavam com a sorte para nada na turnê. Barry Bergman, da EB Marks Music, subselo da Albert nos Estados Unidos de 1976 a 1982, recorda-se do esforço para manter a banda bem longe de qualquer situação que pudesse atrair o tipo errado de atenção.

Barry Bergman: "Houve um incidente com um *roadie* no Texas, quando um oficial da DEA [Secretaria de Repressão às Drogas] foi ao show e inspecionou os bastidores. Até onde pude ver, a banda não usava drogas pesadas. Eles bebiam muito, com exceção de Angus. Lembro que havia um pouco de maconha ou algo assim no camarim e Michael Browning mandou o *roadie* diretamente de volta à Austrália.

Ele era sempre cauteloso com problemas de passaporte da banda. Deus nos livrasse de não poderem entrar no país para tocar. Ele não queria *groupies* no ônibus, não permitia drogas nos camarins e não deixava estranhos entrar com coisas e não sei mais o quê.

'Uma vez fomos jantar depois de um show em uma cidade do Texas ou algo assim, e Angus foi até um cara no balcão e disse: 'Você poderia me dar um chá?'. O cara pensou que ele queria drogas, pensou que falava de maconha, e o levou para trás, na cozinha. Quando Angus saiu, estava furioso. Disse: 'Dá para acreditar? Tudo o que eu quero é uma xícara de chá quente e ele tenta me dar drogas!'."

Os compromissos da banda na Flórida aconteceram em um ambiente mais seguro, em um show com os caras de REO Speedwagon, que ainda se tornariam os reis do rock pop e comercial dos Estados Unidos, mas que na época ainda estavam firmes no rock'n'roll. Na primeira noite, as bandas apresentaram-se no Coliseum, em Jacksonville, então a base mais forte de fãs do AC/DC, com quase 8 mil pessoas.

Acredita-se que foi lá que os australianos se encontraram pela primeira vez com algumas das celebridades locais, como vários membros do Lynyrd Skynyrd. Os dois grupos logo se tornaram espíritos afins, com sua honestidade simples e um forte senso de família. Bon e Ronnie Van Zant, do Skynyrd, ainda tinham o vínculo adicional de serem poetas. Segundo o que dizem, Bon, Angus, Malcolm e Cliff, mais tarde, foram a um ensaio da banda e tocaram juntos "Sweet Home Alabama", do Skynyrd.

A banda encontrou mais alguma hospitalidade sulista quando se uniu a Charlie Daniels para um show de caridade pela distrofia muscular, intitulado Day For The Kids, no Spartatorium, em Hollywood, Flórida.

Em um gesto completamente oposto ao de sua recepção pelas autoridades na Austrália e uma amostra de sua reputação na área, a banda foi presenteada com as chaves da cidade pelo prefeito. Caso fosse possível morrer de tanto dar sorrisos amarelos, os integrantes do AC/DC teriam caído lá mesmo.

Com os dois dias de folga seguintes, o sempre amável Skynyrd ofereceu à banda e seus representantes da Atlantic que estavam por lá, como Perry Cooper, assentos em seu avião para a próxima apresentação dos sulistas ou para levar o AC/DC ao seu próprio show.

Angus ainda não estava totalmente confortável com a experiência de voar, e a sedução de uma festa ininterrupta não agradou tanto ao pequeno abstêmio. Para Malcolm, a proposta era bem mais atraente e ele logo aceitou.

Isso até sua namorada Linda, que mais tarde se tornaria sua esposa, pedir que ele passasse suas breves pausas na turnê com ela. A oferta do voo foi a seguir recusada em nome de todos.

Enquanto isso, Bon curtia o sucesso do AC/DC: sua confiança e seu peito estufado pareciam crescer um pouco mais cada vez que entrava no palco. E com uma boa razão. Ele tinha nascido para isso.

"Aqui tem algo para vocês'", ele disse para uma multidão animada em West Palm Beach, "assim que Angus tirar a roupa. Vocês já viram um australiano pelado? Nem vão ver, ele é muito pequeno."

Na hora de "The Jack", Bon já estava embalado.

"Vocês pegam umas berebas aqui nos Estados Unidos?", perguntou. "Vocês têm doenças sociais? Vocês já pegaram The Jack?"

O público respondeu enlouquecido; estava ganho.

Chamar a atenção em regiões distantes das luzes brilhantes das grandes cidades era uma estratégia prática baseada no fato de que muito do interesse inicial da banda estava nessas áreas. Lugares como Austin, no Texas, e Columbus, em Ohio, logo seriam bases fortes do AC/DC, mais do que qualquer outra no Reino Unido até então.

Doug Thaler: "Na primeira vez que marquei um show deles lá [Columbus], a banda tocou duas noites em uma casa noturna e reuniu cerca de 4 mil pessoas, o que é bastante significativo. Na primeira vez em Jacksonville, tocaram em um estádio: reuniram 8.300 pessoas em Jacksonville, Flórida! O que dá uma ideia de como foi forte a reação do público à sua música.

Quer dizer, você ouvia a música, queria ver a banda e tudo indicava que seria uma banda legal. Quando você a via, ela não te desapontava. Caso tivesse alguma expectativa de que a banda fosse boa, ela era mais do que isso: era ótima."

Entretanto, os intempestivos Estados Unidos precisavam de uma estratégia diferente daquela usada no Reino Unido e na Europa.

Michael Browning: "No Reino Unido, há uma mídia tão concentrada que você lida mais com ela de uma perspectiva de mídia impressa: assim, você faz um grande show em Londres e ele reverbera por todo o país e até na Europa. Mas nos Estados Unidos você pode fazer um grande show em Columbus, Ohio, e fora desse círculo as pessoas nem ouvirem falar de você. Então a ideia era ir aonde chegavam as ondas no rádio e trabalhar a partir daí.

'Por isso, iam a um lugar como Columbus e tocavam para um público muito receptivo, pegavam a estrada até Cleveland e nada. Zero. O mesmo aconteceu em Jacksonville, na Flórida. Sua primeira apresentação lá teve os ingressos esgotados no Coliseum e na próxima cidade da rodovia, Orlando, ou alguma outra, eles tocaram para 20 pessoas. Onde eram tocados no rádio, tocavam muito porque a reação era muito boa. Assim foi em Jacksonville. Eles eram provavelmente a banda mais tocada no rádio, como em nenhum outro lugar.

"Lembro de estarmos em um grande show em Miami. A banda estava atrasada e nós acabamos sendo pagos para não aparecer. Era esse o nosso alcance lá. 'Toma 1.500 dólares, caiam fora.' Era um caso de tentar onde você pode conseguir e então esperar que o próximo álbum te leve para o próximo estágio, em que você começará a preencher algumas dessas lacunas. Apenas um processo de evolução."

Crucial para os primeiros sucessos da banda no sul foi Sidney Drashin, um promotor em Jacksonville e a primeira pessoa nos Estados Unidos a realmente se animar com a banda.

Michael Browning: "Foi lá [Jacksonville] e Columbus, duas áreas que provavelmente deram à Atlantic Records a confiança de que poderia funcionar nos Estados Unidos. Era crucial para a carreira do grupo."

A turnê continuou com datas no meio-oeste, onde a banda alternou shows em que era a principal e outros em que abria para grupos como Foreigner, Mink, DeVille e, de longe o melhor de todos, na opinião de Malcolm e Angus, Johnny Winter.

O álbum de Winter *Nothin' But The Blues*, com participação especial de Muddy Waters e sua banda, fora lançado naquele ano. O texano também produziu e tocou no álbum de "retorno" de Waters, *Hard Again*.

A temporada também incluía uma abertura de show para o guitarrista Carlos Santana, em Shaumburg, Illinois. O fotógrafo Ed Rottinger trabalhava para o guitarrista no show.

"No fim da apresentação do AC/DC, Angus perguntou a Carlos, que estava bem ao seu lado, se poderiam tocar mais uma música, e ele respondeu: 'Vai em frente, amigo!!'. E eles puseram o lugar abaixo."

Em 13 de agosto, três dias antes da morte de Elvis, *Let There Be Rock* chegou ao número 154 nas paradas Billboard. Era uma posição modesta, mas sem dúvida uma conquista. Mas não houve muita comemoração no primeiro show da banda em Saint Louis. Longe disso.

Depois do show, uma briga começou no bar, como nos primeiros dias da turnê australiana. Bon queria manter seu caro novo conjunto de dentes em bom estado, mas quando Angus virou o alvo das ameaças, Bon, o segurança não oficial do guitarrista, não hesitou: nocauteou o sujeito com uma cadeirada.

Com suas credenciais comprovadas, de um jeito ou de outro, no meio-oeste e no sul dos Estados Unidos, e com os rostos de Angus e de Bon intactos, era hora de o AC/DC avançar para as grandes cidades. Nova York foi a primeira. Como era sua estreia na Big Apple, Perry Cooper da Atlantic decidiu dar a eles um tratamento nova-iorquino completo.

Ele arranjou um passeio a um jogo dos Yankees e alugou uma limusine para buscá-los no hotel. No caminho para o Bronx, eles literalmente cruzaram com o casal mais famoso de Nova York.

Perry Cooper: "Estávamos em algum lugar na Park Avenue, paramos no semáforo e lá estavam John e Yoko andando pela rua. E eles [os membros do AC/DC] piraram! Quer dizer, lembro dos caras ficarem completamente malucos."

O show de Nova York aconteceu em 24 de agosto, no Palladium. Depois de todo o trabalho para marcar o show, Doug Thaler ficou furioso ao descobrir que a banda nem sequer teve a autorização para um ensaio geral e uma passagem de som para sua importante estreia em Nova York.

A apresentação no Palladium foi curta, mas incendiária como sempre. Apenas Barry Bergman ficou frustado por não ter conseguido convencer os programadores das estações de rádio a verem a banda abrir para os ídolos locais, The Dictators.

Não foi o primeiro encontro da banda de Nova York com os australianos. Eles já tinham feito vários shows regionais juntos.

Andy Shernoff (The Dictators): "Eles eram sujeitos simpáticos, simples e como nossa banda de abertura nos apoiaram totalmente, diferentemente de muitas bandas da época. Gostei particularmente de Bon, ele era muito engraçado e me lembrava um marinheiro. Talvez por causa de sua tatuagem no bíceps, naquele tempo apenas marinheiros tinham tatuagens. De qualquer forma, Nova York era nossa cidade, e eles eram, na verdade, os terceiros a se apresentar naquela noite. Saíram-se muito bem, embora eu não me lembre de o público tê-los adorado."

Angus mostrou sua guitarra sem fio pela primeira vez no Palladium, o que aumentou sua mobilidade de tirar o fôlego dentro e fora do palco. Fazendo isso, tornou-se um dos primeiros guitarristas a adotar a tecnologia da guitarra sem fio, desenvolvida por Kenny Schaffer para um teste da banda St Vitus.

Mas Angus teve um imprevisto ao sair do palco, planejando fazer o *duck walk* triunfante pelo público e depois voltar. Os seguranças não queriam deixá-lo voltar, mas mudaram de ideia quando a equipe de *roadies* do AC/DC deixou claro que ou Angus entraria ou a segurança sairia. Angus entrou.

À meia-noite, com o cabelo ainda pingando de suor por causa do show no Palladium, a banda chegou ao CBGBs, o território sagrado do punk rock, como banda de apoio para o grupo The Marbles. Para a ocasião, Bon e Angus foram entrevistados pela revista *Punk*, de Nova York, que publicou a matéria em sua edição de maio de 1978. A cena punk norte-americana era diferente da britânica, tanto no som como na aparência, e tinha ainda menos a ver com o AC/DC. Mas, na entrevista da *Punk*, Bon provou que podia ser tão ultrajante quanto qualquer um deles.

Entre outras coisas, ele disse ao repórter da revista, John Holmstrom, que sonhou que recebia um ótimo sexo oral e que era a primeira vez que ele "traçava um pulmão a partir da boca".

Parecia que parte do público do Palladium, formada por aqueles que ainda tinham algum tipo de função auditiva e podiam andar, seguiu os australianos até o CBGBs para as últimas cervejas.

"Vida longa ao rei, Angus Young!", saudou uma mulher em uma entonação tal que sua mensagem pôde permanecer no ar por um longo tempo depois de saída da garganta.

"Oh! Aquelas pernas!", gritou outra. "Tem fósforo?", berrou alguém, sem dúvida em referência aos cambitos de Angus.

A banda não deu sinal algum de estar vindo do show do Palladium e abriu seu show normalmente com "Live Wire", antes de cair matando em uma versão particularmente irada de "She's Got Balls".

Em certo ponto, Angus aproveitou sua recente libertação dos fios e saiu da danceteria, indo até a rua enquanto tocava. Em todo caso, aquele não era o tipo de lugar em que ele gostaria de ser visto sempre.

Angus: "O lugar era uma privada, eu que o diga! Nós até o usamos como tal. Pensei que já tinha visto de tudo até entrar naquele lugar."

O presidente da Atlantic Records, Ahmet Ertegun, estava no show. Segundo consta, Bon estava urinando em uma garrafa nos bastidores quando o régio e muito respeitado Ertegun apareceu.

Mas foi a habilidade de Angus na guitarra que realmente chamou a atenção de Ertegun. Segundo Angus, desde então o chefão da Atlantic acalenta a ideia de tê-lo em um álbum-solo de blues.

Na época, Browning acreditou que a Atlantic simplesmente não percebeu o que tinha nas mãos com o AC/DC.

"Eu sinceramente não acho que os norte-americanos tivessem ideia do potencial do AC/DC naquela época. Apenas Phil Carson, em Londres, era quem acreditava na banda. Ele realmente foi um defensor do grupo."

Seja qual for a atitude da Atlantic em reuniões de marketing, a banda deixou Nova York convencida de que causou uma forte impressão e vários tímpanos perfurados pelo caminho. Estavam determinados a conquistar seu próprio espaço em um mercado de soft rock concentrado nos Eagles, Fleetwood Mac e, para botar mais lenha na fogueira, os australianos do Little River Band.

Com certeza, manter-se longe desse tipo de companhia era uma postura não musical. A certa altura, a banda receberia vários milhares de dólares a mais só para Angus manter suas calças erguidas e Bon não pronunciar nenhuma obscenidade.

Los Angeles era a próxima cidade da agenda, e Angus ficou horrorizado de novo ao descobrir que algumas pessoas acreditavam que sua infinita energia no palco era consequência do consumo de drogas.

Bob Daisley estava na cidade na época. Ele conhecia Bon do tempo dos circuitos de shows australianos no fim dos anos 1960 e começo dos 1970 e agora tocava baixo no Rainbow com Ritchie Blackmore.

Bob Daisley: "Eu estava no Sunset Marquis, em West Hollywood. Estávamos sentados perto da piscina, estava muito quente e lembro de Bon dizendo que adoraria uma cerveja. Então dei a ele as chaves do meu quarto e disse que subisse e se servisse. Ele voltou satisfeito com uma lata de cerveja gelada. O que me fez rir foi que, quando subi ao quarto, vi que ele tinha deixado um dólar ao lado da geladeira pela cerveja! Ele era assim. Muito legal e educado."

O trabalho em Los Angeles durou três noites a partir de 29 de agosto no Whiskey, na Sunset Strip, em West Hollywood. Assim como o Marquee em Londres, o Whiskey era a referência para o rock'n'roll norte-americano, tendo recebido todos desde The Doors, Velvet Underground e The Byrds, bem como turistas, como Stones, The Who e The Kinks.

Três noites, no entanto, eram um grande chamariz, já que o rádio em Los Angeles não apoiava muito a banda. Mas, embora os números não fossem grandes – estima-se que havia cerca de 80 pessoas na primeira noite –, Iggy Pop e Steven Tyler do Aerosmith foram conferir de perto todo o alvoroço em volta da banda. Mais importante, em um sentido empresarial, foi a presença em um dos shows de um curioso Gene Simmons, do Kiss, que ficou impressionadíssimo com o que viu.

Gene Simmons: "Sabe o que parecia? Era como estar em um lado de uma colina e ver um exército de soldados no outro. Nada vai instilar menos medo em você do que ver um grupo de soldados marchando ao mesmo tempo, sem nenhuma expressão em seus rostos, eles apenas fingem. É mecânico.

Mas quando você vê soldados que não marcham uniformemente, mas atacam enfurecidos, colina abaixo, batendo no peito como bárbaros, você sente um arrepio na espinha. Você pensa: 'Meu Deus, isso é real!'. Isso assusta. Eles não apenas obedecem aos comandos: 'Marchar à esquerda, direita volver!'. Não, não. Quando você se depara com bárbaros, fica boquiaberto: 'Oh, oh!'."

Simmons foi aos bastidores depois do show, e mais tarde levou Angus ao Denny's, um restaurante 24 horas mais acima, na mesma rua, para comer.

"Sentamos para conversar e eu disse: 'Você vai conseguir, esta vai ser uma grande banda e eu quero fazer parte disso. Vamos levá-los em turnê com a gente'."

Após testemunhar a experiência do Kiss em primeira mão no Hammersmith Odeon, em Londres, no ano anterior, a banda sabia exatamente o que a oferta de Simmons significava: públicos enormes e entusiasmados que gostavam de som barulhento e pauleira, principalmente nos Estados Unidos.

Foi no Whiskey que Bon usou um microfone sem fio pela primeira vez e o projetista Kenny Schaffer foi ao show para apreciar o desempenho de sua criação. A necessidade de desligar o microfone depois de usar foi comicamente ilustrada.

Michael Browning: "Johnny Young [o sempre sorridente apresentador do programa de talentos adolescentes australiano, 'Young Talent Time', e veterano da cena] estava nos Estados Unidos, fazendo turismo pelo interior do país. Ele foi ao show e subiu as escadas do Whiskey para dar um alô à banda. Bon deixou seu microfone ligado, então a conversa com Johnny Young falando sobre a dor que sentiu no traseiro por dirigir por todos os Estados Unidos foi transmitida para o PA lá embaixo."

A tecnologia sem fio, aos poucos, foi adotada por toda a banda à medida que a turnê progredia. Além de maior mobilidade para Angus, o fim do louco espaguete de fios facilitou a vida da equipe de *roadies* da banda e em geral tornou mais seguro o ambiente de trabalho no palco.

Angus ainda podia sentir o formigamento sempre que se lembrava de um show poucos anos antes, quando, empapado de suor, e apesar de seus sapatos com solado de borracha, tomou um choque elétrico ao vivo no palco. Um *roadie*, que veio em seu socorro e pegou a guitarra, foi atirado na parede pela força da corrente.

O equipamento sem fio também foi uma bênção para Bon, que costumava carregar Angus, com seus 30 metros de fios da guitarra, no meio do público em seus ombros. O cabo emaranhava-se ao redor dos ombros e pescoços dos fãs e, em geral, era um pesadelo.

Mas com Angus pronto para aventurar-se sozinho no meio do público, Bon conseguia fazer um intervalo para um rápido drinque ou cigarro nos bastidores e tentar recuperar o fôlego. Não que ele odiasse essas pequenas expedições na multidão com Angus. Com elas ele podia apalpar as mulheres ao seu redor e culpar seu pequeno passageiro.

Contudo, toda essa nova tecnologia luxuosa não indicava que o AC/DC levasse agora uma vida boa. Sua existência era frugal, sem despesas desnecessárias ou excessivas.

Barry Bergman: "Eles eram muito cautelosos com dinheiro. Não havia muito para gastar, mas eram muito práticos, muito realistas. Sua ética de trabalho vinha antes de tudo. Não conheço banda que trabalhasse mais. Eles se preocupavam mais em fazer um grande show do que com qualquer outra coisa. Não agiam como figurões, não usavam limusines e nenhum outro tipo de transporte de luxo para andar por aí. Em Nova York, eles tomavam ônibus, táxi, o que fosse. Eles usavam o transporte público."

Em setembro, perto do lançamento do *single* "Problem Child" nos Estados Unidos, a banda colocou outra cidade grande em alerta, com dois shows nos dias 2 e 3 no Old Waldorf, em São Francisco. Em contraste nítido com seus compromissos no Whiskey, públicos mais do que respeitáveis de 750 pessoas compareceram todas as noites, sinal de um apoio maior do rádio naquela região, sendo que a ajuda de Bill Bartlett era fundamental.

No segundo show, em 3 de setembro, o público era particularmente participativo e foi premiado com algumas das músicas ainda não lançadas que a banda gravou antes de deixar a Austrália: "Up To My Neck In You" e "Kicked In The Teeth Again". Mas, empolgada como a multidão esteve durante toda a noite, perto do fim do show um Angus fervoroso explodiu.

"Vamos! Tirem a bunda da cadeira e tratem de se mexer!", ele gritou com a mesma agressividade que caracterizou o show. "Não se preocupem com as cadeiras", Bon acrescentou mais diplomaticamente. "Elas foram feitas para que vocês fiquem em pé sobre elas!"

Durante a estada em São Francisco, Bon, como de costume, fez novos amigos que, em um golpe de sorte, destilavam seu próprio álcool. Bon desapareceu na companhia deles por três dias. O ambiente foi bem menos tranquilo no último show da turnê, em 7 de setembro, no 4 O'Clock Club, um covil da máfia em Fort Lauderdale, na Flórida que, por incrível que pareça, foi usado para uma convenção da gravadora e como plataforma para mostrar a banda.

Perry Cooper: "Foi ridículo. Havia veludo, luxo, bem ao estilo da máfia. É o que posso dizer."

Mesmo assim, os shows nos Estados Unidos foram um inqualificável sucesso.

Perry Cooper: "Começamos conquistando pequenos bolsões em crescimento, como as áreas de Cleveland, Filadélfia e São Francisco. Ou seja, esses lugares tornaram-se grandes territórios do AC/DC. Foi onde eles começaram a arrebentar graças a algumas pessoas do rádio que tocavam suas músicas desde o começo."

Perto do fim dessa primeira turnê nos Estados Unidos, que viu a banda viajar de um lado ao outro do país, retornando novamente em seguida, muitas vezes em uma questão de dias, eles percorreram impressionantes 60 mil quilômetros. Mas ninguém reclamou e mencionou arrependimentos. Eram meios para um fim.

De volta a Londres, antes da próxima rodada de shows europeus, Bon estava com sua namorada, Silver, e foi despertado uma noite às 3 horas por dois convidados dela: Ron Wood e Keith Richards, dos Rolling Stones, que estavam no andar de baixo tocando guitarra. Não seria o último encontro de Bon com os Stones.

Da metade de setembro até outubro, o AC/DC fez 14 shows como banda principal na Escandinávia, Alemanha, Bélgica e Suíça. Neles, a silenciosa satisfação dos primeiros avanços feitos no crucial mercado norte-americano sumiu de repente. Em Helsinki, na Finlândia, apenas um décimo da capacidade da casa foi vendido, enquanto em Malmö, na Suécia, a banda deparou-se com umas poucas centenas de pessoas em um estádio que poderia acomodar vários milhares.

Mas no último show da turnê, em 9 de outubro, em Kontich, na Bélgica, a quantidade de público foi a menor das preocupações de todos. O show foi marcado por um quase tumulto quando a polícia local tentou encerrar o espetáculo porque a banda teria ignorado a lei do silêncio depois das 23 horas.

A banda não ouviu, não entendeu ou não ligou para as tentativas da polícia de parar o show. Ou as três coisas. Então a coisa ficou séria. Um oficial que subiu ao palco com uma metralhadora Uzi foi agarrado e desarmado pela equipe de *roadies*. A partir daí, de acordo com o testemunho de Paul Vinck, Angus, sem perder uma única nota, pulou na multidão com a polícia em seu encalço, mas finalmente foi atingido por um policial. Também houve incidentes entre a polícia e o público.

O problema era que a casa de espetáculos ficava em uma área residencial e sob um café. Obviamente houve reclamações sobre o barulho. Afinal de contas, tratava-se do AC/DC.

Frustrada, a polícia tentou confiscar o equipamento da banda. Mas quando descobriram que isso significaria desmontar e empacotar a aparelhagem sem a ajuda da equipe de *roadies*, os policiais pensaram melhor.

Quando a banda conseguiu chegar em segurança à balsa para a viagem de volta à Inglaterra, por trás das piadas e dos desafios, havia medo. Passaram por um susto dos diabos. Aquelas armas não estavam descarregadas.

Quando *Let There Be Rock* foi lançado no Reino Unido, em 7 de outubro, alguns reagiram com suas próprias táticas pesadas.

A loja de discos Our Price, no West End de Londres, marcou a ocasião com uma competição que oferecia um aparelho de som de 500 libras para quem trouxesse a maior pedra até a loja. Richard Morrison não perdeu a chance. Ao custo de 200 libras, arranjou um caminhão e um pequeno guindaste para entregar um bloco de arenito de três toneladas.

Em um sinal promissor, o álbum, com a mesma arte de capa da edição norte-americana, mas a trilha original da versão australiana, tornou-se o primeiro da banda a entrar nas paradas e chegar ao número 75.

A resposta da crítica foi entusiasmada, embora ainda, de alguma forma, paternalista. Uma crítica de quatro estrelas na *Sounds* trazia o título: "Música Wagga Wagga para dançar".

Angus: "Acho que *Let There Be Rock* foi o álbum que nos lançou para o mundo. Já estivemos no Reino Unido fazendo muitas turnês em danceterias, bares e tal, e de certa forma fomos cultuados, mas esse foi o primeiro disco que realmente nos colocou nas paradas."

A subcultura musical arrogante do Reino Unido, na época, era a companhia perfeita para um álbum como *Let There Be Rock*. Todas as figuras-chave do movimento punk rock – Sex Pistols, The Clash e The Damned – lançaram seus álbuns de estreia naquele ano. Cada um deles, como *Let There Be Rock*, não tinha como objetivo destruir o rock'n'roll, mas revigorá-lo.

No entanto, Steve Jones, Brian James e Mick Jones, guitarristas do Pistols, do The Damned e do The Clash respectivamente, eram todos fanáticos por Keith Richards. Por sua vez, Richards era, obviamente, como Angus, um grande fã de Chuck Berry.

Até os punks achavam que tinham influências em comum com o AC/DC.

Steve Jones: "Acho que era uma coisa de imagem, só isso. Eles [o AC/DC] eram heavy metal. Embora tanto os Pistols como eles fossem duas grandes bandas de rock, entende o que quero dizer? Eles eram muito parecidos, realmente, em um sentido, mas tinham o cabelo comprido, [então] não correspondiam à imagem. A garotada não os via como uma banda punk. Acho que musicalmente éramos bastante semelhantes."

Em um retorno triunfante ao Reino Unido, o AC/DC fez sucesso como nunca em uma turnê de 17 datas a partir de 12 de outubro. O fato de Angus ter passado a usar equipamento sem fio causou alguns poucos problemas, como alguns fãs pensarem que a banda estava cometendo o pecado capital de dublar suas músicas.

Um dos shows dessa volta ao Reino Unido – dessa vez como banda principal e com ingressos esgotados –, no Hammersmith Odeon de Londres, acabou se tornando um tipo de reencontro com o baterista original Colin Burgess, que na época fazia parte da banda de apoio, George Hatcher Band.

Colin Burgess: "Era um público enorme. Eles entraram e o lugar balançou; todo o teatro se mexia de verdade. A multidão estava frenética."

Em pouco mais de uma semana de turnê, a tragédia atingiu o outro lado do Atlântico. Em 20 de outubro, o avião do Lynyrd Skynyrd, a banda que ofereceu os assentos em seu avião ao AC/DC em agosto, caiu perto de Gillsburg, no Mississippi, matando o vocalista Ronnie Van Zant, o guitarrista Steve Gaines, sua irmã e *backing vocal* Cassie e o diretor da turnê, Dean Kilpatrick. O pessoal do AC/DC ficou atordoado.

O álbum ao vivo do Skynyrd de 1976, *One More From The Road*, foi a declaração mais forte possível da banda sobre quem e o que eles eram. Era exatamente o tipo de disco que o AC/DC queria fazer. Com seus crescentes seguidores nos shows e o brilhante som no palco de *Let There Be Rock*, desenterraram a ideia de um álbum ao vivo.

O desejo de documentar em um álbum ao vivo um show no Apollo, em Glasgow, que, graças ao frenético entusiasmo do público, foi considerado por eles o mais importante do Reino Unido, dominava os pensamentos da banda. A ideia era incluir depois as performances de Fort Lauderdale, do Myer Music Bowl, de Melbourne e do Bondi Lifesaver, de Sydney. Mas a proposta, mais uma vez, foi silenciosamente engavetada por razões desconhecidas.

Como Alex Harvey decidiu se aposentar, o AC/DC ocupou a vaga do Sensational Alex Harvey Band no Golden Green Hippodrome de Londres para o programa de televisão da BBC "Sight & Sound", com transmissão simultânea em estéreo na Radio 1.

Perto do fim da turnê britânica, em 12 de novembro, um total de 30 mil espectadores viram todo o show pasmos, embora não estivessem tão chocados como gostaria o AC/DC. O sistema de som da turnê tinha um dispositivo especial que limitava o volume ensurdecedor.

A segunda parte da importante turnê norte-americana estava prestes a começar; mas, na metade de novembro, Bon viajou a Paris com Silver para encontrar-se com Ron Wood e os Rolling Stones.

Os Stones estavam gravando o álbum *Some Girls* no Pathé Marconi Studios. Bon, mais tarde, falou a Mark Opitz sobre a experiência.

Mark Opitz: "Eles se deram muito bem saindo juntos. Ele deve até mesmo ter cantado no álbum, vai saber. Ele deu uma olhada nos outros estúdios e tinha uma banda fazendo *cover* de uma música do AC/DC. Ele entrou e aquilo o deixou alucinado."

A banda era a francesa Trust, que gravava "Love At First Feel" do AC/DC como seu *single* de estreia. Eles fizeram uma versão em francês da letra e chamaram a música de "Paris By Night". Bon saiu com eles por alguns dias e, como de hábito, não se esqueceu de seus novos amigos.

A segunda rodada nos Estados Unidos contemplava 21 shows a partir de 16 de novembro. Três dos quais eram aberturas para o Rush seguidas por quatro shows compartilhados com a banda UFO, com um estilo mais rock'n'roll e afim ao do AC/DC, com a qual Bon logo simpatizou.

Assim que pôde, Malcolm visitou o baixista do Skynyrd Leon Wilkeson no hospital onde ele se recuperava do acidente com o avião. O AC/DC era bem próximo do baixista e, em um momento durante a visita, decidiram que um drinque seria o melhor remédio possível para ajudar na recuperação de Wilkeson. O baixista deixou sua cama no hospital e foi com Malcolm a um bar local, onde o obstáculo da mandíbula de Wilkeson fixada por fios foi contornado por um canudo que ele usou para beber.

Wilkeson viajou depois com o AC/DC e saiu com eles durante sua reabilitação.

Em dezembro, a banda fazia shows como atração principal, sem banda de apoio, no meio-oeste. A turnê foi interrompida, com prazer, em 7 de dezembro, para a gravação de um show diante de um pequeno público no Atlantic Recording Studios, em Nova York. O evento, organizado por Perry Cooper, foi transmitido ao vivo pela Radio WIOQ na Filadélfia e apresentado por Ed Sciaky.

O álbum promocional resultante, *Live From The Atlantic Studios*, foi dado para as estações de rádio por todo o país e se tornou um item de colecionador caro e premiado nos anos seguintes. A banda já fez sessões semelhantes no passado, mas havia algo especial e até sagrado sobre o Atlantic Studios.

Angus: "Pessoas do naipe de Aretha Franklin gravaram lá, então sabíamos que seria importante e algo a mais para nós."

Perry Cooper: "Gravamos ao vivo e mixamos na mesma noite. A banda voltou depois que todos saíram e acho que Jimmy Douglass [que trabalhou com os Stones e outros] mixou. Ficou tudo pronto logo. Havia muita gente do rádio. A ideia era exatamente causar um grande impacto. A WIOQ foi uma das primeiras estações a tocar seus discos e a que os transmitiu ao vivo. [Foi feito] totalmente ao vivo, de uma vez só."

Barry Bergman: "Estávamos indo para o estúdio naquele dia e, nunca vou esquecer, Bon me disse: 'Barry, vou torná-lo um astro!'. E eu respondi: 'Ótimo!'. Não tinha ideia do que ele queria dizer. Estávamos no estúdio, que é bem grande e havia várias centenas de pessoas lá. Estava de pé em um canto, no meio do público e eles do outro lado tocando 'The Jack'. De repente, no meio da música, quando eles dizem 'She's got the jack, she's got the jack', Bon atravessou o estúdio, enfiou o microfone na minha boca e disse 'Canta, Barry!'.

Bon era um maluco. Ele cantava "The Jack" e andava por aí pegando gonorreia. Isso acontecia muito. Eles precisavam de um médico na turnê com eles, e não de um diretor de turnê, porque os caras eram doidos. No que dizia respeito a mulheres, eles eram doidos. Mas não deixavam de ser cavalheiros."

Dois dias depois da apresentação no Atlantic Studios, a banda voltou à estrada até 21 de dezembro, abrindo para o Aerosmith, o Styx, o Blue Oyster Cult e dividindo um show com o Cheap Trick.

Rick Nielsen (Cheap Trick): "Harvey Leeds, da Epic, nosso selo nessa época, tinha um irmão que trabalhava na Atlantic e disse que nesse grupo da Austrália que eles tinham acabado de contratar tinha um guitarrista que corria durante o show como eu. Harvey me deu uma cópia do álbum e adorei os caras desde as primeiras notas. A melhor banda de rock de todas as que já tinha ouvido. Quando saímos juntos em turnê, assisti a cada show ao lado do palco. Nada luxuoso, apenas bons músicos e grandes músicas. Nada de baladas."

Então, como Gene Simmons prometeu, vieram os shows com o Kiss, que estava em meio ao gigantesco espetáculo circense da turnê Love Gun, imortalizada no álbum *Alive 2*.

A atitude da banda principal em relação aos seus convidados causou impressão.

Ian Jeffery: "A primeira vez que encontramos o Kiss foi em Louisville, Kentucky. Recebíamos mensagens do tipo: 'Gene Simmons quer conhecer Angus'. E Angus dizia: 'Deveria ser ao contrário, não? Eu é que quero conhecê-lo'. Exatamente antes de fazermos nosso show, eles [o Kiss] foram fazer o deles e as mensagens continuavam vindo e Angus dizia: 'Tem certeza de que não é o contrário?'. Então ele [Simmons] apareceu e, você pode imaginar, mais de dois metros de maluquice enfeitada naquela fantasia doida e Angus tinha acabado de terminar o show e estava vestido com suas calças curtas com uma toalha em volta do pescoço. A turnê foi ótima. Eles [o Kiss] adoraram o AC/DC e realmente cuidaram de nós. São caras muito legais."

Foi uma experiência surreal. Não apenas o AC/DC estava arrasando no palco de mãos limpas, sem usar as toneladas de amplificadores, lança-chamas, fantasias e elevadores hidráulicos que o Kiss usava, como Malcolm e Angus tinham só uma guitarra reserva para os dois. Era tudo de que precisavam.

Guy Picciotto, mais tarde do Fugazi, testemunhou o show no Capital Centre, em Largo, Maryland, em 19 de dezembro, dois dias antes do fim da turnê. A princípio o Styx ia abrir o show até que a estação de rádio local anunciou que uma banda de punk rock da Austrália chamada AC/DC tocaria no lugar deles.

Guy Picciotto: "Ficamos todos supercuriosos e um pouco assustados porque todo mundo acreditava que o punk era muito radical, mas também estávamos animados, principalmente porque seríamos poupados do Styx. O lugar estava totalmente enfumaçado de maconha. As pessoas passavam baseados de fileira em fileira e fumavam também nos banheiros. Meus amigos e eu estávamos em 12, então estávamos adorando aquela doidera toda. Nenhum de nós já tinha visto os caras ou sequer a capa de seus álbuns, então quando Angus entrou vestido de colegial tivemos um troço. Parecia que ele era realmente insano. Como era meu primeiro show deles, eu simplesmente não conseguia acreditar no volume do som."

Picciotto lembra de ter se surpreendido quando Bon colocou Angus nos ombros e desceu com ele para o público.

"Era provavelmente bastante perigoso, considerando que no público havia um monte de cabeludos encrenqueiros, que provavelmente pensaram que Angus fosse gay. Já tínhamos visto duas brigas perto de nós nos assentos mais baratos e um segurança batendo em um cara no chão com uma chave inglesa.

O Kiss tocou depois e foi ótimo também. Mas eu me lembro de ter ficado muito impressionado com o fato de o AC/DC não ter nada a mais no palco, nenhuma porcaria de produção, mas agitarem o lugar tanto quanto, sem nenhum artifício além de seu som, sua energia e seu compromisso com o momento. Levou um bom tempo antes de eu voltar a ver algo tão desafiador, espantoso e visionário como aquele show."

A força das apresentações do AC/DC começava a criar problemas muito reais. Nenhuma banda principal, muitas das quais já estabelecidas, com vendas fortes e posições nas paradas, queria ser antecedida noite após noite por um nome pouco conhecido que vinha em segundo ou mesmo em terceiro no show.

Os joelhos do rock norte-americano, e não apenas os de Angus, que sempre acompanhavam o ritmo quando ele tocava, começavam a tremer.

Perry Cooper: "A performance era tão eletrizante que as bandas começaram a ficar nervosas. Muitas das bandas, a maioria delas, estavam com medo."

RON DELSENER PRESENTS AT THE PALLADIUM

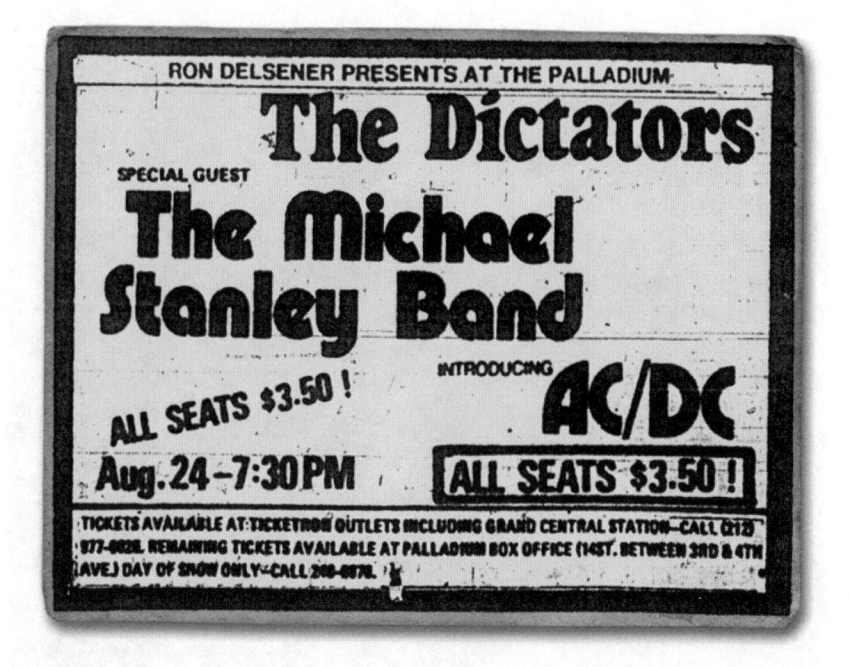

The Dictators

SPECIAL GUEST

The Michael Stanley Band

ALL SEATS $3.50!

Aug. 24 – 7:30 PM

INTRODUCING **AC/DC**

ALL SEATS $3.50!

TICKETS AVAILABLE AT TICKETRON OUTLETS INCLUDING GRAND CENTRAL STATION—CALL (212) 977-9020. REMAINING TICKETS AVAILABLE AT PALLADIUM BOX OFFICE (14 ST. BETWEEN 3RD & 4TH AVE.) DAY OF SHOW ONLY—CALL 249-8870.

1978
No volume mais alto que você já ouviu: Bon e Malcolm apoiando Ted Nugent no Coliseum de Seattle.

Capítulo 15

Powerage

Angus não aguentava mais e tinha de botar o encrenqueiro de volta em seu lugar.

Era preciso um tipo muito especial de bundão para forçar sua mão e fazer com que ele saísse do personagem de palco. Na Selland Arena de Fresno, apareceu um.

"Ei! Aqui!" Angus partiu para a briga justamente quando estava para lançar-se na fusão final de guitarra no fim de "Bad Boy Boogie".

"Você aí! Ei, BABACA! Vem aqui, porra! Se você quer atirar essas merdas na gente, nós podemos mandar de volta, certo?"

Era 1978, ano em que o AC/DC planejava lançar uma saraivada de projéteis no mundo.

Eles sentiram o cheiro de sangue na água deixado pelo álbum *Let There Be Rock* e estavam ansiosos para finalizar o trabalho. A arma ofensiva para aquela tarefa era ser um álbum planejado, ao menos em parte, a partir das músicas gravadas em julho de 1977 que, àquela altura, eles tiveram tempo suficiente para amadurecer.

O novo álbum era apenas a ponta do *iceberg* no planejamento do ano. Uma turnê de duas semanas na Austrália aconteceria no fim de março e, depois, os primeiros shows do AC/DC no Japão. Cogitou-se também uma presença no prestigiado Knebworth Festival no Reino Unido, que havia recebido um show dos Stones – incorretamente anunciado como o último – em 1976, e, em 1979, sediaria o histórico "retorno" do Led Zeppelin.

Era tempo de pôr os pingos nos is na tempestuosa carreira da banda com o lançamento dos muito comentados e também aguardados álbum ao vivo e o documentário televisivo. Ao menos esse era o plano.

Em vez disso, os primeiros meses de 1978 foram uma volta à realidade bastante dura depois do retorno do Reino Unido para a Austrália, como já tinha acontecido no fim de 1976.

Os problemas anteriores de imigração de Cliff Williams agora o atrapalhavam profissionalmente. Enquanto o resto da banda chegou à Austrália dois dias antes do Natal de 1977, ele não conseguiu o visto necessário em Londres e não pôde entrar no país. Para piorar a situação, um oficial disse a um frustrado Williams que sua chegada à Austrália tiraria o trabalho de um músico local. A equipe de *roadies* do Reino Unido também teve problemas de imigração e a União Australiana de Músicos interveio na tentativa de regularizar a situação.

O AC/DC não tentou disfarçar seu descontentamento na mídia por causa do tratamento recebido por Williams e o impacto negativo que a situação teve em suas ações como um todo. Assegurar os papéis necessários para toda a banda trabalhar nos Estados Unidos tinha sido bem menos difícil.

A mídia australiana agora também mantinha uma estranha e, às vezes, confusa distância, quase como se tivesse renegado o AC/DC por causa de seu crescente sucesso internacional.

Então apareceu a face sorridente do departamento de imposto de renda, que atingiu Bon duramente com uma estimativa de 11 anos de pagamentos retroativos.

Isolados no Albert Studios, em Sydney, no começo de janeiro, eles podiam esquecer tudo isso. Mark Opitz, que durante esse período também ajudou a remodelar o som dos Angels em seu segundo álbum, *Face To Face*, e depois trabalharia com Cold Chisel, INXS, Kiss e Bob Dylan, fez a engenharia das sessões que mais uma vez foram produzidas por George Young e Harry Vanda. Na ausência de Cliff Williams, George tocou baixo nas sessões de *Powerage* com músicas novamente esboçadas no piano.

Mark Opitz: "Malcolm tinha alguns fragmentos e pedaços de músicas e *riffs*, e coisas assim, e nós apenas ensaiamos durante um mês no Estúdio B da Albert, na King Street. Começávamos às 20 horas e íamos até o amanhecer."

A ausência de Cliff deu a Bon o luxo raro de algum tempo livre de pressão para compor letras que se juntariam às faixas instrumentais já gravadas.

Buzz Bidstrup (The Angels): "Uma coisa que eu adorava era encontrá-lo [Bon] em um dos escritórios na Albert escrevendo letras. Eu consegui folhear alguns de seus cadernos de letras e rascunhos e dei uma olhada em algumas coisas, versos que ele cortou!"

Para Mark Opitz, as composições de Bon mostravam um retrato maravilhoso da personalidade do cantor.

Mark Opitz: "Uma manhã, quando terminávamos de gravar um monte de base das faixas com vocais melódicos estúpidos por cima, não as letras verdadeiras, Bon veio até mim e disse: 'Cara, você tem alguma coisa para fumar?'. Eu respondi: 'Sim, tenho'. Estava com um pedacinho de haxixe no bolso. Parti no meio e dei a ele um pouco, sabe, devia valer uns 10 dólares, não era muito. Ele disse: 'Caralho, cara! Você salvou minha vida!'. E foi escrever as letras."

Vários meses mais tarde, Opitz vagava pelo prédio da Albert e ouviu alguém chamar seu nome. Era Bon.

"Ele disse: 'Cara, estava te procurando há um tempão!'. Ele tirou um enorme pedaço de haxixe, partiu no meio e me deu a metade. Eu dei a ele metade do que eu tinha, e ele me deu metade do que ele tinha. Não importava que a quantidade fosse 20 vezes maior."

Uma noite Bon, sempre entusiasta de ir a shows, foi ao Selina's, em Coogee, nos subúrbios ao leste de Sydney, para assistir aos Angels, que começavam a reunir grandes multidões no aquecimento para o lançamento de seu álbum *Face To Face*. Não foi de surpreender ele acabar no palco com seus amigos.

John Brewster (The Angels): "Não éramos chatos, mas nunca deixamos ninguém subir no palco com a gente. Nunca. Mas Bon simplesmente combinava direitinho. Na verdade, não sei como aconteceu, mas ele veio para o palco conosco e eu vou guardar isso na memória para sempre. Vou te dizer, foi assustador e felizmente nós nos saímos bem também."

Depois de poucas semanas de trabalho duro no álbum, todos suspiraram aliviados quando Cliff finalmente pisou em solo australiano no fim de janeiro. Eles poderiam, então, se dedicar direito à tarefa de gravar o novo álbum.

No estúdio, Angus levava e tocava sua guitarra em todo lugar onde estivesse, até mesmo no banheiro. Seu trabalho com a guitarra, junto com a de Malcolm, era de novo essencial.

Mark Opitz: "As mãos direitas de Malcolm e Angus [e] a forma como tocavam as cordas [eram vitais]. Por exemplo, uma coisa que costumávamos fazer era regular os amplificadores para soarem bem e alto, e tocar as cordas suavemente. Esse é um truque que eu, na verdade, usei também com o Angels, a mesma ideia. O som da guitarra era muito importante."

A técnica de George e Harry para obter uma gravação o mais forte possível durante as sessões tinha a ver com psicologia, mas também com as habilidades musicais. A ideia era criar um estado mental agressivo e canalizá-lo para o som.

Mark Opitz: "Para fazer um *take*, vínhamos todos, espalhávamos cigarro pela sala, sentávamos lá e alguém dizia: 'E aquele fulano de tal? Que babaca! Você sabe o que eu quero dizer?'. E todos falariam: 'É, ele é um babaca'. 'E aquele outro tal? O que acham dele?' 'Ah, é um babaca.' E ficávamos nessa coisa, George, Harry, eu e a banda falando mal dos outros e aumentando a tensão cada vez mais até George dizer: 'Muito bem, vamos gravar', porque todos estariam fervendo. Eles apenas escolhiam um assunto sobre o qual pudessem destilar veneno, fosse sobre um empresário, alguém da indústria fonográfica ou alguém da televisão. Escolhiam um ponto e com ele seguiam até arrasar em uma única sessão. O modo como isso funcionava era mágico.

A intensidade era incrível, tudo era intenso o tempo todo. Angus era descontraído, Malcolm, muito intenso, Cliff era o novo membro, querendo agradar e fazer a coisa certa, e Bon era Bon, sabe, uma personalidade tranquila, muito parecido com Michael Hutchence [vocalista da banda INXS, falecido em 1997] em seu modo de ver a vida e também no modo de falar. Mas George... tão intenso; Harry batia de volta, mas a intensidade dos Young era insana.

[George] podia olhar um cinzeiro e fazê-lo se mover só de pensar nisso. Ele tinha determinação. Podia tocar qualquer instrumento que tivesse nas mãos, apenas o pegava e saía tocando.

Malcolm era o tipo de cara que dizia: 'Você é o melhor cantor, escreva a melhor letra!'. Então não era possível ficar por ali sob esse tipo de pressão e escrever a letra enquanto eles estivessem em volta. Mas obviamente ele [Bon] rascunhava alguma coisa no estúdio, saía e concluía sozinho, voltava e então, digamos, George ou alguém o ajudaria a editar. É claro que Malcolm veria se estava bom. Caso não gostasse de alguma coisa, diria: 'Uma merda! O que é isso?'. Fora dali, ele tentaria novamente e faria outra coisa. Malcolm definitivamente dominava a banda. Mas não acho que muitas pessoas percebiam isso. Acho que a maioria pensava que era a banda de Angus."

Algumas das canções separadas para o álbum *Powerage* foram divulgadas pela primeira vez durante as sessões de *Let There Be Rock*, e acredita-se que "Riff Raff" estivesse entre elas. Opitz lembra-se de Angus ao seu lado, graças a uma guitarra sem fio, dedilhando a música.

"Fizemos vários solos na sala de controle. Ficar sentado no console enquanto Angus estava bem atrás de mim, sobre meu ombro, dedilhando um solo de "Riff Raff" que ainda está lá [no álbum], é algo lendário para mim, impresso para sempre no tempo. Eu estava lá e fiquei com os cabelos da nuca em pé enquanto ele destruía na guitarra. Mais uma vez, tudo foi feito no primeiro ou segundo take."

Nem tudo que foi gravado foi aproveitado. Como *Dirty Deeds*, as sessões de *Powerage* estenderam-se por um período de cerca de oito semanas, além do tempo gasto no estúdio em julho de 1977, com no máximo uma ou duas semanas entre as sessões. Depois de um tempo, acompanhar o que entrava e o que saía começou a ser uma tarefa à parte.

Manter um bom suprimento de cigarros era quase tão desafiador quanto. Ao menos dois maços de Benson & Hedges por pessoa eram obrigatórios, não para acalmar os nervos, mas para participar em outro dos rituais do lugar depois de um take ou quando havia uma pausa.

Mark Opitz: "Todos sentavam e falavam um pouco, e Malcolm vinha e sentava falando coisas do tipo 'sabe, ok, bem, sabe, que merda aquilo e que merda isso'. Ele pegava seu maço de cigarros e dava um cigarro para cada um na sala. E você tinha de fumar. Então começou a haver a lei não escrita de dar a todo mundo um cigarro toda vez que alguém pegasse um maço. Sei que é difícil de imaginar, mas coisas pequenas como essas construíram esse tipo de união. [Você] não pedia cigarro, ninguém perguntava se você queria um, apenas te davam. E você acabava fumando milhares de cigarros por dia."

Havia momentos descontraídos fora do estúdio também.

Certa vez, quando uma sessão terminou às 8 horas, Opitz, Malcolm e Phil Rudd alugaram um pequeno barco vagabundo e foram até o meio do Porto de Sydney com uns fardos de cerveja. Era uma manhã de dia útil. Havia passageiros nas balsas em seu caminho para o trabalho, enquanto os membros da banda pescavam na manhã ensolarada.

Foi durante as sessões de *Powerage* que a Atlantic Records, nos Estados Unidos, ensaiou os primeiros passos em direção ao que poderia garantir a explosão do AC/DC no mercado dos Estados Unidos mais cedo ou mais tarde. O agente nos Estados Unidos da banda, Doug Thaler, encontrou George e Harry quando veio a Sydney.

Doug Thaler: " [A Atlantic] se deu conta de que eles realmente eram especiais e estavam pensando em como dar o próximo passo e, enquanto isso acontecia, pude conversar abertamente com George e Harry. Eles falavam, de fato, em soltar as rédeas, sentiam que já haviam feito tudo o que podiam pelo grupo até aquele ponto."

Nesse meio-tempo, Bon e Angus foram os convidados especiais do Dia da Austrália, 26 de janeiro, no Williamstown Rock Festival em Victoria, com Rose Tatoo, Skyhooks e Dragon, entre outros. A dupla chegou de helicóptero e foi entrevistada ao vivo pela estação de rádio de Melbourne 3XY, algo que alguns, não sem razão, enxergaram como uma ação promocional para a próxima turnê.

Circulavam boatos em Melbourne de que a banda quase com certeza tocaria no Eureka Hotel, em Geelong, em 14 de março, como aquecimento para uma série de shows. Mas, com sua programação furada pelo atraso na chegada de Williams, toda a turnê australiana, incluindo o cogitado show no Eureka e uma presença já anunciada na abertura da nova casa de espetáculos, o cavernoso e novo Bombay Rock, em 17 de março, evaporaram.

O cancelamento forçado da turnê apenas contribuiu para a percepção, em algumas regiões, de que a banda usava a Austrália como um pouco mais do que um posto de abastecimento entre turnês no exterior. Usavam, sim. A Austrália teve sua chance. Ao menos naquele momento.

Powerage foi concluído em março. No entanto, em vez de ser o álbum do coração das rádios norte-americanas que a Atlantic esperava, era mais agressivo e feroz que *Let There Be Rock*. Pior ainda, ao menos do ponto de vista dos norte-americanos, um som primitivo deliciosamente sujo, além de a Atlantic não ver nele nenhuma faixa com potencial para ser um *single* de sucesso.

Michael Browning: "Foi um disco importante porque o grupo fez bastante sucesso na Inglaterra e na Europa, mas precisava acontecer nos Estados Unidos. Lembro-me de achar aquele disco muito monótono. Estou tentando me lembrar por quê. Não achava que estivesse à altura do que esperávamos para um disco que explodiria nos Estados Unidos."

Em uma tentativa de corrigir a situação, "Rock'n'Roll Damnation" foi gravada a pedido de Phil Carson depois de o álbum ter sido terminado e submetido à Atlantic, na esperança de que ao menos essa música conseguisse espaço no rádio e se tornasse sucesso. Por essa razão, as primeiras prensagens de *Powerage* no Reino Unido não contêm a faixa.

Essa busca desesperada por um *single* de sucesso era estranha, visto que os planos para um álbum australiano do tipo maiores sucessos, chamado *12 Of The Best*, estavam bem avançados. Mas, como os álbuns ao vivo propostos anteriormente, foram engavetados, embora as capas dos discos e fitas cassete tivessem sido impressas. A banda não sancionou o projeto e Malcolm era contra a ideia de um álbum de sucessos do AC/DC, uma posição que ele mantém ao longo da sua carreira.

Em abril, o AC/DC estava de volta ao Reino Unido. Depois de dois dias de ensaio em Londres, a banda começou a conquistar a cidade com uma turnê que, por causa da demanda, passou de seus oito ou nove shows originais para um total de 24, a partir de 27 de abril. Embora só tenham se passado cinco meses desde os últimos shows britânicos, a turnê teve seus ingressos esgotados, com exceção de apenas dois shows.

O público achava que o AC/DC havia tocado em volume alto nas turnês anteriores. Mas, dessa vez, eles novamente apresentaram outra dimensão de volume, uma que fazia não apenas os ouvidos doer, mas também o rosto formigar.

Não houve exemplo melhor dessa política de tolerância zero que a apresentação da banda no Apolo, em Glasgow, ou "o Santuário", como Ian Jeffery o chamava. Nela, em 30 de abril, a banda finalmente aceitou o desejo de Angus de que a casa hospedasse a gravação de um álbum ao vivo do AC/DC.

Era a escolha ideal. Os ingressos para o show se esgotaram em um único dia, e o palco, que se elevava a quatro metros acima do público febril da cidade natal, não só forçava as dez primeiras fileiras a erguer seus pescoços, mas fazia a banda parecer como se estivesse fazendo um sermão ensurdecedor lá do alto. A animação do público era tanta que fizeram o balcão da parte de cima do teatro se mover uns 30 centímetros para cima e para baixo em louca adoração.

Coral Browning: "Os escoceses enlouquecem em shows. Eles construíram o palco bem alto para que a garotada não conseguisse entrar. Mas, no show do AC/DC, fizeram uma pirâmide humana para alcançar o palco. Eles acenderam fogueiras sob os assentos. Estava tudo bem fora de controle."

Como colocou Ian Jeffery: "Foi muito louco, cara. Muito louco."

Aproveitando a oportunidade, para o bis, uma versão de "Fling Thing" com um toque escocês, que foi seguida de "Rocker", toda a banda voltou usando o uniforme do time de futebol da Escócia, que acabara de ser classificado para a Copa do Mundo.

O Apollo explodiu, mal sabendo que as coisas talvez pudessem ter acontecido de maneira um pouco diferente 15 anos antes. Malcolm Young poderia, talvez, ter feito parte do time, caso tivesse seguido carreira no futebol.

Enquanto a maior parte, senão todas, das músicas gravadas naquela noite quente integrariam o álbum *If You Want Blood You've Got It*, o evento foi também registrado em filme e serviria de base para uma peça promocional para a televisão, de 35 minutos, a ser mostrada na Europa.

O fã Brian Carr estava no show e lembra-se: "As vozes em coro gritando 'Angus' [antes de 'Whole Lotta Rosie'] elevaram-se algumas vezes no show. Durante a passagem de som, eles tocaram 'Rock'n'Roll Damnation', 'Gimme A Bullet' e então filmaram um videoclipe de 'Rock'n'Roll Damnation'. Malcolm me disse que eles filmaram o show inteiro por terem ouvido que o Apollo estava fechando e eles queriam ter em filme uma das últimas grandes casas de rock. Já nessa ocasião ele disse que provavelmente nunca seria lançado".

O show do Apollo não foi o único a ser gravado durante a turnê. No total, quatro das apresentações britânicas foram gravadas para o álbum ao vivo e havia planos para documentar mais três nos Estados Unidos.

Powerage foi lançado no Reino Unido em 5 de maio, seguido, duas semanas depois, pelo *single* "Rock'n'Roll Damnation".

Malcolm: "Conheço várias pessoas que respeitam [*Powerage*]. Muitos fãs do rock'n'roll verdadeiro, os roqueiros de verdade. Acho que esse é o álbum mais subestimado de todos."

O mais real de todos os roqueiros puros era Keith Richards do Rolling Stones.

"A banda inteira fala sério", Richards disse a Paul Elliott na *Kerrang!*, em 30 de janeiro de 1993. "Dá para ouvir, tem espírito."

Por alguma razão desconhecida, a versão de *Powerage* lançada no Reino Unido e na Europa foi um pouco diferente das disponíveis nos Estados Unidos, na Austrália e no resto do mundo. O álbum britânico/europeu foi em parte remixado com versões diferentes de "Rock'n'Roll Damnation", "Down Payment Blues", "Gimme A Bullet", "What's Next To The Moon", "Gone Shootin'" e "Kicked In The Teeth", com uma faixa extra, "Cold Hearted Man".

Mais tarde, quando foi lançado em CD, o álbum teria o mesmo conteúdo das versões australiana e norte-americana.

O show do Hammersmith Odeon de Londres não precisou do lançamento de *Powerage* para alavancá-lo: os ingressos já estavam esgotados duas semanas antes. Angus, sim, que precisou de uma roupa especial para poder ser alavancado pelos ares durante o bis. Os dias teatrais de "Countdown" talvez não estivessem tão distantes.

A turnê no Reino Unido acabou em 29 de maio, com dois shows cancelados e reprogramados para o começo de junho, depois que Angus ficou doente.

O pedido da Atlantic deu resultado em 10 de junho, quando "Rock'n'Roll Damnation" atingiu o número 24 nas paradas britânicas, o primeiro *single* no Top 40 local. Isso significava que a banda seria convidada a aparecer no "Top of the Pops" o que, a muito custo, fez em 8 de junho.

A blitz promocional continuou na Austrália, onde *Powerage* foi lançado em 19 de junho. Angus chegou ao país no fim do mês para falar sobre o álbum. O ponto alto da visita foi uma aparição no "Countdown" como celebridade, um papel que o pequeno guitarrista cumpriu bem graças a sua afiada veia cômica e um recurso bem evidente: seus novos dentes, brilhantes como uma lâmina, que saíram por cerca de 2 mil dólares e ele mostrava alegremente diante das câmeras.

O negócio da semana surgiu por meio do convite do Rose Tattoo para que Angus se juntasse à banda na noite de terça-feira na discoteca War and Peace, em Parramatta, oeste de Sydney, uma casa que era um choque de várias culturas. De um lado, havia a pista de dança elevada com uma iluminação colorida vinda de baixo; parecia vinda diretamente de *Os Embalos de Sábado à Noite*. Do outro, havia a presença pesada e soturna das várias divisões locais dos motoqueiros mais sérios de Sydney.

Surpreendentemente, Angus pôde transitar por lá praticamente anônimo. Nem uma única alma dentre as cerca de 200 pessoas no pequeno espaço o aborreceu enquanto esteve no bar com Angry Anderson, depois da primeira parte do show do Tattoo. Só quando ele livrou Mick Cocks, do Tattoo, de sua Gibson SG vermelha, no começo da segunda parte, que a multidão se tocou de quem era o homenzinho.

Ao longo dos próximos 15 minutos, por um sistema de som típico do Rose Tattoo, grande e de volume alto o suficiente para ser usado ao ar livre, a banda e o convidado detonaram um blues lento e uma versão frenética de "Keep A Knockin'", de Little Richard, gritada por um Angry que, de joelhos, se curvava para Angus, que como sempre tinha achado mais confortável correr pelo palco do que ficar parado.

Angus foi, então, para a pista ainda quase vazia onde encontrou uma mistura estranha de riso e curiosidade. O sorriso de uma garota sumiu rapidamente depois que Angus se ajoelhou diante dela e tentou descobrir o que havia sob sua saia. Ele estava só tentando ser simpático.

O AC/DC seguiu para Miami para duas semanas de férias antes de lançar-se em outra conquista: uma turnê enorme composta de 63 apresentações nos Estados Unidos, onde *Powerage* fora lançado em 25 de maio. Mas o tempo ocioso apenas os entediou. O AC/DC não sabia relaxar.

O público da primeira parte da excursão, de 24 de julho até 3 de outubro, recebeu todo o vigor das emoções acumuladas pela banda durante o período de inatividade.

Os primeiros quatro shows foram aberturas para Alice Cooper na Costa Leste, que coincidiram com o número 133 de *Powerage* nas paradas da Billboard. O ataque continuou até o fim de julho, alternando com shows como banda principal no Texas, onde gravaram a apresentação em San Antonio, bem como em Indiana, na Califórnia, em Utah, no Oregon, no Missouri e, pela primeira vez, no Canadá, abrindo para o Molly Hatchet (banda com o mesmo espírito prático do Lynyrd Skynyrd, com a qual desenvolveriam uma grande amizade), de Ronnie Montrose e do Aerosmith.

Bon saía mais com a banda de apoio Yesterday & Today do que com o AC/DC durante seu tempo juntos, já que era um pouco mais relaxado sobre disciplina do que sua banda no que se referia a sexo, drogas e rock'n'roll.

Com a turnê surgiu uma apresentação no Texxas World Music Festival, um grande evento de cinco dias realizado em vários lugares em Dallas, com destaque para o Aerosmith e Ted Nugent. O AC/DC abriu para o Mahogany Rush no Fairground Complex no penúltimo dia do evento.

Foi durante os shows com o Aerosmith que o futuro empresário do AC/DC, Peter Mensch, contador da turnê da banda em Boston, na época trabalhando para a empresa Leber-Krebs, encontrou os australianos pela primeira vez. Ele ficou absolutamente maravilhado com o que viu.

Não foi apenas o queixo de Mensch que caiu à visão do AC/DC.

Joe Perry (Aerosmith): "[Eles eram] uma das poucas bandas novas que abriram para nós a que eu ia assistir quase todas as noites. Era como... 'Ei, Angus está fazendo aquele lance no palco que parece um bacon fritando!'. Eles eram ótimos. Reduziram os elementos do rock'n'roll ao básico, sem rodeios, era isso."

Enquanto estava em Los Angeles, a banda finalmente conseguiu chegar ao palco do Starwood para um show com os ingressos esgotados, com abertura de Kevin Borich, ídolo australiano da guitarra.

O futuro vocalista do Mötley Crüe, Vince Neil, estava entre o público naquela noite. "Bon foi incrível. Ele era fenomenal. Um grande cantor e sem frescura. Curti demais."

Eles então voltaram para as grandes arenas, abrindo para o Aerosmith. Depois, tiraram o prêmio de abrir para Aerosmith, Van Halen, Foreigner e Pat Travers no terceiro festival Day On The Green, de Bill Graham, no Oakland Stadium, em 23 de julho.

Esse festival era onde os pesos-pesados nasciam e tocavam, e o AC/DC tinha chegado a esse ponto com um apoio mínimo ou quase inexistente das rádios.

Graham era um gigante entre os promotores. Tão temido quanto respeitado, fundou as casas de espetáculos Filmore East e Filmore West em Nova York e em São Francisco respectivamente, os principais locais em qualquer turnê das bandas norte-americanas no fim dos anos 1960 e começo dos 1970, e trabalhou com praticamente todas as bandas e artistas mais importantes, de Grateful Dead, Janis Joplin e Miles Davis a Sex Pistols, Stones e Led Zeppelin.

E ele gostou do AC/DC.

Angus: "Ele levantou nossa bola pra caralho antes mesmo de chegarmos lá."

Doug Thaler: "Bill Graham realmente apoiava aquela banda; [ele] os tratava como ouro."

Quando o AC/DC entrou no palco, às 10h30 da manhã, para fazer um show cáustico, um público estimado em 65 mil pessoas já tinha chegado.

Angus: "Foi... mágico. Dava para sentir a magia... Bon disse que era como os cristãos sendo entregues aos leões. Graham alugou todos aqueles lagartos e a porra toda, iguanas de zoológico e uns maiores, até um que devia ser um dragão-de-komodo ou algo parecido, e o doido do Bon colocou todos sobre si! Mas foi uma dessas coisas mágicas."

Nem todos estavam felizes com a presença do AC/DC. O pessoal do Foreigner não queria nem tocar perto dos competitivos australianos, uma situação que Michael Browning trabalhou intensamente para resolver durante a maior parte da manhã.

O Van Halen, por outro lado, estava mais surpreso e admirado do que assustado.

"Eu estava ao lado do palco pensando: 'Temos de entrar depois desses filhos da puta?'", Eddie Van Halen relembrou anos depois no site do Van Halen.

Mark Opitz: "Eles eram muito agressivos; era parecido com o jeito antes de gravarmos. Ao mesmo tempo na turnê, eles costumavam dizer que, fosse quem fosse para quem estivessem abrindo, o maior objetivo era destruir esses manés no palco. 'É isso! Vamos matar! Vamos matar!'. E é por isso que existem todas essas histórias de bandas principais acendendo as luzes para o AC/DC para tirá-los do palco e das turnês, porque eles estavam arrasando. Eles eram muito agressivos em relação à banda principal no sentido de querer tocar melhor, fazer um rock mais forte e pauleira e não aceitar merda de ninguém."

Quando o AC/DC terminou de tocar, Bon desapareceu. Ian Jeffery tentou desesperadamente achá-lo para uma sessão de fotos às 12h30, mas Bon não tinha ido longe.

Ian Jeffery: "Ele estava deitado na piscina com as iguanas e uma garrafa de Jack Daniels. Deitado com todos aqueles animais! Estava se divertindo, esquecido de tudo."

O próximo problema era que, como a banda tinha tocado tão cedo naquele dia, na metade da tarde estavam com vontade de tocar outra vez. Graças à exposição no Day On The Green, o próximo show, algo bem maior, não estava muito longe de acontecer.

Angus: "Inferno, não tínhamos nem mesmo um disco na droga do Top 50! O burburinho e o retorno [do Day On The Green] foram ótimos e foi bom também porque muitas bandas que tinham discos no topo da parada ficaram histéricas quando souberam que estaríamos no show."

Enquanto estava em São Francisco, Bon decidiu aumentar sua coleção de tatuagens.

Angus: "Ele [Bon] me disse: 'Tem esse cara nesta mesma rua. Ang, se você quiser uma tatuagem, esse cara é magnífico! Ele faz tudo de uma vez só, como uma marca!'. Ele ia renovar as cores de suas tatuagens para que ficassem um pouco mais vibrantes, então fomos lá e ele fez só uma pequena parte. Ele já tinha uma aqui embaixo [Angus indicou uma área bem abaixo da cintura]. Eu disse: 'Porra, Bon, você é corajoso! Vai lá e completa o serviço!'."

Enquanto os ouvidos daqueles que viram a banda no Day On The Green ainda zuniam loucamente, alguns poucos dias depois Angus voltou a falar sobre um álbum ao vivo em uma entrevista com Boni Johnson – nome profético – para o *Star News* de Pasadena, em 29 de julho.

"Um show ao vivo poderia nos captar onde estão todas as pessoas, a energia e mulheres para olharmos, onde eu pudesse tornar a guitarra letal."

Houve mais uma rodada de shows com o Aerosmith, incluindo uma abertura para o Foreigner e o Van Halen em um evento ainda maior no Comiskey Park, para o festival Summer *Jam*, em Chicago.

A avaliação de Peter Mensch a partir do público do Aerosmith foi típica do AC/DC naquele ponto.

"As pessoas iam para assistir ao Aerosmith", ele disse a Frank Watt em *Metal Attack*, em 1985, "mas saíam do show enlouquecidas pelo AC/DC."

Na turnê, a banda tocou no auge absoluto de sua força no palco diante de um público enorme e cada vez mais receptivo. Ao menos parte do combustível para a jornada até esse ponto era o relacionamento quase sempre inflamável entre Malcolm e Angus. Eles se amavam e tinham muito respeito entre si, mas isso também dava a eles muita liberdade para chegar às vias de fato quando necessário.

Doug Thaler lembra-se de receber um telefonema de um promotor em Allentown, Pennsylvania, um dia depois de o AC/DC ter estado na cidade.

"Ele dizia: 'Uau, que banda! Eles foram ótimos!'. Eles lotaram dois shows. E o promotor falou: 'Mas aconteceu uma coisa estranha. Quer dizer, no fim do show, havia dois irmãos que foram para os bastidores, e tinha um bis para fazer, mas antes de voltar ao palco eles ficaram discutindo sobre o que iriam tocar nesse bis, e um irmão socou os dentes do outro!'. E eu acrescentei: 'Bom, isso é a cara dos briguentos irmãos Young'."

Sabiamente, porém, ninguém nunca se metia com Bon. Ele ficaria horrorizado e magoado caso alguém da banda que ele tanto amava fizesse isso.

Malcolm: "Éramos todos uns caras estourados naquela época, todos nós tínhamos nossa cota de bebedeira, mas, em geral, não acho que bati em Bon porque ele revidaria e eu me lembraria disso. Quer dizer, eu bati em outras pessoas. Bon bateu em outras pessoas."

Eles aproveitaram o resto de agosto para abrir para o ex-guitarrista do Ten Years, After Alvin Lee, para o Rainbow, o Savoy Brown e Ted Nugent, bem como para dividir o show como atração principal com o Cheap Trick, com ingressos ao custo de meros três dólares.

Chris Gilbey: "A grande teoria de Michael Browning, que foi comprovada e acho que também foi uma das razões críticas de a banda ter estourado, era turnê, turnê, turnê, turnê. Você tem de trabalhar a banda ao vivo. É isso. Não conte com a gravadora. Trabalhe a banda ao vivo, ganhe seguidores ao vivo e uma hora as pessoas vão começar a comprar seus discos. É por isso que a banda estourou nos Estados Unidos."

O velho amigo de Bon, Vince Lovegrove, encontrou-se com a banda em Atlanta nos shows com o Cheap Trick enquanto trabalhava em um documentário sobre rock australiano.

Vince Lovegrove: "Nesse lugar, em particular, Bon apareceu no balcão. O público aglomerado em frente ao palco no piso inferior olhou em direção à luz do holofote em Bon, de pé com Angus nos ombros no primeiro andar do teatro. Foi um momento mágico, inesquecível."

Quando a turnê chegou a Jacksonville, o atencioso Cheap Trick sugeriu que o AC/DC fechasse o show no lugar que se tornou o reduto da banda australiana, mesmo com o Cheap Trick programado para ser a banda principal.

Rick Nielsen (Cheap Trick): "Foi a primeira e única turnê que dividimos com outra banda, revezávamos os shows com esses caras e acho que eles se tornaram um pouco mais populares que nós, mas todos nos demos bem. Eles nos fizeram trabalhar duro todas as noites e fizemos com que eles trabalhassem duro todas as noites. Eles são o que são, e nós somos o que somos. Juntos, dávamos um ótimo pacote."

Durante os shows da metade de agosto com o Rainbow, o espírito briguento da família Young mostrou-se novamente, mas dessa vez voltado aos encrenqueiros no show em Calderone, Long Island.

Malcolm acreditava em nunca deixar que nada interrompesse o show, mas mesmo essa crença tinha seus limites.

Angus: "Um cara atirou sua lata de suco de laranja em mim. Não machucou, mas depois disso ele começou a jogar qualquer coisa que pudesse agarrar. Então fui até Malcolm, que costumava dizer: 'Ah, ignora'. Mas esse cara continuou com isso por toda a noite. Então eu disse: 'O negócio é o seguinte: ou ele sai ou eu saio', tirei a guitarra e fui atrás do cara. Quando vi o tamanho dele, percebi que não ia dar conta!"

Um segurança resolveu a situação para Angus, batendo no cara e, em seguida, mostrando a ele a porta da rua.

Angus: "Mas vieram os boatos. Isso tinha acontecido no sábado e na segunda-feira, acho, quando tocamos no Palladium [em Nova York] havia umas centenas de pessoas esperando me ver socar qualquer um que piscasse.

Lembro de uma vez em que havia um bando de encrenqueiros. Foi bizarro. Eles eram tipo fãs, mas costumavam me sacanear, pois diziam que adoravam fazer isso 'porque ele fica o máximo quando está muito bravo'! Lembro, também, de uma vez ter sido ajudado por um encrenqueiro desses. Cortei a perna e esse cara que tinha me sacaneado a noite toda apareceu e me levou para o hospital."

Doug Thaler estava em Calderone para o show com o Rainbow e viu uma tranquila luta de classes entre abastados e desprovidos.

"O empresário do Rainbow, Bruce Paine, veio até mim e perguntou: 'Quem são esses caras?'. Respondi: 'Por quê?'. Ele disse: 'Bem, eles foram ao camarim do Rainbow e se puseram a comer a comida deles!'. Quando alguém dizia alguma coisa para eles, respondiam: 'Isso parece melhor do que a comida do nosso camarim, então acho que vamos aproveitar!'. E isso era uma coisa trivial! Eles não achavam, tipo, que fosse algo errado. Ninguém ia dizer isso a eles; estavam apenas cuidando de seus interesses."

Uma semana depois, a turnê seguiu a caminho de Boston e o show no Paradise Theatre foi transmitido pela WBCN. Angus estava impossível.

Reza uma lenda das boas que não só ele saiu do teatro até a rua durante o solo de "Rocker", como entrou em um táxi e foi até a estação de rádio no Prudential Building, em Boston. Quando a porta do elevador abriu no 50º andar, ele ainda estava tocando.

Nessa época, a energia ao redor da banda estava tão forte que quase dava para tocá-la. Por isso, um evento proposto na Austrália, organizado por Vince Lovegrove, que envolvia transmissão, por televisão e rádio, de um show reunindo bandas como os Easybeats e os Valentines, estava simplesmente fora de questão. Bon tinha coisas o suficiente para fazer. De qualquer forma, o show foi cancelado em seguida.

Um indício do quanto as coisas iam rápido, sem levar em conta a crescente e embaraçosa rasgação de seda por parte da gravadora – coisa que o AC/DC odiava –, apareceu em 2 de setembro, com o retorno do segundo festival Day On The Green do ano no Oakland Stadium com Ted Nugent, Journey, Blue Oyster Cult e Cheap Trick, uma proposta bem melhor que aceitar outra vaga no Reading Festival do ano no Reino Unido.

Mais uma vez por causa do Day Of The Green, o assunto de um álbum ao vivo tirado de vários shows nos Estados Unidos, incluindo Texas, bem como Glasgow, Londres e Austrália era instigante. E a questão foi até mesmo estrategicamente levantada.

Então, em 6 de setembro, foi gravada uma aparição no legendário "Midnight Special" da ABC. Eles tocaram duas músicas, embora apenas "Sin City" tenha ido ao ar. Os apresentadores convidados, Ted Nugent – que tomou a liberdade de renomear a noite como "Extravagonzo" em homenagem a si mesmo –, e Steve Tyler quase começaram a discutir, embora de forma alegre e despreocupada, enquanto apresentavam o AC/DC entusiasmados.

Até o fim de setembro, o AC/DC abriu para o Blue Oyster Cult, o UFO e o Thin Lizzy e fez shows-solo, incluindo um no Vet's Memorial, em Columbus, Ohio, diante de um público entusiasmadamente receptivo.

"Nossos álbuns são todos rock'n'roll, aqui está uma que é puro rock'n'roll!", gritou Bon introduzindo "Bad Boy Boogie" e chamando o público para a frente do palco.

Infelizmente, a resposta ao chamado de Bon foi mais forte que o esperado, e ele foi forçado a fazer um apelo urgente depois que a música acabou.

"Não queremos que vocês se machuquem porque estamos com vocês. Então, por favor, se puderem, afastem-se do fosso do palco porque ele vai desabar e vocês vão se machucar, gente, vão se machucar."

Quando o entusiasmo superou o bom senso e a segurança entrou em ação para afastar os fãs da área, o restante do público vaiou. Bon encarou os seguranças e disse ao público: "Eles também não são nossos amigos, não se preocupem".

Aquela atitude nós-e-eles estava em foco em um incidente legendário, quando a banda abria para o Thin Lizzy em Detroit. O incidente aconteceu por conta de um limite rígido de decibéis, o que era irônico, dado que Detroit é o berço histórico de algumas das bandas e artistas mais barulhentos, como Ted Nugent, Grand Funk Railroad e MC5.

O guitarrista do Lizzy, Gary Moore, ouviu as primeiras discussões do balcão enquanto o AC/DC passava o som.

"O promotor foi lá em cima e estava louco da vida com eles porque tocavam muito alto, então eles tiveram uma briga enorme no palco com o promotor, e acho que foi Malcolm ou Angus, naquele tempo eu não sabia seus nomes, quem disse: 'Por que você não cai fora e vai bater uma punheta escondido no beco, seu babaca? É o fim da passagem de som, certo?'."

O segundo *round* veio durante o show naquela noite.

"Na metade da porra da apresentação, o cara apareceu com dois seguranças e empurrou o cara do som deles para fora da mesa, abaixou o som e parou o show. Estávamos no camarim, e é claro que ouvimos tudo. E é claro que eles pensaram que tínhamos sido nós [que sabotamos o show], então queriam quebrar nossa cara, mas não tinha nada a ver com a gente nem com o fato de Phil Lynott ter ficado puto porque pensava, com sua inteligência, que eles tinham vindo da Austrália para abrir para o Thin Lizzy. Ele disse: 'Se esses caras não forem pagos, nós não vamos continuar!'. Então a gente estava tentando ajudar, mas eles pensavam, tipo, que éramos o inimigo."

Ian Jeffery fazia o som do AC/DC naquela época, e foi a pessoa empurrada pela segurança depois de tentar argumentar com um oficial municipal.

"Coloquei os dois controles mestres [que controlavam o volume do aparelho de som] para baixo e disse: 'Não sou eu [que você está ouvindo agora]. São eles'. Ele disse: 'Não quero saber. Ainda é muito alto. Abaixa'. 'Tá bom. Não tem PA. Você consegue ouvir o vocalista?'. Ele respondeu: 'Dá para ouvir um pouco'. Eu disse: 'Isso é mais por causa dos monitores [de palco]. Não tem mais nada ligado, cara. São eles [só a banda sem PA] vindo do palco'.

Quando dei por mim, fui levantado pelos caras da segurança e levado para o saguão. O show acabou para nós, certo? Eu corri para fora do teatro, voltei para dentro e fiquei do lado do palco acenando, tentando chamar a atenção do Malcolm, quando ele virou e olhou surpreso para mim como se dissesse: "O que é que você tá fazendo aqui? Você deveria estar lá na frente!". Ele se aproximou de mim e eu disse: 'Me colocaram para fora porque o som tá alto demais'.

Então eles pararam de tocar, [Malcolm] atirou a guitarra e os monitores no poço da orquestra e, de repente, vieram esses engenheiros de som, que eles contrataram na época para o PA, partindo para cima do Malcolm. Eu tirei eles de cima. Nós voltamos para o camarim e Malcolm dizia: 'Me mostra o imbecil! Quem é ele? Quem é o promotor?'. 'Não é culpa dele, Malcolm', eu respondi. Ele disse: 'Claro que é! Não tem papo, certo?'. Então fomos para o escritório e o Malcolm simplesmente deu um soco no promotor. Chamaram a polícia e tudo o mais."

Quando o promotor ameaçou prestar queixa de lesão corporal, a banda afastou a ameaça com uma indenização de quase 20 mil dólares para cobrir os danos aos equipamentos, provavelmente pelos monitores de palco, embora o punho do Malcolm e o rosto do promotor estivessem em condições ainda piores.

Mark Opitz: "As histórias que ele [Malcolm] contava na turnê, sabe, de quebrar o pau com os promotores... Depois de ele bater algumas vezes no promotor em alguma apresentação no meio-oeste americano, o promotor chamava os policiais e ele [Malcolm] dizia: 'No que você acha que eles vão acreditar? Que você, com 1,80 metro, está levando porrada de um nanico como eu?' ou algo assim."

Gary Moore: "Na noite seguinte, em Cleveland, eles saíram e expulsaram a gente [Thin Lizzy] do palco, porque precisavam tocar todas as músicas e acabaram com a gente naquela noite. Eles tentavam nos fazer surtar, tipo, o Angus não te olhava na cara como se eles estivessem lá para nos pegar.

Na última noite em Chicago, fomos muito bem porque o Thin Lizzy era famoso lá, nosso empresário fez uma pegadinha bem nojenta porque viu o baterista do AC/DC ir para o banheiro fazer o número dois. Então ele gritou: 'Luzes!' e o cara teve de sair correndo com as calças na mão, ele tentou levantar as calças no meio de uma cagada e pular na bateria. Então havia todos os tipos de coisas acontecendo entre as duas bandas só naqueles três dias. Foi bom que a turnê não foi mais longa porque nós teríamos nos matado, eu acho.

Bon entrava no camarim e fingia gostar de nós, sabe, para conseguir cerveja de graça. Ele bebia tudo no camarim da banda dele e vinha beber o que restava do nosso porque não bebíamos tanto. Então ele vinha: 'Sabe de uma coisa? Não achei que fosse gostar de vocês, mas vocês são legaizinhos'. Era tudo baboseira só para pegar nossa breja!

Na última vez em que o vi, ele tinha uma carta de sua esposa, sei lá, parecia muito triste e eu lembro dele em pé ao lado da parede, fora do show, com uma cara muito, muito triste. Mas eles eram fantásticos! Que banda! Angus era inacreditável. Ele sempre estava com o nariz escorrendo. Parecia um epilético no show, cara. E Bon mal conseguia falar porque estava bêbado demais, mas ia até a mesa dos monitores, murmurava algo impossível de entender, voltava e começava a cantar perfeitamente. Muito estranho e impressionante!"

As últimas apresentações abrindo para o Aerosmith, ou Hairy Smith, como Malcolm com pelo menos um pouco de carinho passou a chamá-los, foram em 2 e 3 de outubro, as últimas da turnê americana.

Todo o trabalho tinha sido um sucesso absoluto. O AC/DC, na ocasião, começou a voar de uma apresentação a outra por causa do tamanho do país. Mas eles ainda apenas arranharam a superfície do que seria um grande público em potencial. Entretanto, as vendas de *Powerage* chegavam agora à escala de 200 mil cópias, mais do que conseguiram os álbuns *High Voltage* e *Let There Be Rock* juntos.

Havia outros sinais indicativos de seu sucesso em termos de números e calibre das garotas que começavam a cercá-los. Mas as mulheres e seu objetivo fútil de apenas dormir com os astros não interessavam tanto a Malcolm e a Angus, assim como a maioria das coisas com que tinham de lidar. A dupla não entendia o porquê de algumas das bandas usarem um volume tão baixo no palco, eles então amplificaram o som para o público com um sistema de PA muito grande. Para eles, bandas como os famosíssimos Boston e Foreigner pareciam ter medo de sujar suas mãos.

"Eles não tomam o controle de seu som", disse Malcolm para Phil Sutcliffe, da *Sounds*, em 11 de novembro de 1978. "Os Dictators são a única banda que realmente vemos dar duro... Eles merecem suas férias."

O AC/DC deu o exemplo no palco e agora era hora de lançar aquele tão falado álbum ao vivo como uma amostra de como deveria ser um show de rock cheio de energia, suor e tímpanos perfurados.

Há algum tempo já havia pilhas de fitas de shows por todo o planeta.

Mark Opitz: "Era incrível ouvir tudo aquilo. Eu basicamente sentei e só mixei tudo, cada música. Nem soube quais dos meus mixes foram ou não usados no fim. A ordem era: 'Tá bom, você pode ficar no estúdio das 8 da manhã até a noite, aqui estão as fitas, apenas faça'."

Esquerda: Estrelas e listras: The Easybeats – George Young, Harry Vanda, Dick Diamonde, Snowy Fleet, Stevie Wright. Londres, 1966.

Abaixo: Andando de cavalinho: Malcolm e Angus com dois primos. Glasgow, começo dos anos 1960.

Rodapé da página: O outro Velvet Underground: Les Hall, Malcolm Young e Andy Imlah. Austrália, 1971.

Kantuckee: Trevor James e Angus.
Sydney, por volta de 1972/73.

Abaixo: Primeira foto conhecida do
AC/DC. Dave Evans, Angus, Malcolm,
Neil Smith e Noel Taylor. Victoria Park,
Sydney, abril de 1974.

Esquerda: Primeira sessão de fotos: Dave Evans, Rob Bailey, Malcolm, Peter Clack e Angus. Sydney, julho de 1974.

Abaixo: Vestido para matar: Malcolm no Pooraka Hotel, Adelaide, maio de 1974.

Rodapé da página: Sorrisão e calças curtas. Angus no Chequers, Sydney, maio de 1974.

Direita: O que há com as mangas? The Valentines: (*ao fundo*) Ted Ward e John Cooksey, (*no meio*) Paddy Beach e Bon Scott, (*na frente*) Wyn Milson e Vince Lovegrove. Melbourne, 1969.

Abaixo: O pequeno tocador de bateria: Bon Scott, anos 1950.

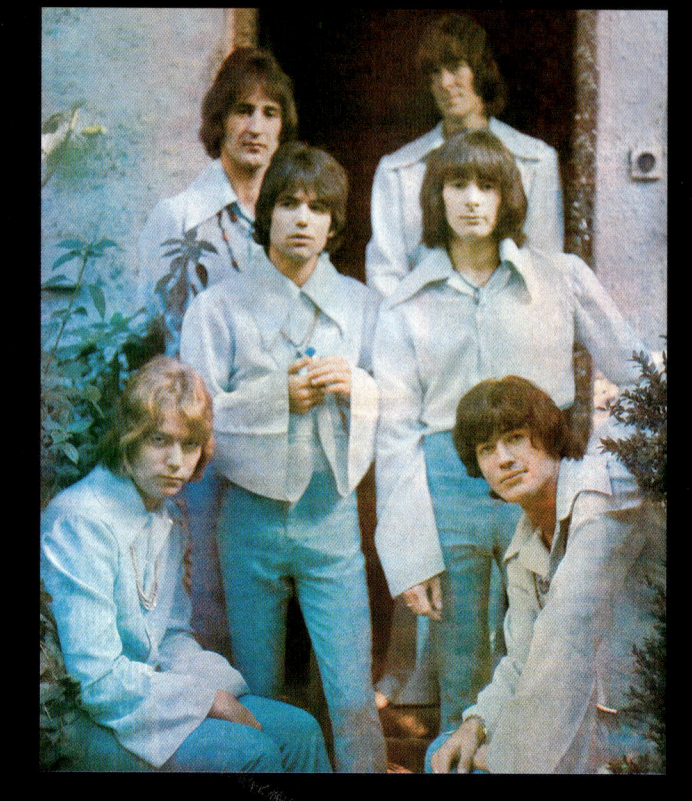

Esquerda: Algum pedido? Fraternity: Bon Scott, Bruce Howe, Mick Jurd, John Freeman e John Bisset. Jonathan's Disco, Sydney, fim de 1970.

Abaixo: O homem pintado. Bon com o Fraternity, fim de 1970.

Malcolm e Angus cara a cara. Hordern Pavilion, Sydney, dezembro de 1974.

Passeando no ferro-velho: Buster Brown – Geordie Leach, Angry Anderson, Chris Wilson, Phil Rudd, John Moon, Paul Grant. Melbourne, 1974.

Acima: Os maestros: Harry Vanda e George Young. Sydney, novembro de 1974.

Esquerda: Phil Rudd, Supreme Sound Studios, Melbourne, julho de 1973.

Abaixo: Apresentações premiadas: Bon e Angus com George Young no baixo. Fairfield Showgrounds, Sydney, março de 1975.

Esquerda: Phil Rudd, Paul Matters, Angus, Malcolm e Bon. Melbourne, fevereiro de 1975.

Abaixo: Quem é aquele cara de capa? Malcolm, Angus como "Super Ang" e Mark Evans. "Countdown", Melbourne, abril de 1975.

High Voltage. Victoria Park,
Sydney, setembro de 1975.

Acima: Pendurado por aí, Pink, Malcolm, Angus, Mark Evans e Bon, Melbourne, fim de 1975.

Esquerda: Aquele sorriso matador. Bon gravando *Dirty Deeds* no Albert Studios, Sydney, 1976.

Direita: Londres chama: Mark Evans e Angus, apresentação de despedida no Bondi Lifesaver, Sydney, março de 1976.

Acima: Botando tudo para fora: Angus no Reading Rock Festival. Inglaterra, agosto de 1976.

Esquerda: Bon toca gaita de fole: vídeo de "It's A Long Way To The Top". Melbourne, fevereiro de 1976.

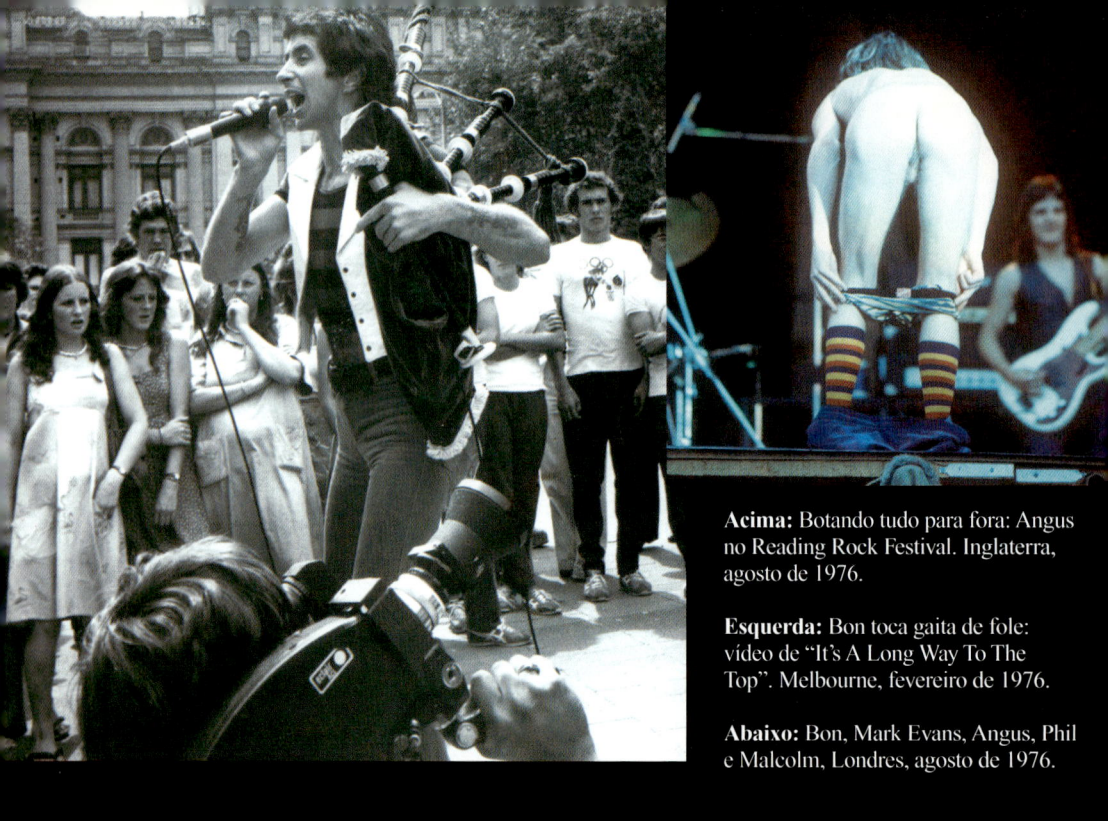

Abaixo: Bon, Mark Evans, Angus, Phil e Malcolm, Londres, agosto de 1976.

Irmãos de guerra: Bon e Angus
no Marquee, Londres, 1976.

Acima: No auge do agito: Angus no The Old Waldorf, São Francisco, setembro de 1977.

Página ao lado, no alto: Bon admira a pintura corporal de Iggy Pop nos bastidores do Whiskey, Los Angeles, agosto de 1977.

Página ao lado, abaixo: Balançando a Golden Gate: Malcolm, Phil, Angus, Cliff e Bon, The Old Waldorf, São Francisco, setembro de 1977.

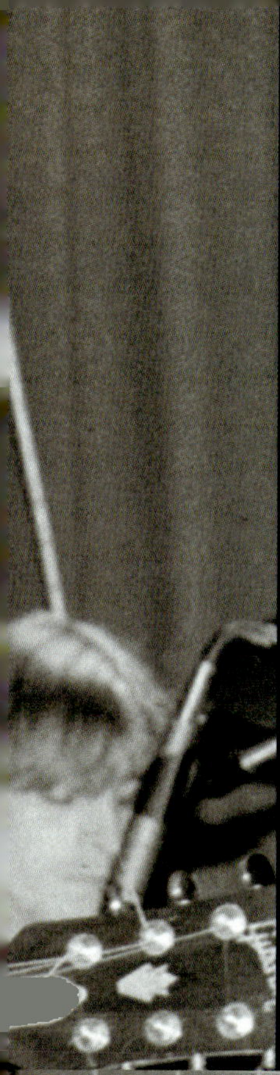

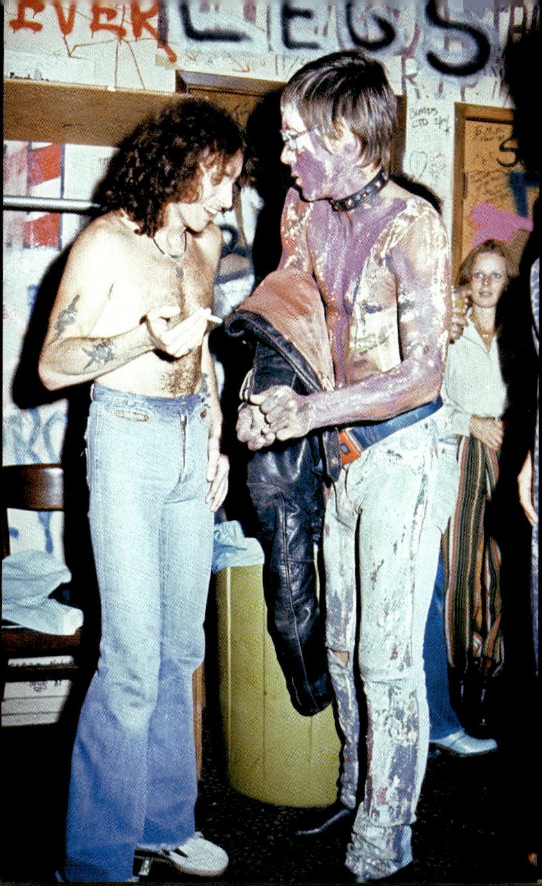

LEGS

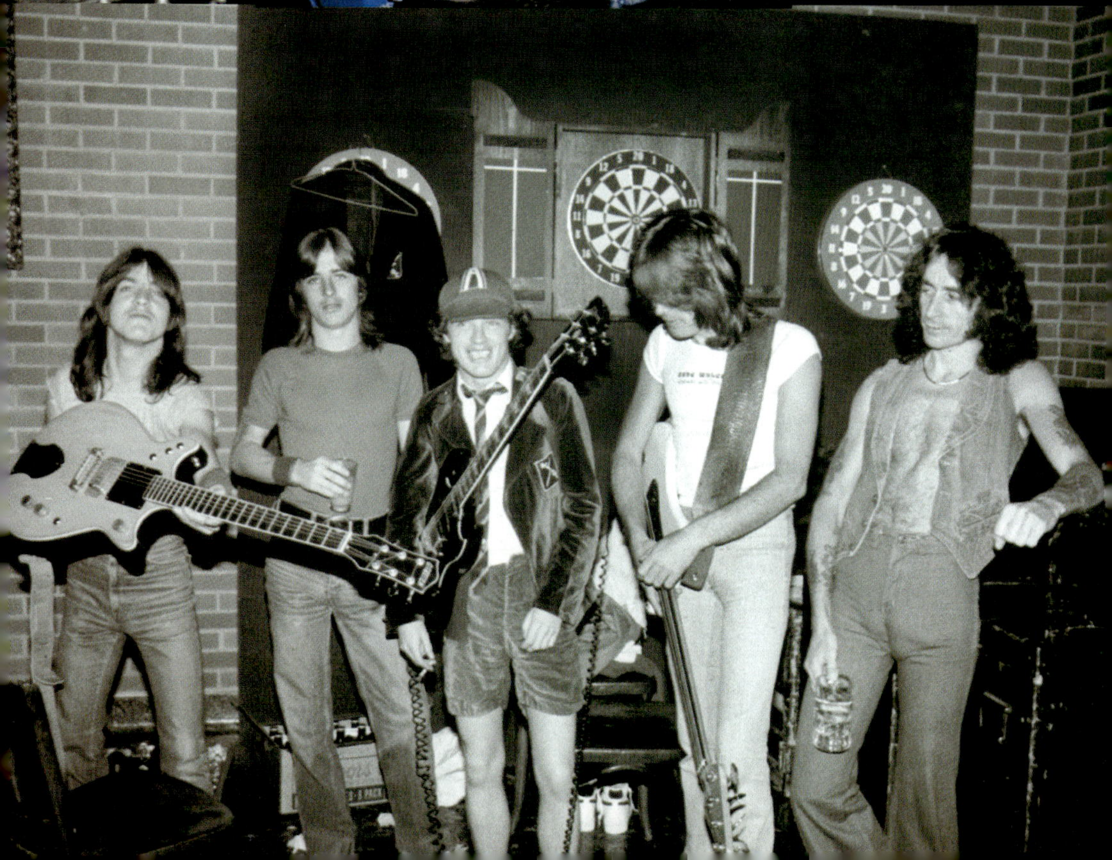

Abaixo: Calmaria antes da tempestade: Angus durante as sessões de *Powerage* no Albert Studios, Sydney, fevereiro/março de 1978.

Direita: Não, assim que é feito. Bon no Coventry, Inglaterra, novembro de 1978.

Rodapé da página: Cliff, Malcolm, Phil, Angus e Bon, Nova York, dezembro de 1977.

Acima: *Highway To Hell* ganha o disco de ouro nos Estados Unidos: o advogado do AC/DC John Clark, Perry Cooper, Steve Leber, Ian Jeffery, David Krebs, Bon, Ahmet Ertegun, Angus, Peter Mensch, Malcolm, Sheldon Vogel da Atlantic, Phil, Dave Glew da Atlantic, Cliff, Nova York, outubro de 1979.

Esquerda: Malcolm, Grenoble, França, dezembro de 1979.

Abaixo: Phil, Estádio de Cleveland, julho de 1979.

Brilhando em Grenoble. Bon, França, dezembro de 1979.

Topo à esquerda: O jovem Brian Johnson em Dunston, 1950

Topo à direita: Geordie: Brian Johnson, Brian Gibson, Vic Malcolm, Tom Hill, Londres, fim de 1972.

Esquerda: Glória pura: Brian, Birmingham Odeon, outubro de 1980.

Abaixo: Noise Pollution: Angus, Dallas Convention Center, agosto de 1980.

Esquerda: Cliff, Dallas Convention Center, agosto de 1980.

Abaixo: Brian em um de seus primeiros shows com o AC/DC, Deinze, Bélgica, julho de 1980.

Embaixo: Phil durante a turnê americana de 1980.

Nos melhores assentos da casa: Angus, Orpheum Theatre, Boston, outubro de 1980.

Celebrando suas primeiras vendas de 10 milhões de cópias do álbum no mundo todo com o empresário Peter Mensch, Cockney Pride, Londres, novembro de 1980.

Dando duro: Malcolm, Dallas, agosto de 1980.

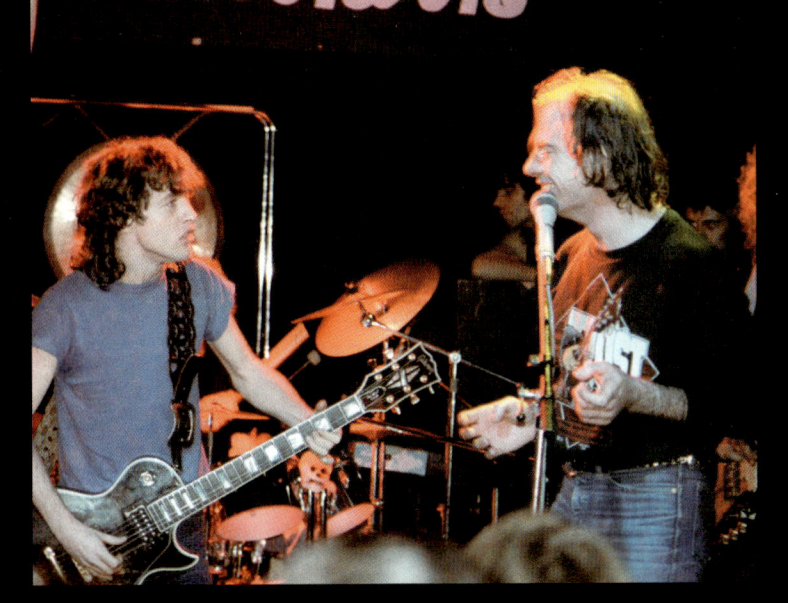

Topo: A conexão francesa. Angus tocando com Bernie do Trust, Rose Bonbon, Paris, dezembro de 1982.

Esquerda: Acendendo as luzes: Cliff, Brian, Angus, Malcolm e Simon Wright, Estados Unidos, 1983.

No melhor de sua forma: Wembley Arena, outubro de 1982.

O tamanho da guitarra é documento: Angus, Blossom Music Center, Cleveland, setembro de 1986.

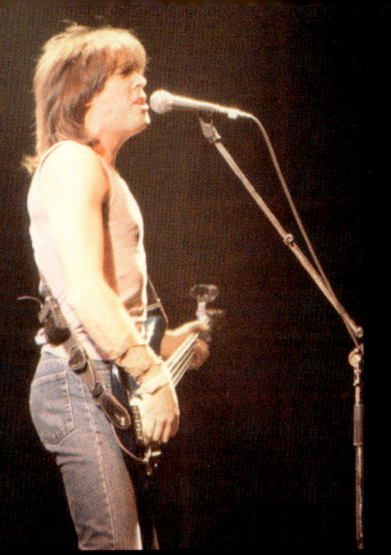

Topo à esquerda: Cliff, Ernst-Markt Halle, Hamburgo, janeiro de 1986.

Acima: Pressionando a carne: Brian, Cleveland, setembro de 1986.

Esquerda Simon Wright, Hamburgo, janeiro de 1986.

Abaixo à esquerda: Malcolm, Sporthalle, Cologne, janeiro de 1986.

Abaixo: Explode esse vídeo! Angus, Austrália, fevereiro de 1988.

Sem arma de brinquedo: Brian, Hamburgo, janeiro de 1986.

Visão panorâmica de
Angus graças a Brian,
Sydney Entertainment
Centre, outubro de 1991.

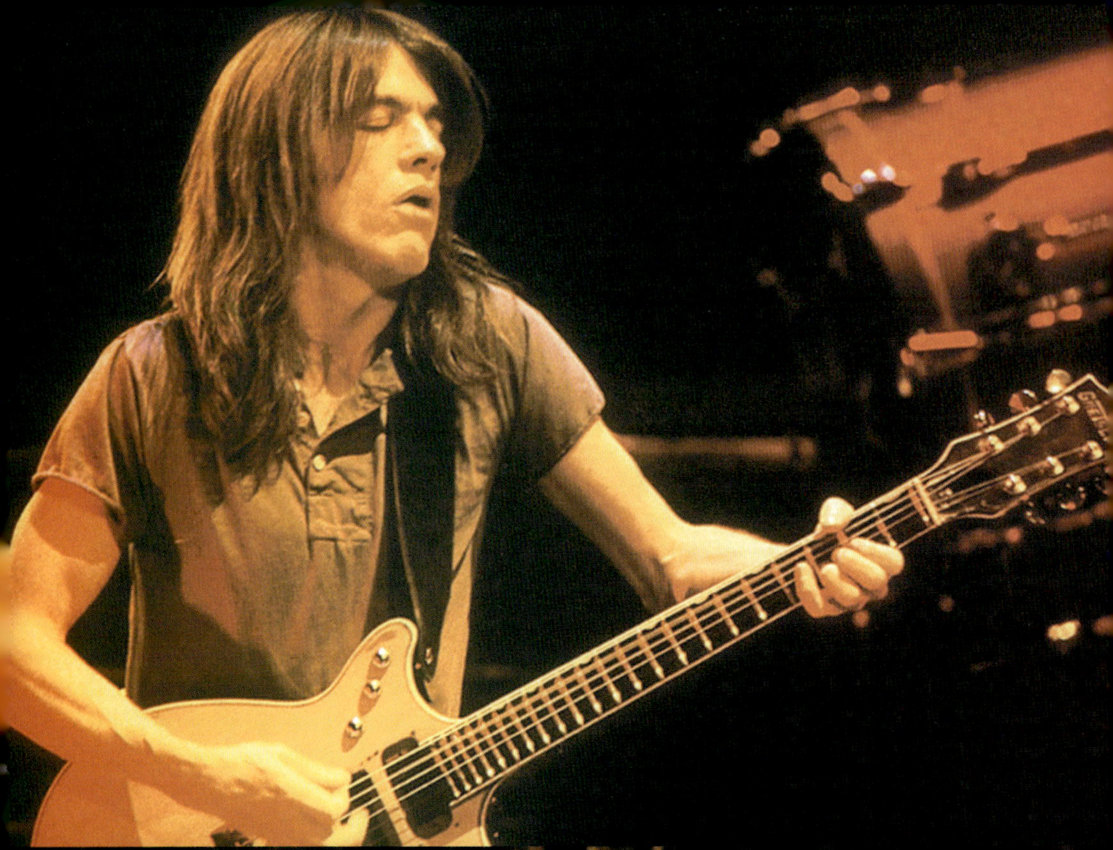

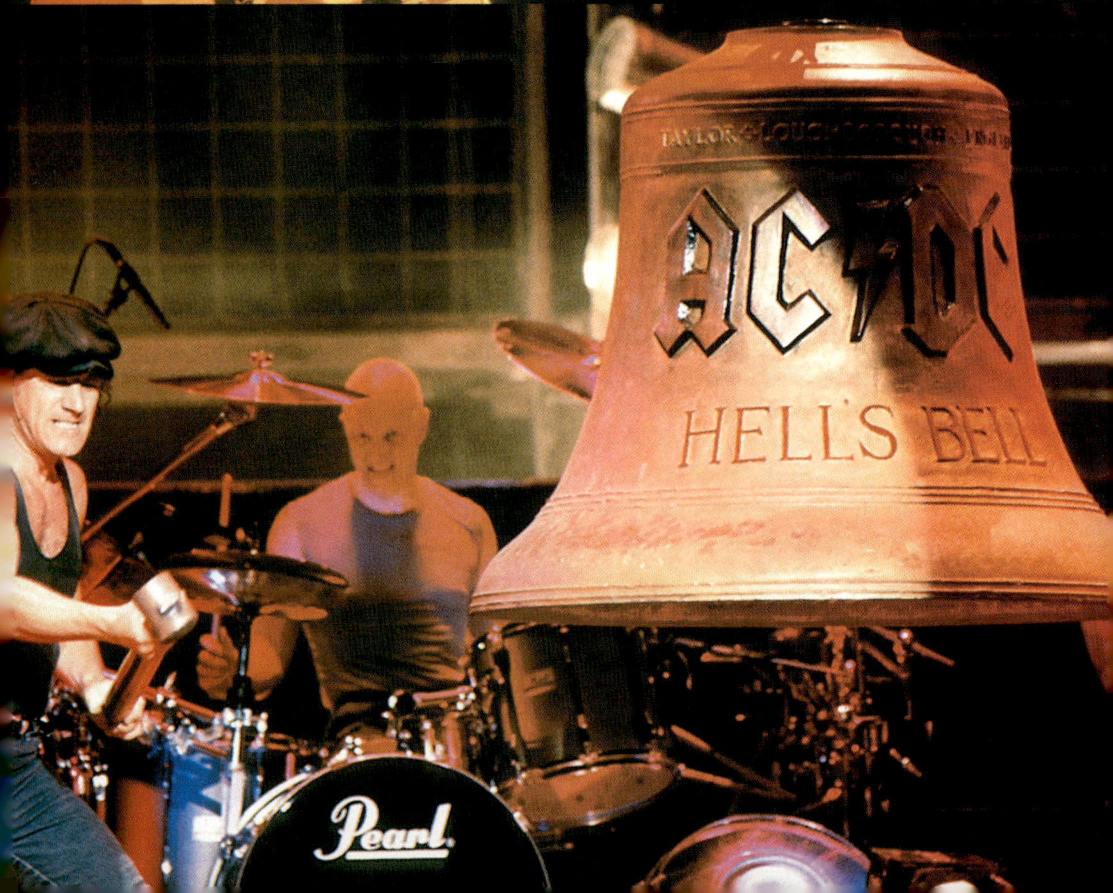
AC/DC
HELLS BELL
Pearl

Nesta página e na anterior: Sydney Entertainment Centre, outubro de 1991 (*no sentido horário do topo à esquerda*): Malcolm, Angus com Rosie, e Brian batendo no sino de Hell's Bells.

Esquerda e abaixo: Malcolm e Cliff, Donington Castle, agosto de 1991.

Acima e à direita: Gênios trabalhando: Brian e Malcolm no Warehouse Studios, Vancouver, agosto de 1999.

Direita: Extra MSG, Angus no Madison Square Garden, Nova York, maio de 2001.

Abaixo: Brian, reunião do Geordie II, Heaton Buffs, Newcastle, outubro de 2001.

Topo: Um encontro de mentes: Malcolm e Angus com Keith Richards, Toronto, julho de 2003.

Acima: Completando o círculo: Angus e Malcolm tocando com os Rolling Stones, Enmore Theatre, Sydney, fevereiro de 2003.

Esquerda: Começa o jogo: Angus e Brian, Le Stade de France, Paris, junho de 2001.

Um homem e sua aura: Angus, Le Bourget, Paris, dezembro de 1982.

Com toda a empolgação de trabalhar com as fitas, Opitz sabia bem quais eram as grandes expectativas de seus mentores.

"A única coisa na minha cabeça era medo, um pavor abjeto de não fazer um bom trabalho! Nós todos nos revezávamos fazendo as coisas, tipo, eu fazia vários mixes e George e Harry chegavam e faziam outros e nós mixávamos juntos, coisa e tal. Mas era apenas eu tentando fazer um bom trabalho, sentando lá e tocando coisas para o George, esperando que ele gostasse. Era sempre assim."

A maior parte do álbum, se não ele todo, veio da gravação feita em abril no Apollo em Glasgow. A foto da capa foi feita em agosto com a equipe do fotógrafo Jim Houghton da Atlantic Records antes do show no Paradise Theatre de Boston, com base em uma ideia do diretor artístico da Atlantic, Bob Defrin.

Bob Defrin: "O fotógrafo tinha um sangue teatral como nós. Mandamos modificar uma guitarra. Acho que mandamos cortar o braço para parecer que ele [Angus] se furava. Ele ficou bem interessado."

O nome do álbum, *If You Want Blood You've Got It*, era uma ampliação da resposta de Bon a um jornalista no festival Day On The Green em julho, que perguntou sobre o que se poderia esperar da banda.

Angus: "Ele perguntou para Bon: 'O que podemos esperar de vocês?' e Bon respondeu: 'Sangue'."

No Reino Unido, onde *If You Want Blood You've Got It* saiu primeiro, no dia 13 de outubro, as referências australianas empregadas, com o ar de superioridade que irritara a banda desde sua chegada ao país pela primeira vez, continuaram com a resenha do álbum na *Sounds*, em 28 de outubro, com a manchete: "Billa Bong! Boomer Anngg!".

O interessante é que, enquanto o álbum mostrava o AC/DC em uma grande viagem roqueira pura, seus contemporâneos punks do Reino Unido de 1976 a 1977 saíram todos por outras tangentes. Os Sex Pistols imploram dez meses antes nos Estados Unidos e John 'Rotten' Lydon reapareceu em julho com o Public Image Limited, influenciado muito mais por The Stooges, Krautrock e dub do que pela guitarra de Chuck Berry. O *Jam*, por outro lado, atingiu um grande nível de sofisticação no álbum *All Mad Cons*, como o Clash, em menor grau, estava prestes a atingir com seu segundo trabalho, *Give 'Em Enough Rope*.

Em 10 de outubro, o AC/DC voltou para a Europa para uma turnê de 15 apresentações. Em Paris, Bon lembrou do Trust, a banda que conheceu enquanto visitava os Stones e, mesmo que eles não tivessem gravadora na época, conseguiu que abrissem para o primeiro grande show do AC/DC em Paris, no lotado Le Stadium.

Durante a turnê seguinte de 17 datas, até 16 de novembro, o AC/DC teve a honra de ser o primeiro a vender todos os ingressos em duas noites consecutivas em Mayfair, Newcastle.

A turnê começou com uma apresentação especial na Universidade de Colchester, em Essex, organizada pela BBC para o programa "Rock Goes to College", onde um maravilhado Brian Johnson viu a banda pela primeira vez, o que literalmente mudaria sua vida nos anos seguintes.

Em Glasgow, após sair para tomar um ar durante um intervalo, a equipe de segurança não deixou Bon voltar, e ele precisou da garantia de um comerciante para poder entrar.

A turnê chegou ao ápice com dois shows lotados no Hammersmith Odeon. Uma festa em uma má hora aconteceu depois do primeiro show e durou até as primeiras horas da manhã, o que deixou Bon exausto, mas ele conseguiu chegar para o segundo show naquela noite.

Steve Gett, do *Record Mirror*, assistiu não a um, mas aos dois shows no Odeon. Apesar de ter ficado muito impressionado nas duas ocasiões, Gett escreveu, em 25 de novembro, que a banda agora precisava assegurar que seu próximo álbum em estúdio fosse um arraso, já que eles agora não tinham mais uma carta tão forte na manga depois de terem lançado o álbum ao vivo.

Ele estava certíssimo, embora *If You Want Blood* fosse um tapa-buraco sensacional. Foi lançado nos Estados Unidos em 21 de novembro e na Austrália em 27 de novembro, assim que a banda chegou em casa. Em um tipo de jogada de marketing, os telespectadores de todos os Estados Unidos foram convidados a imaginar os pequenos australianos atrás do barulho monstruoso do álbum quando sua performance de "Midnight Special" foi finalmente mostrada, dois meses depois de ser gravada em setembro.

Dois dias antes do Natal, o álbum chegou ao número 113 da parada da Billboard nos Estados Unidos. Uma posição não muito perfeita, mas promissora.

Na ausência do AC/DC durante o ano, a cena roqueira nos *pubs* na Austrália explodiu com bandas como Cold Chisel, Midnight Oil, The Angels e Rose Tattoo tocando na maior parte das noites da semana, às vezes em *pubs* na mesma rua, ao mesmo tempo, para públicos cada vez maiores.

Por sua vez, os amigos e colegas de gravadora do AC/DC, The Angels, com o ataque contínuo das guitarras gêmeas sincronizadas de John e Rick Brewster e o teatro energético e literário do cantor Doc Neeson, tornou-se um enorme chamariz. Seu primeiro álbum a estourar foi *Face to*

Face, lançado naquele ano, outro projeto do produtor Mark Opitz durante as gravações de *Powerage*.

John Brewster: "Quando o AC/DC foi para o exterior, nos deixou e nós chegamos ao topo. Nós éramos a banda número um do país. Tínhamos pessoas dentro dos shows nas noites de segunda-feira com outras 500 fora tentando entrar."

Mas perder o bonde na Austrália não era uma preocupação para o AC/DC, como não era tirar uma folga mais prolongada. Isso era para os outros. Em 2 de dezembro, apenas duas semanas depois de retornar ao país, a banda estava de volta ao estúdio da Albert em Sydney para gravar com George, Harry e o engenheiro Mark Opitz.

Agora, mais do que nunca, disciplina e foco eram o mais importante. O próximo álbum precisava ser "o" álbum, um nocaute.

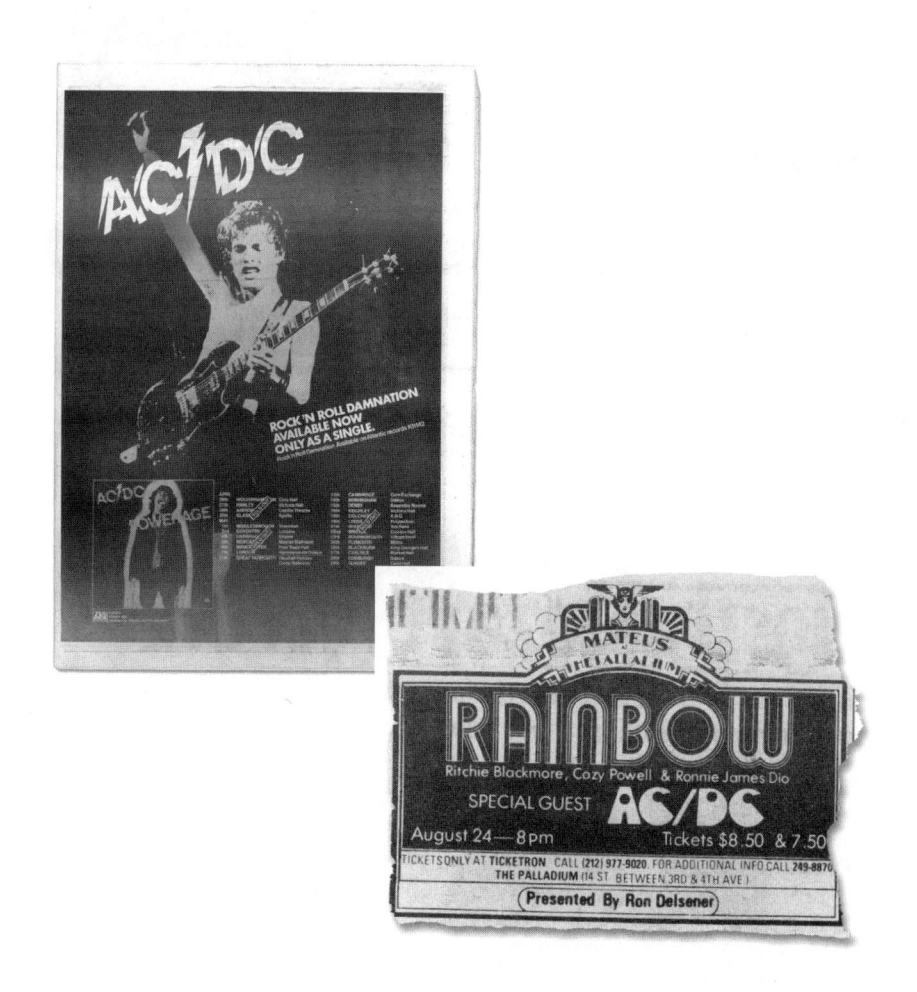

1979
Grandeza ao ar livre: Malcolm, Bon e Angus, Wembley Stadium.

Capítulo 16

Highway To Hell

Em 1926, quando a US Highway 666 passou a existir oficialmente, o nome da faixa de asfalto que se estenderia por quatro estados não refletia nada mais do que uma simples realidade em série: a US 66 tinha agora uma sexta ramificação.

Mas, com sua identificação de três dígitos, que correspondia, segundo a Bíblia, ao temido sinal que sinalizaria o Anticristo ou "A Besta", a rodovia lançou uma sombra negra como o piche.

Os nativos americanos locais ficaram perturbados com as conotações satânicas, enquanto outros destacavam o número de acidentes de carro fatais na rodovia. Outros, ainda, também supersticiosos, acreditavam que quem zombasse de suas preocupações, fizesse pouco-caso do nome ou simplesmente roubasse uma das placas da rodovia, como acontecia inúmeras vezes, desafiava o destino e se metia com forças com as quais não deveria mexer. A estrada para o inferno precisava ser respeitada.

Do outro lado do planeta, porém, alguns pareciam desafiar o destino.

Angus: "Havia muito burburinho sobre nós, e uma garota me perguntou: 'Bem, como vocês chamariam a turnê?'. E eu respondi, 'É uma estrada para o inferno. É uma turnê do AC/DC'."

As gravações do novo álbum do AC/DC, que só começaram no início de dezembro, foram até o ano seguinte. Bon não estava muito satisfeito com seu trabalho no *Powerage* e sentia que as letras de músicas como "Gone Shootin" eram sérias demais. Dessa vez ele queria algo mais leve, e músicas como "If You Want Blood" eram exatamente o que buscava.

A Atlantic Records americana ainda queria fazer umas mudanças. *If You Want Blood* chegou perto de ultrapassar as vendas nos Estados Unidos de *Let There Be Rock* e *Powerage* juntos. É claro que a posição do AC/DC nos Estados Unidos tinha se fortalecido bastante, mas a Atlantic queria mais impacto no mercado por seu investimento na banda. Eles queriam um álbum que vendesse bem em todo o país, introduzido por um *single* de sucesso. E queriam esse lançamento agora.

A questão já sugerida de um novo produtor com bom ouvido e ideias frescas em vez daquela velha parceria de George Young e Harry Vanda agora era vista como crucial nesse processo. A situação era tão séria que o vice-presidente da Atlantic, Michael Klenfner, viajou para Sydney para se encontrar com a banda, George e Harry.

Quando Klenfner chegou, foi informado do que a banda discutira até aquele ponto. O baterista Ray Arnott, que fez várias sessões para a Albert com George e Harry e tocava com Stevie Wright, substituiu Phil Rudd na ocasião.

Ray Arnott: "Entrei no estúdio uma noite, só tocando com eles para mostrar para esse cara americano alguns dos trechos de músicas em que eles trabalhavam. Ele foi até lá para checar se eles não estavam de bobeira!

Nós o chamamos de 'o engraçadinho'. Assim que eu me lembro dele, como 'o engraçadinho'. Lembro de ir a um restaurante, uma noite, e o ianque pedir um vinho tinto, acho que custava uns 80 dólares a garrafa. Bon disse: 'Isso é o que você põe no peixe com fritas, cara!'. E a próxima garrafa que Bon comprou custava uns 300 dólares. Mas o ianque pagou por ele. Nós tivemos uma boa noite."

Para Arnott, foi uma grande semana. Ele logo se casaria e os integrantes da banda fizeram uma despedida de solteiro em sua homenagem.

Ray Arnott: Éramos eu, Malcolm, George, Angus e alguns outros caras, e nós fomos a essa danceteria no fim da George Street, em Sydney. Eles não nos deixaram entrar, dizendo: 'Vocês são muito fuleiros'. E eles estavam tocando AC/DC na pista! Nós nos olhamos nos mijando de tanto rir."

Mas nos bastidores a situação não era nada engraçada.

Receber ordens sobre o que fazer não era legal, mas o que realmente irritou Malcolm e Angus foi sentir que George havia sido desrespeitado pela Atlantic, como um amador sem um grande registro fonográfico de seu trabalho de produção, mesmo que ele e Harry tivessem um sucesso entre as dez melhores músicas da parada apenas alguns meses antes com "Love Is In The Air", de John Paul Young.

Havia também a Flash and the Pan, de George e Harry, um trabalho apenas de estúdio, que nunca fez turnê, mas teve um considerável sucesso nas paradas da Austrália, da Europa e dos Estados Unidos.

Um porta-voz de George e Harry escondeu a ruptura contando à *Juke* que a possibilidade de um produtor externo já "estava prevista".

Malcolm parecia menos contente com a situação, e chegou a ponto de dizer à Radio 2JJ de Sydney que a banda foi praticamente "forçada" a engolir um produtor intruso.

Perder Harry era uma coisa. Perder George era quase literalmente perder um sexto membro da banda, e muito mais.

Michael Browning: "George e Harry foram muito honrados quanto a isso. Eles poderiam ter ficado furiosos, tenho certeza de que estavam. Uma gravadora americana dizer para você mudar seus produtores quando eles são reverenciados em seu país era tipo um tapa na cara, eu acho. Então foi muito, muito difícil. Malcolm e Angus não gostaram nada disso, ficaram muito fulos. Eles não ficaram nada felizes com isso."

Browning, porém, acreditava que a mudança para um produtor diferente e familiarizado com as tramas das rádios de rock americanas era vital naquele ponto.

"Da mesma forma que acho que Vanda e Young eram completamente cruciais no papel de criar o som, desenvolver a música e tirar o melhor de Malcolm, Angus e Bon, sendo bons produtores como são; eles não estavam ligados em como era uma rádio americana. Você precisava estar nos Estados Unidos para entender de verdade como era a mentalidade dos garotos, dos ouvintes e de seus programas. Nós chegamos a um estágio onde você pode ter toda a atitude e vibração, mas precisa disfarçar isso como algo mais engenhoso com uma produção mais forte. Mas tinha de acontecer, com certeza tinha de acontecer. A Atlantic estava 100% certa."

A Atlantic escolheu o produtor Eddie Kramer, e ele não era nenhum novato. Seu histórico profissional incluía David Bowie, The Kinks, The Beatles, The Stones e The Small Faces. Mas o que realmente fez seu nome foram suas gravações importantes com Jimi Hendrix nos álbuns *Are You Experienced?*, *Axis: Bold As Love* e *Electric Ladyland*. Seu trabalho posterior com Led Zeppelin e Humble Pie, em seu clássico ao vivo, *Rockin' The Fillmore,* fortaleceu ainda mais a reputação de Kramer.

Para a Atlantic, produzira nos últimos cinco anos o Kiss em gravações como *Alive!*, *Love Gun* e *Alive II*, trabalhos que o tornaram "o" cara para o AC/DC.

Enquanto isso, o custo de transportar a grande aparelhagem da turnê para a Austrália foi apresentado como motivo para não tocar no país. Bon, apenas meio sério, diria a Stuart Coupe, da revista *RAM,* em 9 de março, que eles estavam "bêbados, chapados e fodidos demais" para tocar em sua terra natal.

Embora Bon prometesse que quando eles subissem, enfim, aos palcos australianos seria o maior show de rock da Terra, na realidade, fazer uma turnê pela Austrália ou qualquer outro lugar no mundo não era prioridade naquela época. As turnês os levaram aonde estavam. Agora era hora de atirar no mercado o álbum certo para terminar o serviço.

Quando Eddie Kramer chegou a Sydney, encontrou-se com George, Harry, Ted Albert e Michael Browning e se fechou com a banda no estúdio da Albert para fazer umas demos.

O poder e a força do caráter coletivo e individual da banda logo ficaram óbvios e confirmaram tudo o que Kramer viu e ouviu em vídeo em Nova York. Mais importante, como uma banda de rock, eles se comparavam mais do que favoravelmente com vários pupilos anteriores de Kramer, embora com uma diferença evidente.

Eddie Kramer: "Obviamente um tipo de vibração mais bruta, forte, corajosa e simples. Digo, os dois irmãos realmente mandavam ver e eu achava que eles arrasavam, e com aquele cantor, Bon Scott... Jesus, ele era maravilhoso. Era incrível.

Você tem um grande cantor e uma banda com um som legal. Eles eram diferentes do Zeppelin, por motivos óbvios. Eles eram uma banda de rock simples, crua, básica, direta, uma banda fundamental, que é difícil de encontrar e até hoje não se encontra, pelo amor de Deus."

Dito isso, para Kramer não havia paralelos à banda que fossem uma influência para o AC/DC desde o início de sua carreira.

Eddie Kramer: "Os Stones tinham um nível de sofisticação muito mais elevado do que esses caras. Eram uma espécie diferente de animal."

Com as demos concluídas, a banda fez as malas e se preparou para se mudar para Miami, como Bon Scott previu casual e alegremente no fim de 1977, para a gravação do álbum novo no Criteria Studios, em fevereiro.

De alguma forma, em meio a tudo isso, Angus, George e Harry juntaram-se a Jeremy Barnes, John Swan, Peter Wells do Rose Tattoo, Warren 'Pig' Morgan e muitos outros no primeiro dos dois álbuns de Ray Arnott para a Albert: *Rude Dudes.* Vanda e Young foram consultores da produção do álbum, agora um item raríssimo, lançado apenas na Austrália em novembro de 1979.

Ray Arnott: "Com Angus era apenas blues, só aquela coisa de 12 compassos lentos. E ele arrasou, tocou como um campeão."

Angus: "[Ray] estava no escritório, eu apareci e ele disse: 'Ei, já que você está aqui'... Eu não achei que fossem gravar. Terminei em cinco segundos."

Em uma demonstração involuntária de entusiasmo antes de partir para os Estados Unidos, Angus, Malcolm e Bon subiram ao palco do Strata Motor Inn, em Cremorne, no norte de Sydney, para uma apresentação de improviso com George no baixo e Arnott, de novo, na bateria. Foi a última apresentação ao vivo de Bon com Malcolm e Angus na Austrália.

Ray Arnott: "Havia três ou quatro leitões assados e todos tinham boa comida e boa bebida, e então um cara veio correndo e disse: 'Vocês querem tocar?'. E nós dissemos: 'Sim!'. Então nos levantamos e o público ficou maluco. Em uma parte do lugar tinha uma danceteria e na outra um restaurante, que eles fechavam durante o dia. Então, estávamos curtindo no restaurante, abrimos a porta, fomos lá, subimos ao palco e tocamos."

Na meia hora seguinte, a audiência atordoada divertiu-se com cinco ou seis músicas, incluindo "Baby, Please Don't Go" e "Let There Be Rock".

Bon e Angus não eram estranhos no Strata, aonde eles iam algumas vezes para ver os guitarristas assombrosos do grupo The Emmanuel Brothers, Tommy e Phil.

Phil Emmanuel: "Greg Johnson, gerente do Strata, chegou e disse: 'Querem algo para beber?'. Sim, sim. Então ele foi para o bar e pegou dois Jack Daniels com Coca duplos para mim e Tommy, e acho que Angus tomou uma limonada ou algo assim, e ele só olhou para Bon e disse: 'O de sempre, cara?'. E Bon: 'Seria ótimo'. Ele voltou com um copão de gelo e metade de uma garrafa de Johnnie Walker Red Label para Bon. Enquanto tomávamos nossas bebidas, Bon já tinha terminado toda a garrafa. Nunca vi um homem beber como ele. Era incrível, e ele podia lidar muito bem com isso também."

A viagem para Miami foi adiada por um dia ou dois depois da descoberta, quando a banda se reuniu no aeroporto de Sydney, de que Bon – caindo de bêbado, graças a mais outro uísque com Coca triplo – era ironicamente o único a ter o visto em ordem.

Bon estava em ótima forma no aeroporto, aproveitando cada oportunidade ao máximo para tirar fotos com as mulheres ao seu redor. Ele até chegou a ponto de elogiar a forma de uma amiga do jornalista musical

Stuart Coupe e dar o número de seu telefone no caso de Coupe não respeitar o corpo dela como Bon achava que deveria.

Quando eles finalmente chegaram e se instalaram em Miami, os ensaios com Kramer começavam todos os dias, por volta do meio-dia, às vezes mais cedo. Um horário a que a banda não estava acostumada, pois costumava trabalhar no estúdio desde tarde da noite até de manhãzinha.

Mas as horas de trabalho ou a verba de apertar o cinto não eram o problema.

A banda se acostumou a trabalhar as músicas no estúdio com George, em vez de chegar com o material completo pronto para gravar, o que estava mais de acordo com o que Kramer esperava.

Eddie Kramer: "Eles eram um bando bem independente. Claro que eram muito talentosos e eu achava que podíamos fazer um bom disco aqui. Mas acho que meu problema era que o material não estava pronto e o modo como eles trabalhavam era meio estranho, eu acho. Era tipo: 'Olha, nós temos essas músicas'. E Bon Scott tinha problemas com as letras, com a bebida e tudo o mais.

Lembrando agora, ele era o protótipo do roqueiro durão e sua imagem ligada a bebida, farra e ficar completamente fora de controle... esse era seu estilo e eu não estava acostumado a lidar com aquilo."

Kramer não achava que os membros do AC/DC estivessem interessados demais em suas experiências profissionais com muitos de seus ídolos. Ou talvez não quisessem parecer interessados. Ele poderia não ser o inimigo pessoalmente, mas foi escolhido por aqueles que a banda considerava inimigos, então era um adversário por tabela. Mostrar falta de interesse nele como profissional seria uma arma poderosa.

Kramer até entendia um pouco a situação do AC/DC. Ele sabia que eles foram praticamente obrigados a aceitá-lo e entendia que tivessem certo grau de ressentimento. Mas isso não deixava as coisas mais fáceis.

Basicamente aconteceu um choque de planos.

Malcolm: "Eddie, nós logo percebemos, era apenas um bom técnico de som. Ele conseguia bons sons, mas era muito... Esse cara chegava e tocava para nós uma faixa dos Rolling Stones e outra faixa de outra banda e dizia: 'Coloca essa estrofe junto com esse refrão e terão um sucesso'. Nós apenas dizíamos: 'Foda-se!'. Isso foi o fim. Não ia funcionar."

Eddie Kramer: "Já deu para mim. Gosto de ouvir músicas de sucesso. Acho isso muito importante. Mas, mais uma vez, não é o modo de trabalhar dessa banda."

Tornou-se evidente para todos em questão que o projeto já era quando, depois de três semanas de atividade em Miami, eles não tinham nem passado dos ensaios.

Eddie Kramer: "Acho que a banda precisava de um tipo específico de tratamento, mas eu não tinha ideia de qual seria naquele momento da minha carreira. Eu costumava trabalhar com o Kiss, que era prático de uma forma diferente. Tive uma harmonia com o Kiss que não tinha com essa banda e, você sabe, havia alguns problemas."

A missão terminou depois de Malcolm ligar para Michael Browning e pedir para que os tirasse de Miami.

Browning sentiu que a Atlantic interpretou mal a situação em relação a George, Harry e Kramer.

Michael Browning: "Eles subestimaram o arranjo musical e o tipo de papel de George por ser a consciência musical da banda ou o que mais fosse, apenas mantendo uma direção honesta e sendo o mentor, o mentor musical deles, creio eu. [Kramer] obviamente tinha muito talento em tirar bons sons, mas faltava a outra metade. Eles estavam no estúdio de ensaio em Miami e odiavam cada segundo. A gota d'água que fez transbordar o copo foi sua ideia de domar o grupo para uma versão *cover* de 'Gimme Some Lovin'."

Kramer não se lembrava de nada disso.

"Se eu fiz essa sugestão, foi uma coisa estúpida."

Embora nenhuma canção tenha sido completada em Miami, algumas ideias apareceram, como o título criado por Angus – "Love Hungry Man" – e a semente da música "Highway To Hell". Angus apareceu com o *riff* de abertura incompleto e Malcolm pulou para trás da bateria para dar o ritmo.

Parece que, por algum motivo muito estranho, eles deixaram um técnico do estúdio levar para casa a gravação em fita cassete, onde, para seu horror, um de seus filhos tirou os metros da fita do cassete. Felizmente, Bon conseguiu resgatar o conteúdo da fita.

Malcolm: "Havia centenas de *riffs* rolando todos os dias, mas quando o fizemos, achamos que esse [Highway] era bom, que nós voltaríamos e ouviríamos. Nós continuamos porque estávamos em um período fértil e algo mais poderia aparecer. Voltamos no dia seguinte, e ele chamou muito a nossa atenção."

O colapso do relacionamento com Kramer foi uma faca de dois gumes. Primeiro, provou o que os Youngs suspeitavam, que ninguém de fora de seu círculo trabalharia bem com eles. Segundo, a banda agora tinha de tentar criar um elo com outra figura estranha a eles, e o tempo corria.

Na ocasião da ligação aflita e furiosa de Malcolm para Browning, ele por acaso dividia uma casa em Nova York com o produtor Mutt Lange e seu empresário, Clive Calder.

Michael Browning: "Eu só me virei para Mutt, enquanto falava com Malcolm no telefone, e disse: 'Cara, você precisa fazer esse disco'. Foi isso."

Doug Thaler já tinha um relacionamento comercial com Calder e teve a função de assegurar os serviços de Lang por parte da Atlantic.

"Eu mencionei o nome de Mutt Lange. A Atlantic Records ficou bem entusiasmada com ele e estava tentando negociar com Clive Calder para que Mutt produzisse especialmente para ela naquela ocasião. Então isso meio que veio em boa hora, era algo que a gravadora poderia aceitar."

Lange recebeu uma fita com a gravação de seis ideias para músicas que o AC/DC registrou com Bon na bateria sob a vigilância de Kramer. Eles lhe disseram que tirariam um dia ou dois de folga para ir à praia, e o acordo estava feito.

O fiasco de Miami significava que a agenda futura da banda tinha ido por água abaixo. Calculando que teriam terminado o álbum até o início de março, marcaram para que eles fizessem três shows no Japão pela primeira vez, de 7 a 12 de março. Mas, assim que a equipe inteira do AC/DC aterrissou em Tóquio, eles souberam que a banda não poderia permanecer no país. O motivo oficial apresentado na época foi que Bon contraiu bronquite, mas na verdade eles não conseguiram alguns dos vistos.

Eles estavam apenas no terceiro mês do ano e já tinham gasto somas substanciais com o pagamento pelas horas no estúdio, pelas viagens de sua equipe e seu equipamento ao Japão para uma turnê que não aconteceu. Prejuízos financeiros por nada eram a última coisa de que precisavam.

Enquanto tentavam remarcar a turnê japonesa para maio, todos os atuais planos para turnês, incluindo a tentativa de algumas datas nos Estados Unidos, como uma presença no California Music Festival e uma vaga para abrir para o Aerosmith no Los Angeles Coliseum em abril, foram adiados para eles se concentrarem no álbum.

Próxima parada, a gelada Londres.

Embora Lange tenha feito seu nome com o trabalho com o Boomtown Rats e Graham Parker, sua base de clientes, naquele estágio, não se beneficiava do *status* lendário de muitos dos contratados de Kramer. Mas logo algo acendeu uma faísca entre Lange e o AC/DC, e o trabalho no novo álbum, que se chamaria *Highway To Hell*, deslanchou.

No inverno inglês, a banda precisou de aquecimento durante as duas semanas que passou ensaiando e moldando as novas músicas.

Doug Thaler: "Eles ensaiavam nesse lugar, que tinha um chão de terra batida... eles usavam seus casacos de inverno – era um inverno rigoroso – e tinham esse aquecedor de construção que funcionava com querosene. Essa era a única coisa que mantinha a sala aquecida enquanto ensaiavam."

Nesse momento, após as sessões, primeiro em Sydney e depois em Miami, a banda tinha material suficiente para quatro álbuns.

A princípio, as músicas estavam em forma antes de eles entrarem no Roundhouse Studios de Londres, em março, para gravar, embora fosse típico de Bon ainda fazer anotações durante as gravações.

O álbum que eles queriam fazer e que, ao mesmo tempo, sabiam que calaria a Atlantic começou a se materializar. O conhecimento e a influência de Lange atingiram tudo, até os vocais de Bon, embora o produtor sentisse que o AC/DC fosse tão poderoso instrumental e ritmicamente que um cantor quase desvalorizava a banda.

Michael Browning: "Lembro de algumas conversas que rolavam com Mutt Lange em que Bon dizia que sua voz soava como a de uma doninha no cio. Essa era a percepção que Bon tinha de si mesmo, baseado no que alguém escreveu sobre ele em algum lugar."

Lange ensinou a Bon como respirar para que pudesse ser um cantor melhor tecnicamente em canções como "Touch Too Much", para a qual Bon tinha a melodia básica, ou pelo menos era o mais melódico possível.

Bon nem sempre gostava do comando de Lange. Sua voz o serviu bem por mais de uma década e ele não gostava que alguém que o conheceu por cinco minutos lhe dissesse o que fazer com ela. Mas ele não sabia, até descobrir da pior forma, que o baixista Lange foi um cantor profissional na África do Sul antes de se mudar para o Reino Unido.

Ian Jeffery: "Algumas vezes, Bon chegava e dizia: 'Certo, seu mané! Você acha que pode cantar isso? Então canta!'. E Mutt apenas ficava sentado lá e cantava de onde estava porque era um cantor experiente. Bon parava, surpreso, e dizia: 'Tá bom, mané, eu posso fazer isso'."

Bon era filosófico em sua abordagem geral ao canto. Sim, o que saía às vezes o deixava com medo, mas não havia motivo para não persistir nisso.

"Nós todos podemos cometer erros e fazer uma bobagem", ele contou a Pam Swain, da 2JJ, em setembro de 1979. "É só uma questão de se deixar levar. Se eu bebo uma garrafa de uísque, não tenho problema nenhum em me deixar levar!"

As outras ideias de Lange incluíam a introdução de harmonias, mesmo se elas, às vezes, soassem como algo tirado de um tumulto. Para esses momentos ele arranjaria um coro com as pessoas do estúdio e, se mais vozes fossem necessárias, ele mesmo assumiria o microfone. O problema era que sua voz era tão inconfundível que em grande parte do tempo ele ia para o outro lado do estúdio para não abafar a voz dos outros.

Provavelmente, a música mais velha à mão durante as sessões era "Night Prowler". O título tinha uns dois anos, e quatro versões rejeitadas foram gravadas em ocasiões anteriores. Dessa vez ela arrepiou. O avanço e o andamento rítmicos eram perfeitos e Angus dava uma demonstração quente, como em "The Jack" e em "Ride On" de que, para um garoto da escola, ele com certeza sabia tocar blues na guitarra muito bem.

O engenheiro de mixagem Tony Platt foi a escolha ideal para trabalhar no álbum com Lange. Ele estava no Island Studios em Londres, no auge da Island Records, com bandas como Free, Spooky Tooth e Traffic, bem como outros como os Stones, Thin Lizzy e até Bob Marley.

Platt logo sentiu respeito e carinho pelo AC/DC.

Tony Platt: "Eles vinham da tradição de músicos com os quais eu cresci quando entrei em um estúdio pela primeira vez. Pessoas que tinham um bom tempo, tocavam muito, trabalhavam duro e lidavam bem com isso. Eles sabiam o que queriam conseguir."

Platt foi apenas a algumas sessões de gravação, que ficavam com uma atmosfera de pânico por causa da falta de tempo. Mas isso só serviu para estimular a banda a terminar o trabalho.

Com a maior parte da gravação concluída, sessões adicionais aconteceram no Chalk Farm Studios e, em abril, no Estúdio Basing Street, para mixar o álbum. Lá, Bon fez os vocais de "Night Prowler", incluindo os dois suspiros que soavam como um choque provocado pelo frio no início, talvez nada mais do que uma inocente e apressada última baforada para acalmar, bem como o *backing vocal* ocasional e algumas pegadas da guitarra.

Tony Platt: "Nós fizemos os *backing vocals* para o *single* 'Touch Too Much' durante a mixagem. Lembro de sentar lá e dizer: 'Caramba, isso vai estourar! Esse vai ser um *single* pesado!'. E quando não era, você dizia: 'Isso é muito irritante!'. Para mim, essa [música] sempre se destacou. E 'Highway To Hell' apareceu logo. Na primeira vez em que aumentei os *faders*, pensei: essa é uma música clássica! Da mesma forma que foi 'All Right Now' [do Free]. Obviamente há pequenas comparações que podem ser feitas, mas as duas tinham aquela crueza. Era tão crua que você sentia o gosto."

Em uma gravação impressionante, em apenas uma semana a mixagem estava pronta e o álbum *Highway To Hell* foi concluído no fim de abril. Importantíssimo foi o fato de Malcolm ter sido conquistado pelos resultados. Ele aprendeu muito com a experiência com Lange, incluindo a importância de estar preparado antes de entrar no estúdio. E o mais importante de tudo: aprendeu a confiar em seus bons instintos em vez de apenas confiar em George.

Com as energias renovadas e a confiança que a experiência da criação de *Highway To Hell* injetara na banda, eles se lançaram na primeira parte de seu ataque aos Estados Unidos, uma maratona de 53 datas a partir de 8 de maio. A turnê prolongada começou com 23 apresentações do UFO, todas abertas pelo AC/DC, com exceção de uma apresentação-solo em Columbus e depois em shows próprios no Tennessee e na Georgia.

O AC/DC agora era como uma máquina paramilitar ensurdecedora com uma produção de palco em larga escala. Eram simplesmente incomparáveis em se tratando de poder e intensidade.

A largura do peito e dos ombros de Bon parecia ter aumentado, e ele destilava sua tagarelice no palco em outros momentos que não as breves introduções às músicas.

Angus ficou craque em um visual emburrado, que nunca sorri (ele nunca sorria no palco, de qualquer maneira), do tipo "faça seu melhor".

"Eu costumava tentar parecer o mais durão que pudesse", ele explicou a Neville Marten na *Guitarist,* em abril de 1991. "Eu punha um cigarro na boca, andava pelo palco, apagava o cigarro no chão esperando que ninguém notasse meu blefe!"

O movimento de todos no palco, à exceção de Angus, foi aperfeiçoado com uma disciplina que era quase uma demonstração de presença de espírito em que todos tinham um lugar no palco e ficavam lá. Malcolm e Cliff iam de trás para a frente para cantar um refrão e então voltavam para trás na meia-luz.

Embora o AC/DC não excursionasse pelos Estados Unidos desde outubro, eles não perderam terreno. Muito pelo contrário. Estavam em uma forma devastadora, o que fez da apresentação no fim de maio, abrindo para Boston e The Doobie Brothers no Tangerine Bowl, em Orlando, muito mais do que um exercício de dominação e submissão.

Ian Jeffery: "Posso dizer que ninguém queria tocar depois de nós."

Bon gostava da filosofia "volume muito alto nunca é demais" nas apresentações. Parecia que a banda ia derrubar os muralhas de Jericó.

"Nós só queríamos que as paredes desmoronassem e o teto caísse", explicou a David Fricke na *Circus,* em 16 de janeiro de 1979. "Nós todos sempre partilhamos da crença comum de que a música deve ser tocada o mais alto possível, de uma forma crua e desencanada e eu vou dar porrada em quem não gostar do jeito como eu faço."

Uma vaga para abrir para Heart, Nazareth e UFO no John O'Donnell Stadium, em Davenport, Iowa, para o festival Mississippi River *Jam* II juntou um grupo interessado em beber de forma saudável por causa do já sólido relacionamento entre o AC/DC e o UFO e o fato de os caras do Nazareth serem conterrâneos escoceses.

Angus chegou perto de terminar em um tipo diferente de cana quando baixou seu short durante o show. Ele só não teve problemas com a lei porque a camiseta cobria seu pequeno bumbum.

As vendas nos Estados Unidos de *If You Want Blood* chegaram a 250 mil cópias, o maior aumento de número de cópias da banda até hoje, e não mostrava sinais de que ia diminuir. A Atlantic percebeu isso e chegou ao Tower Theater na Filadélfia. O UFO abria e depois de seu show eles queriam desejar sorte ao AC/DC, pois os australianos vinham em seguida. Um dos figurões da Atlantic, achando que Phil Mogg, vocalista do UFO, fosse Bon, o parabenizou pela apresentação da noite que, é claro, ainda aconteceria.

Quando aconteceu, foi ainda mais memorável do que o normal, depois de alguém no público atirar uma bombinha que derrubou uma cortina. Seguindo a regra de Malcolm de que nada interrompe um show, a banda nem ligou.

Quando chegaram ao Texas, arrasaram, com aquele algo mais que sempre pareciam guardar para o estado da Estrela Solitária. A reputação de festeiro de Bon o precedia.

Jim Heath (vulgo The Reverend Horton Heat) ficou horrorizado quando descobriu que sua irmã fez mais do que ele, que só tocava os discos do AC/DC em seu quarto, e estava, na verdade, saindo com Bon.

"Ela saiu para a farra com ele uma noite quando eles vieram para a cidade de Corpus Christi. Fiquei fulo! [faz seu melhor grito texano] 'Não acredito que você foi e saiu por aí com aquela maldita banda de rock!' Nah, eu sabia quem eles eram. Eu não era assim. Mas eu falava: 'Caramba, Patty. Você está andando com um pessoal bem barra-pesada, saindo com Bon Scott do AC/DC'. Ela não o namorou nem nada."

Em 1º de julho, começou um novo capítulo na carreira da banda, pelo menos no sentido empresarial, quando eles assinaram com a poderosa firma de assessoria empresarial Leber-Krebs.

Michael Browning se viu excluído logo antes do lançamento do álbum que realmente poderia projetar o AC/DC globalmente.

Michael Browning: "Foi mais como se uma pessoa casada conhecesse alguém que achasse melhor e, de repente, encontrasse um milhão de razões pelas quais sua esposa atual não era boa. Foi bem assim. Então um monte de coisas bobas, coisas pequenas, ficaram enormes, eu acho, e foi isso."

A situação começou no início de maio, quando Browning se juntou ao promotor Cedric Kushner para coempresariar a banda, situação que não deixou o AC/DC muito entusiasmado.

Doug Thaler: "Eles [AC/DC] começaram a se encontrar com outros empresários. Meu favorito, que me apoiaria mais em meus esforços e eu achava que faria um grande trabalho para eles, era David Krebs."

Leber-Krebs era, na ocasião, a maior empresa de assessoria empresarial da América. Steve Leber e David Krebs começaram como agentes musicais na William Morris Agency no fim dos anos 1960 com clientes que incluíam os Rolling Stones. Em 1972, eles fundaram a Contemporary Communications Corporation, uma companhia que incluía uma seção de música, a Leber-Krebs.

Seu primeiro contratado foi o New York Dolls, seguido pelo então desconhecido Aerosmith. Em 1979, seu plantel incluía o muito popular Ted Nugent.

Thaler levou David Krebs para ver o AC/DC em seu show em Poughkeepsie em junho. Krebs mostrou interesse em empresariá-los dois anos antes e ajudou a colocá-los em suas maiores turnês americanas até então com Aerosmith e Ted Nugent.

Ian Jeffery: "Lembro de Malcolm e Angus dizendo: 'Tá bom, cara, pare de falar e comece a agir e nós assinaremos com vocês', porque ele tinha lhes prometido 1 milhão de dólares pelo trabalho de um verão, e nós éramos uma banda de abertura em boates e tal que recebia 1.500, 5 mil ou 6 mil dólares.

Nós encontrávamos todos esses empresários, que eram patéticos na opinião do Malcolm e do Angus, e eles diziam para Leber-Krebs: 'Tudo bem, você nos garante isso, nós assinaremos com vocês'. De repente, estávamos tocando nesse Day On The Green, em San Francisco, em todos esses grandes festivais, e ganhávamos tipo uns 25 ou 50 mil. Era como, o que diabos está acontecendo?"

Mas Leber-Krebs era uma grande organização e muito ocupada, e Malcolm não queria que o AC/DC se perdesse nela. Ele queria um representante que também teria de se mudar para Londres com a banda. Para surpresa da Leber-Krebs, Malcolm queria Peter Mensch, que ainda era um contador da turnê, na organização. Mensch ficou amigo da banda durante a turnê com o Aerosmith em 1978 e queria ser seu empresário, mas não tinha a estrutura ou a influência oferecida pela Leber-Krebs.

Foi uma transição rápida, e com a entrada da Leber-Krebs veio o nível de negócios que o AC/DC desprezara por tanto tempo, mas era vital para conquistar o mundo.

Em alguns dias, os negócios voltaram ao normal. Filmaram cinco vídeos promocionais para as músicas de *Highway To Hell*, incluindo um para "Shot Down In Flames", com Angus de uniforme escolar do Japão, especialmente para esse mercado. Depois abriram para o Cheap Trick em cinco shows, embora o primeiro deles, no dia 4 de julho, tenha tido o tipo errado de fogos de artifício.

Rick Nielsen (Cheap Trick): "O AC/DC abriu para nós perto de nossa cidade natal, Rockford, em Illinois. Nós tínhamos 40, 50 mil fãs e, quando eles começaram a tocar, algum idiota jogou um M-80 [um daqueles fogos de artifício poderosos], que estourou o tímpano do técnico de bateria do Phil."

Um momento mais memorável e agradável da turnê aconteceu na última noite em Omaha, Nebraska, quando Malcolm, Angus e Bon juntaram-se à banda principal durante o bis para uma versão de "Sin City" e "School Days", de Chuck Berry. Rick Nielsen subiu nos ombros de um *roadie* e tocou freneticamente sua guitarra em homenagem à prática comum de Angus de observar a multidão dos ombros de Bon.

No meio da turnê americana, eles viajaram para a Europa para uma apresentação única para a Veronica TV, em Arnhem, Holanda, no Rijnhallen, onde Angus conheceu Ellen, sua futura esposa. A Holanda era um forte território do AC/DC ("Whole Lotta Rosie" tinha chegado ao Top 5 lá no ano anterior) e parte da apresentação passou em agosto para todo o país na televisão.

Eles cruzaram o Atlântico de volta para prosseguir com a turnê americana a partir de 19 de julho, abrindo para o Mahogany Rush e fazendo seus próprios shows. Essa parte da turnê incluía uma incrível terceira presença em 21 de julho no festival de Bill Graham, Day On The Green, diante de 60 mil pessoas no Oakland Stadium. O show colocou o poderio de sua nova assessoria empresarial à vista, pois as bandas do festival eram empresariadas pela Leber-Krebs: Aerosmith, Nugent, Mahogany Rush e St. Paradise.

Seis dias depois, em 27 de julho, *Highway To Hell* foi lançado no Reino Unido. A resenha sobre o álbum na *NME* foi entusiasmada. Só que mais uma vez a imprensa não pôde evitar qualificar sarcasticamente seu elogio à banda como se eles ainda brigassem com o fato de que algo com tamanho poder e qualidade tenha vindo da Austrália graças a cinco pequenos caras que se pareciam com a média de seus fãs roqueiros. A manchete sobre a resenha gritava: "O melhor álbum já feito" em caixa alta, e embaixo, em uma letra muito menor, aparecia "(na Austrália)".

O álbum foi um desenvolvimento de suas gravações prévias, mas chegou a um equilíbrio inteligente entre refinamento e o poder de fogo do AC/DC.

Enquanto *Highway To Hell* impressionava a todos no Reino Unido, o foco de ataque da banda permaneceu na América, onde, em 28 de julho, abriram para Aerosmith, Nugent, Journey e Thin Lizzy, diante de 80 mil pessoas, no Cleveland Stadium para o festival World Series of Rock.

Os momentos antes do show não foram nada legais. Vários milhares de fãs acampados de um dia para o outro para garantir seus ingressos, apenas para ser aterrorizados por gangues locais. Segundo relatos, um fã morreu baleado, quatro ficaram feridos por tiros, nove foram esfaqueados e muitos espancados ou roubados durante a noite. O concerto, em si, felizmente, foi relativamente pacífico.

Uma associação profissional com Nugent veio em seguida, com seis datas, incluindo a primeira vez do AC/DC no palco do Madison Square Garden de Nova York, em 4 de agosto, a penúltima data da turnê americana. No fim da apresentação de Nugent, as cadeiras que foram arrancadas foram todas jogadas em uma pirâmide de destruição.

Bon estava exultante. Isso era tudo o que ele sempre quis, e mais. Ele nunca ousara nem sonhar com isso.

"Esta será uma das maiores bandas de rock já vistas", disse ele a Andy Secher em *Hit Parader* depois do show. "Nos dê um ano ou dois e nós sozinhos lotaremos este lugar. Nós temos talento e trabalhamos mais duro do que todos."

As notícias das vendas mundiais de *If You Want Blood* atingindo 500 mil cópias deu à ocasião uma doçura a mais e uma sensação de triunfo. Mas uma torrente sem-fim de hotéis, reconhecidamente de melhor qualidade, em vez de mansões caras, ainda eram os únicos lares da banda, pois a vida na estrada continuava. Era exatamente para esse tipo de situação que George, desde o começo, queria que a banda se preparasse.

Highway To Hell foi lançado nos Estados Unidos em 3 de agosto, e a faixa título foi lançada como um *single* no Reino Unido. Enquanto a capa do álbum e seu título passaram quase despercebidos na Grã-Bretanha, as coisas foram bem diferentes nos Estados Unidos. Para começar, a Atlantic opôs-se ao título do álbum. Houve grandes preocupações de que o trabalho fosse considerado uma afronta por aqueles do chamado Cinturão da Bíblia nos estados sulistas dos Estados Unidos. As vendas seriam prejudicadas se as lojas dessas áreas se recusassem a estocar o álbum e haveria protestos nos shows.

A arte na capa original de *Highway To Hell* era, na realidade, uma ilustração do bem contra o mal, com o AC/DC retratado como bonzinho. O desenho inicial mostrava uma luz branca angelical em volta da banda em uma estrada solitária à noite, na mira de um carro dirigido por uma criatura demoníaca. A banda rejeitou a ideia por ser artística demais, embora a foto na contracapa da versão final do álbum viesse dessa mesma sessão noturna em Staten Island, que envolvia um furgão de locação, maquiadores e tudo o mais.

A capa mostrava Angus com um rabo e chifres entre seus colegas com caras inocentes.

Por coincidência, as previsões sobre a pior situação possível não estavam erradas, apenas uns cinco anos adiantadas. Com o álbum *Dirty Deeds* ainda indisponível nos Estados Unidos, a Atlantic sentiu a empolgação dos fãs discando por engano o "número de telefone" na faixa título, então eles sugeriram que *Highway To Hell* tivesse um número de telefone como título.

A banda ficou horrorizada.

De volta ao Reino Unido, Phil Carson, da Atlantic, tentou incluir a banda na programação do Festival Knebworth, em que o Led Zeppelin era a banda principal. Seria uma prática promocional excelente para o novo álbum, mas encontrou alguma oposição.

Phil Carson: "Robert [Plant] não gostava da banda... eu queria muito o AC/DC na programação, mas o Robert não estava muito animado. Ele não os achava muito originais, você sabe, o que é um comentário justo, realmente, eu digo, eles não eram."

Isso não importava: raramente lhes faltava trabalho.

A banda foi a principal no primeiro dia do festival Bilzen, na Bélgica. Depois participaram do festival The Who And Roar Friends no Wembley Stadium, em Londres, em 18 de agosto, com Nils Lofgren e The Stranglers.

Malcolm e Angus eram grandes fãs do Who. Um convite da banda para estar em uma programação com eles era uma honra enorme. O AC/DC era o segundo antes dos Stranglers, mas a maior parte do público passou a ser dele desde as primeiras notas de baixo de "Live Wire".

Por incrível que pareça, o sistema de PA falhou durante "Whole Lotta Rosie" no meio do solo de Angus. Mas eles não pararam de tocar, e a multidão soltou um enorme bramido quando o som finalmente voltou à vida no meio de "Rocker".

J. J. Burnel (The Stranglers): "Eles eram incríveis. Estava lotadaço. Tinha tipo umas 80 mil pessoas, limite da capacidade do lugar. Só me lembro de ver uma grande briga enquanto estávamos tocando, uma pancadaria enorme no meio do estádio, com os fãs dos Stranglers brigando com os mods, eu acho. Punks contra mods! Está vendo? Clássico!"

Em 25 de agosto, durante cinco apresentações em Dublin e Belfast, em que a banda foi muito bem recebida, e Aix-les-Bains, França, *Highway To Hell* alcançou o número 17 das paradas da Billboard americana e o número oito das paradas britânicas no fim do mês.

Na Alemanha, eles tocaram a música "Highway To Hell" ao vivo no programa de TV "Rock Pop", e durante os ensaios no dia anterior tocaram com Rick Nielsen, do Cheap Trick.

Outra presença em um grande festival aconteceu no dia 1º de setembro, no festival Open Air, em Zeppelingeld, em Nuremberg, onde aconteceu o espetáculo sombrio das manifestações de massa nazistas de 1930. Como para salientar os horrores do Terceiro Reich, caía uma tempestade no show em que AC/DC dividiu o palco com Cheap Trick e os Scorpions para abrirem de novo para o Who diante de 60 mil pessoas. Como a apresentação do AC/DC foi atrasada, Angus ficou na coxia assistindo à apresentação do Who, paralisado pelo guitarrista Pete Townshend, que tirara o chapéu para o poder e a energia de *Let There Be Rock*.

Depois do show, todas as bandas se reuniram no bar do hotel.

Angus: "Townshend chegou e disse: 'Bem, vocês conseguiram de novo, seus merdas! Vocês roubaram o show!'. E Bon disse: 'Está certo, Pete. Então que raios você vai fazer lá? Dormir?'. Foi bem corajoso da parte dele. Ele é um cara grandão, Townshend, sabe, e então [Bon] foi até ele no bar no dia seguinte no hotel e pediu: 'Ei, Pete, me paga um drinque!'. Porque ele sabia que Townshend, acho, não bebia álcool na época, então ele só estava esfregando isso na cara dele."

Após o *single* "Highway To Hell" ser lançado nos Estados Unidos, em 5 de setembro, a banda embarcou na segunda parte da turnê americana, com 37 datas no total. Nesse ponto, não havia nada de muito infernal no transporte da turnê. O ônibus da banda tinha lugar para 18 pessoas, com camas para até 12. Além de um banheiro, havia o luxo de não apenas um, mas dois aparelhos de som. Havia também uma televisão e um videocassete, além de outros gastos, dependendo da grande paixão de Phil Rudd na época, e outros confortos, basicamente, coisinhas para tornar a vida sem-fim na estrada um pouco mais confortável e familiar.

Mas esse luxo relativo não era exatamente o que parecia, apesar do poderoso *status* da banda no palco, da recepção fanática do público e das crescentes vendas de álbuns. Quando era a banda principal, havia um total de 25 pessoas acompanhando a banda e todos precisavam ser pagos, alimentados e acomodados. Esse pessoal, que obviamente incluía a banda, viajava em dois ônibus, enquanto três enormes carretas levavam vários equipamentos de iluminação e som atrás deles. A economia era simples: para manter uma organização desse tamanho rodando, era necessário encher o máximo possível cada show. Não que isso fosse um problema.

Portanto, o dinheiro era uma arma constantemente apontada para suas cabeças.

"Nessa turnê só houve equilíbrio financeiro, sem prejuízos nem lucros", disse o empresário da turnê, Ian Jeffery, a Pam Swain na *RAM*, em 6 de outubro. "Você espera que todas aquelas pessoas vão e comprem o disco para que da próxima vez você possa tocar em grandes casas de show e ganhar mais dinheiro."

Havia outras preocupações financeiras.

Apesar de ser difícil fazer uma estimativa do valor em dólar de Angus sangrar seus joelhos toda noite, o preço do desgaste do equipamento da banda era bem real. Se, por exemplo, algum dos equipamentos sem fio do AC/DC desse problema, seu criador, Kenny Schaffer, precisaria, à custa da banda, voar para onde quer que eles estivessem no mundo para consertá-lo.

O tempo para fazer o equipamento defeituoso voltar a funcionar era um problema, pois o equipamento era necessário quase toda noite. As chances de conseguir tempo de manutenção suficiente para consertar tudo ficavam a cada dia mais remotas com a crescente empolgação em torno da banda.

A turnê americana os levou de volta para o Texas para quatro shows com seus amigos sulistas do Molly Hatchet. Uma banda viajou no ônibus da outra entre as cinco apresentações no estado da Estrela Solitária.

Em Dallas, Angus brigou com um encrenqueiro, não no show, mas quando a banda estava em uma loja de discos. Mas no show seguinte em San Antonio, o humor estava em alta e em uma demonstração de como os dois grupos eram próximos, o guitarrista do Hatchet, Dave Hlubek, subiu ao palco com uniforme escolar durante a apresentação do AC/DC.

Outra prova de que o sul se animaria de novo, pelo menos para o AC/DC, veio no fim de setembro, quando eles fizeram um show no Coliseum, em Charlotte, Carolina do Norte, diante de 13 mil pessoas. Foi uma proeza que eles quase repetiram três dias depois em 2 de outubro, no Coliseum, em Knoxville, Tennessee, diante de 12 mil pessoas, um número que batia o recorde dos Rolling Stones no local.

Mas Bon claramente não se esqueceu de onde vinha. Em Towson, Maryland, ele se viu não apenas cantando, mas também monitorando as atividades da segurança superzelosa. Depois de "Show Down In Flames", ele fez seu primeiro apelo à multidão.

"Não sei por que esses caras estão expulsando as pessoas daqui da frente, porque nós queremos todos vocês aqui para nosso show."

Algumas músicas depois, enquanto introduzia "The Jack", ficou claro que ele se cansou das táticas dos capangas da segurança.

"Esta é uma música que gostaríamos de tocar para a segurança porque eles são um bando de bundões."

O problema ainda persistia, e ele continuou.

"Vocês estão se divertindo hoje, hein? Estão todos tendo uma noite incrível? Então nós queremos que os seguranças daqui da frente se fodam. Nós estamos em um show de rock'n'roll e eles", ele cuspiu lenta e deliberadamente, "não são rock'n'roll."

Quando um dos seguranças protestou contra suas observações, Bon apenas o olhou bem firme nos olhos e provocou: "Não ligo para o que você pensa".

Nesse ponto, várias pessoas nos Estados Unidos apoiavam Bon e a banda.

O ajuste de *Highway To Hell* feito por Mutt Lange começava a produzir dividendos evidentes, com as rádios começando a dar importância e abrir espaço para o AC/DC. Combinado com a atração gravitacional febril dos fãs aos shows da banda, as vendas do álbum eram agora fortes o suficiente para receber disco de ouro nos Estados Unidos pela venda de 500 mil cópias.

Havia muito a comemorar e, depois da turnê, a banda viajou para Nova York para a premiação e um almoço com alguns executivos da gravadora. O evento teve sua ironia.

Doug Thaler: "Havia outro executivo lá na época, que continuará anônimo, que insistiu muito com Jerry Greenberg [presidente da Atlantic, Estados Unidos] para dispensar a banda da gravadora. O interessante é que no fim de outubro de 1979, quando era hora de presentear a banda com seu primeiro disco de ouro, esse mesmo executivo, que queria chutar a bunda deles em 1977, era quem os premiava."

O prêmio quase teve de ser aceito por alguém em nome da banda por causa de um incidente na noite anterior.

Perry Cooper (Atlantic Records): "Piramos um pouco no hotel. Bem, nós mudamos alguns móveis de lugar. Quando fui pagar as contas de manhã, a polícia tinha sido chamada, e como eu estava de terno e não parecia fazer parte da banda, lembro de pagar a conta, ir até o telefone e ligar para Ian [Jeffery] e dizer ele: 'Tire os caras daí rápido!'. E felizmente eles saíram de lá."

A popularidade crescente e a caricatura de horror no título e na capa de *Highway To Hell* atraíram uma oferta para um papel principal em um filme chamado *Dracula Rock*. Obviamente, eles recusaram. O papel foi oferecido depois para o Queen, que também o recusou.

Dias depois da turnê norte-americana, a banda voltou para o Reino Unido para uma temporada de 13 datas a partir de 26 de outubro, com os futuros contratados do estúdio de Mutt Lange, o pessoal do Def Leppard, abrindo. A turnê abrangia locais menores do que aqueles nos Estados Unidos, mas a animação do público era exatamente a mesma. Embora a primeira data da turnê, em Newcastle, tenha sido cancelada por causa de um princípio de incêndio no local enquanto a banda fazia a passagem de som, isso não foi um sinal de má sorte. Quatro shows lotados no Hammersmith Odeon foram destaque da agenda.

O aniversário de 16 anos do baterista do Leppard, Rick Allen, foi em 1º de novembro, e Bon, que desejava sorte à banda de Sheffield todas as noites da turnê, deixou os brindes e os discursos para depois do show.

Bon sempre foi generoso, não importa o que tivesse em seus bolsos e, agora que ele estava em uma posição mais confortável, tinha mais satisfação do que nunca em ajudar os necessitados. Uma noite, na turnê, o vocalista do Leppard, Joe Elliot, foi um dos beneficiados, quando recebeu 10 libras. Bon também estendeu sua generosidade ao ex-guitarrista do Rose Tattoo, Mick Cocks, que estava em Londres na ocasião. Ele ofereceu a Cocks um lugar no ônibus da banda para as datas com o Leppard.

Malcolm tinha seus próprios motivos para sorrir. Enquanto estava em Glasgow, a banda conseguiu ver a partida crucial do clássico Rangers *versus* Celtics. Isso trouxe memórias para os irmãos Young da paixão antiga de sua família pelo time dos Rangers.

Highway To Hell foi lançado na Austrália em 8 de novembro. A capa do álbum australiano era um pouco diferente das edições britânica e americana e mostrava a banda consumida pelas chamas. Mostrar a banda em um inferno em uma versão do álbum, e não nas outras, foi uma situação estranhamente semelhante à reedição do álbum *Street Survivors,* do Lynyrd Skynurd, sem as chamas consumindo a banda na capa, como era antes, depois do trágico acidente de avião dos sulistas em outubro de 1977.

A turnê continuou em 11 de novembro com uma temporada europeia de 28 apresentações, com abertura do Judas Priest.

Rob Halford (vocalista do Priest): "Eu ficava no palco o máximo que podia todas as noites só para ver a banda, só por causa de sua energia, poder e amor pelo que faziam.

Foi logo antes de começarmos a gravar o disco *British Steel*. Nós caíamos fora depois de todo show porque ficávamos todos apertados em um furgão pequeno, e a única forma de chegar à próxima apresentação era sair logo depois do show e passar a noite em um estacionamento ou encontrar um hotel barato e enfiar seis em um quarto. E o AC/DC achava que éramos meio convencidos. Eles achavam que nós andávamos em nosso grande ônibus de turnê, mas é claro que não tínhamos nada. Mal conseguíamos dinheiro para pagar a gasolina e comprar um pouco de comida. Quando eles descobriram, generosamente ofereceram seu ônibus [com todo o seu conforto e acomodação], que nós aceitamos com prazer na ocasião."

Na França, que não era o local para turnê favorito do AC/DC pelos vários incidentes no passado, como o equipamento defeituoso fornecido, que arruinou seu show de abertura para o Black Sabbath em Paris, em 1977, Bon se juntou com seu amigo do Trust, Bernie. Como de costume, ambas as bandas viajaram de trem durante toda a turnê.

Bernie ficou maravilhado, certa vez, quando Bon entornou três uísques duplos antes do meio-dia. Mas Bon estava sendo apenas ele mesmo. Ele estava apenas se divertindo e seu humor era contagioso.

Quando a turnê chegou a Paris, Bon perdeu a voz.

"Eles precisaram chamar um médico para vê-lo", Bernie contou a Francis Zégut na estação de rádio RTL em novembro de 1997. "Então o doutor saiu, ele pegou um copo de uísque com coca e disse: 'Doutor Uísque!'."

Felizmente, era a última semana da turnê; mas, em 9 de dezembro, o AC/DC teve de tocar em dois shows lotados no mesmo dia, no Pavillion de Paris. Angus podia imaginar o que os fãs franceses deviam estar pensando:

"Eles [os franceses] pensaram: 'Esses caras vão subir no palco e vão se matar de tocar por quatro horas [contando os dois shows], e acho que isso era o que deixava a gente ainda mais animado."

Essa animação atingiu todos os níveis da sociedade francesa.

Angus: "Até os grandes estilistas estavam lá [no show], até Yves Saint-Laurent estava lá!"

Embora os dois shows tenham sido filmados, o segundo, que era de noite, mais tarde seria lançado como o documentário de longa-metragem *Let There Be Rock* e passaria nos cinemas de todo o mundo.

Os cineastas Eric Dionysius e Eric Mistler pretendiam, a princípio, fazer apenas um vídeo promocional. A assessoria da banda pediu para ver alguns dos trabalhos anteriores da dupla para embasar sua proposta, o que era um problema embaraçoso.

Eric Dionysius: "Nós não fizemos muita coisa. Então mentimos a ele [Peter Mensch], dizendo que todos os nossos filmes estavam no exterior e a única coisa que sobrou na época era um videoclipe do Bijou [uma banda francesa]. Nós enviamos o clipe de três minutos e meio e eles gostaram. Uma semana depois, eles concordaram. Achavam que queríamos fazer um longa-metragem! Então dissemos [um para o outro]: 'Vamos tentar financiar um longa'. Pedimos empréstimo em todos os lugares."

Com isso, a tarefa passou de não apenas capturar o eletrizante show da banda em película, como também filmar os bastidores do que seria a turnê de maior sucesso do AC/DC até então.

Dionysius nunca vira o AC/DC antes e queria ter uma noção do que filmaria. Então, duas semanas antes da apresentação em Paris, Dionysius e Mistler foram para Ludwigshafen, na Alemanha, para filmar a banda só com uma câmera VHS amadora.

Após conhecer seu assunto, começaram a reunir um time de Paris e partiram para as filmagens das outras cidades francesas onde a banda tocava: Metz, Reims e, por fim, Lille, três dias antes dos shows em Paris.

As entrevistas foram feitas em Metz, nos quartos de hotel da banda, mas, por algum motivo, a filmagem da atmosfera relaxada do ônibus da turnê onde a banda jogava pôquer, conversava e assistia à TV não foi usada.

Em Reims, a dupla capturou a banda em película nas adegas de champanhe e Malcolm em sua outra grande paixão: jogar futebol.

A introdução do filme, enfim, foi gravada em Metz e consistia basicamente em Angus andando pelo local vazio com sua guitarra, passando o som.

Eric Dionysius: "Achamos que jamais teríamos tempo para fazer em Paris e, é claro, sua guitarra sem fio não funcionou em Paris. Mas eu achei que o som estava ótimo, era como se [ele tocasse] em uma catedral."

Assim como Malcolm, outros membros da banda foram mostrados praticando seus passatempos favoritos. Angus, só para provocar um pouco, apareceu desenhando um demônio.

As cenas com o louco por carros Phil dirigindo um Porsche e Cliff parecendo voar em um avião da Primeira Guerra Mundial foram filmadas no La Ferté Alais, um pequeno aeroporto no sul da capital francesa.

Chegou o dia dos shows em Paris, e uma equipe de filmagem com 40 pessoas trabalhava.

Para muitos na equipe, que nunca tinham visto a banda tocar antes, o primeiro show de tarde foi praticamente um ensaio para sua filmagem da segunda apresentação naquela noite.

O segundo show foi filmado com cinco câmeras, mas não foi documentado por completo. Dionysius e Mistler não gostavam da música "TNT" e simplesmente não a filmaram.

Uma semana ou duas depois do show, quando os filmes foram processados, Dionysius e Mistler descobriram que certas partes do filme não tinham uma qualidade satisfatória ou não estavam lá por questões técnicas inevitáveis, porque os operadores precisavam trocar o filme durante a filmagem.

Eles decidiram que iriam a Le Mans em janeiro de 1980 para preencher esses buracos, mas, enquanto isso, partiram para Versailles para filmar as cenas individuais de Bon durante as quais, só para variar, quase aconteceu uma tragédia.

Eric Dionysius: "Nós quisemos filmar uma sequência com uma moto para Bon, porque ele era fã de motos. Infelizmente, a moto não foi entregue, então nós o fizemos dançar no lago, que estava congelado e o gelo rachava sob seus pés! Imagina se ele caísse na água, ele morreria! Ele não estava muito animado com isso. Eu testei o gelo. Estava sólido, mas dava para ouvi-lo rachando e ver as longas rachaduras começarem por onde você andava. O gelo não se mexia, só rachava, mas o barulho foi impressionante. Além disso, para se aquecer, Bon acendeu um baseado."

Os cineastas terminaram com algo em torno de sete horas de filme, que, combinado com as entrevistas, deu aproximadamente 10 ou 11 horas, editadas para 95 minutos para as telas.

A aparente maldição da França sobre a banda continuou quando Bon distendeu um músculo em Nice depois de fazer palhaçadas com um *roadie*, embora tenha feito o show de qualquer jeito. O ferimento voltou a incomodar Bon em uma série de quatro apresentações no Reino Unido entre 17 e 21 de dezembro. O show em 18 de dezembro, em Southampton, precisou ser remarcado para 27 de janeiro.

De volta, mais uma vez, ao Hammersmith Odeon, a multidão teve o prazer de ouvir "It's A Long Way To The Top" e "Baby, Please Don't Go", que não eram tocadas desde 1976 e 1977 respectivamente. Provavelmente por não querer repetir os problemas com a gaita de foles de ocasiões anteriores, Bon não a tocou em "It's A Long Way To The Top". Em vez disso, parece que o som foi feito por um sintetizador.

O repertório do AC/DC não sofria muitas alterações. Raramente a banda fugia dele. Era quase como se desse a essas músicas e até à época em que foram compostas uma última divulgação antes de fechar a porta daquele período da carreira para sempre e seguir em frente.

Em todos os casos, Bon aproveitava a estrada agora, depois de 15 anos, mais do que nunca por finalmente ganhar uns trocados e conseguir o respeito há muito aguardado.

"Tenho 33 anos", ele contou a Michel Embareck na revista *Best*. "Você nunca é velho demais para o rock'n'roll."

Para Bon, o AC/DC era o veículo perfeito para esse exercício, e ele sentia um orgulho enorme de estar em sua linha de frente. Os membros da banda eram como irmãos para ele, que sentia o maior respeito e admiração por cada um deles.

Sua dedicação ao AC/DC era completa e inquestionável.

Peter Wells (Rose Tattoo): "Um estilista francês apareceu com esses jeans com buracos nos dois lados do bumbum. Bon queria pegar uma calça e cortar atrás, no bumbum, e tatuar "AC" de um lado e "DC" do outro. Ele nunca fez isso, mas achou uma grande ideia por uns cinco minutos."

Uma vez ele resumiu bem seus sentimentos em relação à banda na *Juke*.

"Nem mencione outras bandas ao nosso redor, tá? Nós somos os reis da cena, ninguém mais importa."

Como sempre fazia quando tinha chance, Bon voltou para a Austrália no Natal para rever a família e os amigos e relaxar. Peter Head foi um dos que ele procurou.

Embora Bon gostasse muito de ser um astro do rock e da bajulação que recebia, ele também desejava ter uma vida mais estável, como contou para Head.

Peter Head: "Nós saímos, compramos bebida, conseguimos um pouco de droga e fomos para uma festa na Stanley Street [Sydney]. Foi uma festa selvagem, tanto que na manhã seguinte nós dois acordamos em quartos vizinhos, na cama com mulheres cujos nomes nem lembrávamos, e então ele levantou de repente, saiu e eu nunca o vi de novo. Durante a noite, ele começou a me contar que, embora realmente adorasse, a princípio, aquele período de enorme sucesso, o que ele realmente queria no momento era sossegar e ter filhos, e sentia que isso era ainda mais recompensador do que o sucesso superficial como 'astro do rock'."

O plano para o ano-novo era concluir a turnê Highway To Hell no Reino Unido, onde eles fariam o próximo álbum, encerrar as gravações em março e possivelmente começar uma nova turnê em abril ou maio na Austrália, antes de preparar um ataque ao resto do mundo. Para o ano seguinte, estava previsto que o AC/DC seria a maior banda de rock do planeta. A longa e paciente espera de Bon para ficar na suíte presidencial parecia próxima do fim. A menos que, como ele brincava, o destino atrapalhasse.

"Esperamos que a banda ainda esteja viva quando isso acontecer", Bon disse rindo a Bill Scott, da Radio WABX, em outubro. "Nós todos morreremos de desnutrição e exaustão."

AC/DC queimando uma Estrada para o Inferno
Highway To Hell é seu último álbum
A turnê de dezembro do AC/DC

1979
Última risada de Bon. Lille, França.

Capítulo 17

Perto demais do Sol

Já em 1977, Bon fizera um anúncio dramático, certa vez, na empresa de agenciamento dos shows da banda em Melbourne. Segundo uma taróloga, ele morreria em 1980. Era quase uma licença lúgubre para continuar a viver a vida ao máximo.

"Ele foi a uma taróloga", Malcolm disse a Francis Zégut, da *RTL*, em outubro de 1997, "que disse a ele que conheceria uma loira, se divorciaria, conheceria uma morena e teria uma vida curta."

Era uma noite de terça-feira, no meio de janeiro de 1980, e havia uma multidão razoável no Family Inn, no oeste de Sydney. A banda Swanee, do vocalista John Swan, era a atração principal, e a abertura ficou por conta do Lonely Hearts. Parecia uma noite qualquer até que no meio da apresentação do Hearts, o vocalista John Rooney notou quatro indivíduos muito distintos chegarem e ficarem no fundo, perto do bar.

John Rooney: "Quando terminamos de tocar, fui até o bar e percebi que a pessoa andando atrás da pista de dança do show do Lonely Hearts era Bon Scott. Ele estava lá com uma garota que eu não conhecia. O outro casal era Jimmy Barnes com sua esposa. Bon era clássico porque usava esse jeans que parecia pintado no corpo, de tão justo, botas, uma camiseta curta e um colete. Nunca o tinha visto antes tão de perto e pensei: 'Caramba, ele é bem magro e está completamente bêbado'."

Swanee fez uma apresentação, como sempre, poderosa e, no refrão, subiram ao palco não apenas Barnes, muito amigo da banda, como também Bon. O trio começou a cantar aos berros três músicas, incluindo "Whole Lotta Love", do Led Zeppelin, e "Back to the USA", do Chuck Berry.

Eles encerraram com uma saudação ao público, com Swan no meio, Barnes à esquerda e Bon à direita, todos brandindo seus pedestais de microfone sobre suas cabeças.

John Swan: "A energia sobre o palco era tremenda, inacreditável."

John Rooney: "Foi fenomenal! O poder de Bon Scott excedendo o daqueles dois caras dizia tudo! Era puro poder! Depois do show, meu irmão encontrou com ele no *backstage*, no banheiro, na verdade, e Bon disse: 'Banda legal [the Lonely Hearts], cara! Boa banda! Bom som!'. Meu irmão ficou obviamente muito feliz com isso. Ele [Bon] era muito, muito educado. Completamente maluco, mas muito educado."

Para Bon, Barnes e Swan, a noite era apenas uma criança. O trio costumava sair junto quando Bon estava na Austrália, e ninguém farreava como eles. O mês de janeiro de 1980 não foi exceção.

John Swan: "Jim, Bon e eu éramos os três melhores beberrões que conhecia. Nós bebíamos a noite toda e talvez até duas ou três noites seguidas, mas não se esqueça de que tomávamos anfetaminas também. Então se você for um beberrão normal e um cara durão, você ainda dormiria às duas da manhã porque estaria bêbado. Nós estávamos bêbados, mas não apagávamos porque a porra da anfetamina nos deixava agitados a noite toda. Então você continuava a beber litros e litros de álcool e, claro, quanto mais você bebia, mais gente aparecia com anfetaminas.

"[Em uma ocasião] Bon, Jim e eu estávamos sentados nas rochas onde fica o clube de surfe [em Bondi]. Nós já estávamos acordados havia dois ou três dias, e eu estava com uma baita ressaca e realmente podre. Bon saiu para andar pela praia, e eu achei que ele fosse ter um ataque do coração! Ele era doido.

'Quando ele estava com você, era seu melhor amigo. Você conversa com qualquer um sobre Bon e não importava se ele estivesse completamente embriagado: ainda era o cara mais charmoso do mundo."

Alguns dias depois da apresentação no Family Inn, Bon voltou à França e ao Reino Unido para os últimos shows da turnê Highway To Hell e para começar a trabalhar no novo álbum. Lá ele parecia completamente invencível, até imortal, na foto que o fotógrafo Robert Ellis tirou da turnê que apareceu no *single* de "Touch Too Much". O *single* fora lançado no começo do mês, e a foto mostrava Bon com perfeição: sem camisa, usando apenas um colete de sarja sem mangas, uma grande fivela no cinto, um jeans bem justo e a cabeça inclinada para trás com uma perna apoiada no monitor na frente do palco. Era o tipo de foto que Bon poderia entregar como cartão profissional. A imagem mostrava direitinho o que ele fazia para viver: ele era um cantor de rock na melhor banda do mundo.

A última data da turnê foi o show remarcado em Southampton Gaumont, em 27 de janeiro, que foi a única ocasião, segundo Ian Jeffery, em que Bon bebeu antes de cantar. Um momento simbólico de diversas maneiras, embora ele estivesse apenas continuando a bebedeira da noite anterior.

A turnê fora, em todos os aspectos, a maior da banda até então, e havia uma sensação velada de empolgação com o que o futuro reservava.

Todo aquele transe por causa das incontáveis horas de viagem nas estradas desde que deixaram a Austrália pela primeira vez, em abril de 1976, finalmente deu algum resultado com o tipo certo de dividendos: vendas de álbum aumentando em vez de apenas aumentarem as cenas selvagens nas bilheterias dos shows.

Bon tirou uma folga para ver seus amigos do UFO em um dos shows de sua temporada de três noites no Hammersmith Odeon, em Londres, nos dias 3, 4 e 5 de fevereiro. Ele amava a rudeza do grupo inglês e suas explosões de rock puro e simples no palco desde a primeira vez em que saíram juntos em turnê. O fato de eles gostarem de uma farra tanto quanto ele não passou despercebido também. Para vários membros do UFO, a farra implicava heroína, como Pete Way contou a Geoff Barton, da *Classic Rock,* em fevereiro de 2005.

"Na época, nós do UFO usávamos droga, certo? Se você nunca usou heroína antes – e nós sempre a usávamos depois do show –, e bebe, há grandes chances de em algum momento você pegar no sono, engasgar e morrer."

Enquanto isso, mesmo com o AC/DC oficialmente sem turnês, ainda havia algumas questões promocionais a tratar.

Em 7 de fevereiro, a banda apareceu no programa "Top of the Pops", do Reino Unido, e tocaram "Touch Too Much". Tocar diante de câmeras nunca foi algo que eles gostassem de fazer e, para piorar as coisas, nessa ocasião, para sua surpresa, em um *flashback* da primeira apresentação histórica de Elvis em 1956 no "The Ed Sullivan Show", disseram a Angus que ele só seria filmado da cintura para cima.

As atitudes foram muito diferentes dois dias depois em sua primeira presença na TV espanhola, no programa "Aplauso", em Madri, onde eles tocaram "Beating Around the Bush", "Girls Got Rhythm" e "Highway To Hell". Na manhã seguinte, encararam uma entrevista coletiva.

Bon estava empolgadíssimo com o próximo álbum do AC/DC e falava entuasiasmado sobre ele com qualquer um que cruzasse seu caminho. Como uma espécie de coroação roqueira, era sua hora, seu momento, após todos esses anos. E suas letras em *Highway To Hell* mostravam que ele estava prestes a alcançar um sucesso inigualável dessa vez. Ele provavelmente tinha um sorriso brilhante e malicioso no rosto enquanto dormia.

Em certo ponto, Bon, durante uma de suas visitas regulares ao apartamento de Jeffery, esqueceu uma pasta de letras em desenvolvimento para o próximo álbum que davam uma noção fascinante dos métodos de trabalho do vocalista.

Ian Jeffery: "As letras estavam incompletas, mas esse era o jeito de Bon. Era como um caderninho que ele abria e anotava algumas coisas, escrevia um ou dois versos, riscava, acrescentava alguma coisa, às vezes só mudava uma palavra, ou escreveria duas palavras em uma página.

Bon era bem organizado. Ele tinha uma pasta com tudo dentro [as letras em que trabalhava], acredite se quiser. Bon ia trabalhar com uma pasta e ia embora com ela: essa era sua vida. Bon era assim. Ele tinha cartões-postais lá que ele escrevia para as pessoas. Era o melhor comunicador do mundo."

Bon aproveitou alguns dias de folga para ir ao estúdio com seus amigos franceses do Trust em 13 de fevereiro, quando eles estavam gravando seu álbum *Repression* em Londres. Tocaram juntos uma versão de "Ride On", que mais tarde viria à tona em um *single* promocional da banda. Seria a última gravação de Bon.

"Alguns meses antes, conversamos sobre fazer algo juntos", disse Bernie, da banda, a Francis Zégut da *RTL* de novembro de 1997, "e a primeira coisa que ele me disse quando chegou foi que trabalhou nas letras [da versão em inglês do álbum do Trust] e tinha sete ou oito músicas. Fiquei emocionado."

Tragicamente, Bernie nunca conseguiu ver as letras.

Enquanto isso, Angus, recém-casado, e Malcolm trabalhavam no estúdio de ensaio E-Zee Hire, Londres, em *riffs* e músicas para o novo álbum. Bon passou lá para saber do progresso deles em algum momento entre 12 e 15 de fevereiro. Os irmãos trabalhavam em duas novas músicas – "Have A Drink On Me" e "Let Me Put My Love Into You" – quando ele chegou. Em vez de pegar o microfone e testar alguma das letras que desenvolvia, Bon foi direto para a bateria, o que agradou a Malcolm e Angus.

Angus: "Ele disse: 'Me deixa tocar', o que era ótimo para mim e Mal, porque de vez em quanto ele ajudava, principalmente se escrevíamos as músicas, porque senão Malcolm iria para trás da bateria e eu faria toda a parte de guitarra ou do baixo, ou Mal ficaria na guitarra e eu tentaria a bateria."

As habilidades de Bon na bateria desde a infância e de seus dias nos Valentines foram aguçadas com os anos de observação e apreciação da beleza simples da técnica empregada por Phill Rudd durante as apresentações do AC/DC.

Daquela vez, ele conseguiu tocar uma passagem introdutória para "Let Me Put My Love Into You" que encantou Malcolm e Angus.

Foi outro sinal de que tudo se ajeitava. O próximo álbum seria aquele que realmente deixaria o mundo de joelhos. A banda e todos ao seu redor podiam sentir isso.

Quando anunciaram, em 14 de fevereiro, que *Highway To Hell* vendeu 1 milhão de cópias na América, o sucesso do álbum seguinte, mesmo que estivesse nos primeiros estágios da produção, parecia quase uma conclusão natural.

Em 17 de fevereiro, Bon participou do seu ritual de todos os domingos: almoço na casa de Ian Jeffery e da esposa, Suzie, com sua amiga Anna, que Bon namorava na época.

Ian Jeffery: "Todo domingo era um ritual. Eles vinham lá pelas 11 horas ou meio-dia e minha mulher e sua amiga faziam o jantar do domingo. Eu e Bon íamos ao *pub*. Nós encontrávamos alguns outros amigos, os caras da equipe que costumava trabalhar com [Rick] Wakeman [do Yes] e alguns caras de nossa equipe. Às vezes Malcolm e Angus também vinham. Tomávamos umas bebidas e voltávamos para casa umas duas da tarde. O futebol passava na TV e então jantávamos, assistíamos ao jogo e, de vez em quando, tirávamos um cochilo. Então, nove dentre dez vezes, voltávamos ao *pub* de noite.

Naquela noite específica, eu estava bem cansado e não me sentia muito bem. Phil Mogg e Pete Way [do UFO], que moravam perto de mim, ligaram e disseram: 'Vamos! Vocês vão ao *pub* hoje?'. Então Bon disse: 'Sim, vamos'. Eu não queria saber de porra nenhuma; queria ficar em casa. Eles foram até o *pub*, como sempre, e depois seguiram para o Camden Music Machine, um ponto de encontro nas noites de domingo. Falei com Pete depois e ele disse: 'Ficamos chapados e fomos para casa, mas Bon não queria ir, ele queria continuar bebendo'."

No dia seguinte, 18 de fevereiro, Bon planejava passar a noite com seus amigos do Trust, mas eles receberam seu primeiro disco de ouro naquela noite e a gravadora tinha outros planos para eles. Sem ter o que fazer, Bon fez duas ligações naquela noite. A primeira foi para

Coral Browning, em Los Angeles. Ela não estava. A outra foi para sua ex-namorada Silver Smith, que morava em Londres.

Embora Bon tivesse de entrar em estúdio com o AC/DC no dia seguinte, ele queria dar uma volta, mas Silver não estava interessada.

Alistair Kinnear, um antigo colega de quarto de Silver, então a chamou. Kinnear foi convidado por Zena Kakoulli para ir ao Music Machine para a festa de lançamento de Lonesome No More, um grupo formado pela irmã de Kakoulli, Koulla, que incluía também Billy Duffy, mais tarde guitarrista da banda The Cult. Silver sugeriu que Kinnear levasse Bon junto, que, com seus planos agora resolvidos, ligou para Bernie, do Trust, para avisá-lo de que estaria no Music Machine lá pelas 23 horas.

Segundo Kinnear, no *Evening Standard* de 21 de fevereiro de 1980, Bon já estava bem no clima de farra quando Kinnear chegou para buscá-lo. Quando chegaram ao Music Machine, ele passou a virar quatro doses de uísque por copo.

O baterista original do AC/DC, Colin Burgess, e seu irmão Denny também estavam lá.

Burgess tinha uma lembrança muito diferente da condição de Bon.

"Lembro que quando saímos ele estava bem... ele nem estava bêbado. Absolutamente perfeito. Nós fomos para casa [Bon não deixou o lugar] e no dia seguinte ele está morto! Nem posso imaginar como ele poderia ficar tão bêbado para aquilo acontecer... Para mim, é uma coisa muito estranha, muito mesmo... Posso dizer com certeza, até hoje, que quando saímos ele não estava bêbado de jeito nenhum."

Kinnear também bebeu no show do Lonesome No More, mas conseguiu levar Bon para casa em Ashley Court, em Westminster, onde a noite chegou ao fim. No fim do percurso, ele percebeu que Bon tinha apagado.

"Eu deixei ele no meu carro e toquei a campainha", ele disse a Maggie Montalbano na revista *Metal Hammer and Classic Rock present AC/DC* de 2005, "mas sua atual namorada [Anna] não respondeu. Peguei as chaves de Bon e entrei no apartamento, mas ninguém estava em casa. Como não consegui acordar Bon, liguei para pedir um conselho a Silver. Ela disse que ele apagava sempre e que era melhor deixá-lo dormindo."

Mas dormir onde? Já estava bem tarde e bem frio, um clima totalmente diferente da onda de calor encontrada pelo AC/DC na sua primeira visita ao Reino Unido, em 1976. Ele optou pelo plano B: levar Bon de volta ao flat na Overhill Road em East Dulwich, onde Kinnear morava. Mas quando ele saiu do carro, descobriu que o corpo adormecido de Bon era pesado demais para um Kinnear enfraquecido pela farra carregar. Ele ficou sem opções.

"Eu reclinei o banco do passageiro para que ele pudesse ficar deitado", ele explicou para a *Metal Hammer/Classic Rock*, "cobri-o com um cobertor, deixei um recado com meu endereço e número de telefone, subi as escadas cambaleando e fui dormir."

Kinnear dormiu por umas seis horas quando um amigo o acordou por volta das 11 horas. Kinnear sentia todos os efeitos da noitada e pediu para seu amigo descer até o carro e ver como estava Bon, cuja ressaca deveria ser tão ruim quanto a de Kinnear. Seu amigo disse que Bon sumira e, então, pensando que o vocalista resolvera ir para casa sozinho e dormir em uma cama mais confortável, Kinnear voltou a dormir.

Os ensaios da banda continuaram no segundo dia sem Bon. Ninguém sabia onde ele se metera. Mas isso já tinha acontecido antes, de modo que ninguém se alarmou. Ele apareceria quando fosse preciso.

Naquela noite, aproximadamente às 19h45, Kinnear ficou desnorteado ao descobrir que Bon estava no carro exatamente como ele deixou. (Seu corpo não estava dobrado em volta do câmbio, como foi relatado depois). Essa confusão tranformou-se em horror quando ele percebeu que Bon não respirava.

Kinnear levou-o correndo para o King's College Hospital, mas ele foi declarado morto ao chegar.

Para alguém que certa vez dissera, alegre, que trabalhava pelas mulheres, pelo uísque e pelo glamour, aquela não foi uma maneira nada glamourosa de partir, morrendo em um carro estacionado do lado de uma rua no sul de Londres no frio.

Kinnear passou os dados de Silver ao hospital, que entrou em contato com ela. Angus recebeu a notícia por telefone de duas mulheres, Silver e Anna, logo que voltou do ensaio naquela noite. Normalmente calmo, Angus ficou confuso e horrorizado e fez uma ligação apressada para Malcolm, que telefonou para Ian Jeffery.

Ian Jeffery: "De fato, recebi uma ligação às 3 horas do Malcolm. Meu primeiro comentário para ele foi: 'Você tá brincando!'. Ele disse: 'E eu ia brincar com uma coisa dessas, seu idiota!'. Liguei para o Peter Mensch e ele disse a mesma coisa para mim: 'Não brinca! Não vem me acordar e me falar essa merda!'. Eu disse: 'Mas eu não estou brincando, porra!'. Chamei o Jake [diretor de produção Jake Berry] e ele chegou, liguei de volta para o Malcolm e fui para a casa do Mensch e então nós fomos para o hospital identificar o corpo.

Lá pelas 6h30, 7 horas, chegamos ao hospital e estava tudo um caos, com todas as coisas de emergência da noite anterior. Uma pessoa nos encontrou e nos levou com ela. Viramos para um lado e eu não conseguia ouvir nada, tamanho era o caos! Eu disse para Mensch: 'Ele está naquele quarto lá'. E, com certeza, entramos no quarto e lá estava ele. Cheguei à janela, espiei e vi a placa, eu vi o lençol, e disse para Mensch: 'É ele! Eu não vou entrar!'. Mensch falou: 'Vamos, você precisa entrar'. Respondi: 'É ele, é o Bon! Eu não vou entrar!'."

Malcolm ficou com a difícil tarefa de ligar para os pais de Bon em Perth, em uma tentativa de poupá-los do horror de ouvir sobre a morte de seu filho na televisão ou nos jornais, ou pior: serem avisados da tragédia por um repórter esperando um comentário deles.

A princípio, a mãe de Bon achou que Malcolm fosse seu filho fazendo uma de suas frequentes ligações para ver como estavam seus pais e contar a eles todas as notícias. O casal ficou desolado quando Malcolm explicou o motivo de sua ligação.

Os cartazes com a manchete do *Daily Mirror* de Sydney, na noite de 21 de fevereiro, explicaram o impensável e os boletins de notícias confirmaram: Bon estava morto. Roger Crosthwaite, então jornalista do *Daily Telegraph*, de Sydney, que havia tido uma discussão bem tarde da noite com Bon no Chequers (Bon estava prestes a dar um soco nele antes de ser contido), lembra a reação à morte do vocalista.

"Tirando Johnny O'Keefe, ele foi o primeiro personagem do rock australiano a morrer, e isso foi uma grande coisa, porque foi um choque. Tipo, nosso povo não morria. Vocês, gringos malucos, é que morriam. Ele parecia tão indestrutível, era uma figura tão forte."

John Swan: "Era inacreditável ver quantos foram afetados. A morte do John Lennon teve um grande efeito em muitas pessoas, mas a morte de Bon realmente mudou muitas pessoas também."

Ozzy Osbourne: "Não era amigo íntimo do Bon Scott, mas eu o via de vez em quando. Eu estava tentando largar o álcool e sei que ele tinha um problema com álcool, e a morte dele me deu o empurrão que eu precisava... Fiquei triste pra caralho porque Bon era um grande vocalista, feito para o AC/DC."

"O cara já morreu algumas vezes antes de qualquer maneira", Phil Rudd contou à *VH1*, em março de 2003, "então nós todos esperávamos que ele aparecesse no ensaio no dia seguinte. As coisas iam tão bem."

A autópsia da morte foi feita por *sir* Montague Levine, o médico-legista assistente do extremo sul de Londres, em 22 de fevereiro.

Segundo o professor Arthur Mant, na autópsia, Bon tinha consumido meia garrafa de uísque em suas últimas horas.

Correu um boato, por um tempo, de que a causa da morte de Bon foi um pulmão perfurado, um ferimento que ele sofreu após lutar com um *roadie* e que piorou por causa de sua asma e, é claro, da bebida.

Havia um elemento de verdade na história, Bon realmente se machucou brincando com um membro da equipe em Nice, em dezembro. Mas a causa oficial da morte registrada no atestado de óbito foi "intoxicação alcoólica aguda" e "morte por infortúnio".

Em 29 de março, Dave Lewis noticiou na *Sounds* que a autópsia avaliou a saúde geral de Bon como "excelente", inclusive a condição dos rins e do fígado, apesar da sua lendária paixão pela farra.

A crença mais aceita era que Bon estava deitado em uma posição que obstruía suas vias aéreas e, quando vomitou, engasgou. Jimi Hendrix morreu em condições semelhantes.

Angus tinha visto Bon beber quantidades extraordinárias de álcool no passado e depois cair no sono onde estivesse. No dia seguinte, ele estava sempre pronto para conquistar o mundo de novo.

"Lembro que ele estava em algum lugar certa noite", conta ele a Dave Lewis, da *Sounds*, "e as pessoas com quem ele estava enchiam-no de droga e outras coisas, ele estava muito bêbado também. Mas, felizmente, levaram-no direto para o hospital, deixaram-no em observação por um dia e ele ficou bem."

Dadas as circunstâncias da morte de Bon, logo sua alegre expressão de farra, "a bebida pura te deixa bêbado mais rápido", ganhou um peso grave que nunca fora sua intenção, bem como as histórias sobre ele secando bares e bebendo loção pós-barba.

Sua reputação de beberrão com certeza, o precedia.

Peter Wells (Rose Tattoo): "Lembro dele entrando no Largs Pier em Adelaide, certa noite, quando tocávamos lá. Ele acabava de vir de bicicleta de Melbourne, pedalando rápido pra caralho. Ele estava, tipo, completamente chapado, sabe, e ele bebia essas coisas, um jarro de gin, vinho do Porto e Coca-Cola."

Barry Bergman: "Lembro que na Marks Music nós demos a cada um [do AC/DC] um quarto de um bom uísque escocês como presente e, antes de saírem do escritório, Bon já tinha terminado seu uísque. Antes de saírem do escritório! Eles ficaram lá talvez por uma hora. Sua filosofia era viver o dia de hoje. Ele nunca se preocupava com o que aconteceria, só se preocupava em viver o presente e só por hoje. Discuti sobre isso com ele algumas vezes, nós conversamos sobre álcool, a bebida, os problemas, entre outras coisas. Para ele não parecia ser um problema."

Uma reportagem na *Juke*, em 1º de março, dizia que George Young e Harry Vanda planejavam conversar com Bon sobre suas bebedeiras quando o AC/DC tocasse na Austrália, em abril.

O mesmo artigo dizia que, no exterior, os parceiros de turnê Cheap Trick avisaram durante suas apresentações australianas que o vocalista estaria logo com um pé na cova, a menos que agissem rápido.

Mas, com os anos, principalmente desde o início dos anos 1990, surgiram questionamentos sobre se havia mais na história oficial sobre a morte de Bon do que foi falado na época.

Bon já apagou em outras ocasiões, e beber demais parecia apropriado para um vocalista de uma banda de rock; porém, parecia estranho que alguém com uma comprovada constituição física vigorosa pudesse simplesmente morrer em um carro estacionado por causa de uma quantidade relativamente pequena de álcool em seu organismo, pois metade de uma garrafa de uísque não era muito para Bon.

Durante uma entrevista em 1980 para uma revista americana, citou-se a afirmação de um membro da banda de que o legista definiu a causa da morte como resultado de asfixia, e ele acrescentou que a reação violenta foi provocada por "certas coisas que eles não divulgaram".

Foi uma revelação impressionante que, pelo menos diante disso, parecia de alguma forma sustentar a opinião de que outras substâncias, além do álcool, estavam envolvidas na morte de Bon. Contudo, a possibilidade de outras questões relacionadas à saúde também serem um fator deveriam ser consideradas. Afinal, o cantor de 33 anos abusara bastante de seu corpo ao longo de quase duas décadas, tanto na vida particular como no palco.

Em qualquer caso, em vez de esclarecer a história, o comentário noticiado levanta mais questões do que respostas.

Primeiro, parece pouco provável que as autoridades não divulgariam, ou tentariam esconder, todos os fatores envolvidos. Segundo e ainda mais importante, no início de 1980, o AC/DC não estava em posição, se é que alguém algum dia fica, de exercer o tipo de poder que os permitisse ditar o que seria registrado oficialmente em um atestado de óbito.

Malcolm: "Houve uma ocultação, eu li em algum momento. Caramba, pensei, como esses caras têm esse tipo de poder para ter a ousadia de passar sobre as leis britânicas e tudo envolvido em uma morte? É incrível!"

No fundo, se Bon era vítima de alguma coisa, era simplesmente da ocasião. A vida era mais despreocupada e menos restritiva. Farrear sem nem pensar no amanhã até o sol nascer, às vezes até bem depois disso, era a ordem do dia, como Peter Wells, do Rose Tattoo, sabiamente explica:

"Era uma época pré-aids, antes do 'se dirigir não beba' e pré-drogas sintéticas. Por todos esses motivos, as pessoas provavelmente apenas aproveitavam um pouco mais. Como o fim da carreira dele [Bon]. Nós tivemos várias noites assim. Foi má sorte, nada mais. Como qualquer outra pessoa, você poderia morrer umas cem vezes."

Sem considerar os detalhes, Malcolm e Angus ficaram desolados com a perda. Segundo Ian Jeffery, isso afetou os irmãos de uma forma diferente.

"Da mesma maneira, mas completamente diferente, se isso faz algum sentido. Malcolm ficou mais bravo e Angus não acreditava no que acontecia."

Angus, que sempre foi mais sensível que seu irmão, ficou desesperado. Parecia que um membro da sua família lhe fora tirado cruelmente. E família era tudo. Mas ele ficou um pouco confortado pela visão final de Bon atrás da bateria no estúdio alguns dias antes da morte.

"Provavelmente, na primeira e na última vez em que o vi, ele tocava um instrumento que adorava."

Bon já tinha desaparecido antes, mas perdê-lo para sempre não fazia sentido.

Angus: "Sinto que amadureci naquele momento da pior maneira, porque quando você é jovem se acha imortal, e acho que naquela época isso [a morte de Bon] me tirou do eixo.

Ele sempre foi bem selvagem, mas acho que, por sermos jovens, essa era a última coisa que você pensa de alguém. Porque até aquele momento nós tínhamos passado por tudo. Por muitas vezes nós nem pensávamos."

"Sempre fomos muito próximos", contou Angus para Stephen Blush na *Spin,* em fevereiro de 1991. "Eu percebi como a vida pode ser frágil e como podemos perder tudo rápido."

Isso provavelmente também confirmou na cabeça do abstêmio Angus, que andar nos eixos, tirando os cigarros, é claro, é o melhor caminho.

"Acho que muitos pensam que sou um alcoólatra crônico ou algo assim. Normalmente quando digo que não bebo, acham que estou mentindo. Quando eu era adolescente, era como se fosse a coisa certa a fazer, você precisava cair na gandaia... Naquela época eu sempre pensava, bem, tá bom, já fui, vi, fiz, e agora, o que mais? Resolvi que não queria passar meu tempo em um bar a vida toda."

Para Leber-Krebs foi, de certa forma, um caso clássico de *déjà vu.* Eles empresariavam o New York Dolls quando o baterista Billy Murcia morreu em Londres, em 1972, bem quando a banda estava prestes a causar impacto. Agora acontecia a mesma coisa com o AC/DC.

Após o falecimento de Bon, veio a triste tarefa de acertar os assuntos do vocalista. Dar a Bon uma despedida digna e carinhosa sob circunstâncias difíceis fazia parte do processo.

Ian Jeffery: "Chegamos a essa rápida decisão de colocarmos Bon em uma sala de velório. Se você quisesse vê-lo, ia lá, etc. E Anna [a namorada de Bon] passou a noite lá, só por causa da coisa do hospital, da polícia e tudo o mais."

Ainda assombrado pela visão terrível de Bon no hospital, Jeffery, um dos poucos, por necessidade prática, que tinha acesso ao apartamento do vocalista, pegou algumas roupas mais convenientes e familiares para seu grande amigo.

"Lembro de ver o lençol [no hospital] e dizer: 'Nem fodendo que meu parceiro, amigo da banda, vai ser enrolado nessa merda'. E eu levei um jeans e uma camiseta branca que ele adorava usar."

Bon partiria com a mesma elegância que tivera em vida.

Um duro lembrete de tudo o que a banda perdeu e como seus sonhos foram despedaçados veio dias depois da morte de Bon, quando os integrantes da banda assistiram a uma pré-estreia do filme *Let There Be Rock*. O próprio Bon só viu uma versão resumida do filme, apenas para a sincronização das imagens. Eles ficaram desconfortáveis durante a exibição da cópia, fizeram algumas observações e saíram quietos. Ficaram desolados de novo.

Em 28 de fevereiro, o corpo de Bon foi repatriado para a Austrália, com toda a banda junto, como um sinal de respeito.

Jeffery teve uma grande responsabilidade na viagem.

Ian Jeffery: "Digo, Angus é tão sensível, certo? A gravadora nos colocou na primeira classe e foi como: 'Não vamos sentar na primeira classe com nosso amigo embaixo de nós'. A grande questão com Angus era ter certeza de que Bon estava em um avião diferente. Então eu garanti a ele que sim. Mas, quando chegamos a Perth, e estávamos prontos para sair do avião, olhei pela janela e vi a droga do caixão descendo. Foi como: não posso deixar Angus ver isso! Sem carro funerário no aeroporto nem nada disso, isso o deixaria doido! Eu prometi que o caixão viria em um avião diferente e ele desceu da mesma escada rolante, da mesma coisa de onde desceram as malas e lá estava eu olhando para ele!"

Bon foi cremado em 29 de fevereiro e suas cinzas enterradas no Jardim Memorial do Cemitério Fremantle, perto de Perth, em uma cerimônia silenciosa, no dia 1º de março.

O funeral foi calmo, sem nenhuma demostração de luto em massa de multidões de fãs. Apenas alguns estavam por lá e foram reservados e respeitosos. Já fazia dois anos e meio desde o último show do AC/DC em um palco australiano e, apesar do fato de um obituário aparecer no jornal *West Australian*, infelizmente pareceu ser um caso de longe dos olhos, longe do coração. Nem a mídia nem os pesos-pesados da indústria fonográfica australiana, além da Albert, estavam representados.

Jeffery lembra como foi surreal depois da cremação ver uma placa no chão marcando o local onde estavam as cinzas de Bon. A isso se reduziram o caráter enorme e o espírito de seu amigo.

Nos anos seguintes, começou um ritual bizarro em que fãs passavam a noite no túmulo de Bon. Segundo reza a lenda local, qualquer mulher que fizesse isso acordava no dia seguinte com chupões no pescoço.

A sra. Scott só sentiu o horror de perder seu filho um dia antes do funeral, quando a banda chegou à casa dos Scott, em Perth.

Ian Jeffery: "Todo tipo de merda rolava no rádio e na imprensa, overdose de drogas, suicídio, toda a bosta ao redor dele. Nunca vou esquecer, cara, de quando eu entrei na casa e, como sempre, ela [sra. Scott] tinha feito sanduíches e tudo o mais. Ela podia ser a minha ou a sua mãe. Estava feliz em ver alguém que esteve com seu filho, amigos dele, que sabiam o que aconteceu, então nós entramos na casa. Ela disse: 'Venham e se sentem aqui', e ela colocou cinco cadeiras e desabou. Acho que, pela primeira vez, realmente percebeu que era verdade. E esse, para mim, foi um dos piores momentos."

Na Austrália, a edição de 21 de março da revista *RAM* tinha uma foto clássica de Bon na capa com as palavras "tributo ao guerreiro morto". Dentro havia uma reportagem de quatro páginas feita por Vince Lovegrove e mais uma nota direta, sem fotos, de página inteira que apenas dizia:

"Um grande cantor e compositor, um ótimo amigo e uma grande figura, sentiremos saudades. Harry e George."

Na mesma edição da *RAM*, Kristine Leary, uma fã da Tasmânia, escreveu para expressar sua tristeza em relação a Bon e agradecer-lhe pelo cartão e pela foto autografada que ele lhe mandou. Isso era típico dele.

O Trust dedicou a ele seu segundo álbum, *Repression*, de 1980, que foi um enorme sucesso; enquanto o Cheap Trick, que tocava "Highway To Hell" nas apresentações, incluiu uma música em seu álbum de 1980, *All Shook Up*, intitulada "Love Comes A'Tumbin' Down", como um tributo.

Rick Nielsen (Cheap Trick): "Enquanto gravávamos o álbum *All Shook Up* com George Martin, recebi duas ligações no mesmo dia em

Montserrat. A primeira dizia que um incêndio destruiu um terço da minha casa e a segunda era que Bon foi encontrado morto. Minha família estava comigo, então eu sabia que ninguém havia se ferido na minha casa, mas a perda de Bon foi, e ainda é, um dos dias mais tristes do rock."

Nielsen tinha grandes planos com Bon.

"Eu queria usar Bon, Alex Harvey, Steve Marriott, Roger Chapman [Family], Freddie Mercury e Robin Zander [do Cheap Trick] em um projeto que pensava fazer. Eu convidei Bon e ele me convidou, enquanto estávamos em turnê, para tocar nos projetos-solo futuros um do outro se ou quando tivéssemos algum tempo."

Um deprimido Joe Elliot, do Def Leppard, sentiu uma pontada em seu bolso quando ouviu as notícias.

"Ainda devia a ele dez libras. Nunca tive a chance de pagar-lhe. Para falar a verdade, se ainda estivesse vivo ele também não veria a cor do dinheiro. Ninguém o mandou me emprestar dez libras!"

Mesmo na morte, Bon parecia continuar vivo. Semanas depois de seu falecimento, cartões extraviados de Natal que ele enviara para amigos finalmente chegaram. Perry Cooper da Atlantic foi um daqueles que receberam um cartão inesperado:

"Ele enviou [o cartão] para mim e demorou muito tempo para chegar. Ele já tinha morrido quando recebi. Foi muito estranho. Ele escreveu: 'Eu não sei para quem mandar isso e, assim que li [a mensagem impressa no cartão] logo pensei em você. Bon'."

Bon sempre se dedicou com esmero a escrever cartas.

Vince Lovegrove: "Ele escrevia cartas para todo mundo que conhecia durante os anos 1960 e no início dos anos 1970, enquanto viajava ao redor do mundo, para todos os amigos que fez durante esse período. Ele nunca os esqueceu, sempre mantinha contato com eles, por carta ou telefone. Era um grande escritor de cartas."

Ian Jeffery: "Nas várias vezes em que saíamos [dos hotéis], uma das primeiras perguntas à moça atrás do balcão era: 'Você tem selos?'. Isso para que ele pudesse enviar um cartão-postal, às vezes, para pessoas que vira apenas uma ou duas vezes. Ele era esse tipo de cara. Era um autêntico diamante."

Angry Anderson, do Rose Tattoo, via Bon como algo mais colorido e romântico do que apenas um dedicado escritor de cartas.

"Nós éramos os últimos dos poetas roqueiros, porque era assim que nos víamos. Escrevíamos poesia para colocá-la em uma música. Acontece que é uma poesia violenta com [às vezes] música violenta. Nós nos víamos como os últimos dos ciganos nômades provocadores ao modo de Errol Flynn, do Capitão Blood e do conquistador Genghis Khan. Ainda penso assim."

Só o AC/DC sabia a tragédia real disso tudo. Bon começava a chegar em algum lugar depois de quase duas décadas de trabalho estafante, às vezes até destruidor de energia. Agora ele partia bem quando seu vigor parecia chegar ao auge. O próximo álbum, Angus contou a Dave Lewis, da *Sound,* em 29 de março, "seria a glória completa de sua vida".

Bon ficaria mais do que feliz em compartilhar a glória.

Angus: "Ele não era um cara egocêntrico. Acho que, por ele ser um baterista, sempre pensou como uma banda [em vez de apenas em si]. Nunca se colocava à frente ou acima; sempre me agarrava e me empurrava para a frente, dizendo: 'Vamos, eles querem ver você, Ang'. Ele não pertencia àquela escola da fama que é fútil. Sempre considerei essa sua maior qualidade."

Angus chegou a ponto de comparar Bon a Hendrix e Chuck Berry por seu valor:

"Chuck Berry tinha todos os dons, era um grande compositor, instrumentista e inovador. É a mesma coisa, eu acho, com Bon. Mas, a termos do que o mundo chamaria de perda, eu diria que ele está em uma posição tão boa quanto aqueles que merecem ser lembrados. Acho que Bon está lá junto com todos os grandes. Até junto de Presley eu o coloco. Até mais. Ele não cometia a besteira de ser bajulador."

Claro, Bon pegava pesado, mas parecia saber onde ficava seu limite e, quando o cruzava, fazia isso sozinho.

Angus: "Ele sempre disse para mim: 'Seja lá o que eu fizer, não me siga'. Ele sempre deixava isso bem claro. Às vezes, chegava em algum lugar e nem sabia como tinha ido parar lá. Só sabia que havia ficado na farra por alguns dias em algum lugar. Lembro de alguém me contar que foi ao aeroporto de Londres pegar Bon e ele chegou [três dias depois] quase pelado, só de calça. Passou pela alfândega só de calça, óculos escuros e nada mais, sem sapato, sem camisa, sem meia. Nada. Ele só sabia que sua mãe o viu partir do aeroporto de Perth, na Austrália, dias antes. Quando apareceu, não sabia onde esteve ou o que fez!

[Em outra ocasião] lembro que ele estava subindo no sistema de PA; ele escalava mesmo, era bom nisso. Nunca usava sapatos e muitas vezes subia [no palco] e cantava descalço. Então subia no sistema de PA, que tinha uns 18 metros de altura. Eu ficava do outro lado e ele dizia: 'Agora vamos pular!'. Eu dizia: 'Vai sozinho, cara!'. E ele ia! Ele era corajoso, não tinha medo dessas coisas."

Coisas como, segundo lembra Peter Wells, praticar sua técnica de mergulho no Freeway Gardens Motel, em Melbourne, em 1975, só por causa de um desafio idiota.

"Ele saía na sacada e mergulhava na piscina bêbado, pulava do segundo andar! Aquilo me deixava espantado. Ele costumava cutucar a onça com vara curta e era bem maluco. Você sempre sabia que ele faria alguma coisa. Ele seria preso [por esse tipo de coisa] hoje em dia. Das várias das histórias, algumas são verdadeiras, provavelmente algumas não são e há outras que você provavelmente não contaria, que são as maiores de todas!"

Daily Mirror
Morto astro do rock australiano

1974
Brilho e glamour. Brian Johnson no Geordie. Chequers, Sydney.

Capítulo 18

Ele Não Era o Cara Mais Ambicioso

Durante o voo de volta a Londres, em 4 de março, depois do funeral de Bon, levantou-se a questão de novos cantores, mas Malcolm, aguçada mente comercial e líder tácito da banda, estava indiferente. Ele ainda precisava digerir direito a situação.

Mas, segundo o diretor de turnê Ian Jeffery, nunca houve dúvida de que a banda continuaria, como o pai de Bon encorajou Malcolm a fazer. O problema eram apenas os trâmites operacionais.

"A primeira coisa foi: nós vamos continuar. Nunca houve nenhuma dúvida. Nunca, nem por um minuto. Eles ficaram chocados a princípio... [mas] nós estávamos seguindo em frente desde o primeiro dia. Como conseguiríamos? Não tínhamos ideia."

Esse era o dilema de Malcolm.

Pedir um tempo por si só já seria uma ofensa ao caráter forte e trabalhador representado pela banda. Isso jamais aconteceria. Era uma questão de comprometimento, como sempre.

Após alguns dias em Londres, a ética profissional que levou a banda ao patamar em que estava, aos poucos, começou a aparecer mais uma vez. Malcolm e Angus nunca foram bons com seu tempo livre.

Malcolm, talvez inicialmente porque uma rotina familiar seria uma espécie de terapia, se não mais, sentiu vontade primeiro e pegou a guitarra de novo, algo que não tinha feito desde a morte de Bon. Ele não ia ficar sentado deprimido pelo resto de seus dias. Não era seu estilo. Ligou para Angus e perguntou se ele queria encontrá-lo para dar uma olhada nas músicas em que estavam trabalhando.

Angus se animou com a ideia de se distrair depois do horror do falecimento de Bon, e a dupla se isolou do mundo enquanto mergulhavam na sala de ensaio no E-Zee Hire Studios.

É claro que a mágica entre eles não diminuiu e as músicas novas eram quentes como brasa. O futuro da banda, ou pelo menos do que eles tocavam, aos poucos ficava mais claro.

Além disso, como Angus disse a Penny Harding na *Juke* de 27 de setembro: "Bon chutaria nossa bunda se nos separássemos".

Angus: "Quando dissemos que íamos continuar, as pessoas diziam: não, isso não vai acontecer, eles estão acabados. Havia também a pressão da gravadora, falando com a gente e com todo mundo, mas os únicos realmente calmos na época éramos nós, a banda."

Anunciar a decisão de continuar não resolveu seu problema principal.

Malcolm e Angus sabiam como Bon trataria o material novo que eles criavam, mas era difícil, se não impossível, imaginar como outra pessoa lidaria com as músicas. Eles tinham de descobrir tentando.

Primeiro, havia seus candidatos ideais: Steve Marriott e o vocalista do Slade, Noddy Holder. Os dois nomes foram logo lembrados, uma situação surreal, dado que os irmãos estavam cogitando empregar um de seus ídolos.

Eles viram os Small Faces de Marriott em Sydney com o The Who em 1968, e George conhecia o cantor de voz rouca de seus dias na Inglaterra com os Easybeats. O pequeno londrino, com certeza, atendia ao pré-requisito implícito de altura, mas, assim como com Holder, havia preocupações de que nomes tão famosos atrairiam uma atenção enorme para um projeto que já estava sujeito a bastante julgamento.

Gary Holton, ex-membro do Kids ou Heavy Metal Kids, e Terry Slesset, que passou um tempo como vocal do Back Street Crawler e tinha uma apresentação futura à espera com uma banda chamada Geordie, foram cogitados. Como tanto Holton quanto Slesser foram companheiros de gravadora do AC/DC, sua candidatura provavelmente veio por eles serem conhecidos. Tragicamente, Holton morreu cinco dias depois.

Havia, também, o contingente australiano, sendo que muitos pensavam que Jimmy Barnes, do Cold Chisel, fosse um candidato óbvio. Angry Anderson, que tocou no Buster Brown com Phil Rudd, era outro. Assim como Marriott, ele tinha mais ou menos o mesmo tamanho do resto do AC/DC, um bom relacionamento com a banda e soava como um Rod Stewart mal-acabado, na melhor das hipóteses.

Mas o corcel negro, Jack Swan, era considerado o suposto favorito. Não apenas por ser um escocês, ex-boxeador e baterista, mas por ser empolgado, bem-humorado e abençoado com uma das melhores vozes para rock, soul e blues do mundo.

John Swan: "Talvez sim, talvez não. Mas, na minha honesta opinião do fundo do meu coração, não acho que eles seriam muito sensatos em me chamar, porque teriam outro Bon em mãos. Digo isso com todo o respeito porque eu usava anfetamina, cocaína, Deus sabe o que mais, além de beber 24 horas por dia.

Eu adoraria me gabar dizendo: 'Sim, eu fiz isso e aquilo'. Mas os garotos nunca chegaram em mim e disseram: 'Swanee, o que acha de entrar para banda?'. Eu ouvi isso por aí com os boatos rolando, mas eles estariam assumindo um grande risco pegando outro como Bon."

Decidiu-se, então, lançar a rede mais uma vez e um candidato por noite era levado ao estúdio de ensaio Vanilla, em Londres. Havia uma mesa de sinuca embaixo, onde a equipe deixava os candidatos quando chegavam. Eles então os levavam para cima, onde a banda estava pronta e um gravador escondido preparado.

Malcolm e Angus eram pacientes e fizeram seu melhor para deixar os esperançosos confortáveis, embora eles mesmos lutassem em silêncio com exatamente o que eles faziam e por quê. Mas eles sabiam uma coisa: não queriam uma imitação de Bon. No entanto, absolutamente nenhum cara assim apareceu.

A maior parte dos candidatos era mediana, para não dizer outra coisa, o que surpreendeu por causa do calibre da apresentação a que se candidataram.

Ian Jeffery: "A banda conversava com eles [os candidatos] por alguns minutos e dizia: 'O que você quer cantar?'. Noventa por cento dos cantores não tiveram chance porque queriam cantar 'Smoke On The Water'. Eles já eram! Eram um caso perdido! Agarravam o microfone e enrolavam a perna ao redor dele como o David Coverdale."

Uma das surpresas se destacou. Seu nome era Gary Pickford Hopkins, um dos cantores do projeto de Rick Wakeman, *Journey To The Centre Of The Earth*, um contato feito, sem dúvida, pelas ligações de Jeffery com o ex-tecladista do Yes.

Ian Jeffery: "Ele tinha uma boa chance porque eles o chamaram de volta duas vezes. Gostaram de sua voz, mas ela não tinha aquele algo a mais."

Foi durante esse processo que os boatos sobre a possibilidade de outro candidato australiano vieram à tona: o ex-Easybeat Stevie Wright.

"Stevie é o cara certo para o AC/DC", dizia a coluna Humdrum do apresentador do "Countdown" Ian "Molly" Meldrum, na TV Week, em

15 de março, fazendo um trocadilho com o nome do vocalista [right/ Wright], enquanto a manchete "AC/DC de luto pode ter encontrado o sr. Wright" introduzia a coluna Rock Beat, de Dave Dawson, na edição de 11 de março do *Mirror* de Sydney.

O papo foi retomado pela *Melody Maker*, no Reino Unido, na edição de 15 de março. Na *Juke*, um porta-voz da Albert negou que Wright fosse um candidato e acrescentou que nove cantores foram abordados.

Embora a perspectiva de Wright soasse bem no papel, o fato era que ele ainda estava pegando leve após um notório problema com as drogas; não estava em forma para liderar o relançamento de uma banda à beira do sucesso global.

Em Londres, o processo de seleção continuava. Mutt Lange e Tony Platt, que tiveram tanto sucesso no trabalho de *Highway To Hell*, foram chamados para o trabalho no próximo álbum do AC/DC. O respeito que a banda tinha por eles permitiu certo grau de intromissão no processo de recrutamento.

Lange sugeriu Brian Johnson, ex-vocalista da banda de Newcastle Geordie. Johnson tinha uma origem ideal na classe operária e era perfeito para o AC/DC.

Nascido em Dunston, Gateshead, no nordeste da Inglaterra, em 5 de outubro de 1947, ele era um de quatro filhos, e cresceu em Preston Village, North Shields, em uma casa suja pela fuligem dos trens de carvão que passavam perto de lá. O pai de Brian, Alan, era um sargento-major do Exército Britânico que lutou na África e na Itália durante a Segunda Guerra Mundial. Depois disso, trabalhar nas minas acabou com seus pulmões.

No aniversário de 9 anos de Brian, a rádio BBC tocou Johnny Duncan e os Blue Grass Boys cantando "Last Train To San Francisco" e sua vida de repente foi traçada diante dos seus olhos.

Ele logo descobriu que podia segurar uma nota ou duas e se tornou um menino de coro, o que lhe permitia ganhar dinheiro. O maestro do coral deu-lhe algumas lições de canto e ele apareceu por três anos com os escoteiros em seus shows de talentos.

Brian saiu da Dunston Hill Secondary School aos 15 anos para começar um aprendizado como montador e torneiro mecânico, e estudou engenharia na Gateshead Technical College. Nada de minas de carvão para ele, obrigado.

Dois meses depois, ele se apresentava com sua primeira banda, The Gobi Desert Canoe Club, com alguns amigos da fábrica onde trabalhava. Brian virou um cantor por necessidade: ele simplesmente não tinha dinheiro para comprar uma guitarra ou uma bateria. A primeira música que cantou em público foi "Not Fade Away", de Buddy Holly. Naquela noite, Brian saiu do clube de jovens em Newcastle com sete libras por seus esforços com a banda. Foi um momento crucial.

Ele era outro homem, deixou seu cabelo crescer e renovou o guarda-roupa para refletir a moda atual. Não muito tempo depois, Brian, ainda menor de idade, conseguiu entrar no Club A Go Go em Newcastle para ver The Animals e ficou ainda mais estimulado quando comprou seu primeiro disco do Paul Butterfield Blues Band.

Logo começou a comprar álbuns dos Animals, Yardbirds e BB King, quanto menos na moda melhor, na opinião dele. Mas foi o patrono do blues britânico, John Mayall, o verdadeiro catalisador das aspirações musicais de Brian, e ele não deixou passar a chance de ver Mayall e depois conhecer seu lendário guitarrista Peter Green quando eles foram para Newcastle.

Aos 17 anos, Brian entrou para o Exército e foi mandado para a Alemanha, por dois anos, com o regimento de paraquedistas Boinas Vermelhas. Os aviões sempre foram uma grande paixão, e ser um paraquedista era uma das grandes alegrias de sua vida. Depois de deixar o Exército, aos 19 anos, Brian tornou-se desenhista; mas o trabalho o deixava maluco e, depois de três meses, começou de novo a sentir a influência magnética de tocar música pelo menos em meio-período.

Ele tocou em dúzias de bandas nos anos 1960, e em 1971 juntou-se a Brian Gibson (bateria) e Tom Hill (baixo) na banda Buffalo. Um ano depois, o trio juntou forças com Vic Malcolm em uma banda curiosamente chamada USA, e Brian decidiu se tornar um músico profissional.

A primeira apresentação do USA foi em 1º de fevereiro de 1972, no Thornley Working Men's Club, em Peterlee. Em maio, eles assinaram com a Red Bus Records, em Londres, um contrato que dava à gravadora controle total sobre a banda.

Ninguém se impressionou muito com a mudança de nome, em junho, para Geordie, muito menos os fãs, mas a banda não tinha muitas outras opções por causa de seu contrato restritivo. Os tempos eram bem difíceis, e eles estavam quase literalmente mortos de fome. Talvez um nome novo desse uma luz.

A banda foi para Londres para suas primeiras sessões de gravação para a Red Bus em julho. No fim de 1972, mudaram-se permanentemente para a capital, onde encontraram condições de vida ainda mais difíceis do que em Newcastle. Para sobreviver, costumavam entrar em restaurantes e, quando alguém saía, pegavam as sobras antes de o garçom limpar a mesa. Outra tática era acordar de madrugada no frio e roubar leite logo depois da entrega pelo leiteiro.

O alívio veio na forma de seu primeiro *single* no Reino Unido, "Don't Do That", lançado em 29 de setembro. A rádio BBC tocou a música e seu apoio formou a base para a NME/Red Bus Free Road Show, que aconteceu de 17 de outubro até 3 de novembro e incluía uma apresentação no Marquee.

Tony Tyler, na *NME,* em 28 de outubro de 1972, gostou do que viu em Brian:

"Talvez a figura no palco mais forte seja o vocalista Brian Johnson, que por seu visual e suas maluquices logo estabelece uma identificação com o público."

Em novembro, "Don't Do That" chegou a um ponto que rendeu à banda sua primeira aparição na TV, no "Top of the Pops". A música alcançou o número 32 nas paradas britânicas no início de dezembro.

Isso não queria dizer que estavam ricos: a banda vivia com 60 dólares por semana e dormia no furgão durante a turnê. No entanto, as coisas melhoraram. A banda Geordie conseguiu uma vaga de abertura para os remanescentes do Velvet Underground, sem Lou Reed, no Mayfair de Newcastle, na primeira semana de dezembro.

Um mês depois, veio uma vaga para abrir as duas apresentações do Slade no Palladium de Londres. A mistura de brilho e rouquidão era perfeita para a ocasião, e em alguns meses eles seriam comparados ao Slade, em grande parte por causa da semelhança entre a voz de Brian e a de Noddy Holder.

"Nós gostamos de ter uma atmosfera de *pub*", Brian explicou a Michael Benton na *Melody Maker*, em 14 de abril de 1973. "Todas as nossas músicas são simples, não há nada complicado sobre nós."

Uma abertura agendada para Chuck Berry no Festhalle de Frankfurt não aconteceu, mas eles abririam para o respeitado veterano do rock em duas outras datas na Alemanha.

O álbum *Hope You Like It*, que foi gravado em apenas 48 horas, saiu em 2 de março. Nesse mesmo mês, seu segundo *single*, "All Because of You", alcançou o número seis das paradas britânicas e acabaria vendendo 1 milhão de cópias em todo o mundo. Uma segunda ida ao "Top of the Pops" chamou a atenção inestimável de Roger Daltrey, do The Who.

"Ele nos procurou dizendo que gostou do que fizemos", Brian disse à *Melody Maker*. "Ele nos convidou para usar seu estúdio de gravação, uma oferta que nós aceitamos."

Ele Não Era o Cara Mais Ambicioso

Tudo isso, mais uma apresentação abrindo para o Sweet, no Rainbow de Londres em 30 de março: parecia que Geordie era finalmente interessante. E ninguém ficou mais surpreso do que a banda com a rapidez com que isso aconteceu.

"Pouco mais de um ano atrás", contou Brian à *Melody Maker*, "nós tocávamos nos *pubs* e boates em nossa cidade natal de Newcastle com o nome de USA... demora um pouco para se acostumar com isso."

Em abril, a banda australiana Fang, com Bon Scott nos vocais, abriu para o Geordie em duas apresentações no Torquay Town Hall e em Plymouth. Em Torquay, Bon ficou impressionado com a performance infernal de Brian. O que ninguém sabia era que Brian estava muito doente. Ele acabou desmaiando no meio do show e passou a noite no hospital com suspeita de apendicite, mas descobriu-se depois que era intoxicação alimentar e exaustão.

Brian (em tom de zombaria): "Um puta cantor! Eu estava era com uma puta dor!"

Em Plymouth, o Geordie teve o luxo de ficar em uma pousada barata. A dona do lugar não era fã de homens cabeludos, e o Fang, com a desvantagem extra de estar duro, foi passar a noite em seu ônibus gelado.

Brian não admitiu nada disso. Assim que a dona saiu de sua vista, ele e o resto do Geordie ajudaram os australianos a entrar por uma janela e eles passaram a noite na frente do aquecedor com algumas cervejas. Na manhã seguinte, o ônibus do Fang, que estava quebrado, foi rebocado e Brian nunca mais viu Bon.

Em maio, eles fizeram um show no Newcastle Mayfair com abertura da banda Supertramp, um retorno orgulhoso para os embaixadores de Newcastle.

"É como se eles acabassem de sair de uma fábrica", disse James Johnson na *NME* sobre o show em 26 de maio. "Geordie é barulhento, denso e muito direto. Eles conseguiam ter uma energia brutal."

As turnês pela Europa receberam uma reação entusiasmada do público e o *single* "Can You Do It" chegou ao Top 20 das paradas britânicas em junho. Apesar desse sucesso, a banda começou a se preocupar, porque toda sua base de fãs compunha-se de adolescentes que só gritavam, queriam ouvir as músicas de sucesso, puxar seus ídolos para o público e arrancar suas roupas. Perigosamente à maneira dos Easybeats, o Geordie queria ser mais que isso.

Enquanto isso, sua luz se desvanecia. Quando o álbum *Hope You Like It* e o *single* "All Because Of You" foram lançados nos Estados

Unidos, ambos naufragaram sem vestígios. As vendas britânicas do álbum também estavam baixas.

O cancelamento de um show gratuito no estádio de futebol do Newcastle United, o St. James' Park, com capacidade para 60 mil pessoas, pode ter sido uma bênção disfarçada. Para piorar as coisas, em agosto, uma turnê americana planejada com o Uriah Heep também não deu certo.

Mas havia um novo álbum a preparar naquele mês e uma oportunidade para mostrar o que eles podiam fazer além de *singles* pop. Infelizmente, mesmo com todo o seu entusiasmo, Roger Daltrey estava ocupado demais para ajudar com a gravação.

O Geordie alcançou o número 10 na categoria "maiores esperanças" da pesquisa de opinião anual dos leitores da *NME*. O *single* "Electric Lady" chegou ao número 32 nas paradas britânicas no fim de agosto, mas seria seu último *single* nas paradas da Grã-Bretanha.

No início de outubro, a banda completou as sessões de gravação para o segundo álbum e, em novembro, teve mais de uma semana de shows na Alemanha, abrindo para o Slade.

Eles discutiram, então, os planos para arrasar: um álbum ao vivo gravado no Newcastle City Hall mais tarde naquele ano. Mas primeiro houve o choque cultural no início de 1974 ao passar duas semanas no Japão fazendo trabalho promocional e depois, em fevereiro, partiram em uma turnê pela Austrália.

As duas semanas de shows australianos viraram seis no calor do fim do verão e levou-os a lugares remotos, que Brian tinha certeza de não estarem no mapa. Havia também a acomodação. Se o Geordie já andou por uma estrada para o inferno, na opinião de Brian essa turnê era assim. Uma parada no Alaska na volta a Londres foi o mais próximo que eles chegaram de uma viagem aos Estados Unidos.

Após meses de atraso, seu segundo álbum, *Don't Be Fooled By The Name*, finalmente foi lançado em abril, após *Masters of Rock*, uma coletânea dos seus *singles* de sucesso.

Sua popularidade no Reino Unido diminuiu consideravelmente, mas eles tinham um público de tamanho considerável no continente, principalmente na Escandinávia e na Alemanha, onde abriram para o Deep Purple.

No início de 1975, o guitarrista e principal compositor Vic Malcolm saiu. Então, foi a vez de Brian deixar a banda no meio do ano. A pressão para compor *singles* de sucesso, que eram o que todos os públicos sempre queriam ouvir (seus álbuns mesmo nunca chegaram às paradas), e as brigas por causa da apresentação no palco (Brian só queria usar roupas mais simples em vez de botas e cetim) foram um tiro de misericórdia.

Ele cansou de trabalhar feito um camelo por pouco, ou até nenhum, retorno, enquanto parecia que os donos dos holofotes da cidade grande tinham tudo de mão beijada, merecendo ou não. Brian não conseguia nem comprar um carro.

No fim de 1975, ele gravou um *single*-solo, "I Can't Forget You Now/I Can't Give It Up", que a EMI lançou em 9 de janeiro de 1976. Foi um tiro n'água. Na verdade, as únicas cópias que foram vistas são versões promocionais. O *single* pode nunca ter estado disponível para venda.

Após dois anos de sua saída da banda, Brian sentiu o comichão de se apresentar de novo e formou o Geordie II, com Derek Roothman (guitarra), Dave Robson (baixo) e Dave Whitaker (bateria). O cantor sorria de novo e usava seu boné, que logo se tornaria sua marca registrada, no palco pela primeira vez na apresentação de estreia da banda no Western Excelsior Club.

Seu irmão lhe deu o boné como uma proteção contra a cola usada no trabalho em uma oficina de reparo de tetos e janelas de carros, a Top Match de Newcastle.

Mesmo sendo divertida, a banda também era frustrante. Os donos dos locais onde eles trabalhavam muito frequentemente queriam música de fundo entre jogos de bingo, apesar das grandes multidões que a sonzeira do Geordie atraía.

Durante esse período em 1978, Brian ouviu o AC/DC pela primeira vez. O álbum era *Let There Be Rock*. Brian adorou "Whole Lotta Rosie", e quando um membro da banda chegou ao ensaio com uma fita da música, decidiram incluí-la nos shows, onde, para sua surpresa, os públicos clamavam por um cara chamado Angus.

Curiosamente, alguns meses depois, Brian soube que o AC/DC apareceria em um programa de TV de shows ao vivo do Reino Unido chamado "Rock Goes To College". Ele ficou perplexo porque o programa, àquela altura, trazia as bandas mais sérias e importantes. Brian apareceu naquela noite e ficou encantado ao ver o AC/DC arrasar o lugar.

O vocalista adorava o Geordie, mas manteve as portas abertas para outras opções. Em novembro, fez um teste para substituir Ronnie James Dio no Rainbow, embora sem sucesso. Brian quase se tornou membro do Uriah Heep e da Earth Band de Manfred Mann.

Não havia problema. O Geordie ganhava um bom dinheiro para cerveja e seu negócio em Newcastle seguia confortavelmente.

Reza a lenda que Brian foi notado pelo AC/DC depois de um fã em Chicago lançar a ideia, o que parece um cenário improvável e simplista, visto que os riscos eram altos. De qualquer maneira, Malcolm, Angus ou a Albert conheciam o valor do vocalista.

Com suas memórias afiadas, não apenas Malcolm e Angus muito provavelmente se lembravam de Brian da época em que fizeram a turnê pela Austrália com o Geordie, mas Albert tinha organizado a turnê e era responsável pela divulgação da banda inglesa. Bon também falou dele entusiasmado depois que se encontraram no Reino Unido, e achava que Brian estava no mesmo nível de Little Richard quando cantava.

Segundo Ian Jeffery, a princípio Malcolm não botou muita fé em Brian Johnson. Ele não achava o Geordie grande coisa.

"A primeira coisa que Malcolm disse foi: 'Aquele imbecil? Aquele gordo?'. Mutt respondeu: 'Acho que você o está confundindo com o guitarrista; esse cara é mais magro'. Malcolm retrucou: 'Você tá falando merda, cara!'. Ele não queria aceitar."

Sem Malcolm saber, na segunda semana de março, Jeffery ligou para Brian em Newcastle, onde ele ficava na casa da mãe. Era quase meia-noite. Ele não lhe disse para quem era a apresentação, só que valeria a pena.

Brian ficou indiferente: estava muito feliz com suas conquistas. No entanto, isso atiçou sua curiosidade. O problema era que ele não tinha dinheiro para viajar para Londres, mas, após juntar um dinheirinho e pegar um empréstimo e um encorajamento com um amigo, alugou um carro e rumou para a capital.

Então, entre Newcastle e o estúdio de ensaio ele sumiu, ou pelo menos foi o que pareceu. Jeffery perguntou se alguém da equipe, Evo ou o sobrinho de Malcolm e Angus, Fraser, que trabalhava na cidade e passava algum tempo com seus tios, tinha visto Brian.

"Eu perguntei: 'Esse Brian Johnson apareceu?'. Ele [Evo] disse: 'Nós jogamos sinuca com um cara, mas ele tá no banheiro agora'. Então o cara volta do banheiro. Jogou sinuca com eles por uns 20 minutos, depois de ter entrado sem se apresentar. Eu disse: 'Seu nome, por acaso é Brian Johnson?'. Ele respondeu: 'É, é sim'. Eu disse: 'Precisamos de você lá em cima!'. Brian achou que eles eram a banda com quem ia tocar! Então subiu, entrou e disse: 'Isso é o que acho que é?'."

Brian, com o boné que se tornou sua marca registrada, foi recebido com uma Newcastle Brown Ale, o que o deixou satisfeito e à vontade.

"Eu realmente senti como se pudesse sair e beber umas com eles e não tivesse de provar nada", contou a Dave Lewis na *Sounds,* em 19 de abril de 1980. "Quando você entra por aquela porta e encontra esses sujeitos, deixa as frescuras na porta."

Brian ficou impressionado porque a banda tinha mais equipamento de som na sala de ensaio do que ele usava nas apresentações. Perguntou se alguém se importaria se ele fumasse, o que logo o aproximou de Malcolm, enquanto Angus se contorcia de ansiedade para tocar.

Depois de conversar por alguns minutos, era a hora do teste. Malcolm perguntou quais músicas Brian conhecia e, para a surpresa dele e de Angus, o vocalista pediu para cantar "Nutbush City Limits", de Ike e Tina Turner, uma mudança rítmica bem-vinda de "Smoke On The Water". E em uma escala que, a pedido de Brian, forçava sua voz a atingir e demonstrar todo seu alcance. Brian ganhou pontos adicionais com Malcolm e conquistou mais outros quando abriu a boca para cantar e pôde ser ouvido pela banda.

Pela primeira vez, em todo o processo de testes, Angus recobrou a consciência.

Ian Jeffery: "Na primeira tensão [os primeiros versos dos vocais de Brian] dava para sentir os pelos da nuca levantar. Angus sai do lugar, descruza as pernas e começa a agitar a perna direita. Começa a competição!"

Eles então tocaram "Whole Lotta Rosie" e algumas músicas de Chuck Berry. Nesse momento, a banda estava se apresentando, em vez de apenas ensaiar. Depois de terminarem, Brian sentiu-se bastante confiante para dizer que eles não tocaram "Rosie" direito, que ela não estava rápida o suficiente.

Brian estava relaxado e satisfeito com seus esforços, mas filosofava sobre a experiência. Se ele não conseguisse, sempre teria uma história para contar a seus amigos no *pub*. Podia até conseguir umas canecas a mais para contar a história de novo.

Entretanto, ele não conseguiu ficar e conversar. Depois de cerca de 15 minutos pediu licença, explicando que tinha outros compromissos em casa com o último dia da série de shows do Geordie.

"Heaton Buffs [um local em Newcastle] sempre rendia um bom dinheiro", Brian contou à emissora Tyne Tees, em 1983, "acho que dava umas 120 libras para dividir entre os quatro, o que significava uma grande noite."

Malcolm foi o primeiro a admitir que estava errado sobre Brian. Ele e Angus não queriam ver mais ninguém. Cliff e Phil também ficaram impressionados, mas ouviram todos os outros candidatos da lista nos dias seguintes, por via das dúvidas.

Três dias depois, Jeffery ligou para Brian para ver se ele podia voltar na segunda ou na terça-feira. Em outra bela demonstração do seu caráter trabalhador, Brian disse que não podia, pois tinha negócios a tratar e que esse era seu ganha-pão. Além disso, tinha um fim de semana lucrativo de apresentações com Geordie.

Ian Jeffery: "'Eu disse: 'Nós vamos mandar uma passagem para você, etc., seja quanto for que você tenha para receber, nós pagaremos'. Ele disse: 'Deixa eu ver'. Até então, ele não se comprometera a ir. Então eu disse: 'Tá bom, cara. Eu ligo de volta em 10 minutos'. Liguei de volta e ele disse: 'Tá, tá bom, eu vou'."

Mas, de novo, a pontualidade foi um problema, pois Brian estava duas horas atrasado para chegar ao teste no dia 25 de março. Seu dia simplesmente ficou mais complicado do que ele esperava.

O que ninguém sabia era que, depois de ser chamado por Jeffery, Brian recebeu uma ligação do nada para outra apresentação: 350 libras para cantar em um comercial de TV para a Hoover com John Cleese. Ele pensou que podia encaixar a gravação do comercial e um segundo teste para o AC/DC no mesmo dia.

Ian Jeffery: "A banda, naquela ocasião, ficou realmente aflita: 'Que porra, você acha que ele quer mesmo? Ele gosta da gente? Ele não vem?'. O jogo virou completamente. Agora eles precisavam de Brian."

Tudo ficou bem de novo quando Brian apareceu e explicou a situação. No segundo *round*, a banda tocou alguns *riffs* e pediu para Brian apenas juntar algumas palavras na hora para combinar com eles. Uma das combinações foi "Given The Dog A Bone".

Mais uma vez havia sorrisos enormes por todo lado; mas desta vez Malcolm não ia deixar o vocalista escapar tão fácil. No fim da semana, Brian precisou voltar para casa, por causa das apresentações do sábado e do domingo; porém sabia que tinha ido bem, apesar de ainda não ter conseguido o emprego.

Ninguém ficou mais surpreso com a reviravolta dos acontecimentos das semanas anteriores do que ele. Achava que já tivera seu momento com o Geordie pela primeira vez, saindo da experiência desiludido e sem dinheiro. Agora era ao menos considerado como o possível novo vocalista de uma banda que apenas seis semanas antes se preparava para dominar o mundo. Mas Brian duvidava de si.

"Tente entender", explicou ele à Radio Capital em 17 de novembro de 1980, "eu não sou o cara mais ambicioso do mundo, e o negócio é que não sou a pessoa mais confiante do mundo."

Para amortecer o golpe de uma possível rejeição, ele imaginou que, como o AC/DC já vinha fazendo testes havia várias semanas, ele apenas foi um dos últimos nomes que surgiram e não necessariamente uma certeza para o posto. Isso foi confirmado, na opinião de Brian, quando a edição de 29 de março da *NME* dizia em uma reportagem que Allan Fryer, do Fat Lip, de Adelaide, fora escolhido como novo vocalista do AC/DC.

Assim como Stevie Wright, Fryer se encaixava bem – talvez até melhor que o primeiro – no perfil. Nascido em Glasgow e mais tarde vocalista do barulhento Heaven, Fryer amava bebida e mulheres e tinha uma voz áspera e estridente com um alcance de várias oitavas. Ele parecia ideal.

Allan Fryer: "Eu ouvi falar que o AC/DC ia continuar e falei com George [Young], e ele sugeriu que eu fosse a Sydney para conversar. Resumindo a história, entramos no estúdio e pusemos vocais em 'Whole Lotta Rosie', 'Sin City' e 'Shot Down In Flames'; tiramos o vocal do Bon das fitas e eu cantei nas faixas.

Depois que eu tinha terminado, George ficou muito impressionado com as faixas e queria mandá-las para os garotos em Londres. Uma semana depois, ouvi falar que eu era o novo vocalista. Isso estava na *New Musical Express* e na *Melody Maker*, na Europa e em vários programas de TV da Austrália."

Brian sabia que fazia sentido a banda chamar um australiano para entrar no lugar de Bon. Além disso, ele tinha o Geordie e também ensaiava com outra banda de Newcastle, um grupo de *covers* chamado Skinny Herbert.

Então, em 29 de março, seu telefone tocou. Era Malcolm, querendo que Brian voltasse uma terceira vez. Ele explicou que a história da *NME* era besteira e pressionou Brian a voltar, pois eles tinham um álbum para fazer.

Em seguida, um Brian confuso perguntou: "Eu consegui o trabalho então?".

Depois de Malcolm confirmar que sim, Brian lhe pediu para ligar uns minutos depois, para que ele pudesse sentar e organizar seu pensamento. Então andou pela casa vazia esperando que a ligação não fosse um sonho, mas louco para contar para alguém. Malcolm ligou de volta como combinado e Brian comemorou bebendo uma garrafa inteira de uísque. Seu irmão mais novo achou que fosse uma brincadeira de Dia da Mentira até o vocalista receber seu cheque assinado.

Não foi a voz de trovão de Brian que lhe rendeu o trabalho ou seu amor por cantores de soul e blues, como Eric Burdon, Ray Charles, Tina Turner, Howlin' Wolf e Joe Cocker, embora esses dois fatores com certeza tenham ajudado. Seu entusiasmo sem frescura e senso de humor maravilhoso, mais o fato de ele gostar de beber, jogar dardos e ser independente, também eram atrativos fundamentais.

O mais importante era que Brian era um sujeito único – mesmo com a presença de uma barreira de linguagem quando ele falava rápido demais ou ficava animado – exatamente o que Malcolm e Angus procuravam.

"Queríamos alguém que fizesse o que Bon fazia e fosse uma verdadeira figura", Angus explicou a Penny Harding na *Juke* em 27 de setembro, "mas não queríamos alguém que fosse apenas uma imitação perfeita dele."

Em 8 de abril de 1980, foi feito o anúncio oficial de que o AC/DC tinha um novo vocalista.

Brian recebia um pagamento de 170 libras por semana, mas ainda era contratado da Red Bus Records; então a Atlantic lhe emprestou uma pequena fortuna para ele rescindir o contrato. No entanto, ele ainda tinha de gravar um álbum-solo para sua antiga gravadora.

Brian: "Entrar para o AC/DC foi um pouco de sorte, mesmo. Todos têm uma oportunidade na vida, acho; você precisa agarrá-la e aproveitá-la, sabe?"

Embora a situação parecesse um enorme golpe de sorte para Brian, a banda também podia se considerar afortunada por tê-lo encontrado.

Ian Jeffery: "Houve uns momentos de dúvida quando voltamos do funeral de Bon e observamos esses bundões aparecendo [durante os testes]. Eles simplesmente não entendiam. Pensavam que jamais acharíamos um vocalista. Era como: 'Por que não encontramos alguém como Noddy Holder ou Steve Marriott?'. Também foi ótimo que Brian tenha aparecido tão cedo, porque se demorasse mais algumas semanas..."

Ele Não Era o Cara Mais Ambicioso

> From the stompin' North-East, England's biggest energy rock sensation.....Geordie, and their first album that includes the favourites you put in the charts-"Don't Do That" and "All Because Of You". It's called "Hope You Like It".
> You will.
>
> Album EMC 3001 Cassette TC EMC 3001 Cartridge 8X EMC 3001

Geordie
Do vibrante nordeste, a maior sensação energética do rock da Inglaterra... Geordie e seu primeiro álbum, que inclui as favoritas que entraram nas paradas, "Don't Do That" e "All Because Of You". Chama-se *Hope You Like It*. Vocês vão gostar.

1981
Brian, Forest National, Bruxelas.

Capítulo 19

Back In Black

Malcolm não perdeu tempo em apresentar a Brian a filosofia número um do AC/DC: nós fazemos o que fazemos, tocamos o que tocamos e foda-se o que os críticos pensam. Sem discussão. Ponto final.

Demorou uns dias para a ficha de Brian cair. Ele tinha uma grande responsabilidade.

"Vou ficar nervoso no começo, com certeza", ele confessou a Dave Lewis, da *Sounds*, em 19 de abril de 1980, "mas farei meu melhor, sabe... só espero que nos deem uma chance."

A última apresentação de Brian com o Geordie foi no fim de semana de 21 e 22 de março, no Heaton Buffs, em Newcastle. Eles ficaram felizes por Brian, embora ele se sentisse culpado por deixá-los sem trabalho por algumas semanas até conseguirem outro vocalista. Mas, quando pôde, garantiu que as coisas não ficassem muito difíceis para eles financeiramente, e o mesmo fizeram seus novos empregadores.

"O AC/DC disse: 'Claro, nós entendemos'", contou Brian à *The Interview* em novembro de 1980, "e deram um presentinho adorável aos caras do Geordie... e um dinheiro, até eles conseguirem um novo vocalista."

Quando a edição de março da revista francesa *Best* chegou às bancas, os resultados da pesquisa entre seus leitores devem ter deixado Brian atordoado. Parecia que a pesquisa fora feita apenas entre fãs do AC/DC, com Bon eleito o melhor vocalista; o AC/DC, a melhor banda e banda ao vivo; e Angus, o melhor músico.

Naquele ano, os Angels fizeram duas turnês europeias com o Cheap Trick e em suas apresentações na França puderam confirmar os resultados da pesquisa ao vivo.

O guitarrista dos Angels, John Brewster, lembra:

"Nós fizemos um show em Nice e caiu uma tempestade, mas era um público muito doido, na maioria homens; eles piram na França. O Cheap Trick entrou e foi bombardeado com latas e outras coisas. Foi pesado e parecia bem perigoso.

Eles não sabiam se voltavam ao palco ou não. Então um deles se virou e disse: 'Vocês voltariam com a gente?'. Todos voltamos ao palco e fizemos 'Highway To Hell'. Diabos! Nós arrasamos! O público ficou maluco. Nós estávamos tipo em dez no palco, quatro guitarristas, dois baixistas, nós plugamos em qualquer coisa que pudemos encontrar. Robin Zander foi brilhante cantando como Bon Scott."

Os ensaios, que começaram em abril no E-Zee Hire Studios em Londres, durariam inicialmente três semanas, mas foram reduzidas a apenas uma quando surgiu uma vaga no Compass Point Studios em Nassau, Bahamas. A mudança para lá foi em parte por causa dos impostos e em parte pela falta de um estúdio disponível no Reino Unido, seu ambiente de trabalho preferido. O Polar Studios, na Suécia, do Abba e usado pelo Led Zeppelin, era uma opção até certo ponto, mas o Abba o estava usando, e o AC/DC não tinha tempo para esperar sentado até ele estar disponível.

O trabalho começou nas Bahamas no meio de abril e foi até maio, com a dupla do *Highway To Hell*, o produtor Mutt Lange e o engenheiro Tony Platt.

A banda nunca esteve em um lugar parecido com as Bahamas, onde boa parte da população consistia de lagartos e sapos e só havia cerveja decente em folhetos de turismo. Os moradores, enquanto isso, provavelmente se perguntavam o que esses cinco carinhas pálidos e magros tinham a ver com o sol e a areia.

Mas o tempo não estava exatamente sob medida para a praia quando a banda chegou. A região estava sendo devastada por tempestades tropicais, e por isso as necessidades mais básicas, como um fornecimento regular e contínuo de eletricidade, foram um problema na maior parte da primeira semana. E, é claro, sem força não se podia fazer barulho, pelo menos não no nível que eles vieram fazer no ambiente calmo.

A impossibilidade de trabalhar diminuiu a frustração de ter suas guitarras apreendidas na alfândega por vários dias e da espera pela chegada dos outros equipamentos do Reino Unido. Mas não foram apenas a burocracia e as condições atmosféricas que atrapalharam a banda.

Havia uma mulher grande e ameaçadora que administrava a acomodação de menos de cinco estrelas onde o AC/DC ficava. Ela os alertou sobre roubos e deu-lhes arpões para o caso de as coisas ficarem um pouco violentas com os nativos.

Brian tinha seus próprios medos. A banda só o conhecia da sala de ensaio, e o trabalho em um estúdio moderno não lhe dava chances de se esconder; todos conseguiriam ouvir até sua respiração.

Os títulos das músicas estavam todos escolhidos. "What Do You Do For Money Honey", por exemplo, foi um título que George Young criou durante as gravações de *Powerage*. Além disso, a banda só tinha *riffs*, havia poucas músicas completas, só ideias em que Malcolm e Angus trabalharam antes e depois do falecimento de Bon.

Tirando a semana de ensaio em Londres, a banda não teve oportunidade de trabalhar no material como uma unidade. Não houve tempo. Agora havia ainda menos, e quaisquer letras escritas enquanto ensaiavam em Londres e a caminho das Bahamas tinham de ser completadas no estúdio.

Para sua surpresa, Brian pôde dar uma primeira olhada nelas, embora soubesse bem que estariam sujeitas a sugestões de Malcolm e Angus. Ele ficou honrado, mas era só mais uma pressão.

Angus não conseguia pensar em nada pior do que tentar tirar vantagem da morte de seu amigo olhando as letras em que Bon trabalhava para o álbum novo. Era apenas uma questão de respeito com Bon e de cortesia com Brian.

Phil Carson: "Bon não escreveu nada do álbum. Malcolm e Angus fizeram o que sempre faziam e escreveram os *riffs* e a base da música; eles deixariam para Bon escrever as letras e criar as melodias. Foi o que fizeram com Brian. Ele criou todas as melodias e letras.

Se você analisar o conteúdo das letras do AC/DC com Brian Johnson, verá que a direção de Bon foi mantida, mas levada a um novo nível. Brian tem um senso de humor incrível e consegue usar letras com duplo sentido, um pouco de ironia com algumas de suas coisas, até os títulos das músicas são um pouco irônicos, mas ele consegue fazer isso sem parecer cafona.

Por favor, não escutem ninguém que diga que outra pessoa escreveu essas músicas, Brian Johnson as escreveu. Eu era o A&R, cara, eu sei quem escreveu as músicas. É isso."

Brian ficou mais calmo na noite antes do início do trabalho, mas no princípio não foi muito agradável. Ele acordou suando frio e sentiu que Bon estava lá, em pé, olhando para ele. Depois, veio uma sensação tranquilizadora: talvez tenha sido só um sonho.

Quando entraram no estúdio, havia empolgação e otimismo no ar. As músicas incompletas deixaram todos animados e o clima geral era de que um ótimo álbum estava próximo. Eles precisavam de nada menos que uma gravação decisiva.

Com Bon, a banda estava prestes a fazer algo grande; mas, se isso não funcionasse, se o que eles criassem não fosse aceito como o próximo passo na carreira da banda, seria o fim. Você apenas seria tão bom quanto seu último álbum, e o último álbum do AC/DC contava com um homem que era não apenas insubstituível, mas que estava a caminho de se tornar uma lenda no mundo todo.

Se essa seria a última coisa que fariam como banda, deveria ser a declaração mais forte possível: não haveria desculpas nem segunda chance. Mas, em vez de ser algo negativo, a situação provocou uma fórmula perfeita para a construção de uma equipe.

Tony Platt (engenheiro): "Eles não são os tipos de pessoa que ficam tensos da forma como outros ficam. Eles se concentram em realizar o trabalho. Era um monte de caras indo fazer um álbum e todos [da banda] estavam na mesma situação, claro, não fizeram tanto dinheiro assim com *Highway To Hell* porque nesse momento não tinha vendido tantas cópias assim.

Todos ganhavam o mesmo pagamento diário, e nós todos tratávamos de nos manter dentro [do orçamento para o álbum] e fazê-lo durar. Então havia uma sensação real de camaradagem quanto a isso, e o álbum estava muito próximo."

Platt precisou lidar com o fato de o Compass Point, assim como o Roundhouse Studios em Londres – onde *Highway To Hell* fora gravado – estar sonoramente "morto", sem reverberação. O engenheiro empregou, então, as mesmas técnicas para corrigir o problema usadas para o outro álbum.

"A questão do AC/DC – ou da abordagem de Mal ao som da banda – era que ele não gostava de grandes ecos e coisas assim. Possivelmente porque queriam pôr uma delimitação clara entre eles e bandas como o Zeppelin. Eles queriam um som seco e direto. Então essa técnica de usar um ambiente mais amplo realmente funcionava muito bem em sua música.

Após tentar isso pela primeira vez em *Highway To Hell*, quando começamos a fazer *Back In Black*, eu tinha uma ideia clara de como queria gravar as coisas e resolvi gravar algumas faixas ambiente.

Quando estávamos gravando as faixas, mandei colocar ali alguns microfones para captar o som ambiente, assim, quando as pessoas ouvissem o álbum, sentiriam que estavam no mesmo espaço em que a banda tocava."

Os estudos de uma vida de Malcolm sobre som, música e ritmo e os ensinamentos de George, unidos à confiança que ganhou fazendo *Highway To Hell* sem a intervenção direta de seu irmão mais velho, tornaram-se conhecidos. Embora ele respeitasse Lange e Platt, Malcolm imprimiu essa autoridade nas sessões desde a gravação da primeira música, "You Shook Me All Night Long". Ele não ficou nada impressionado com as mudanças nos acentos rítmicos da música.

Tony Platt: "Nós gravamos os refrões de 'You Shook Me All Night Long' e não me lembro exatamente como era a ênfase, mas não gravamos como 'You', pausa, 'shook me all night...'. Não estava assim. Havia uma pequena diferença de acento que colocamos, e então Malcolm ouviu e disse: 'Não, na minha opinião deve haver um espaço aí'. Então tivemos de voltar e fazer tudo de novo."

Em "Let Me Put My Love Into You", a banda ficou preocupada porque o último verso original no refrão serviria demais para um cigarro pré ou pós-sexo. Precisou ser modificado porque era explícito demais, resultado, sem dúvida, do elixir mágico de rum e leite de coco, o combustível das gravações.

Por outro lado, não havia nada alegre nem obsceno em "Hells Bells", com suas imagens de destruição e ruína do Antigo Testamento. Ela veio à tona pela primeira vez durante as sessões de ensaio em Londres, em parte graças a uma música de 1975 da banda Rolling Thunder Revue, de Bob Dylan, e foi ratificada pelas tempestades em Nassau.

O estilo acrobático e o tempo do vocal de Brian em "Back In Black" têm uma estilo mais para o jazz, e o *riff* era algo que Malcolm criou durante a turnê Highway To Hell. Com um violão, ele o gravou em uma fita cassete e, sem saber se a música era boa mesmo, mostrou para Angus ver o que achava. Como era esperado, seu irmão mais novo aprovou.

"Rock And Roll Ain't Noise Pollution" foi a última música gravada. Acredita-se que o título se baseava em uma frase que Bon gritou para um proprietário furioso durante uma discussão sobre o volume do som ou veio de uma expressão usada por Angus em 1976, em Londres, durante os dias da banda no Marquee, em meio a preocupações ambientais com o barulho. Em qualquer caso, Malcolm fez a música, estimulado por um *riff* criado por Angus, quando acharam que precisavam de uma faixa extra.

Tony Platt: "Mal ficou sozinho no estúdio quando todos nós fomos jantar naquela noite, e o engenheiro-assistente, um armário negro chamado Benji, tocou bateria enquanto Mal testava algumas ideias. Quando voltamos, ele tocou essa coisa que fez e todos falaram: 'Uau! É isso aí!'."

O vocal de abertura de Brian em "Noise Pollution" também tinha um toque de jazz, um estilo solto que saía dele à procura de um groove logo encontrado. Ele parece um homem do clero dando um sermão. Qual é aquele som bem no início? É Brian dando uma última tragada no cigarro antes de começar.

Em todas as sessões, Brian cantava como um homem possuído, alguém que, como o lendário cantor de blues de 1930, Robert Johnson, vendera sua alma por uma capacidade pulmonar sobrenatural e um alcance de oitavas. Mas ele descobriu, assim como Bon que, em relação ao canto, Lange era um perfeccionista completo.

Tony Platt: "Mutt é muito, muito minucioso sobre colocar cada frase de um vocal absolutamente no lugar certo. O que está certo, porque, quando você tem algo que consiste apenas de duas guitarras, baixo, bateria e um vocal, cada coisinha que acontece precisa contar 110%.

Era muito importante fazer esses vocais se encaixar perfeitamente. Quando você canta em uma banda com Angus como guitarrista, precisa deixar seus vocais tão empolgantes quanto a guitarra, o que é uma verdadeira montanha para qualquer um escalar! Portanto, era tanto uma questão de Mutt ser muito preciso sobre praticamente todas as sílabas cantadas e ter certeza de que está exatamente da forma como deve ser, e ao mesmo tempo verificar se está como Malcolm tinha imaginado.

Justamente por isso, na opinião de Jonna [Brian], toda nota fica bem no extremo do alcance vocal de qualquer um. Não apenas ela é cantada com agudos, mas é cantada com muita força e empolgação ao mesmo tempo. Acho que isso destaca a música, cada frase está absolutamente lá!

Obviamente, há toda a questão de conseguir que a voz fique no nível e na altura certos [no meio do resto do som da banda] e fazer o esquema funcionar para Brian em vez de ele tentar ser outro Bon."

Às vezes, havia um estranho convidado para testemunhar esses vários processos, apenas um dos curiosos locais. Lange o ouviu antes de ver. Parecia alguém batendo os pés, e ele mandava a banda parar de tocar para que ouvisse de novo. Nada. A banda recomeçava a tocar e Lange gritava de novo para eles pararem. Descobriu de onde vinha o barulho: um grande caranguejo andando no piso de madeira do estúdio.

Bon daria um jeito de escrever "Crabsody In Blue Part 2" depois da visita. Ele nunca estava longe do pensamento de todos. Platt lembra uma conversa que teve com Malcolm:

"Foi apenas algo em que sempre pensava. Malcolm falava que o estranho de Bon era que ele sempre desaparecia aqui e ali. Havia todos os tipos de histórias sobre ele desaparecer no fim de uma apresentação e só chegar na passagem de som para a próxima. Segundo ele, Bon era assim, sempre acabava aparecendo na hora, e Malcolm disse que estava se acostumando com o fato de que ele não apareceria mais. Achei uma coisa muito comovente de se dizer, porque resumia muito bem como a banda estava se sentindo."

Mas, enquanto o álbum era gravado nas trevas da morte de Bon, uma luz resplandeceu durante as gravações quando a esposa de Malcolm teve um bebê. Foi como um bom presságio, um sinal de renascimento. O orgulhoso e geralmente abstêmio tio Angus brindou o novo membro do clã Young, em um estilo grandioso e incomum, com uma garrafa de uísque.

"Ele virou metade da garrafa em um gole", Brian contou a Richard Hogan na *Circus,* em 31 de dezembro de 1983. "Deus, eu nem consegui acompanhá-lo e eu gosto de uísque. Ele caiu duro depois. Precisamos levá-lo para a cama."

Felizmente para Angus, o dia seguinte não foi aquele em que eles zarparam para pescar em mar aberto, um exercício que não era para aqueles com estômago fraco. Que dizer, então, daqueles desacostumados a sofrer de uma ressaca cruel? Quando foram para mar aberto, voltaram com um atum e um dourado. O atum foi entregue para o cozinheiro do lugar onde ficavam, que o preparou e colocou no congelador.

Infelizmente, durante a noite um dos nacos de atum caiu da prateleira de cima e empurrou a porta do congelador. De manhã e com o calor do sol, o atum estava espalhado pelo chão em uma pilha rançosa e parcialmente liquefeita. O lugar fedia tanto que eles precisaram se mudar por alguns dias.

Ian Jeffery não viajou para Nassau para as gravações e ficou cuidando dos negócios no Reino Unido. Ele recebeu uma ligação de Malcolm e Angus com um pedido incomum. Eles queriam um sino, e Jeffery foi para Loughborough encontrar um.

Ian Jeffery: "Fui até a companhia de iluminação, procurei as pessoas que fazem todos os acessórios de palco, e eles disseram: 'Nós podemos fazer assim, fica igualzinho e parece tão pesado [quanto um sino]'. E eu disse: 'Que parte vocês não entenderam? Nós queremos um sino de verdade! Não queremos algo que se pareça com um, queremos um de verdade!'.

Fiz um monte de pesquisa sobre isso e encontrei a empresa que fazia todos os sinos de igrejas. Foi como entrar em uma loja para comprar uma TV. Que tamanho de tela o senhor quer? De que tamanho é o sino? De alguma forma, eles imaginaram um sino de uma tonelada. Disseram: 'Oh, nós fazemos de uma tonelada, é desse tamanho'. Então eu tive de tirar uma foto do sino e colocar do lado de algo cujo tamanho eles [Malcolm e Angus] conhecessem. Eu esqueci o que era, devia ser um carro, assim eles poderiam ver o tamanho do sino e dizer: 'É esse que nós queremos'.

'Então eles [as pessoas da fundição] perguntaram: 'Como você quer que ele soe?'. Eu respondi: 'Não faço ideia, cara, sei que quero um sino de uma tonelada'. A próxima pergunta foi: 'O que você quer nele? Quer dois círculos nele? Três círculos ao redor dele?'. Eu disse: 'Na verdade, não. Quero que escrevam 'Hell's Bell' e 'AC/DC' E então todos os seus parâmetros mudaram, porque eles não sabiam se poderiam colocar a palavra *Hell's* [Do Inferno] em um sino, acredita?!"

Antes do início do processo de mixagem e com um pouco mais do que alguns *backing vocals* para terminar, Platt voltou para a Inglaterra. A ideia era gravar o sino no álbum para que ele fosse o mesmo que os fãs veriam e ouviriam na próxima turnê.

Por acaso, a fundição não tinha terminado de fazer o sino e sugeriu que Platt gravasse o som de um que ficava pendurado em uma igreja próxima. Eles colocaram microfones dentro e perto do sino apenas para Platt descobrir que havia pássaros vivendo dentro dele.

Tony Platt: "Toda vez que tocávamos esse maldito sino, tudo que você ouvia nos microfones era o voo dos pássaros, como se dissessem: 'Merda!', antes de desaparecer muito rápido. Foi um fracasso completo. Foi como: 'Ah, não, o que fazemos agora?'. Então eles mostraram a produção do sino. O sino tinha sido fundido, mas, por causa da quantidade de metal nele, demoraria muito tempo para esfriar, e eles não podiam acelerar isso. Então nós o cortamos bem para tirar o sino do molde e esperamos que estivesse afinado. Por acaso, estava perfeitamente afinado quando saiu do molde. Então eu voltei com o estúdio móvel de Ronnie Lane."

Depois de gravar, selecionaram o melhor toque do sino e as melhores posições dos microfones e diminuíram a velocidade pela metade para o som chegar à altura que queriam. Depois jogaram uma batida por vez na música "Hells Bells".

Após apenas sete semanas, que era mais do que a banda planejou a princípio, o álbum *Back In Black* foi completado e mixado em Nova York, no Electric Lady Studios.

Voltando a Newcastle e vendo o anúncio em algumas vitrines, como foi feito antes de a loucura começar, em março, Brian não conseguia acreditar que tudo aconteceu tão rápido. Ele não ouviu nada e só esperava ter ido bem e que o álbum vendesse. Mas suas pernas começaram a tremer: ele sabia qual era a próxima fase.

Fazer o que ele fez no estúdio na frente da banda, de uma pequena equipe e de Lange e Platt era uma coisa. Cantar essas faixas diante de uma multidão, sem falar em ter de cantar as músicas de Bon e o tempo todo ser ele mesmo no palco, era pedir demais. Suas dúvidas o assombravam de novo.

A Atlantic tinha suas próprias preocupações. Eles ficaram surpresos com a exigência da banda de uma capa simples e toda em preto para o álbum, com o nome AC/DC e o título em relevo e enterrado naquela escuridão. Na opinião deles, aquilo seria um pesadelo de vendas e marketing. A banda manteve-se firme, mas deixou a Atlantic imprimir uma linha cinza fina dentro do logo da banda para que pudesse ser lido.

Lange também questionou se o título do álbum não seria triste demais.

Angus: "Ele [Mutt] me perguntou como chamaríamos esse álbum. Eu respondi: 'Bem, *Back In Black*'. E ele disse: 'Você não acha isso mórbido?'. Eu respondi: 'Não, porque é para o Bon; é nosso tributo a ele e é assim que vai ser!'. Ele levou um susto.

Eu disse a ele: 'Escuta, Mutt, quando fizemos *Highway To Hell*, vocês implicaram. Disseram que as rádios americanas [e] o meio-oeste, que vocês disseram ser muito religioso, não tocariam aquele álbum. Mutt, eles foram os primeiros a tocar. Eu disse para ele que eu só sei que nós subimos no palco e tocamos na frente das pessoas, então pelo menos eles deveriam nos permitir esse momento. Isso é o que fazemos melhor. Pelo menos nos faça o favor de confiar em nosso julgamento sobre isso."

Os ensaios para a turnê começaram em junho no Victoria Theatre de Londres, mas com algumas dificuldades.

Ian Jeffery: "O palco ficava abaixo do nível do solo, se é que você me entende, e a entrada de serviço ficava do lado da rua. Você descia as coisas por uma rampa, mas não havia nada que carregasse um sino de uma tonelada. Então precisamos contratar esse guindaste com uma haste [braço] e parar o tráfego por 20 minutos para apanhar o sino, carregá-lo por sobre a rua, abaixá-lo até o teatro e colocá-lo no palco, onde construímos um lugar especial com um suporte para que pudesse ficar no palco até a hora em que seria [pendurado] no ar. Era uma operação enorme! O centro de Londres parado por causa desse sino.

Malcolm nos trouxe uma fita para que pudéssemos ouvir o álbum e eu me lembro de estarmos todos no balcão onde ficava a mesa de mixagem. Estávamos sentados, pensando, bem isso é totalmente diferente – porque era –, mas era incrível! O som que vinha da fita até o PA era incrível. Ele realmente destacou o ritmo de Malcolm, porque ele era provavelmente o melhor guitarrista rítmico do mundo. Era monstruoso, as guitarras estavam monstruosas. Ficamos sentados lá boquiabertos."

Após algumas semanas de ensaio, de 29 de junho até 6 de julho, a banda fez seis apresentações de aquecimento na Bélgica e nos Países Baixos, mas sem o sino.

A estreia de Brian foi em Namur, Bélgica. Eles queriam tocar em um local pequeno para começar, mas os fãs tinham outras ideias. No dia, o show teve de ser transferido para um lugar maior, e de lá para um terceiro. A multidão era enorme, a ponto de o promotor comentar que parecia que toda a Europa viera para assistir ao show. Angus estava bem nervoso, enquanto Brian só andava pelo camarim preparando-se psicologicamente juntamente com a banda.

Brian percebeu todo o peso emocional do show quando um fã com uma tatuagem de Bon em seu braço o abordou e lhe desejou o melhor.

"Eu só fiquei lá balançando a mão dele", Brian contou a Robin Smith no *Record Mirror*, em 26 de julho de 1980, "digo, o que você pode dizer quando as pessoas estão preparadas para acreditar em você assim?"

Mas quando a banda subiu ao palco, à meia-noite, três horas depois do programado, a recepção que teve tirou um pouco do nervosismo de Brian.

"Eu estava me cagando de medo", confessou a Christie Eliezer, da *Juke*, em 13 de julho de 1991. "Mas eu fui lá e eles me deram essa recepção fantástica. Eu vi esses cartazes de 'Bem-vindo, Brian' e fiquei muito feliz."

O fã Pierre Grandjean estava entre aqueles que assistiram ao show:
"A multidão estava aglomerada na entrada do Palais Des Expos [em Namur], as portas de vidro já dobravam sob a pressão, prestes a quebrar. O som estava horrível, eles nem tiveram tempo de fazer a passagem de som."

O show em si foi um acontecimento muito barulhento, violento, mas animado e houve os tipos de erros que já eram esperados no início de uma turnê.

Em geral, não foi uma memória que Brian guardará. Ele aprendeu tantas músicas que elas começaram, compreensivelmente, a se misturar em sua cabeça.

"A segunda música que tocamos foi 'Shot Down In Flames'", ele contou à *Juke*, "e a terceira foi 'Hell Ain't A Bad Place To Be' e eu cantei a mesma letra para as duas."

Provavelmente, poucos na multidão perceberam, mas Malcolm, claro, percebeu e olhou feio para Brian como se dissesse: "Que merda você pensa que tá fazendo?". Não houve problemas assim em Deinze, também na Bélgica, no dia 1º de julho, e, se Brian ainda tinha algum nervosismo naquela noite, uma resposta estrondosa à sua interpretação inspirada de "Highway To Hell" o afastou.

O AC/DC estava de volta, mas houve mais mudanças além do vocal. Com Bon, a banda era um circo de dois homens, um número alternado de rock'n'roll entre um vocalista muitíssimo carismático, as brincadeiras agitadas de Angus e os talentos cômicos dos dois. Agora Angus era a atração principal com Brian como um forte coadjuvante.

E a precisão quase coreografada que marcou os últimos dias de apresentações com Bon atingiu outro nível, assim como o volume do som da banda. As brincadeiras entre as músicas de Brian foram reduzidas ao máximo: não contava histórias nem fazia dedicatórias a fãs ou amigos, não havia papo-furado.

Com a ocasional desobediência de Bon fora do caminho, agora foi possível refrear a operação. E eles fizeram isso.

Perry Cooper [Atlantic Records]: "Acho que a coisa toda com Bon mexeu muito com eles. Digo, não acho que eles estivessem bebendo ou fazendo, sabe, certas coisas como costumavam fazer."

Enquanto isso, às vésperas de seu lançamento, o trabalho relativo a *Back In Black* continuou longe da vista dos principais mercados da banda. No início de julho, os vídeos promocionais sem público de "Hells Bells", "Back In Black", "Rock And Roll Ain't Noise Pollution", "What Do You Do For Money Honey" e "Let Me Put My Love Into You" foram filmados em Breda, Holanda, por Eric Dionysius e Eric Mistler, que fizeram o filme *Let There Be Rock*. Dionysius lembra-se da banda chegando às 18 horas em vez de ao meio-dia, então eles tiveram de trabalhar até a 1 hora.

Por fim, em 13 de julho, com um ponto vermelho pintado no sino, para Brian saber exatamente onde bater e obter um efeito máximo, o vocalista entrou de cabeça na turnê norte-americana de 64 apresentações até 11 de outubro. Entre 13 e 28 de junho eles fizeram

11 apresentações inéditas no Canadá, o primeiro país onde ganharam disco de ouro por *Black In Black*.

Várias bandas abriram para o AC/DC no Canadá e nos Estados Unidos, tais como Gamma, com o ex-guitarrista do Edgar Winter Ronnie Montrose; Humble Pie, com, é claro, Steve Marriott; Def Leppard; Johnny Van Zant, irmão do falecido vocalista do Lynyrd Skynyrd, Ronnie Van Zant; Blackfoot; Saxon e Krokus, que depois seria uma das principais bandas a se moldarem à imagem do AC/DC.

Alguns confortos domésticos foram instalados na área de bastidores da banda, incluindo um *pub* inglês completo com dardos e todos os efeitos. Mas não havia nada descontraído sobre a situação de divulgação no primeiro show lotado da turnê em Edmonton, Canadá.

Ian Jeffery: "Nós importamos camisetas no valor de 200 mil dólares e a empresa de publicidade disse: isso vai ser algo muito grande, certo? Eu ainda tenho uma em que está escrito 'Back and Black'. Nós tivemos de encaixotá-las todas! Não conseguimos vender nenhuma camiseta na primeira apresentação porque todas elas tinham 'Back and Black' escrito nelas!"

A turnê foi um grande choque cultural para Brian, que achava que o AC/DC fosse essencialmente um fenômeno inglês e, naturalmente, australiano. Ele não imaginava que fossem tão populares na América.

Perry Cooper, da Atlantic, foi levado a um show em Calgary para ver Brian pela primeira vez e amou o que viu.

"Eu o achei muito divertido porque eu não conseguia entender bulhufas do que ele dizia! Eu ainda não consigo, às vezes! E ele contava uma piada depois da outra, e com aquele sotaque, embora tenha melhorado nos últimos anos, mas eu falava: 'Que merda você está falando?'. Quer dizer, era engraçado. Mas ele se encaixou tão perfeitamente, eles não poderiam encontrar uma pessoa melhor, ele era tudo, uma grande personalidade e um grande vocalista. Foi incrível."

Angus ficou muito impressionado com o profissionalismo de Brian e como ele conseguia se concentrar em seu trabalho enquanto o guitarrista corria a seu redor como um louco criando todos os tipos de distrações.

Angus: "Não se sabia como todos iriam olhar para nós. Brian precisou ir até lá e assumir uma responsabilidade bem grande. Quando você encontrava algumas pessoas, elas sempre diziam: 'Ok, nem é o AC/DC, sabe?'. Então eu tiro o chapéu para Brian de certa forma, porque ele enfrentou muito [as críticas], principalmente no começo. Mas ficou firme, e é tão fã do Bon quanto qualquer um."

A turnê foi difícil para Brian. Havia muitos anos ele não trabalhava tão duro e, mesmo assim, nunca em uma escala como essa.

"Era muito assustador", Brian contou a Jonathan Gross no *Toronto Sun*, em 28 de julho de 1980, "eu me sentia no meio de um jogo da Copa do Mundo de futebol. E eu estou em uma condição tão ruim após tantos anos de inatividade que eles precisaram ter oxigênio no palco durante cada apresentação."

Brian, às vezes, ficava fisicamente doente depois do show por causa de todo o esforço, e seu boné característico, que se tornou um embaixador dos tecidos de Newcastle, movia-se tanto quanto os músculos estomacais do pobre Brian. Não era sua culpa, assim que a música iniciava, sua cabeça começava a balançar e o boné caía.

O julgamento final veio nos dias 25 e 31 de julho com o lançamento de *Back In Black* nos Estados Unidos e no Reino Unido respectivamente. O álbum foi uma revelação.

Parecia barulhento mesmo quando não era tocado no último volume e soava glorioso quando era. As guitarras de Malcolm e Angus pareciam explodir dos alto-falantes. O motor rítmico de Phil Rudd e Cliff Williams te deixava sem ar e aquela voz... Brian cantava como se ele tivesse ficado enterrado vivo por décadas e finalmente se libertasse.

Nos anos seguintes, os estúdios em Nashville, a capital da música country do mundo, usariam *Back In Black* como meio de testar a acústica de uma sala, enquanto o Motörhead o usaria para ajustar seu monstruoso sistema de som.

O álbum também foi um marco porque deu forças para enfrentar a adversidade e a canalizou em uma expressão poderosíssima de luto e respeito por Bon, com "Hells Bells" e "Back In Black" sendo como que uma despedida dele.

A declaração solene da capa dizia mais do que qualquer nota dedicatória diria. Além disso, era o AC/DC. Flores e corações seriam inadequados.

"Nós todos decidimos que seria um tributo bem melhor chamar toda a coisa de Back In Black", Angus explicou a Steve Getty na *Melody Maker,* em 30 de agosto de 1980. "Dessa forma, o álbum é dedicado a ele, em vez de apenas uma pequena frase na contracapa. É bem mais sincero do que isso."

Alguns acharam que, dadas as circunstâncias da morte de Bon, uma música chamada "Have A Drink On Me" seria de mau gosto. Mas ela apenas continuava o mesmo tema sobre o qual o próprio Bon escreveu por tanto tempo.

Após o lançamento do álbum, Brian encontrou alguns velhos amigos em Newcastle que ficaram surpresos com o fato de ele cantar tão alto, alto demais na opinião deles e achavam que não funcionaria para ele ou a banda. Ele pensou sobre o que disseram e ficou deprimido por uns dias. Talvez ele tivesse cometido um grande erro. Mas, em 9 de agosto, Brian riria por último quando *Back In Black* se manteve no topo das paradas britânicas por duas semanas consecutivas.

Logo pela manhã, em Norfolk, Virginia, a banda recebeu as notícias. A América era o principal mercado para entrar, mas havia algo especial em tomar a Inglaterra. Para comemorar, a equipe comprou todas as bebidas que podia, depois foi para a praia e se sentou cantando: "Nós somos o número um!", diante da perplexidade dos transeuntes. Eles só estavam gratos demais por superarem um tempo tão difícil de uma forma tão grandiosa.

Malcolm: "Nós nos orgulhamos de *Back In Black* porque, para ser sincero, achamos que seria o fim da banda. Angus e eu ficamos tocando juntos por duas semanas [tendo ideias para o álbum] e depois [da morte de Bon] pensamos: 'Bem, acabou mesmo'. Não consigo ver David Coverdale cantando com a banda, entende? Nada [no estilo dos vocalistas] nos atraía lá. Não havia incentivo. Nós todos ficamos muito chocados com tudo.

Mas, após algumas semanas de sedentarismo, precisávamos fazer alguma coisa, pois você fica em casa o tempo todo sem fazer nada. Então resolvemos voltar a esses *riffs* que fizemos e continuamos por aí. Mas a ausência de Bon nos deu muito mais determinação. Nós precisávamos fazer algo, sabe, precisávamos colocar nossa energia para fora.

Foi uma coisa desoladora mesmo, todo o episódio, e nós ainda não sabíamos o que aconteceria. Você fica em um tipo de limbo, e acho que superamos com todas as coisas que criamos no disco. Nós sempre achamos que Bon estava conosco nisso também, sabe? Ele era uma grande parte do que fazíamos e seu espírito estava em todo o álbum porque muito da energia vinha dele. Então esse é um disco especial."

Ser o número um no Reino Unido era apenas uma parte. O sucesso de *Back In Black* significava que o AC/DC era a primeira banda desde os Beatles a ter quatro álbuns entre os Top 100 britânicos ao mesmo tempo, pois *Highway To Hell*, *If You Want Blood* e *Let There Be Rock* entraram de novo nas paradas.

A América não ficou muito atrás. Em 16 de agosto, uma liminar foi necessária para permitir à banda se apresentar no Cincinnati Riverfront Coliseum. Os vereadores tentaram impedir o show, alegando que haveria pessoas demais na área porque um jogo de exibição de futebol americano profissional estava programado para a mesma noite no Riverfront Stadium, que ficava lá perto. No dia seguinte, foi a vez de tocar no Toledo Speedway *Jam* 2, cujo cartaz anunciava a banda principal, ZZ Top, seguida pelo AC/DC e, mais abaixo, por Sammy Hagar e Itumble Pie, além da venda de 800 barris de chope. Mais de 20 anos se passariam antes de eles abrirem para outra banda de novo.

No dia 22 de agosto, um *single* de "You Shook Me All Night Long" mais "Have A Drink On Me" foi lançado no mundo todo e, no dia seguinte, *Back In Black* entrou para as paradas da Billboard nos Estados Unidos. "You Shook Me All Night Long" seria seu primeiro sucesso no Top 40 nos Estados Unidos, alcançando o número 35.

Em Houston, Angus envolveu-se em um pequeno acidente de carro e machucou sua mão. Mas, apesar de ela inchar como um balão, após algumas injeções de analgésicos o show continuou: duas vezes, com uma apresentação mais intimista, depois em um clube com mil lugares chamado Agora, para perplexidade do dono.

Quando a banda chegou a Palm Beach, a mão de Angus melhorou, o que era uma coisa boa, pois precisaria dela para mais do que apenas tocar guitarra. Ele esmurrou um fã que jogava cerveja nele em um simples caso de graus de justiça, ou ele batia no cara ou um dos armários da segurança o faria. Angus só lhe deu a opção mais fácil.

Em setembro, as vendas globais de *Back In Black* explodiram e, estimulado pelo novo perfil da banda, seu catálogo de trabalhos anteriores também ganhou prêmios pelas vendas numerosas em todo o mundo.

A pressão começava a aparecer, como Ian Jeffery descobriu quando a banda estava em Nebraska. Eram 4 horas quando seu telefone tocou. Era Phil Rudd.

"Ele [Rudd] disse: 'Você pode vir até meu quarto? Tem um monte de gente aqui, e eu quero que você se livre deles'. Eu disse: 'Claro, sem problema, cara, já vou aí'. E eu também tinha ouvido um monte de barulho."

O que surpreendeu o afável Jeffery quando ele subiu até o andar onde Rudd estava não foi o fato de ter tanta algazarra, mas que não havia nenhuma. Nem um pio.

"Cheguei a seu quarto e ele tinha deixado a porta entreaberta. E não havia nada [nenhuma pessoa no quarto], nadinha. Ele saiu de trás da cortina e eu disse: 'O que você está fazendo? Achei que tivesse uma festa rolando aqui'. Ele tinha seu som lá, que estava desligado naquela hora, acho que era isso [o barulho que Jeffery ouviu no telefone], certo? Eu disse: 'Cadê todo mundo?'. E ele pegou um copo d'água ao lado de sua cama e disse: 'Viu? Eles nem terminam a água antes de sair!'. Eu pensei, que merda! O que eu vim fazer aqui?

Só então percebi o quanto ele estava viciado, etc., etc., então nos sentamos, conversamos um pouco e eu disse: 'Phil, não tem ninguém aqui, cara'. Ele admitiu isso no fim e começou a chorar e tudo o mais e disse: 'Não conta para o Malcolm, por favor, não conta para ele'."

Nada dessa pressão e sucesso contava para algumas pessoas que o AC/DC encontrou em Kalamazoo. Depois do show, a banda voltou para o hotel e resolveu tomar um drinque no bar onde uma banda de jazz tocava. Não quiseram servir o AC/DC, pois eles não estavam com o traje social exigido. E deu merda.

Malcolm, que não era de levar desaforo, decidiu que as ações diziam mais do que as palavras. Ele se levantou, apanhou o instrumento de um dos membros da banda e arrebentou o pequeno palco com ele. Traduzindo: eles queriam uma bebida. A polícia chegou logo depois.

Enquanto isso, o sucesso continuava. Em Detroit, onde apenas alguns anos antes Malcolm havia brigado com um promotor sobre o volume de seu show, o AC/DC derrotou Bob Seger como a atração de rock mais popular, o que era como derrotar Hendrix em Seattle, lar da lenda da guitarra.

Nas últimas semanas da turnê, a banda começou a incluir "The Jack" em seus shows. Brian, por respeito a Bon, ficou relutante em fazer isso, mas após algumas demonstrações ficou óbvio que o público se ofendia com o tratamento dado a essa música por Brian.

Em Rochester, o cantor começou a gostar da ideia. "Quero que vocês cantem comigo essa aqui", disse ao público, "Essa é uma história sobre um jovem chapa de Rochester com um probleminha de vazamento na pica."

Brian: "Eu me identifico muito, na verdade [com o sentimento das músicas de Bon], porque passei pelas mesmas coisas tentando começar uma banda, dormindo no banco de um furgão, a estrada infernal, sabe? Quando essa estrada maldita vai terminar? Onde é a apresentação? Não receber, roubar garrafas de leite de manhã das portas das pessoas só para ter algo no estômago, sabe?

Eu sinto o mesmo. Digo, posso não ter passado pelas coisas pessoais que ele passou, mas consigo entender tudo o que ele diz. Ele era um grande comunicador, eu acho. Ele conseguia comunicar exatamente o que pensava e colocar em uma música, o que é difícil de fazer."

O clima ficou bem pesado quando chegaram ao Nassau Coliseum, em Long Island, cinco dias depois, para a última semana da turnê americana. Os representantes da Atlantic chegaram à tarde para mostrar à banda um oceano de prêmios pelas vendas e uma festa aconteceria após o show em Nova York.

O problema começou quando Rudd chegou duas horas atrasado. Malcolm ficou furioso e Jeffery precisou se intrometer e acalmar as coisas. O segundo *round* ainda estava por vir.

Ian Jeffery: "Infelizmente, Phil continuava em seu mundinho sem ninguém saber, eu ou os outros, certo? Como ele não conseguia mesmo tocar a última música do bis e caiu do banquinho, tivemos de abandonar o show no meio da segunda música do bis. Fui até o camarim para ver o que aconteceu e, na hora em que entrava, Malcolm partiu para cima dele com socos e pontapés."

Uma semana depois *Back In Black* chegou ao disco de platina nos Estados Unidos, 1 milhão de cópias, e no fim de outubro, *If You Want Blood* e *Let There Be Rock* venderam 500 mil cópias cada um. As rádios americanas passaram a tocar mais por causa dos milhares de ligações que recebiam pedindo pela banda e, quando começaram a dar espaço ao AC/DC, aumentou drasticamente o antes desconhecido nível de interesse. A ironia agridoce era que, enquanto as autoridades murmuravam sobre a qualidade da voz de Bon, a garganta de Brian era mais um instrumento, por si só, do que um canal articulado para a língua inglesa.

Michael Browning: "A versão de Bon do AC/DC era sempre mais difícil para a mente americana gostar. Não era tão óbvia quanto a parte 2 da banda."

Mesmo os antigos difamadores foram obrigados a se levantar e entrar na fila para alguns minutos do tempo da banda. Brian adorava odiar a revista *Rolling Stone*, para ele, a publicação representava críticos "sérios", que intelectualizavam e politizavam demais tudo. O vocalista ficou muito feliz em vê-los forçados a cobrir o AC/DC agora que eles eram tão populares. A banda recebeu calorosamente o repórter mandado pela revista, mas ficaram impressionados ao ouvir que, quando ele recebeu a tarefa, a *Rolling Stone* disse que não garantiria sua segurança. O AC/DC não era só desprezado; era temido.

As primeiras apresentações de Brian com a banda no Reino Unido começaram em 19 de outubro em uma turnê de 24 datas que incluíam três shows no Hammersmith Odeon e três no Victoria Apollo, todas lotadas. O vocalista ganhou uma festa no Newcastle Mayfair em seu retorno triunfante, apesar de tudo estar tão alto que era impossível saber o que acontecia.

O sino não pôde aparecer em Newcastle, Bristol ou Leicester, pois era simplesmente pesado demais para a estrutura dos locais suportar.

Mas esse problema seria resolvido da próxima vez. O AC/DC não esmoreceria, não com as vendas mundiais do álbum agora na marca dos 10 milhões.

Na última noite da turnê britânica, a equipe do AC/DC recebeu um presente da banda de abertura da turnê, os Starfighters, com Stevie Young, sobrinho de Malcolm e Angus. Na metade de sua apresentação, a equipe desceu um pequeno sino do telhado atrás da cabeça do vocalista.

Os Estados Unidos e a Grã-Bretanha já tinham ido. Agora era hora da Europa, e a primeira parte da turnê começou em 19 de novembro, com 24 datas ao todo, à exceção da Itália. A situação política do país na ocasião, com uma série de sequestros, significava que a Itália não era o tipo de lugar onde uma banda de rock queria ficar.

Por assim dizer, uma ida à base do exército americano na Alemanha um dia depois do assassinato de John Lennon foi bastante perturbadora. O chefe de segurança da banda, Big John, resolveu fazer a polícia local revistar os fãs na entrada. A mercadoria apreendida era assustadora: mais de 20 facas e uma pistola.

Durante a turnê, enquanto a banda voava de uma cidade a outra, o amante de carros dirigiu sua recém-adquirida Ferrari, o primeiro sinal tangível dos frutos do sucesso do AC/DC e talvez, para o baterista, um indicativo de que ele funcionava em outro nível do resto da banda. Ou talvez em um só dele.

Em Paris, eles visitaram o Pathé-Marconi Studios, onde planejavam gravar seu próximo álbum. Como se fosse para coincidir com a visita, em 10 de dezembro, foi lançado na França *AC/DC O Filme: Let There Be Rock*.

Em abril, a banda não gostou da mixagem de som original e perguntou se ela poderia ser refeita por Tony Platt.

Tony Platt: "Eles montaram uma tela especial para mim, mas fizeram isso em uma sala de exibição que deixaram como um cinema. Então me sentei no escuro tentando anotar alguma coisa. Como eles não conseguiram arranjar para que eu mixasse usando os recursos visuais, fiz a mixagem de memória e com a ajuda das notas sobre quem fazia o quê, ou quem estava em que lado do palco em certo momento."

O filme fez um sucesso enorme na França e faturou 1 milhão de dólares com as vendas de ingressos em Paris, enquanto 300 mil pessoas em todo o país também o viram, uma resposta quase sem precedentes a um filme sobre uma banda. Ele custou por volta de 100 mil dólares.

A segunda parte da turnê europeia começou em 8 de janeiro, uma temporada de 14 datas que incluía os primeiros shows da banda na Espanha, onde a espera valeu a pena para todos os envolvidos. Vinte e oito mil fãs apareceram para um show, um número que pulverizou o recorde nada insignificante do Led Zeppelin no local. Não por acaso, *Back In Black* chegou ao número um nas paradas espanholas.

Na última noite da turnê, no calor sufocante no Forest National, em Bruxelas, a banda levou um convidado especial. Em sua apresentação, Brian mencionou a associação do indivíduo com bandas como Led Zeppelin, o que provocou uma enorme resposta da multidão, pensando que testemunharia Jimmy Page no palco com seus ídolos. Mas era o diretor da unidade britânica da Atlantic Records Phil Carson, que contratou o AC/DC para a gravadora e foi chamado para tocar baixo em uma versão de "Lucille" de Little Richard.

Com as vendas de *Back In Black* agora em 3 milhões de cópias nos Estados Unidos, Brian recebeu seu primeiro cheque dos *royalties*. Era de 30 mil libras. Como o vocalista tinha uma hipoteca e ficava constantemente maluco com as cobranças do banco, ficou muito feliz em fazer uma visitinha a eles.

"O cara do banco era um completo imbecil", ele contou à VH1, em março de 2003, "e sempre estava atrás de nós. Nunca vou esquecer, eu levei o pagamento em dinheiro vivo para seu escritório, coloquei em cima da mesa e disse: 'Nunca mais me ligue, seu merda'."

A seguir, veio uma turnê no Japão com quatro apresentações em fevereiro, a primeira visita da banda àquele país, e o show de Tóquio foi gravado para rádio e TV, o único show da turnê a receber esse tratamento.

Era hora do último e maior obstáculo de Brian: uma turnê pela Austrália, lar da banda, onde Bon era praticamente um ícone nacional. *Back In Black* fora lançado lá em 11 de agosto e vendeu todo o estoque enviado para lá desde então. Ele não precisava se preocupar.

A visita com cinco datas, a primeira turnê australiana da banda em quatro anos, de 13 a 28 de fevereiro de 1981, no meio do verão ardente, foi um sucesso arrasador, com um sistema de som e um espetáculo de um nível muito superior ao das últimas aparições australianas no Bondi Lifesaver, em julho de 1977.

Quem abriu os shows foram os Angels e o Swanee, liderado por John Swan, que se tornou muito amigo de Brian durante a turnê.

John Swan: "Houve um bom motivo, porque eu era muito próximo do Bon. Não me lembro quem foi, se Angus ou Malcolm, que veio até mim e disse: 'Faz um favor para a gente, conversa com ele [Brian], porque obviamente ele está um pouco intimidado, está na Austrália, é território de Bon, ele não conhece ninguém'. Não me lembro quem foi, mas a história foi assim. Então eu cheguei nele e disse: 'Quer beber alguma coisa?'. Sim, nós bebemos juntos. 'Você, por acaso, joga dardos?' Ele disse: 'Jogo'. Colocamos o alvo e jogamos uma partida de dardos.

Logo ficamos tão bons amigos que parecia que éramos irmãos por toda a nossa vida. Quando parei de beber e o AC/DC voltou, Brian me ligava e me chamava para jantar com ele, dizendo que eles gostariam que eu fosse. Eu não atendia ao telefone porque não queria ir jantar, pois estava apavorado por não poder beber, porque eu não tinha confiança sem a bebida, não conseguia sair, não atendia ao telefone, não conseguia falar com meus amigos.

Brian insistiu muito. Ele me ligou o dia todo para ver se eu estava bem: 'Ei, cara, o que você está fazendo, hein? Tudo bem, garoto?'. Fui até o Regent, onde ele se hospedou com sua esposa. Ele era muito simpático e pediu para trazerem almoço para nós e chá; não bebeu nada alcoólico, nada. As pessoas mais adoráveis que você podia encontrar."

A turnê começou em Perth e foi um desafio para Brian: seu primeiro show na Austrália e na cidade natal de Bon. Trouxe à tona muitas emoções profundas, principalmente porque foi a menos de uma semana do primeiro aniversário da morte dele. Brian conheceu a mãe de Bon – o pai não foi ao show – e dedicou "High Voltage" a ela. Seus calorosos votos de boa sorte significaram tudo para ele.

A banda não perdeu seu sentido aguçado de luta entre classes. Ainda era um caso de nós e eles. Longe do palco e dos fãs, ainda eram considerados cidadãos inferiores, como se viu quando não foram aceitos no bar do hotel onde se hospedaram. Angus ficou furioso. O AC/DC agora, pela primeira vez, ganhava muito dinheiro e poderia facilmente comprar não só o bar, mas o hotel inteiro.

Houve outros problemas logísticos, mais uma vez por causa do peso absurdo do sino.

Phil Eastick: "O sino, vou te falar, era um monumental pé no saco porque nada suportava seu peso. Ele tinha de ser suspenso com um guindaste. Tinha de ficar na haste de um guindaste com um buraco no telhado [do local] para descê-lo porque não havia um telhado em lugar nenhum que pudesse segurá-lo. Nós acabamos movendo-o [rolando] pelo palco sobre um monte de canos galvanizados porque era pesado demais [para levantar]."

Em Adelaide, onde Bon encontrou a banda pela primeira vez apenas seis anos e meio antes, parecia um sinal adequado de respeito o show ter gerado reclamações sobre o barulho as uma distância de 15 quilômetros. Não era de se admirar.

Phil Eastick: "Essa foi a era da parede de Marshalls, quando eles tinham os amplificadores Marshall com 18 metros de largura, que na verdade eram falsos. Embora parecesse ser literalmente uma parede de Marshalls lado a lado, a maior parte era apenas os logos com um monitor muito alto. Era incrível.

Eu vivi nos Estados Unidos por muito tempo e tinha uma empresa de turnê e logística em San Francisco. Provavelmente, a última apresentação que organizei foi uma das turnês do Van Halen, e lembro de ir a uma reunião da produção antes do início da turnê e perguntar: 'O que vocês querem?'. Eles responderam: 'Tudo o que o AC/DC inventar, nós queremos em dobro'. Eu tive de dizer para eles: 'Bem, na maioria dos lugares que vamos tocar, pessoal, isso será fisicamente impossível. Não tem como usar mais do que eles usam. Não dá para fazer. Vocês podem fazer igual, mas não maior'."

A apresentação no Sydney Showgrounds, onde Malcolm e Angus viram o Led Zeppelin nove anos atrás, foi adiada duas vezes pela chuva, uma decisão que a banda custou a tomar, e enfim aconteceu em 23 de fevereiro diante de 30 mil fãs.

John Swan: "Acho que cancelaram a primeira apresentação por causa da chuva, e nós ficamos lá na maior parte do tempo jogando dardos e bebendo. Depois voltamos ao hotel, bebemos um pouco mais, farreamos e acho que ele [Brian] acabou me arranjando um dentista lá pela meia-noite. Um amor de pessoa. Acho que foi o substituto perfeito para Bon, porque ele não se parecia com Bon em nenhum aspecto, aparência ou forma."

Disseram que seria o último show no local, pois os moradores se revoltaram com o barulho e reivindicaram que as bandas de rock fossem banidas. A banda ficou sabendo disso e apresentaram estrategicamente uma versão não ensaiada de "Rock And Roll Ain't Noise Pollution" para marcar a ocasião.

O volume do AC/DC fez o hino parecer uma brincadeira. O som chegou a uma faixa de inacreditáveis 130 decibéis, quase 30% acima do limite prescrito da área de eventos, atraindo reclamações de moradores a quilômetros de distância.

Mas como a revista americana de rock *Creem* certa vez escreveu: o AC/DC é uma banda para todos, até para os surdos.

Houve as previsíveis reportagens na mídia sobre brigas, sete carros queimados, dez fãs baixando no hospital e, em um grau mais surreal, até uma pessoa dopada com uma seringa.

Depois do show, em uma grande tenda atrás do palco, a banda recebeu de Ted Albert 27 discos de ouro e oito de platina, com convidados, incluindo, naturalmente, George Young e Harry Vanda, bem como amigos como Lobby Loyde, Angry Anderson e Peter Wells. Angus não ficou para a entrega. Ele estava completamente exaurido e, depois de beber baldes de chá, como fazia depois de cada show para evitar a desidratação, foi dormir.

A noite tão importante no que era considerada a cidade do AC/DC foi tudo o que todos queriam, mas muito estressante.

"Angus ficou detonado hoje", Brian contou a Kent Goddard na *RAM,* em 3 de abril. "Ele estava tão entretido com o show. A tensão naquele cara antes de subirmos ao palco hoje era inacreditável."

A polícia vitoriana queria o cancelamento do segundo show, após o primeiro ser arruinado pela presença de uma frota de 20 viaturas e, depois, 30 prisões. Relatou-se também que a equipe da estrada de ferro revoltou-se depois que fãs embriagados brigaram em sua volta para casa. Todas as reportagens com manchetes óbvias, como "Tumulto Roqueiro", apenas aumentaram as percepções infelizes. Entretanto, também houve um papo sobre problemas depois do segundo show.

As vendas de *Back In Black* cresceram para estar à altura da turnê e chegaram ao número dois na Austrália, depois de seis meses nas paradas com 300 mil cópias vendidas. Embora a resposta tenha sido encorajadora, todos perceberam que alguns na mídia que agora queriam conversar com eles eram os mesmos que criticaram a banda alguns anos antes.

Enquanto isso, os aplausos continuavam a vir do resto do mundo. *Back In Black* foi considerado o segundo melhor álbum do ano pela *Creem* e o álbum número dois de 1980 pelos leitores da revista *Musik Express* na Alemanha.

A aclamação e os números das vendas convenceram a Atlantic na América a insistir de novo no lançamento do outrora rejeitado álbum *Dirty Deeds,* algo que queriam fazer desde março de 1980, algumas semanas após a morte de Bon. Dessa vez, o AC/DC cedeu, mas exigiu um aviso na capa especificando que a formação "Young-Young-Scott-Evans-Rudd" tinha gravado o álbum e que ele fosse vendido com 10% de desconto.

Por isso, em 27 de março de 1981, *Dirty Deeds*, que em comparação com as batidas refinadas de *Back In Black* soava ainda mais simples e direto, enfim viu a luz do sol na América, onde as vendas chegaram a 4 milhões de cópias. *Dirty Deeds* alcançou o número quatro nas paradas americanas e vendeu 2 milhões de cópias antes do fim do ano, uma façanha e tanto para um álbum considerado comercialmente inviável por sua gravadora cinco anos antes.

Phil Carson: "*Back In Black* vendeu milhões e milhões de álbuns e acho que foi um dos primeiros álbuns a ganhar disco múltiplo de platina tão rápido. Nesse momento, Jerry Greenberg tinha deixado a Atlantic e Doug Morris era o presidente.

Ele me ligou um dia, acho que perto do fim de 1980, e disse: 'Olha, descobri um disco lá que nunca lançamos, chama-se *Dirty Deeds*'. Eu respondi: 'Sim, ele foi recusado pelo departamento artístico da Atlantic na ocasião'. Ele afirmou: 'Tem um sucesso nele'. Eu retruquei: 'Sempre tem pelo menos um sucesso nele, Doug, é um bom disco, mas ninguém ligou'. Ele continuou: 'Sim, mas nós podemos lançá-lo agora'. Eu respondi, 'Você pirou? Você não pode lançar algo do AC/DC com Bon Scott nos vocais depois de algo do AC/DC com Brian Johnson! O que você está pensando?'. Nós tivemos uma grande discussão.

Eu disse: 'Se lançar isso, sim, venderá 2 milhões, mas todas os 9 milhões de pessoas que descobriram o AC/DC [via *Back In Black*] que não conheciam Bon Scott vão pensar que esse é o próximo álbum, o futuro do grupo. E não é! Ele está morto! O que você vai fazer depois disso?'

Eu ameacei: 'Eu me demito se você fizer isso. Vou deixar a Atlantic Records'. De alguma forma [o presidente da Atlantic] Ahmet Ertegun me convenceu a ficar, do que, sabe de uma coisa, eu me arrependo. Queria ter deixado a Atlantic naquela hora e me envolvido mais com o AC/DC, o que eles [a banda] queriam que eu fizesse naquele momento."

O lançamento tardio de *Dirty Deeds* não foi o único sopro do passado que acabou voltando à baila. Para finalizar seu contrato com a Red Bus, Brian deveria gravar seu trabalho-solo ainda pendente em Sydney, com Malcolm como produtor. Nada aconteceu e, por fim, nem precisou.

A Red Bus, aproveitando-se do enorme sucesso do AC/DC na Europa, providenciou um álbum com gravações do antigo Geordie e o lançou como Brian Johnson e Geordie. De alguma forma, isso livrou legalmente Brian de gravar um álbum-solo real, o que ele nem queria fazer mesmo.

Enquanto isso, a banda foi eleita a mais popular na pesquisa entre os leitores da revista francesa *Best* pelo segundo ano seguido. Na categoria de vocalista, Bon veio em primeiro e Brian em terceiro, e eles também faturaram o prêmio melhor banda, músico, show, álbum e filme.

Então veio um tipo de coroação com o anúncio de que o AC/DC seria a banda principal do festival Castle Donington Monsters Of Rock em agosto daquele ano, única apresentação no Reino Unido em 1981.

Donington era o carro-chefe do movimento inglês do heavy metal e do hard rock, e o poder absoluto do AC/DC os colocou bem no topo daquela montanha, assim como suas atitudes e intensidade no início os colocaram no meio do movimento punk britânico. O rótulo de "heavy metal" seguiria a banda pelo resto de sua carreira, muito para seu aborrecimento.

Malcolm: "Bon costumava chamá-lo de papel-alumínio. O heavy metal para nós sempre representou cintos de tachas, couro, maquiagem, faixas no cabelo e elastano. Sempre foi um lixo! Era Uriah Heep e coisas assim. Eles interpretaram errado suas influências. Foram influenciados pelos músicos errados ou seja lá o que for, mas o sentimento real nunca fez parte de seu vocabulário!"

Angus: "Sempre vi a coisa do metal mais como uma música influenciada pelos números. É desprovida de sentimento. É mais concentrada na técnica. Como agora você vê vários deles velozes e furiosos. Como diz Brian Johnson, é como se estivessem com pressa para pegar o trem."

O suposto conteúdo metaleiro da banda foi confirmado em junho com a primeira edição da nova revista britânica *Kerrang!* que trazia Angus na capa. Os leitores da *Sounds*, que criou a *Kerrang!*, também elegeram "Whole Lotta Rosie" como a melhor música de heavy metal de todos os tempos. Black Sabbath e Led Zeppelin devem ter ficado impressionados.

Harry Vanda não ficou nada surpreso.

"É um daqueles *riffs* de rock harmoniosos. Angus tem talento para isso. Se você escrever um *riff* é melhor ver com Angus, porque há grandes chances de ele já ter um exatamente igual!"

Até agora, *Back In Black* era um fenômeno. O disco recebeu impressionantes discos de platina em cinco lugares, sete nos Estados Unidos, quatro na Austrália e no Canadá, um na França e na Alemanha, além de um disco de ouro na Bélgica, Holanda, Espanha, Suíça e Inglaterra e um de prata em Portugal.

Ninguém ficou mais feliz e aliviado do que Brian.

"Eu sempre pensei", ele contou à *Hit Parader,* em agosto de 1980, "que, se as pessoas não aceitassem a banda agora, a culpa seria só minha."

O lançamento do filme *Let There Be Rock* na Alemanha, em julho, trouxe o passado da banda com Bon de volta, assim como a entrada de *High Voltage* na parada da Billboard nos Estados Unidos. Parecia impossível ter mais do AC/DC.

Mike Scheller Concerts presents

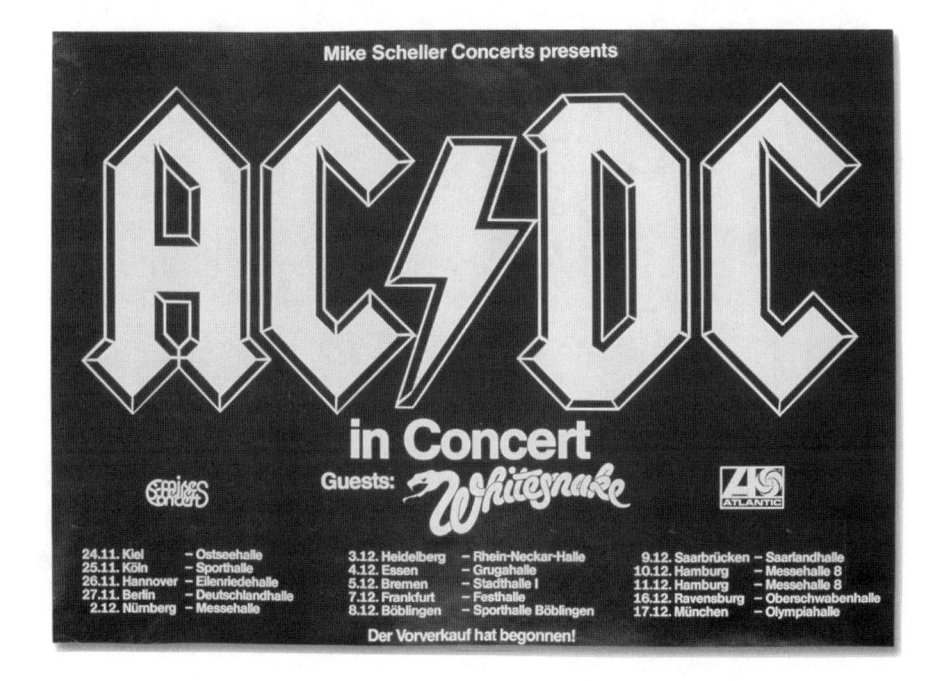

AC/DC

in Concert
Guests: *Whitesnake*

24.11. Kiel – Ostseehalle	3.12. Heidelberg – Rhein-Neckar-Halle	9.12. Saarbrücken – Saarlandhalle
25.11. Köln – Sporthalle	4.12. Essen – Grugahalle	10.12. Hamburg – Messehalle 8
26.11. Hannover – Eilenriedehalle	5.12. Bremen – Stadthalle I	11.12. Hamburg – Messehalle 8
27.11. Berlin – Deutschlandhalle	7.12. Frankfurt – Festhalle	16.12. Ravensburg – Oberschwabenhalle
2.12. Nürnberg – Messehalle	8.12. Böblingen – Sporthalle Böblingen	17.12. München – Olympiahalle

Der Vorverkauf hat begonnen!

1982
Armado e carregado. Forest National, Bruxelas.

Capítulo 20

For Those About To Rock

Em 22 de agosto de 1981, o AC/DC foi a banda principal do segundo festival Monsters of Rock no Castle Donington Park diante de uma inesperada multidão de 65 mil pessoas. Na programação também estavam Whitesnake, Blue Öyster Cult, Blackfoot e, provavelmente para divertimento de Brian, Slade, a banda sob cuja sombra Geordie lutou por tanto tempo.

As preocupações da polícia sobre a multidão acabaram com os planos de fazer um vídeo no dia antes do show. Não era um bom presságio.

Caiu um toró no festival, como aconteceu no primeiro dia, e o AC/DC subiu ao palco uma hora depois. Para piorar as coisas, metade do som tinha falhado antes de a banda começar.

Ian Jeffery: "Foi uma merda total! Tudo por causa da BBC. Todos os caminhões e coisas deles estavam lá e caía aquela chuva, certo? Eles arrancaram uma das fontes de eletricidade e plugaram suas coisas lá e estouraram toda a saída de baixo do PA. Ninguém sabia disso. Foi logo antes de começarmos, não havia nada a fazer sobre isso. Então eles fizeram todo o show com o que sobrou do meio e do topo, não havia a saída de baixo do PA. Nós seguimos até o fim da faixa. Foi como ouvir alguém tirando som de um pente com um papel higiênico."

Assim como o som, também a apresentação da banda foi medíocre, na melhor das hipóteses, e eles sabiam disso. Foi o primeiro show em seis meses, tempo gasto fazendo músicas novas, e eles tocaram as mesmas músicas que a maioria do público ouviu na turnê Back In Black.

Não havia nenhum material completo para mostrar. Todo o evento foi um grande e raro erro de cálculo.

Mas, apesar do som ruim, da chuva e do desempenho não muito explosivo, tocar no Donington foi uma grande coisa. Foi o auge de anos de trabalho duro e do sacrifício horrível de perder Bon. Ian Jeffery, o diretor de turnê, que passou por tudo isso com a banda, caiu no choro.

Deixando de lado essa conquista, o verdadeiro problema era que, embora estivesse agendado havia algum tempo, Donington afastou a banda e seu foco da gravação do que seria o álbum *For Those About To Rock We Salute You* em Paris, um processo que já estava difícil o bastante sem outras distrações.

Malcolm e Angus começaram a compor e a ensaiar o material em maio, mas conseguir o estúdio certo foi um pesadelo. A banda começou o trabalho no Pathé-Marconi Studios da EMI no início de julho com o produtor Mutt Lange, mas não ficaram satisfeitos com o som e saíram de lá apenas duas semanas depois.

Chamaram, então, Jean Louis Rizet, do Studio Ramses, que trabalhou na trilha sonora do filme *Let There Be Rock*, mas seu estúdio não estava disponível. Por fim, a banda optou por gravar as faixas básicas em um velho armazém no subúrbio de Paris com o estúdio móvel Mobile One, gravar os vocais depois, no Family Sound Studio, e fazer *overdub* [sobreposição de sons] no HIS Studios.

Todo esse estresse só aumentou a pressão já enorme de precisar criar um álbum que se igualasse ao popularíssmo *Back In Black*. O problema era que eles não tinham mais aquele combustível emocional da tristeza com o falecimento de Bon para os impulsionar.

Alguns lidavam com a pressão do sucesso e a expectativa da gravadora de maneira diferente dos outros.

Ian Jeffery: "Phil estava distante comprando uma Ferrari de 90 mil atrás da outra e dirigindo pela Champs-Elysées a 240 quilômetros por hora."

Enquanto isso, toda a banda vivia em apartamentos em Paris que odiavam. Não era o ambiente mais ideal.

As gravações coincidiram com a transmissão na televisão das imagens e dos sons cerimoniais estrondosos do casamento de *lady* Diana Spencer com o príncipe Charles. Quando era diparada a salva de canhões em um ato de saudação real, os pelos na nuca de todos se eriçavam. Malcolm teve uma ideia.

Em setembro, o álbum *For Those About To Rock* foi finalmente concluído, enquanto os serviços do empresário Peter Mensch foram dispensados, embora a banda ainda permanecesse com a assessoria da Leber-Krebs.

Nessa ocasião, o filme *Let There Be Rock* foi exibido em cinemas selecionados nos Estados Unidos. Para o futuro baterista do Nirvana e vocalista do Foo Fighter, Dave Grohl, a experiência mudou sua vida.

"Quando eu estava na quinta série, acho que com 10 anos de idade, meu melhor amigo e eu fomos assistir ao filme *Let There Be Rock*. Nunca tinha ido a um show de rock ou visto um filme sobre rock, e o filme mudou minha vida, cara. Eles tinham um sistema de PA no cinema que era do mesmo tamanho do sistema de PA no Coliseum local. Foi a primeira vez que senti vontade de levantar e tocar guitarra imaginária, matar meu professor e arrebentar as cadeiras do cinema, ou o que for. Adrenalina total. O som estava tão alto que mal dava para entender o que os membros da banda diziam nas entrevistas."

Os Stones ofereceram 1 milhão de dólares para o AC/DC abrir para eles em pelo menos uma apresentação em um grande estádio em sua turnê americana de 1981. Mas a banda aprendeu com os erros do passado, como tocar no Donington meses depois do fim da turnê *Back In Black* em vez de se concentrar no próximo álbum, e decidiram manter sua programação, por mais tentadora que fosse a oferta de seus ídolos.

Além do mais, Malcolm não queria que o AC/DC abrisse para ninguém.

Após cinco dias de ensaios no Palladium, o local de sua estreia em Nova York, em 1977, eles se concentraram na primeira parte de sua turnê de 28 datas nos Estados Unidos e no Canadá a partir de 14 de novembro, quando a banda tocou em arenas por todo o país pela primeira vez.

O sucesso de *Back In Black* elevou essa turnê a algo gigantesco em termos de apresentação. O sino, ponto focal da turnê anterior, recebeu a companhia agora de 12 canhões falsos em cada lado do palco, que pontuavam como um trovão a música "For Those About To Rock".

Na opinião de Malcolm, tudo era uma questão de som, não teatro. O sino batia pela tragédia da morte de Bon e sua presença representava solenemente as dificuldades em fazer o álbum *Back In Black*.

Malcolm amava o som que Brian fazia quando tocava o sino todas as noites. O mesmo acontecia com os canhões.

"Não dou a mínima para os canhões ou as chamas saindo deles", ele contou a Dave Lewis na *Sounds,* em 2 de janeiro de 1982, "eu só quero o estrondo. O som deles é como um instrumento, assim como o sino."

Logo ficou óbvio na turnê que o interesse na banda aumentou em vez de estabilizar desde *Back In Black*. A prova veio em 19, 20 e 21 de novembro com três shows lotados no Rosemont Horizon de Chicago com um público total de 52.800 pessoas. No dia seguinte, aconteceu o lendário show do Muddy Waters e dos Rolling Stones no Checkerboard Lounge de Chicago, enquanto o AC/DC estava em Minneapolis. Malcolm e Angus fariam qualquer coisa para estar naquela noite em Chicago.

Depois do AC/DC, os Rolling Stones tocaram no Rosemont, mas como um indicativo da posição do AC/DC na época, nem os Stones conseguiram superar essas três noites.

Foi em 20 de novembro, durante seus shows em Rosemont, que o álbum *For Those About To Rock We Salute You*, com seu singular número de catálogo 11111, foi lançado nos Estados Unidos e depois na Europa, em 23 de novembro.

Enquanto Angus esboçava uma ideia para a capa, mais uma vez a presença de Bon pairava sobre o álbum, mas dessa vez o lado mais estudioso do homem que poucos conheceriam ou viram. Sabendo que ele estava interessado em história, o vocalista deu, certa vez, para Angus, um livro chamado *Those About To Die Salute You* [Aqueles prestes a morrer o saúdam], sobre o brutal e sangrento teatro dos gladiadores da Roma antiga. Angus devorou o livro e, como era o caso com tudo o que ele achasse significativo, guardou o título em sua memória.

O álbum tinha algum do poder de *Back In Black*, principalmente a faixa título, parecida com um hino, criada para ser um momento alto do show, mas o tempo que levou para fazê-la roubou sua coesão.

"Quando completamos o álbum", Malcolm contou a Mark Blake na *Metal CD,* em novembro de 1992, "acho que ninguém, nem a banda nem o produtor, sabia dizer se soava certo ou errado. Todo mundo estava de saco cheio."

Enquanto isso, o crescimento no tamanho do público comparado com a turnê *Back In Black* era óbvio em todos os lugares. Quando a banda tocou pela última vez em Indianapolis, reuniu algo em torno de 4 mil pessoas. Com Brian ainda tentando aprender as letras do álbum novo, dessa vez cerca de 17 mil pessoas foram ao show.

Mas estimativas de público não eram o problema.

Ninguém jamais levou equipamento militar na estrada, muito menos o usou.

Em Hartford, a equipe foi avisada, logo antes do bis em que os canhões seriam usados, que, se eles os usassem, a polícia os prenderia.

A ameaça foi apenas uma grande capa vermelha na frente de um pequeno touro escocês. Malcolm instruiu a equipe a detoná-los de qualquer maneira, sem saber que os encarregados dos canhões, assim como Ian Jeffery, tinham sido algemados por precaução.

A artilharia continuou em silêncio, mas ainda que derrotado, isso seria algo que dificilmente Malcolm faria.

Mais ou menos na mesma ocasião, membros da Moral Majority, um grupo de fundamentalistas cristãos, começaram a fazer manifestações nos shows da banda na crença de que bandas como o AC/DC corrompiam os jovens.

Em Cleveland, houve problemas quando os fãs se opuseram à manifestação da Moral Majority.

Por ironia, a banda, cujos únicos vícios eram os incontáveis cigarros, alguns drinques e os baldes de chá que Angus consumia após a apresentação, ficou bem mais enojada com os manifestantes do que os manifestantes com a banda.

Tudo isso acabou em 2 de dezembro, com o primeiro show histórico do AC/DC no Madison Square Garden, em Nova York. Infelizmente, eles não receberam o tratamento de gala: a segurança não reconheceu Brian e, achando que ele fosse apenas outro fã tentando entrar nos bastidores, o expulsaram.

A mesma coisa aconteceu a Malcolm em outra ocasião e, embora fosse o preço a ser pago por não parecer ou agir como um astro do rock, os mal-entendidos nem sempre eram facilmente esquecidos ou perdoados.

A situação motivou a decisão relutante de viajar para as apresentações em limusines com segurança, para que outra pessoa cuidasse de problemas de acesso.

Como se os problemas com os canhões, com a Moral Majority e a segurança exagerada não fossem suficientes, um casal de Chicago exigia uma indenização de 250 mil dólares por danos porque recebiam ligações obscenas no telefone 36-24-36, o "número de telefone" mítico em *Dirty Deeds Done Dirt Cheap*.

O santuário da banda, longe de tudo isso, eram os bastidores, mas não porque os separavam dos fãs que pagaram para vê-los. Lá eles podiam relaxar e jogar dardos em um estabelecimento de mentirinha que chamaram de Bell End Club [Boate Glande] (em homenagem à ponta do pênis) e até os técnicos de som tinham de ser membros investidores. Mas até esse projeto tinha seu estresse, pois os jogadores de dardos ficavam desesperados para passar para a rodada final.

"A dez dólares por cabeça [a taxa que cada participante tinha de pagar]", Brian contou a Tommy Vance, na BBC Radio, em dezembro de 1981, "dá umas 200 libras, o vencedor ganha 200 paus... digo, a apresentação era importante, mas por Deus, e os dardos!"

Em 7 de dezembro, *For Those About To Rock* foi lançado na Austrália e, duas semanas depois, chegou ao número um na parada da Billboard nos Estados Unidos, onde ficou por três semanas e ganhou disco duplo de platina. No Reino Unido, chegou ao número três.

Foi o sinal para acionar o maquinário promocional, e duas datas no Capital Centre, em Largo, Maryland, em 20 e 21 de dezembro, foram gravadas e filmadas. Uma edição de 35 minutos foi entregue a emissoras de TV, que a transmitiram por toda a Europa, e as versões ao vivo de "For Those About To Rock" e "Let's Get It Up" foram usadas como clipes promocionais.

Aquele cenário quente, úmido e muito, muito barulhento estava muito distante de uma proposta anterior de fazer um vídeo em grande escala para a faixa título do álbum, incluindo gladiadores, em um cenário parecido com um coliseu romano. A banda achou a ideia ridícula e descartou-a. O AC/DC poderia ter um show em um estádio enorme em vários locais, mas Malcolm ainda estava interessado em manter a essência do que faziam no nível mais familiar e intimista possível, o que seria difícil na Roma antiga.

"Eu queria voltar ao Red Cow ou ao Marquee", contou a Dave Lewis, na *Sounds,* em 2 de janeiro de 1982, "e tocar só com oito luzes e duas colunas de alto-falantes."

Não havia muita chance de isso acontecer.

Antes do fim de dezembro, *For Those About To Rock* recebeu disco de platina na França, com 400 mil unidades vendidas apenas duas semanas depois do lançamento.

Em janeiro de 1982, o significado exato do termo "rock" foi bem ampliado quando o AC/DC foi indicado para melhor banda de rock no American Music Awards, apenas para ver a dupla meiguinha de soft rock australiana, Air Supply, ganhar o prêmio. Ser eleita a banda número um na pesquisa anual entre os leitores da *Hit Parader* serviu para, de alguma forma, corrigir esse curioso erro.

Em 17 de janeiro, a segunda parte da turnê americana começou com 28 datas e incluía quatro shows no Seattle Coliseum, dois no LA Forum e três no Cow Palace, em San Francisco.

A maior turnê do AC/DC até agora só crescia. Três dias depois, *For Those About To Rock* ganhou disco de platina nos Estados Unidos, com 1 milhão de cópias vendidas.

Em fevereiro, Brian e Malcolm passaram uma noite com John Belushi. Algumas semanas depois, o comediante e astro do Blues Brothers faleceu. O incidente provocou todos os tipos de memórias, mas o caminhão do AC/DC seguiu adiante.

No mesmo mês, eles receberam os prêmios de melhor banda, segundo melhor álbum e segundo melhor guitarrista na pesquisa entre os leitores da *Kerrang!*. Mas, enquanto a Grã-Bretanha permanecia claramente uma base de fãs leais – mesmo com a resenha de *For Those About To Rock* na *Sounds* tendo mostrado uma foto de Brian gritando sem seu boné, com a manchete "For Those About To Yawn" [Para aqueles prestes a bocejar] – Brian precisou tomar decisões difíceis sobre sua situação lá.

Ele lutou para ganhar a vida com o Geordie, mas agora tinha um sucesso enorme com o AC/DC. Com isso, tornou-se um contribuinte com maior renda e com uma taxa incapacitante de impostos para aqueles com maior renda de algo em torno de 83 pence por libra, então precisou fazer um sacrifício.

"É ridículo ter de sair, fazer uma turnê americana e vender cerca de 1 milhão de discos só para pagar imposto", disse a Simon Tebbutt na *Record Mirror,* em 10 de fevereiro de 1982.

Os fãs não ligavam para o motivo de a banda estar em turnê, só estavam felizes pelos shows.

Pelo terceiro ano seguido, foram eleitos a melhor banda na pesquisa entre os leitores da revista francesa *Best*, com Angus eleito o melhor músico de novo, enquanto *For Those About To Rock* foi escolhido o melhor álbum. Em uma reviravolta sinistra, Bon foi eleito melhor vocalista, dois anos depois de sua morte.

Em 7 de maio, após uma grande batalha judicial sobre os direitos de distribuição, o filme *Let There Be Rock,* enfim, estreou nos cinemas em todos os Estados Unidos, relançado pela Warner Bros. Ele estrearia em 49 cidades em toda a América.

Como sempre, Brian, com o coração na garganta, ficou furioso quando um jornalista da revista *Rock en Stock* supostamente o acusou de tentar parar a exibição do filme só porque não aparecia nele. O vocalista confrontou outro jornalista da revista e pediu-lhe que passasse uma mensagem direta: ele ia dar um chute no cara.

No início de junho, a banda voltou ao Japão para quatro shows e rompeu laços com a empresa de assessoria Leber-Krebs com o fim de seu contrato de três anos. O diretor de turnê, Ian Jeffery, cujos zelo e lealdade eram evidentes, tornou-se empresário de fato. Jeffery ficou surpreso com o pedido do AC/DC, disse-lhes que não era um empresário mas, como sempre, ficou muito feliz em fazer o que fosse necessário para a banda.

Uma turnê europeia foi agendada com datas em grandes festivais ao ar livre na Alemanha e na França durante julho e agosto, mas foi adiada e depois cancelada sem explicação. Vários boatos de problemas na banda surgiram na imprensa, mas com algum fundamento.

Eles, enfim, chegaram ao Reino Unido com uma turnê de 19 datas com todos os ingressos vendidos, que começou em 29 de setembro e incluía quatro noites consecutivas no Hammersmith Odeon. Para esses shows, a banda acrescentou duas verdadeiras relíquias da Guerra Civil: dois canhões reais que recuperaram do Tennessee.

Uma restauração foi necessária, mas eles eram um artigo genuíno, diferentemente do álbum "solo" de Brian, *Strange Man*, que, para seu desgosto, foi lançado nos Estados Unidos e na Alemanha e era composto de material gravado com o Geordie entre 1972 e 1975.

Depois da turnê britânica, veio uma temporada europeia de dez datas desde 26 de novembro e, em Paris, os fãs desmaiavam pelo calor tão rápido que nem eram retirados do meio da multidão. A banda deu ainda mais duro sob o calor das luzes no palco e, no fim do show, era difícil saber quem estava na pior forma: eles ou o público.

Passaram no dia seguinte ao show no Le Bourget com os membros do Trust, velhos amigos de Bon. Eles jogaram cartas e relaxaram no hotel do AC/DC até umas 2 horas, quando surgiu algum interesse em beber no Rose Bonbon, onde, por acaso, acontecia uma noite do AC/DC. No último minuto, Angus, que raramente se socializava, decidiu que iria.

Alguns membros do Trust subiram ao palco para tocar, o que era uma tentação grande demais para Angus, mesmo sendo 4 horas. Mas, se Bernie da banda francesa não fosse tão amigo de Bon, jamais teria saído de seu lugar.

"Angus Young tocou por uma hora e meia", contou o vocalista do Trust à *Rock,* em fevereiro de 1983, "como se estivesse na frente de 15 mil pessoas, suando, correndo por todos os lugares... não conseguíamos acreditar."

Eles tocaram versões das músicas "Live Wire", "Ride On" e "Problem Child", do AC/DC; "Twenty Flight Rock", de Eddie Cochran; "Great Balls Of Fire", de Jerry Lee Lewis; e "No Particular Place To Go", de Chuck Berry.

Antes do fim do ano, o AC/DC ficou em primeiro lugar como melhor banda, melhor show ao vivo, melhor *single*, melhor guitarrista, melhor baixista, em segundo para melhor baterista e em terceiro para melhor vocalista na pesquisa anual da *Kerrang!*.

Um álbum ao vivo proposto para capturar a força absoluta da turnê For Those About To Rock fora planejado, mas depois engavetado, por considerarem um álbum novo uma melhor opção. Mas, com as vendas totais dos álbuns da banda em todo o mundo agora em 25 milhões de cópias, Brian precisou agir e, querendo ou não, teve de deixar o Reino Unido e o desanimador sistema de impostos do país.

No início de 1983, ele chamava o Havaí, onde Cliff Williams já morava, de lar. Para Brian, era como voltar para as Bahamas. Infelizmente, outros tinham problemas em encontrar seu lugar na areia.

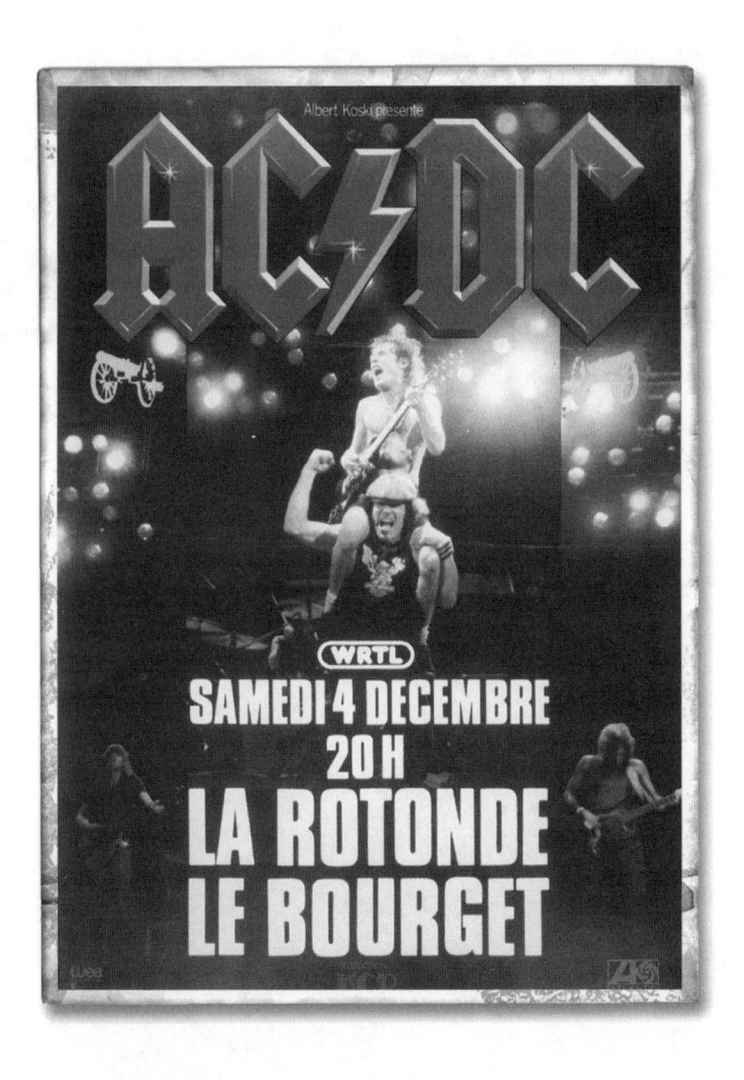

1983
Ligados. The Forum, Montreal.

Capítulo 21

Flick Of The Switch

Em março de 1983, depois de alguns meses compondo na Austrália, quatro semanas de ensaios aconteceram na Ilha de Man, perto da costa inglesa, para o que seria o álbum *Flick Of The Switch*. Em abril, a banda voltou ao Compass Point Studios em Nassau, nas Bahamas, onde *Back In Black* fora gravado.

Eles produziriam o álbum sozinhos, na maior parte Malcolm com uma ajudinha do "Destruidor Holandês" e do "Belo de Glasgow" (apelidos de Harry Vanda e George Young), enquanto Tony "Bom de Ouvido" Platt seria o engenheiro e mixaria as gravações. Foram gravadas 13 faixas, três das quais ainda não foram lançadas, como "Out Of Bounds" e "Tightrope".

Como depois das mixagens originais a gravação ficou parecida demais com *Back In Black*, Malcolm fez uma descrição muito firme de como ele queria o álbum: simples, direto e sem frescuras. Para ilustrar, ele citou "Frankenstein", de Edgar Winter, e "Mannish Boy", do álbum de 1977, de Muddy Waters, *Hard Again*.

Tony Platt: "Acho que havia um sentimento geral [na banda] de que *Back In Black* era o auge de como a produção do AC/DC deveria ser. *For Those About To Rock* era meio uma superprodução do que era a banda. Havia um desejo genuíno de voltar ao básico com *Flick Of The Switch*."

Tony Platt: "Havia um tipo de consenso geral de que precisávamos encontrar alguma forma de mudar só um pouco. Sabe a versão de Johnny Winter de 'Manish Boy', do Muddy Waters? Que tem todos gritando ao fundo? Basicamente, Mal disse que queria tentar conseguir essa sensação de estar na sala enquanto tudo acontecia. Não acho que funcionou muito bem."

Houve outra mudança desde que a banda esteve nas Bahamas pela última vez, e ela não era muito confortável.

Tony Platt: "Foi um álbum infeliz de fazer, ironicamente um pouco mais infeliz do que *Back In Black*, porque o combustível deste foi a determinação. *Flick Of The Switch* foi meio arruinado por alguma decepção em alguns aspectos."

A parte boa é que Brian era bem determinado e respeitado em sua função, e a banda, que apenas três anos e meio atrás recebia pagamentos semanais, agora era uma das maiores bandas do planeta. Mas tudo atingiu Phil Rudd.

A pressão e a carga de trabalho aumentavam desde *Highway To Hell*. Então veio a morte de Bon, que afetou Rudd talvez mais do que Angus, um fardo que ele carregou pela enorme turnê Back In Black e pela ainda maior For Those About To Rock.

"A coisa toda literalmente me esgotou", Phil contou a Phil Lageat na *Rock Hard France* em junho de 2001.

Em Nassau, Rudd, como sempre, tocava como um trem de carga, era um dos melhores e mais precisos cronometristas desde Charlie Watts, dos Stones, e logo acertava todas as suas faixas de bateria.

Sua habilidade na música, porém, não era um problema, mas sim uma situação pessoal confusa que envolvia alguém do círculo dos Youngs, para Malcolm pelo menos. Para ele, foi a gota d'água. Ele e Phil entraram em conflito sobre a questão em Nassau em maio, e dessa vez o guitarrista queria que ele pegasse o primeiro avião na noite seguinte. Acabou.

Angus ficou desolado.

Ian Jeffery: "Foi uma coisa estúpida que acabou com tudo, mas vinha se formando por muito tempo. Mas foi o ápice das coisas na cabeça de Malcolm, porque vocês precisam se lembrar de que Malcolm enchia demais a cara."

Outro fator, mantido em segredo na ocasião, foi revelado pela banda anos depois.

"Ele [Rudd] ficou viciado em drogas e ficou esgotado", Malcolm contou a KNAC.com, em 30 de agosto de 2000.

"Nós começaríamos nos Estados Unidos logo depois", contou Angus a Howard Johnson na *Kerrang!,* em 29 de setembro de 1990. "Ele exageraria e faria algo drástico para si mesmo ou outra pessoa."

Como uma banda tão disciplinada como o AC/DC e administrada com mão de ferro por Malcolm deixou a situação chegar a esse ponto era um mistério.

Nas Bahamas, quando as coisas se acalmaram, eles perceberam a gravidade da situação: o AC/DC não tinha baterista. Com uma turnê americana chegando, a banda aproveitou o fato de que tudo isso aconteceu longe dos olhos do público e usaram sua localização para abafar o caso.

Apareceram vários bateristas para o teste. Mostrando seu amor por músicos antigos e uma boa memória de novo, Malcolm estava otimista com a perspectiva de o ex-baterista do Procol Harum, B. J. Wilson, ser o novo marcador do ritmo da banda. Mas, embora Wilson tenha tocado com a banda enquanto faziam os *overdubs* para o álbum, ele não fez nenhuma das faixas de bateria na gravação e também não foi contratado para o lugar de Rudd.

Ocorreram mais testes sem êxito em Nova York enquanto o álbum era mixado. Quando a banda voltou para Londres, decidiu anunciar a vaga. Simon Kirke, do Free e do famoso Bad Company, era um candidato, mas, de novo, para a tristeza de Angus, que era um grande fã, ele não era o cara certo para a vaga. Paul Thompson, ex-membro do Roxy Music, tornou-se a principal esperança para o cargo e ensaiou com a banda por dez dias. Mas de novo faltava algo.

Por fim, o pretendente escolhido, depois de 400 testes nos Estados Unidos e 300 no Reino Unido, acabou sendo Simon Wright.

Wright respondeu ao anônimo, mas grande anúncio da banda na *Sounds*, que pedia um "baterista agressivo de rock & roll... qualquer outra merda nem precisa tentar". Ele não fazia ideia de que se candidatava a entrar para uma das maiores bandas do mundo. Na verdade, quando fez o primeiro teste no Nomis Studios, em Londres, a banda nem estava presente.

Simon Wright: "O teste foi com o técnico de bateria, Dickie Jones. A bateria estava preparada e eu tive de tocar três músicas. Acho que eram do Led Zeppelin, do ZZ Top e do AC/DC. Para minha sorte, eu já tocava muito essas músicas. Imaginei que fosse uma boa apresentação por causa do lugar onde acontecia, porque era um estúdio de ensaio bem luxuoso.

Não houve muita reação, na verdade. Eu terminei, e Dickie Jones, que estava com o AC/DC havia anos, disse: 'Está ótimo, nós definitivamente entraremos em contato com você'. Acho que um dia depois eles ligaram e disseram: 'Quer voltar e tocar?'.

Eu não sabia qual era a banda. Então voltei e caminhei pelo corredor e vi os *cases* de voo com AC/DC escrito neles e falei: 'Meu Deus! É brincadeira! Não podem ser eles!'.

Eu fui apresentado e disse olá para Angus, Mal e Cliff. Brian não estava lá. Digo, eu estava cagando de nervoso, sabe? Mas eles foram bem legais, foram ótimos, me deixaram confortável. Nós só tocamos e foi isso, na verdade. Recebi uma ligação alguns dias depois."

Como Phil Rudd, Wright era básico, era um tipo de cronometrista simples.

"Se nós o conhecêssemos quando nos juntamos pela primeira vez", Angus contou a Todd Everett na *Record Review* em fevereiro de 1984, "ele seria um grande candidato a nosso baterista já naquela época."

Em 5 de agosto de 1983, um comunicado à imprensa da Atlantic anunciou oficialmente Wright como membro da banda.

Nascido em 19 de junho de 1963 em Alden, perto de Manchester, Wright foi autodidata na bateria com 15 anos, enquanto trabalhava durante o dia como pedreiro.

Sua primeira banda foi na escola com o futuro membro do Thin Lizzy, Darren Wharton. Ele formou, então, o Tora Tora, antes de se juntar, um ano depois, ao AIIZ, que se separou logo depois de lançar o *single* "I'm The One Who Loves You". Depois de gravar um *single* demo com Aurora em 1982, entrou para a banda promissora New Wave of British Heavy Metal (NWOBHM), mas, durante a época de Wright na banda, em 1983, toda sua agenda profissional consistia de uma apresentação na Bélgica e na gravação de uma faixa para o álbum *Rough Justice*, que não sairia antes de 1985.

Wright tinha alguns dos álbuns do AC/DC e os viu na turnê Highway To Hell. Agora poderia vê-los todas as noites do melhor lugar na casa, mesmo que fosse no fundo do palco.

Mas, embora a situação do baterista tenha sido resolvida, a incerteza e a tensão que faziam parte das gravações do álbum invadiram outras áreas.

Em primeiro lugar, a turnê americana programada para começar em 28 de agosto foi adiada. Depois houve questões internas na Atlantic. Poucos daqueles que patrocinaram a banda no fim dos anos 1970 ainda estavam lá: Jerry Greenberg saiu e Phil Carson estava ocupado orientando Robert Plant em sua nova carreira-solo.

A opinião era de que o álbum novo não era nem *Highway To Hell* nem *Back In Black* em termos de potencial de vendas. Por isso, não era considerado uma prioridade para verba ou divulgação.

Perry Cooper: "Não acho que *Flick Of The Switch* fosse um de seus maiores álbuns... O que poderia estar no mesmo nível de *Highway To Hell* e *Back In Black*? Digo, é tipo, como Led Zeppelin superaria 'Stairway To Heaven'?"

Houve, também, discussões sobre a capa, que incluía um desenho simples e a lápis de Angus, que ele mesmo desenhara para refletir a abordagem simples e direta do álbum.

Tudo isso foi uma situação frustrante e um pouco embaraçosa para uma banda que apenas dois anos atrás era a queridinha da Atlantic Records. Perder membros importantes, como Bon e depois Phil, em apenas três anos foi um golpe devastador que, somado à briga com a Atlantic, deixou a banda desorientada.

Ian Jeffery: "Eles tiveram todos os tipos de problemas com *Flick Of The Switch*, desde a gravadora não querer reconhecer o álbum; eles não gostavam dele. Depois Angus queria o desenho do álbum em alto relevo, como em *Back In Black*. Ele queria que *Flick Of The Switch* fosse da mesma forma, e eles [Atlantic] não queriam gastar dinheiro porque não achavam o disco... de novo, eles achavam que não havia um *single* de sucesso, etc., etc."

Em 19 de agosto, *Flick Of The Switch* foi lançado nos Estados Unidos e na Europa e, em 23 de agosto, na Austrália. O álbum, que incluía "Bedlam in Belgium", inspirada pelo quase tumulto em 1977, recebeu resenhas mais ou menos e teve uma promoção mínima. Mas representava o AC/DC exatamente como Malcolm queria: alto, direto e sem efeitos ou tecnologia, com baterias que soavam como tal e não canhões criados em estúdio.

Foi uma grande declaração de "foda-se" para separar intencionalmente o AC/DC de outras bandas de rock, que tentavam desesperadamente suavizar seu som para aparecer na MTV e ser transmitidas para salas de estar por toda a América.

Malcolm: "Foi produzido bem rápido. Não diria que é um grande álbum, mas..."

Apesar de tudo isso, *Flick Of The Switch* chegou ao número 15 da parada da Billboard nos Estados Unidos e ao número quatro no Reino Unido, embora tenha vendido apenas 500 mil cópias nos Estados Unidos.

Em outubro, ensaios para a turnê aconteceram em Los Angeles, durante os quais gravaram vídeos para "Flick Of The Switch", "Nervous Shakedown" e "Guns For Hire" em uma área do tamanho de um hangar que a banda usava. As instruções de Malcolm para a equipe de filmagens e o diretor Paul Becher foram tão breves quanto foram para o álbum: você tem um dia, filme a banda.

Foi o ambiente ao vivo e sem frescuras que os fãs conheciam e esperavam, em vez das façanhas multimilionárias em vídeo de artistas como Michael Jackson. Onze diferentes clipes do camarim antes do show, imagens de um minuto, foram gravadas durante a turnê em Denver e compiladas como introduções dos vídeos.

Uma turnê de três meses pelos Estados Unidos e pelo Canadá começou em Vancouver, em 11 de outubro, com 30 pessoas acompanhando. Cair na estrada pela primeira vez sem Rudd era um enorme teste psicológico, mas desde o primeiro show ficou claro que tudo ficaria bem.

Simon Wright: "Todos estavam pirados no lugar [o Coliseum, em Vancouver], enorme, monstruoso. Mas, digo, eu estava apavorado; é inacreditável. Mas enfrentei e consegui, não houve erros nem nada. Senti um grande alívio tendo tirado esse primeiro peso das costas, sabe. E a coisa apenas aumentou depois disso. Foi ótimo."

Apesar de o álbum não ter gerado muitas manchetes engraçadas, as trapalhadas de alguns fãs geraram. No que seria uma horrenda reviravolta do destino, um soldado foi acusado depois de atirar sinalizadores no teto do Tacoma Dome quando a banda tocava "This House Is On Fire" do álbum *Flick Of The Switch*.

A turnê não foi um sucesso total. Em cidades onde eles já tinham feito dois ou três shows antes, viram-se fazendo só um dessa vez ou tocando para um estádio meio vazio na segunda noite.

Phil Carson: "Fui a um show no Nassau Coliseum que na turnê anterior lotou e nessa havia metade do público, 8 mil pessoas. Mas eles subiam no palco e tocavam como se o lugar estivesse apinhado de gente."

Dois shows no Joe Louis Arena de Detroit em 17 e 18 de novembro foram captados em câmera e um filme de 45 minutos foi distribuído para emissoras de TV europeias. Eles também fizeram um segundo vídeo para seu próximo *single*, "Nervous Shakedown", no mesmo local. Em 19 de dezembro, a turnê terminou no Madison Square Garden, em Nova York. Apesar do declínio no público, ainda havia fãs o bastante querendo ver o AC/DC para deixar o novo baterista apavorado.

Simon Wright: "Estávamos, tipo, tocando três noites com o Madison Square Garden lotado, acho, era um desses números absurdos de pessoas... fiquei completamente fora de mim. Digo, os caras eram bons, eles davam uma olhada nas coisas por mim. São caras legais para ter por perto, porque mantêm você com os pés no chão."

Mas nesse momento, como se o ano já não estivesse difícil o bastante, outra grande presença sensata no círculo da banda, que tentava fazer as coisas funcionar em circunstâncias difíceis, foi para a rua. Com Ian Jeffery agora de empresário, toda a responsabilidade e a culpa das circustâncias da banda eram dele, pelo menos na opinião de Malcolm.

Ian Jeffery: "Do meu ponto de vista, foi muito triste. Quando organizávamos a turnê, Malcolm virou-se para mim, dizendo: 'Você deveria ficar do nosso lado, seu imbecil!', etc. etc. Eu disse, 'Eu estou! Onde não houver dois shows, não há dois shows! Há um show. Estamos tentando ser realistas aqui'.

Tudo chegou a um ponto crítico assim do nada. Nós devíamos tocar em Hartford, Connecticut, e Malcolm ligou um dia e disse: 'Você está no quarto?'. Ele entrou e disse: 'Não precisamos mais de você'. Fiquei pasmo. Ele entrou mesmo e disse isso? Eu o quê? Demitido?...O quê? Eu não sei."

Phil Carson: "Certos membros da banda tinham questões pessoais, que causavam bastante paranoia. Eles demitiram membros da equipe, Phil Rudd foi embora...Tudo ficou um pouco atrapalhado por um tempo lá."

Por mais esse motivo, a Europa e o Reino Unido não veriam a banda por oito meses depois da turnê americana. Curiosamente, entre janeiro e junho de 1984, a banda passou o tempo escrevendo, ensaiando e fazendo pré-produção para o próximo álbum quando apenas a América do Norte tinha visto a banda tocar o anterior.

Enquanto isso, Crispin Dye, um ex-executivo da Albert Productions na Europa, foi escolhido como novo empresário da banda.

Durante o período sem turnês, Cliff Williams achou tempo para gravar demos no Havaí e formar um projeto com os ex-colegas de banda do Home, Laurie Wisefield e John Andreoni, para tocar o material. O álbum com 11 músicas foi mostrado para a Atlantic, que o rejeitou e permanece sem lançamento. Durante o mesmo período, ele tocou no primeiro trabalho de Adam Bomb, *Fatal Attraction*.

Enfim, em julho, a banda ensaiou por três semanas para uma turnê europeia em Norfolk, na Inglaterra, no que era a torre de um castelo de verdade.

A turnê incluía uma série de oito apresentações como parte do enorme festival Monsters of Rock, a partir de 11 de agosto, passando pela Espanha, Suécia – onde por algum motivo não havia nenhum show com iluminação e as bandas precisavam tocar à luz do dia –, Alemanha, Itália e Reino Unido, com a segunda presença da banda no Castle

Donington em 18 de agosto. Outras apresentações na programação de Donington foram Van Halen, Ozzy Osbourne, Mötley Crue, Gary Moore, Y&T e Accept.

No livro do Mötley Crue, *The Dirt*, Nikki Sixx conta sobre o passatempo da banda na época de morder as pessoas. Ele pensou ter mordido Angus em algum momento e Malcolm marchou até o camarim do Mötley para tirar satisfações com Sixx, muito mais alto do que ele.

Nikki Sixx: "Ele estava reclamando de alguma coisa, nem me lembro exatamente o que aconteceu e eu o provoquei. A diferença de tamanho não era muito justa, certo?"

Mas, no Castle Donington, o AC/DC mostrou que tamanho não é documento com uma performance poderosa diante de 75 mil pessoas, embora, como acontecera na apresentação anterior no festival, a banda não tenha ficado nada satisfeita com seu show.

Foi durante um dos shows no Monsters Of Rock italiano que Doug Thaler [ex-agente da banda nos Estados Unidos] viu que a recepção morna de *Flick Of The Switch* não era a única coisa contra a qual a banda lutava.

"Fui até o camarim do AC/DC e tomei um uísque com Malcolm e Jonno enquanto o Mötley Crue tocava. Quando o AC/DC saiu para subir no palco, dava para ver bem que Malcolm bebera demais. Eles estavam tocando a música em que Angus costumava fazer seu solo de guitarra e tirar a roupa; e Malcom teria apenas de manter um ritmo constante e ele nem conseguia fazer isso. Ele caiu sobre a bateria e eu pensei: 'Caramba, isso não vai prestar'."

E não prestou, assim como os shows da banda na França depois das apresentações nos vários Monsters of Rock. Na última apresentação da turnê em Paris, a banda levou apenas 6 mil pessoas para o Palais Omnisports de Paris-Bercy, uma arena de 18 mil lugares. A França, mais uma vez, tinha uma nuvem negra sobre seu nome, uma história que vinha desde abril de 1977 em Paris, no show com o Black Sabbath arruinado pelo equipamento ruim e por um público apático, e seria evitada durante a próxima turnê mundial em 1986.

Baixar a guarda era raro para o AC/DC, mas a posição em que se encontravam com *Flick Of The Switch* inspirou algumas confissões sinceras de Angus para Terry Whitfield na *Hit Parader*, em outubro de 1984.

"Até entendo algumas das críticas que as pessoas fizeram sobre ele [o álbum]."

Ele também reconheceu na entrevista, talvez pela primeira vez, que o AC/DC fazia parte de uma comunidade, em vez de ser sua força dominante. Ele ficou feliz com o sucesso das bandas de que gostava, como o Def Leppard: "Nós já tivemos nossa vez sob os holofotes". E disse: "Não temos problema em dividi-lo com grupos mais novos".

Foi algo surpreendente, mas não eram tempos fáceis.

Tony Platt: "A coisa é: com uma banda como o AC/DC, se eles aparecem se desculpando por algo, então as pessoas vão tomar isso como um exemplo. Quando fizeram a turnê Back In Black, estavam 110% comprometidos, e foi isso que o levou às alturas. Se você pega um grande álbum como aquele, vai e toca com aquele tanto de comprometimento, as pessoas vão prestar atenção. Com *Flick Of The Switch*, até a turnê foi dificultada por todos os tipos de coisinhas que aconteceram e pela ausência de Phil. Tudo mudou."

Mas, em 19 de outubro, tudo parecia bem de novo, mesmo que por um momento, com o lançamento americano de *'74 Jailbreak*, um miniálbum composto de faixas lançadas apenas na Austrália, com a presença não apenas de Phil Rudd, mas também de Bon.

Um descansava em paz, enquanto o outro só dormia.

1986
Suando muito. Angus, Sporthalle, Colônia.

Capítulo 22

Fly On The Wall

Quando o assassino em série Richard Ramirez foi preso, em setembro de 1985, parecia que enfim se fecharam as portas de um dos capítulos mais repulsivos da história criminal americana. Mas quando Ramirez alegou que a música "Night Prowler" do AC/DC, do álbum *Highway To Hell*, o estimulou a cometer os 16 homicídios, a porta foi arrombada de novo. Para piorar as coisas, um boné com o logo da banda foi encontrado no apartamento de Ramirez quando ele foi preso.

Era bem o que os críticos da banda esperavam, e a mídia, principalmente na América, logo explorou o caso. Espalharam-se acusações impensadas de que o AC/DC era, na verdade, um grupo de adoradores do diabo. Primeiro, as dificuldades excruciantes do álbum e da turnê Flick Of The Switch e agora isso.

O ano começou com um caráter mais comovente do que a banda teve desde os dias de *Back In Black* e *For Those About To Rock*. Simon Wright achou que tocar no Madison Square Garden fosse um batismo de fogo, mas, em janeiro de 1985, foi o verdadeiro.

A banda tirou três semanas de folga das gravações do que seria o álbum *Fly On The Wall* e comandou duas noites no festival Rock In Rio de dez dias no Rio de Janeiro, no Brasil, que também tinha Rod Stewart, Queen, Yes e Iron Maiden. A banda apresentou-se diante de 50 mil pessoas em 15 de janeiro com os Scorpions e depois diante de impressionantes 250 mil em 19 de janeiro com Whitesnake, Ozzy Osbourne e Scorpions.

Apesar da empolgação de tocar para um público tão grande, Angus odiou sua passagem pelo Brasil. Não pelo lindo país ou pelas pessoas, mas pelo fato de tantos serem obrigados, pela miséria, a pedir esmolas. A viagem foi um choque cultural enorme, e ele quase não saía de seu quarto no hotel o tempo todo. Foi tudo muito perturbador.

As gravações de *Fly On The Wall* começaram em Montreux, Suíça, no Mountain Studios, no fim de outubro de 1984. Malcolm e Angus produziam o disco e o trabalho recomeçou quando voltaram do Brasil.

As faixas e os vocais de fundo do álbum foram feitos no salão de um cassino onde acontecia o lendário Montreaux Jazz Festival, e onde, antes do incêndio lendário durante um show de Frank Zappa, o Deep Purple planejara gravar seu álbum *Machine Head*.

Simon Wright: "O lugar onde gravamos era incrível. Foi esse cassino enorme na região do lago Genebra. E havia fumaça na água [como dizia a letra do clássico do Deep Purple]. Era o mesmo. Era uma enorme sala redonda e estava toda dividida com pequenas barracas e tal onde eles colocavam os amplificadores e isolavam [os vários sons para a gravação]. Para subir até a sala de controle havia essa escadaria como uma saída de incêndio."

O trabalho terminou no fim de fevereiro e, em março, *Fly On The Wall* foi mixado em Sydney.

Foi então que começaram a circular boatos sem fundamento de que Brian faria um álbum-solo e deixara a banda ou fora demitido durante as gravações.

Christie Eliezer, da revista *Juke*, ligou para Fifa Riccobono, da Albert Productions, para descobrir se havia alguma verdade nos rumores. Ela negou, mas Eliezer insistiu. Ricobono repetiu, com calma, que Brian não deixou a banda e, por fim, irritada, pediu para Eliezer aguardar um momento.

Um minuto depois, uma voz apareceu na linha. "Christie, meu filho, qual o problema?", ria Brian, que estava no escritório o tempo todo.

Cinco vídeos promocionais do *Fly On The Wall* foram gravados no World's End Club em Alphabet City, Nova York, com a banda tocando à vontade no palco. O cenário intencionalmente desleixado ficou completo com um mestre de cerimônias que poderia se passar por um vendedor de carros usados. A coisa toda foi como uma imagem dos primeiros dias da banda no circuito australiano de *pubs*, o que pode muito bem ter sido a ideia. Mas ninguém ficou muito feliz com os resultados.

Em 28 de junho, o álbum *Fly On The Wall* foi lançado no mundo todo. Embora não tenha sido tão forte como o supostamente fraco *Flick Of The Switch*, continha vários clássicos, incluindo o *riff* brutal que abria a faixa título, bem como "Sink The Pink" e "Shake Your Foundations". Era bruto, corajoso e barulhento e, mais do que nunca, a banda soava como uma reunião de Nuremberg, em um sábado à noite, após o fechamento dos *pubs*.

O conceito para o desenho da capa do álbum, como a linha nas letras de *TNT*, lembrava mais uma vez um comercial de TV australiano para um spray contra mosquitos e uma desagradável mosca de desenho animado. A Atlantic teve de engolir isso sorrindo.

Em julho, o filme *Let There Be Rock* foi lançado no Reino Unido em vídeo. Tudo ia razoavelmente bem e, no início de agosto, *Fly On The Wall* recebeu disco de ouro pelas vendas na América. Mais uma vez, em termos de números, não se comparava ao *Back In Black*. Na França, por exemplo, *Fly On The Wall* vendeu meras 70 mil cópias, ao passo que cinco anos antes *Back In Black* vendera 1 milhão.

Mas era preciso uma alma corajosa para destacar que o álbum foi um escorregão morro abaixo, em relação às vendas, desde que Mutt Lange produziu *Back In Black*. Elogiar a influência de Lange deixava Malcolm e Angus indignados, mas era difícil de argumentar contra as estatísticas. Tudo seria mais limpo e polido em *Back In Black* se dessem liberdade a ele, dizem eles.

"Precisamos batalhar muito pelo que queríamos", Angus contou a Harold De Muir na *Aquarian,* em 14 de agosto de 1985. "E Malcolm cuidou de várias músicas daquele álbum, porque Mutt não as entendia bem."

Em 5 de agosto, *Fly On The Wall* foi lançado na Austrália por volta da mesma época do lançamento de um *single* no Reino Unido chamado "Geordie Aid – Try Giving Everything", com o objetivo, como o Live Aid, de ajudar a melhorar a situação na Etiópia. Membros do Lindisfarne, The Animals e jogadores do Newcastle United Football Club participaram da música de John Mayall.

Brian não ficou muito impressionado, e não só por causa de sua aparição muito rápida – ele cantou apenas uma única estrofe. Não só ele achava a música malfeita e com uma nuance política maior do que ele gostaria, como muitas das grandes celebridades da região que realmente atrairiam algum apoio para o projeto e fariam a diferença não estavam.

Talvez eles devessem ter gravado uma versão de "Whole Lotta Rosie" do AC/DC, pois naquele mesmo mês a música de 1977 foi eleita a melhor de novo pelos leitores da *Kerrang!*, a bíblia britânica do heavy metal em sua terceira pesquisa Hot 100. Foi um pulo do terceiro lugar de alguns anos antes e uma volta ao topo que ocupava em 1981.

Na última pesquisa, teve a companhia de nada menos do que sete das outras músicas da banda. Foi a boa nova antes da poderosa tempestade de bosta.

No início, tudo corria bem como em qualquer outra turnê, embora agora com o novo empresário Stewart Young e a Part Rock Management. Isso até a prisão do assassino em série Ramirez.

A turnê americana de 42 apresentações foi programada para começar no Broome County Arena em Binghamton, Nova York, em 4 de setembro, depois de dois dias de ensaios e apenas alguns dias depois da captura de Ramirez. Por sua suposta ligação repulsiva com Ramirez, a banda foi um alvo fácil para a mídia.

A letra de "Night Prowler" foi analisada com cuidado e alguns jornais tentaram ligar o satanismo de Ramirez ao nome do AC/DC, chegando, de alguma forma, à conclusão de que o nome da banda seria uma sigla na realidade para *Anti-Christ, Devil's Child* [Anticristo, Filho do Demônio]. Para a banda, o frenesi da mídia foi bem mais perturbador.

Uma foto de Angus em uma festa de aniversário foi licenciosamente manipulada para servir de "prova" da presença dele em uma missa negra, só por causa do brilho de algumas velas.

"O que eles não conseguem ver é que 'Night Prowler' é apenas sobre entrar furtivamente à noite no quarto de umas antigas namoradas e transar", Malcolm contou a Mark Putterford na *Kerrang!*, em 9 de janeiro de 1986.

Entretanto, para espanto de todos, a situação saiu do controle e chegou direto ao ápice na América, onde um comitê do Senado americano começou audiências sobre a possibilidade de regulamentar as letras de rock. O Parents Musical Resource Center [Centro de Recurso Musical dos Pais], liderado por Susan Baker, esposa do secretário do Tesouro James Baker, e Tipper Gore, esposa do senador pelo Tennessee Al Gore, defendia a regulamentação das letras. Na opinião delas, o AC/DC era um inimigo público número um dos valores morais.

A banda estava bem tranquila, pelo menos publicamente, com a possibilidade de censura e só mostrava seu desprezo por tudo isso com um pouquinho de veneno. Várias outras bandas tinham mais a perder do que eles.

Depois Brian deu sua interpretação completa e franca sobre o assunto da censura para Charles M. Young na edição de abril de 1991 da revista *Musician*. Levantou-se a questão em torno da 2 Live Crew, que na ocasião era malhada por moralistas por suas letras. Brian não tinha muita simpatia por eles ou por bandas de heavy metal com letras violentas em busca de atenção.

Quando perguntado o que distinguia o AC/DC e músicas como "Sink The Pink" de outras bandas, Brian respondeu que o AC/DC usou a arte do duplo sentido. Young, então, perguntou se a 2 Live Crew deveria ficar atrás das grades pelo crime de não ser tão esperto quanto o AC/DC.

"Eles merecem ir para a porra da prisão!", Brian bradou. "Não têm cérebro [para usar as palavras com inteligência]!"

Na estrada na América, o frenesi político e da mídia traduziu-se em algo que não poderia ser facilmente ignorado.

Simon Wright: "Foi meio frustrante, sabe. Nada mudou muito com a administração da banda ou outras coisas. Nós fomos seguidos uma vez, acho, em um aeroporto por uma equipe de filmagem. Nós não fizemos nada mais ofensivo do que beber xícaras de chá e tal, mas fomos retratados como esses adoradores do demônio. Uma xícara de chá e um cigarro, isso nos basta, sabe?"

Sob pressão de grupos cristãos, que se opunham às letras "satânicas" e "lascivas" da banda, os vereadores decidiram impedir a banda de tocar em Springfield, Illinois.

"Eles são imorais, insinuantes, têm implicações satânicas, são destrutivos, são indecentes e luxuriosos", disse o reverendo Robert Green de Springfield em um artigo no *Sun* de Melbourne, em 19 de setembro de 1985.

Mas, na concepção do AC/DC, a banda é que sofreu discriminação. Onde estava a proteção de sua liberdade de expressão pela Primeira Emenda? Isso bastava, e o AC/DC respondeu com uma ação judicial de 1 milhão de dólares, que abriu o caminho como mágica para o espetáculo continuar: embora eles ainda tivessem de se abaixar quando o ônibus se aproximava do local do show.

"Eles acharam que estavam na Salém do século XVIII e acima da lei", Malcolm contou ao [suplemento do jornal australiano] *Good Weekend,* em fevereiro de 1988. "O governador ficou tão envergonhado que mandou a polícia para nos escoltar."

Um acordo extrajudicial foi arranjado, mas os grupos cristãos riram por último. Eles conseguiram convencer os hotéis locais a fechar suas portas à banda. Por isso, o AC/DC e sua equipe foram obrigados a passar as noites anterior e posterior ao show a 160 quilômetros de distância, em St. Louis.

Não parou aí. Em Houston, os vereadores tentaram criar um sistema classificatório para todos os shows locais e excluir crianças abaixo de 12 anos daqueles considerados ofensivos. Em Dallas, os bombeiros proibiram a banda de usar seus efeitos pirotécnicos para os canhões durante "For Those About To Rock".

Para completar, a lista de músicas da banda na turnê tinha seus próprios problemas, pois algumas delas, como "Danger", de *Fly On The Wall*, fracassaram ao vivo e foram banidas para sempre.

Houve um leve alívio em 5 de outubro, quando Brian comemorou seu aniversário no palco, em Kansas City, e recebeu seu bolo de aniversário na cara. Mas as dores de cabeça voltaram quando um show no Pacific Amphitheater foi cancelado.

As reportagens sugeriam que se devia a uma combinação de poucas vendas de ingressos, reclamações dos moradores pelo barulho e a publicidade adversa geral sobre "Night Prowler" que cercava a banda. O fato era que outro homicídio foi cometido na Califórnia uma semana antes por outra pessoa usando um acessório da moda infeliz: um boné do AC/DC. Por isso, todas as emissoras de rádio locais não quiseram se associar à promoção do show, que acabou antes mesmo de começar.

Mas nem tudo era má notícia. A turnê americana foi prorrogada com 14 datas adicionais a partir de 5 de novembro. Obviamente, muitos queriam ver como eram esses "adoradores do demônio".

Em dezembro, a banda voltou às Bahamas, ao Compass Point Studios, para gravar "Who Made Who", "D.T." e "Chase The Ace", com George Young e Harry Vanda produzindo.

No mês seguinte, anunciou-se que o AC/DC gravaria a trilha sonora para a estreia como diretor de cinema do escritor de horror e antigo fã do AC/DC Stephen King. *Maximum Overdrive* baseou-se no conto "King Trucks", que fazia parte de uma coletânea chamada *Nightshift*.

Fazer uma trilha sonora foi um grande pulo. A ideia ia contra a crença antiga da banda de que a) rock'n'roll e roteiros de cinema embaraçosos da categoria C não combinavam bem e b) revender aos fãs música que eles já tinham na forma de um álbum do tipo "maiores sucessos" era um erro completo.

Mas o projeto de King, por algum motivo, parecia certo. Além disso, o autor nem hesitou em declarar sua admiração pela banda e incluiu trechos da música *Dirty Deeds Done Dirt Cheap* em seu livro *Skeleton Crew*.

"Acabamos fazendo tudo", Angus contou a Sylvie Simmons na *Metal Creem,* em janeiro de 1987, "todos os barulhos de horror e tudo o mais. Toda a coisa de Hollywood!"

O ano novo começou com uma turnê de oito shows, todos lotados, no Reino Unido, seguidos de 17 datas na Europa até 16 de fevereiro.

Então os resultados das várias pesquisas de 1985 começaram a aparecer e, para a surpresa da banda, depois de mais de uma década de turnês e gravações ininterruptas, os leitores da revista americana *Circus* elegeram o AC/DC como o melhor "retorno do ano". Quase tão curioso foi a revista de fofocas americana *People* escolher *Fly On The Wall* como o melhor álbum de 1985.

Em 25 e 26 de fevereiro, o vídeo para o que seria a faixa título do álbum *Who Made Who* foi filmado na Brixton Academy em Londres com vários clones de Angus. Algo em torno de 300 membros do fã-clube da banda e outros que ouviram sobre o evento no rádio vieram de todo o país; alguns até dormiram no frio para participar.

A filmagem foi dirigida por David Mallet, que antes fez trabalhos em grande escala como "Radio Ga Ga", do Queen, e "Dancing In The Streets", de Mick Jagger e David Bowie. Foi ele quem mostrou ao AC/DC que talvez os vídeos funcionassem, afinal.

O álbum *Who Made Who*, trilha sonora para o filme de Stephen King, foi lançado em 20 de maio nos Estados Unidos e em 27 de maio na Europa. Reunia as músicas gravadas com George e Harry nas Bahamas, junto com um remix de "Shake Your Foundations", bem como clássicos como "You Shook Me All Night Long", "Sink The Pink", "Ride On", "Hells Bells" e "For Those About To Rock". A faixa título foi elogiada pelos críticos e foi o *single* de maior sucesso da banda em anos, com o álbum chegando ao número 33 da parada da Billboard americana e ao 11 da parada britânica.

Por três dias em junho, um novo vídeo para "You Shook Me All Night Long" foi filmado para se juntar ao álbum, que foi lançado na Austrália, em 23 de junho.

O filme de Stephen King estreou nas telas americanas em 4 de julho apenas para fracassar na bilheteria e faturar meros 7,5 milhões de dólares. A banda só viu o filme logo antes do lançamento. Parecia promissor nos primeiros estágios, quando eles trabalhavam na trilha, mas algo se perdeu na transição da ideia para a tela.

Em primeiro lugar foi um favor para King, mas bastou: chega de trabalhar com trilha sonora.

No fim do mês, a banda ensaiou em Nova Orleans no Lakefront Arena como preparação para uma turnê americana de 42 datas que começou em 31 de julho, com abertura do Queensryche.

Foi um ano difícil no circuito de shows, mas, como um sinal de que a banda enfim colocou os horrores do álbum *Flick Of The Switch*, da saída traumática de Phil Rudd e dos moralistas para trás, todos os ingressos da turnê estavam vendidos, e ela se tornou um dos maiores sucessos na América.

A série de shows incluiu, em agosto, a primeira apresentação da banda em Las Vegas. Precisou de um tanto de conversa para, enfim, levá-los até lá. Para Malcolm, principalmente, o lugar tinha uma conotação de cabaré muito grande que não tinha absolutamente nada a ver com rock, com a única exceção de Elvis.

Mais tarde na turnê, no Nassau Coliseum em Uniondale, meia dúzia de clones subiram ao palco para abrir o show. Provavelmente nenhum deles passara pelo que o Angus original passou nos cinco anos anteriores.

"Presume-se que rolem todos os tipos de drogas e mulheres", Angus contou a Mikael Kirke na *Faces Rock,* em março de 1984. "Agora nós vimos nossa parte de tudo isso, mas também vimos mortes e pessoas com vidas arruinadas."

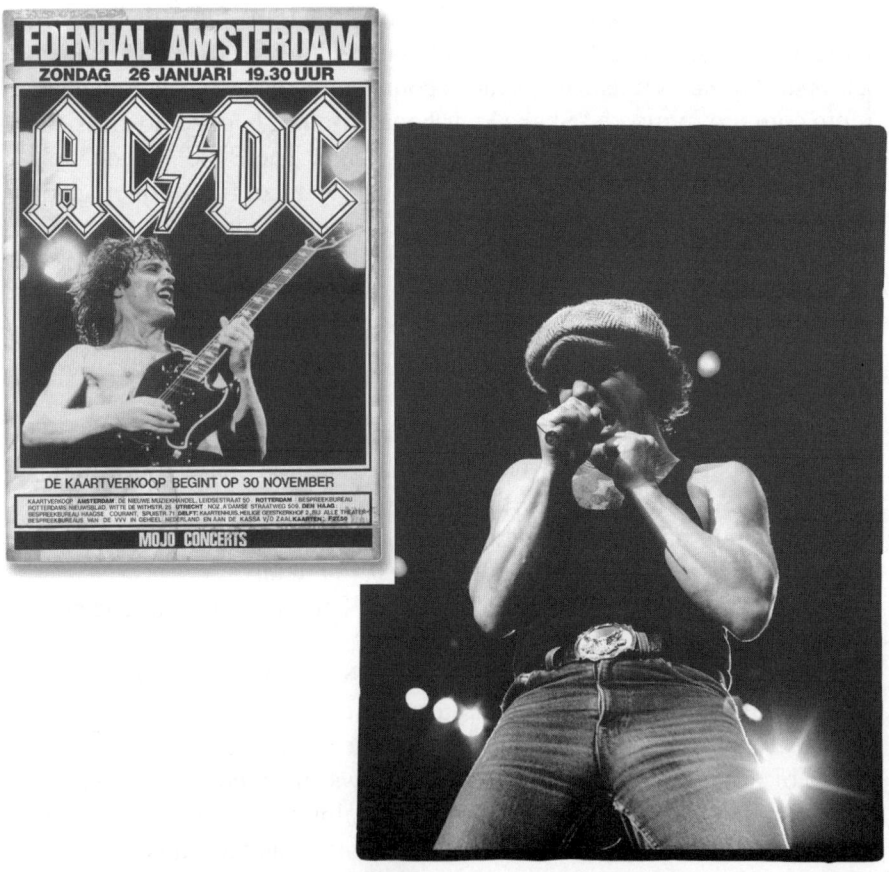

1988
Deixando as coisas claras. Brian, Austrália.

Capítulo 23

Blow Up Your Video

Tony Platt, engenheiro de som em *Highway To Hell*, *Back In Black* e *Flick Of The Switch*, trabalhava em um álbum do Cheap Trick no Electric Lady Studios na cidade de Nova York quando alguns dos assistentes o arrastaram para o corredor.

Tony Platt: "Rick Rubin produzia o Cult no Estúdio A e nós [Platt e os assistentes] ficamos na passagem de ar do lado de fora do estúdio. Um trecho de *Highway To Hell* era tocado e depois um de *Back In Black* e depois um trecho do Led Zeppelin, e nós pensamos: 'Que raios está acontecendo aqui?'. [Um dos assistentes] disse: 'Bem, ele está pegando os sons da guitarra de *Back In Black*, a bateria de *Highway To Hell* e o vocal do Led Zeppelin!'. Literalmente, enquanto ele mixava, tirava um som de guitarra do Cult e o comparava diretamente com o som que queria conseguir de *Back In Black*. O mesmo com todos os outros instrumentos."

O álbum seguinte do Cult, *Electric*, de 1987, foi o mais famoso de uma variedade de imitadores do AC/DC que cresciam há vários anos. Nenhum deles era um competidor verdadeiro, só clones respeitosos. Durante a turnê australiana de Jason and the Scorchers, em abril de 1987, a banda de Nashville topou com um dos indivíduos que inspiraram aquela homenagem.

Malcolm e Angus estavam em Sydney continuando um processo relaxado de trabalhar ideias e cuidar da pré-produção para o que seria o álbum *Blow Up Your Video*. Foi uma mudança agradável do ciclo de álbum-turnê-pressão dos anos anteriores.

Em uma noite de folga, Angus, que raramente saía para ver outras bandas, foi ao St. George Sailing Club, no sul de Sydney, para dar uma olhada nos Scorchers.

Warner Hodges (The Scorchers): "Tinha acabado de aparecer para passar o som e estava prestes a ir para o palco, quando, para minha surpresa, vi um cara pequeno com o canto do meu olho. Caralho! Angus Young no camarim do Scorchers!"

Jason Ringenberg (The Scorchers): "O que mais me impressionou nele foi como falava de ter acordado naquela manhã às 6 horas para trabalhar nas músicas. Nunca ouvi falar de nenhum roqueiro com aquele tipo de ética profissional. Ele disse que não poderia ficar muito, pois faria a mesma coisa de novo na manhã seguinte!"

Em julho, o material bruto com as composições de Malcolm e Angus estava pronto para ser lapidado com a banda inteira nos ensaios no Nomis Studios de Londres. Duas semanas depois, eles estavam prontos para gravar. A ideia era retomar de onde *Who Made Who* tinha parado, o que não era uma má ideia, considerando que a faixa título foi eleita a segunda melhor faixa de 1986 pelos leitores da revista *Hit Parader*.

A música foi um chamado para voltar ao básico de novo, por isso George Young e Harry Vanda foram convocados para fazer a produção do álbum.

Vários jovens candidatos famintos que não poderiam ser facilmente rejeitados surgiram no calcanhar do AC/DC desde *Fly On The Wall*.

Havia a cria de West Hollywood, Guns N' Roses, cujo álbum de estreia daquele ano, *Appetite for Destruction*, seria o manifesto de uma era que enfiava uma garrafa de Jack Daniels pela goela abaixo do sistema musical dominante. Eles bebiam, xingavam, brigavam, gabavam-se, exibiam certa mística impassível e tocavam rock como ninguém tocou em muitos anos, à exceção do AC/DC. Eles podiam fazer uma versão mais que passável de "Whole Lotta Rosie".

Na outra extremidade da escala estavam bandas bonitinhas com cabelão e calças coladas como Bon Jovi e Poison. Entre 1986 e 1988, Bon Jovi tinha o mundo nas palmas de suas mãos com o sucesso fenomenal de *Slippery When Wet* e do próximo álbum *New Jersey*. Sua popularidade era tanta que um concurso que oferecia onde o vocalista Jon Bon Jovi passou a infância como prêmio a casa recebeu literalmente milhões de inscrições.

Era imprescindível que o AC/DC voltasse agora com artilharia total.

Ironicamente, o estúdio escolhido para a tarefa de enfrentar os beberrões de Jack Daniels à Guns N' Roses fora construído em uma mansão do século XII em um vinhedo isolado no sul da França. Por toda a sua história e seu cenário pitoresco, as condições eram rudes, embora a comida fosse excelente.

Não havia ar-condicionado e, como suas camas não passavam de colchões colocados no chão, a falta de elevação facilitava muito serem picados por insetos e escorpiões. Quando um morador perguntou se a "Dama Branca", o fantasma que flutuava pelo recinto, tinha aparecido, o grupo achou melhor procurar outras acomodações.

Dezesseis faixas foram gravadas entre agosto e setembro no Miraval Studio em Le Val, na Provença, sul da França. Brian compunha mais uma vez. Quase dez anos depois, ele ainda achava uma tarefa difícil substituir Bon como compositor.

O álbum foi mixado em Nova York por mais de duas semanas, entre o meio de outubro e novembro. Enquanto isso, começavam as vendas de ingressos na Austrália para a turnê da banda em fevereiro. Foi uma desordem.

A Austrália sofreu uma estiagem do AC/DC, sem visitas durante as turnês *For Those About To Rock*, *Flick Of The Switch* e *Fly On The Wall*. Agora, pela primeira vez em sete anos, eles finalmente voltavam e ninguém queria perder.

A pancadaria rolava solta entre os fãs mais fanáticos – alguns dos quais ficaram na fila por duas semanas – na frente da bilheteria do Perth Entertainment Center. Sessenta e uma pessoas foram presas por pequenas ocorrências, enquanto houve também perturbação da ordem em Melbourne e Adelaide, mas em menor escala.

Enquanto isso, um vídeo para "Heatseeker" foi gravado no Cannon Studios em Elstree, perto de Londres, com a direção de David Mallet. O título dessa música era o tipo de jogo de palavras de que Brian tanto se orgulhava.

O álbum *Blow Up Your Video*, cujo título se referia à crescente subcultura das bandas de rock fazendo videoclipes inofensivos para conseguir uma promoção pela MTV, foi lançado em 18 de janeiro na Austrália, em 29 de janeiro na Europa e em 1º de fevereiro nos Estados Unidos. Infelizmente, era mais uma reflexão sobre a época do que uma resistência contra ela, como foi *Flick Of The Switch*.

A turnê mundial começou em Perth apenas quatro dias depois do lançamento do álbum na Austrália e durou até 22 de fevereiro. As 16 datas tiveram muito sucesso, com cinco shows lotados em Melbourne e outros seis no Entertainment Center, com 12 mil lugares, em Sydney. Angus surgia todas as noites de um foguete, em uma estranha referência àqueles dias no "Countdown."

Trinta e três pessoas foram presas em Adelaide e 60 no Myer Music Bowl em Melbourne, anunciou a mídia mais uma vez.

"Em Melbourne, estávamos prestes a subir ao palco e as notícias destacavam 'Alerta de segurança geral no show do AC/DC hoje à noite'", Angus contou a Mary Anne Hobbs na *Sounds,* em 9 de abril de 1988. "Achei que fosse uma guerra!"

A banda planejava tocar "It's A Long Way To The Top" em Melbourne, até que alguém da equipe local mencionou que o ídolo popular nacional e vocalista da banda de soft rock Little River Band, John Farnham, cantou recentemente a música na TV. Foi o fim.

Durante a turnê, Malcolm encontrou-se com seu amigo Herm Kovac em Sydney e lhe disse que não fumava mais maconha como, para horror de Kovac, fazia em seus dias no Velvet Underground.

Herm Kovac: "Ele disse: 'você vai se orgulhar de mim'. Perguntei: 'Por quê?' Ele disse: 'Não sou mais um hippie'. Ele parou, mas continuava a beber."

Como *Blow Up Your Video* chegou ao número dois nas paradas britânicas, uma turnê pequena, com seis datas a partir de 6 de março e abertura de Dokken, parecia estranho. Eles tocaram em apenas duas cidades, Londres e Birmingham, onde houve uma filmagem ao vivo no NEC do vídeo para "That's The Way I Wanna Rock And Roll". Resolveram, então, acrescentar uma data no Wembley para 13 de abril, por causa de uma demanda esmagadora, o que não era de surpreender.

Para Malcolm, a turnê em uma escala relativamente pequena era uma bênção, se não uma necessidade. Ele se conscientizou de que tinha um problema com bebida e precisava de uma folga da estrada para cuidar de sua saúde.

A conversa que se espalhava em relação a um possível álbum ao vivo deu a ele algum espaço para respirar, pois envolvia muito menos trabalho do que gravar um álbum em estúdio. Mas não adiantou nada.

Com os fãs britânicos satisfeitos, pelo menos por ora, eles partiram para a Europa para 20 datas a partir de 15 de março. Enquanto estava na Holanda, Angus tirou uma folga para visitar seus sogros antes do show de Berlim. Na volta, o pequeno avião em que estava foi atingido por um raio. Angus achou que sua hora tinha chegado.

Experiências de quase morte na turnê não eram novidade para o guitarrista. Em um show em Frankfurt, Alemanha, o sino Hells Bell caiu do teto e sua corrente enorme quase o esmagou. Daí em diante, passaram a usar um sino diferente, mais leve, só por precaução.

Em outra apresentação, algum gênio jogou um morteiro no palco. Felizmente, ele não explodiu, embora seu peso tenha causado algum estrago. Uma bomba de efeito moral, porém, estava prestes a explodir.

Em 21 de abril, a Atlantic enviou um comunicado à imprensa anunciando que Malcolm não participaria da próxima turnê americana: ele precisava descansar. Ele encarou as turnês australiana, britânica e europeia, mas naquele ponto a América era uma montanha que não se sentia pronto para escalar.

Angus, com certeza, não queria que seu irmão tivesse o mesmo fim de Bon. Malcolm resolveu ficar em casa, cuidar de sua saúde e frequentar as reuniões do AA, enquanto Stevie Young, um grande guitarrista, ex-membro do Starfighters e sobrinho de Malcolm e Angus, encarava a turnê americana.

Como Malcolm era o cérebro e líder extraoficial da banda, mentor de Angus e o outro maior guitarrista base do planeta, junto com Keith Richards, era um passo desestabilizador para todos, mas, infelizmente, necessário.

Malcolm: "Só um caso de rock'n'roll. O estilo de vida. Sou apenas um cara pequeno, de um metro e meio, sabe? Eu tentei acompanhar os grandões. Isso me perturbou. As pessoas não podem mais depender de você. Então era apenas uma questão de eliminar isso [o álcool].

Quando você tem um problema com bebida, não vê como... É claro, quando você fica sóbrio [e pensa com mais clareza], vários pensamentos passam por sua cabeça, como Bon [e sua morte relacionada com o álcool] e muitas outras coisas que você estragou aqui e ali. No fim, era uma combinação de ideias pelas quais você basicamente entende que precisa de ajuda. Não dá para fazer sozinho. Principalmente quando já fez de tudo no passado e junto vem essa coisinha grudada em você. É uma coisa completamente diferente."

Simon Wright: "Acho que dá para dizer que todos nós notamos uma mudança no seu jeito e no seu caráter. Ele tinha vários problemas. Acho que foi aumentando realmente. Nós terminávamos um show e ele dizia: 'Não posso fazer isso, não consigo'. Nós todos nos sentíamos muito mal por ele. Se houvesse algo que pudéssemos fazer para ajudar... ele é forte, sabe, Malcolm é um cara durão e tomou a decisão de parar e cuidar de si, e isso só lhe deu mais força. É um cara incrível. Eu o admiro muito por ter a coragem de fazer isso."

No fim de abril, enquanto Malcolm estava em casa gravando demos, fazendo os vocais ele mesmo e experimentando com teclado e samples de guitarra, a banda estava em Boston ensaiando com Stevie Young que, como guitarrista base, Angus comparava não apenas a Malcolm, mas também a mestres como Richards e Ike Turner.

Após apenas dez dias, o AC/DC estava pronto para os Estados Unidos.

A turnê americana e canadense foi enorme e ninguém poderia culpar Malcolm por não participar. Durou excruciantes seis meses, de 3 de maio até 13 de novembro, com abertura de White Lion, Cinderella e LA Guns, que pegou a vaga aberta deixada logo no início da turnê pelos Guns N' Roses, que estavam programados para tocar.

Por mais exaustiva que fosse a turnê, foi também uma das que tiveram maior sucesso nos Estados Unidos e na qual a banda começou a notar a presença de pessoas cada vez mais jovens na plateia junto ao público costumeiro. Acontecia uma mistura de gerações.

Como Malcolm, em geral, liderava a banda do fundo do palco e o estilo de tocar de Stevie era muito parecido com o do tio, muitos fãs provavelmente nem perceberam que Malcolm não estava lá. Angus percebia, é claro.

Simon Wright: "Ele [Stevie] fez um ótimo trabalho. Estava muito centrado e tocava muito bem. Achei seu jeito de tocar muito legal. Era uma grande responsabilidade, mas ele se saiu muito bem."

Perry Cooper: "[Stevie] era ótimo. Digo, era estranho tê-lo por lá. Era muito estranho. Malcolm mandava na banda. Fiquei chocado. Mas eles seguiram em frente, como fizeram quando Phil saiu, sabe, como fizeram quando Bon morreu. Essa é uma banda que nunca para. Eles tiveram alguns soluços, mas nunca pararam."

Malcolm foi ver um dos dois shows no Long Beach Arena em Los Angeles e, como algum tipo de experiência extracorpórea estranha, assistiu a seu sósia da coxia.

"Tive uma sensação muito estranha", explicou a Howard Johnson na *Metal Hammer* em novembro de 1992, "mas eles estavam com grandes problemas no som naquela noite, então fiquei meio feliz de não estar lá."

Ele provavelmente também ficou feliz de não tocar em Shreveport, Louisiana, em 2 de agosto, porque, como algo saído direto do Velho Oeste, a banda foi literalmente expulsa da cidade pelo xerife local depois de Angus tirar as calças e mostrar a bunda para o público.

Os moradores da cidade ficaram tão enfurecidos que estavam preparados para levar eles mesmos o AC/DC para a cadeia.

O AC/DC correu para Dallas depois de pagar o hotel e empacotar seus pertences.

Não que a banda não pudesse pagar por auxílio legal para se livrar dos problemas: a turnê rendeu 20,1 milhões de dólares e passou por 105 cidades, com um total de 110 shows.

Finalmente as coisas melhoravam.

1991
Em pleno voo. Monsters Of Rock, Castle Donington.

Capítulo 24

The Razors Edge

Com a disciplina que se tornou a marca da carreira do AC/DC, Malcolm conseguiu parar de beber, em segredo, sem rebuliço nem publicidade, e voltou a trabalhar com a banda no fim de 1988, depois de vários meses fora.

Angus ficou contente por ter seu irmão de volta e feliz ao ver que ele funcionava tão bem quanto na época em que bebia.

Simon Wright: "Todos falamos: 'Bem-vindo de volta, cara. Tudo bem?'. Não foi uma grande coisa na verdade, não teve nenhuma entrada triunfal, mas ele voltou, sabe. Eu liguei para ele e perguntei como estava. Ele disse que estava bem. Aos poucos tudo voltou a ser como era antes, nós juntos como uma banda de novo."

Algumas das ideias em que Malcolm trabalhou enquanto estava fora da estrada foram discutidas com Angus no Natal e no início de 1989. Estavam se firmando bem, com o par assumindo a responsabilidade pelas músicas e letras.

As músicas costumavam ser compostas em três estágios. Primeiro, com violão, depois com guitarra e uma bateria eletrônica para marcar o ritmo se uma bateria não estivesse disponível e, por fim, com toda a banda.

Como um indicativo de como Malcolm estava revitalizado, ele também arrumou tempo para coproduzir uma demo para a nova banda de Stevie Young, Little Big Horn.

Por volta da mesma época, Simon Wright estava com problemas em ficar quieto, impaciente com a falta de atividade no AC/DC. Entre as turnês, o movimento de sua agenda caía muito. Então, em janeiro de 1990, após mais de um ano de tempo ocioso, ele aceitou uma proposta de seu amigo e ex-vocalista do Rainbow, Ronnie James Dio, para tocar em seu álbum *Lock Up The Wolves*. Dio admirava o AC/DC desde a época do conflito com Ritchie Blackmore por suas observações sobre a banda em 1976.

Durante a gravação, Wright resolveu juntar-se a Dio em caráter permanente.

Simon Wright: "Foi algo gradual. Eu estava entediado. Digo, tudo era ótimo. Eu fiquei meio complacente com a coisa toda, [a situação] parecia tipo... mais folga, sabe? Eu queria tocar mais. Devo dizer que foi uma decisão difícil, mas acho que foi mútua, então fiz o álbum com Ronnie e fui ficando, nunca mais saí."

Wright ficou com Dio apenas por um ano. Depois ele gravou um álbum chamado *Pain* com a banda de som estranhamente parecido com o AC/DC, Rhino Bucket, em 1994 e então se juntou aos velhos amigos do AC/DC, UFO. Por fim, voltou a tocar com Dio em 2000.

O AC/DC precisava de um substituto para Wright e aconteceram várias audições.

A banda poderia ser barulhenta e recebeu um rótulo de "heavy metal", mas bateristas de todos os gêneros sabiam que ninguém, à única exceção dos Stones, era mais preciso na medição do ritmo do que o AC/DC. Por isso, vieram de longe, dentre eles o mestre inglês Simon Philips, que tocou com uma miríade de ilustres do mundo musical e mais tarde juntou-se ao Toto.

Mas foi Chris Slade o escolhido, e seu recrutamento foi outro exemplo da memória de elefante de Malcolm, pois ele vira Slade quando ele estava com Manfred Mann e tocava em Sydney com o Free e o Deep Purple.

Nascido em 30 de outubro de 1946, no País de Gales, as credenciais de Slade eram impressionantes.

Era 1963 e ele tinha 16 anos quando ouviu falar que Tommy Scott and the Senators precisavam de um baterista. Na noite seguinte, a banda foi para sua casa e ele fez o teste tocando "Walk Don't Run", do The Ventures. Ele entrou. O vocalista da banda foi, mais tarde, conhecido como Tom Jones.

A primeira apresentação profissional foi com Jones, no Beat Cuty em Londres, abrindo para os Stones. Slade tocou depois nas demos do que seria a música característica do cantor, "It's Not Unusual". Ele também apareceu com Jones em várias faixas de um álbum de

1967 chamado *13 Smash Hits*, com John Paul Jones no baixo, famoso por ser do Led Zeppelin.

A ligação com Tom Jones não prejudicou as perspectivas profissionais de Slade em outras frentes. Em certa ocasião no Havaí, Elvis foi ver o astro galês tocar.

"Parece que ele gostou do meu estilo", Slade explicou a Phil Lageat na *Rock Hard France,* em junho de 2001. "Desde que eu estava prestes a terminar a turnê com Tom, Elvis planejava trabalhar com dois bateristas, Ronnie Tutt e eu."

O problema foi que Slade não conseguiu ir aos primeiros ensaios com Elvis e a apresentação de uma vida não se realizou.

Mais tarde, Slade recebeu uma ligação de Manfred Mann, da banda inglesa de mesmo nome. Com o baixista Colin Pattenden, Slade gravou nove álbuns do Manfred Mann entre 1972 e 1978, com o enorme sucesso mundial em 1976 da versão para "Blinded By The Light", de Bruce Springsteen.

Depois de Manfred Mann desfazer a banda, no fim de 1978, Slade juntou-se ao Uriah Heep para um álbum, *Conquest.* Em seguida foi trabalhar com Gary Numan no álbum *I Assassin* e depois se uniu ao ex-guitarrista do Mott the Hoople e do Bad Company, Mick Ralphs, em 1983. Enquanto trabalhava com Ralphs recebeu uma ligação de David Gilmour, do Pink Floyd, amigo de Ralphs, com uma proposta para sair em turnê. Como Ralphs estava no meio, o obstáculo de Slade já ter um compromisso com ele não era um problema.

Slade ficou embasbacado até o fim daquela tarde, quando o telefone tocou de novo. Era Jimmy Page. Ele estava formando uma banda chamada The Firm e queria que Slade participasse. Sem saber se ria ou chorava, Slade desculpou-se com Page e disse que acabara de assinar com Gilmour e ficaria indisponível por vários meses. Page, para admiração de Slade, disse que esperaria.

Slade fez dois álbuns com The Firm (Page, Paul Rodgers e Tony Franklin), o álbum de estreia, com o mesmo nome da banda, e *Mean Business.* O projeto nunca decolou, e Page desfez o grupo em 1986.

Por obra do destino, em 1989, Slade trabalhava com Gary Moore, que também era empresariado pela organização de assessoria do AC/DC, Part Rock. Malcolm o viu tocar e depois Slade arrasou em uma audição de sucesso para o AC/DC.

Com Slade agora na banda, embora na época apenas temporariamente para a elaboração do próximo álbum, eles ensaiaram com o material novo em uma pequena casa de fazenda em Brighton.

Como sempre, a grande maioria das músicas novas não foi escolhida. As melodias do AC/DC precisavam ser reconhecidas como tal na hora. Elas precisavam ter certa magia lírica e rítmica própria deles.

Enquanto isso, o AC/DC forneceu artilharia sonora quando o ditador do Panamá, general Manuel Noriega, refugiou-se na Embaixada do Vaticano na Cidade do Panamá para escapar do Exército americano. Os helicópteros armados e tanques tocaram à toda gravações do AC/DC e de várias outras bandas de metal na área cercada por 24 horas em uma tentativa de arrancá-lo de dentro da embaixada ou pelo menos dar a ele uma dose brutal de privação de sono.

"Nós só ficamos felizes em sermos úteis", Brian declarou para Liam Fay na *Hot Press,* em 18 de outubro de 1990.

No fim de fevereiro, a banda transferiu-se para Windmill Lane Studios em Dublin, Irlanda, onde passou um total de cinco semanas.

O álbum deveria ser produzido por Harry Vanda e George Young. Mas George fez as primeiras gravações sozinho, sem a participação de Harry Vanda. Então, ele teve uns problemas pessoais que exigiam sua atenção e, em abril, a banda transferiu-se para o Little Mountain Studios, em Vancouver, com o produtor Bruce Fairbairn e o engenheiro Mike Fraser cuidando das gravações.

Malcolm e Angus tiveram sua chance de produzir seu próprio trabalho, mas reconheciam, mais uma vez, que os ouvidos de alguém de fora eram cruciais.

A princípio, eles se preocuparam que Fairbairn pudesse empurrar a banda para uma direção mais pop, na mesma linha de seu trabalho com Bon Jovi em seu popular álbum de 1986, *Slippery When Wet*, que vendeu 14 milhões de cópias. Mas logo ficou óbvio que Fairbairn era um grande fã do AC/DC que apenas queria sentir a banda em primeira mão em toda a sua glória pura e estrondosa.

Com certeza, não havia nada bonito em sua abordagem dos vocais. Brian era colocado em uma sala à prova de som onde podia berrar e gritar à vontade para que estivesse pronto para assumir o microfone na hora de gravar.

Tudo parecia confortável, e ter Fairbairn, que logo ganhou a confiança de Malcolm e Angus, nos controles liberou a dupla para fazer o que fazia melhor.

Ter uma tarefa a menos também aliviava Brian do fardo de compor as letras. Ele estava preocupado em decepcionar a banda porque andava ocupado com problemas pessoais e se sentia um pouco culpado por não ter mais ideias naquele momento, então foi uma oportunidade para Malcolm e Angus reimprimirem sua autoridade sobre a banda.

Durante essa gravação, Chris Slade foi convidado a entrar na banda em caráter permanente.

Ele sempre se admirava com a honestidade do que acontecia a seu redor durante as sessões. Eles gravavam juntos como uma banda, não individualmente em áreas separadas, e mantinham contato visual enquanto faziam isso, diferentemente de muitas bandas.

"É inconcebível, digamos, Angus passar [no estúdio] duas semanas depois do resto da banda para gravar as partes da guitarra", explicou Slade a Phil Lageat na *Rock Hard France* em junho de 2001. "Eles sempre mantinham os primeiros '*takes*'. Em cada faixa do álbum tem sempre um elemento de um primeiro *take* em algum lugar."

O que é bom. Gravações demais de uma música como "Thunderstruck", baseada na experiência de quase morte no ar de Angus durante a turnê europeia de 1988, com sua passagem de guitarra central complicada e comprida, seria uma tortura para seus dedos.

Em músicas como "Mistress For Christmas" e "Moneytalks", Malcolm e Angus mostravam suas raízes na classe operária, apesar de seus álbuns multimilionários, atacando os grandes especuladores do mundo financeiro. Eles não se esqueceram de onde vieram.

Em maio, após sete semanas de trabalho, a banda finalizou o álbum *The Razors Edge* e, como agradecimento e um sinal de respeito, Fairbairn foi presenteado com uma cópia da guitarra de Malcolm, The Beast.

Em agosto, o vídeo de Thunderstruck foi filmado de novo na Brixton Academy em Londres, sob a direção de David Mallet.

O álbum foi lançado em 24 de setembro na Europa e, no dia seguinte, nos Estados Unidos e na Austrália. Vendeu rápido na América. Duas semanas depois do lançamento, e enquanto as vendas de *Back In Black* atingiam a marca de 10 milhões de cópias nos Estados Unidos, *The Razors Edge* entrou na parada da Billboard e chegou ao número 2, com as vendas passando de 3 milhões. O álbum teve uma repercussão semelhante no Reino Unido, onde chegou ao número quatro das paradas.

O AC/DC voltou com uma vingança.

No início de outubro, com as vendas totais pelo mundo agora entre 50 e 60 milhões de unidades, começaram os ensaios em Londres para sua próxima turnê. Os preparativos continuaram depois em Nova York, com um ensaio geral no palco no fim do mês no Worcester Centrum. Quando tudo estava pronto, a primeira parte da turnê de 34 datas nos Estados Unidos e no Canadá começou em 2 de novembro.

O aquecimento de Brian antes do show era sempre o mesmo.

"Eu costumo ir ao banheiro e dou um baita urro, um grito e um berro. Quando eu saio, eles perguntam: 'Tá tudo bem, Jonna? Achamos que você foi atacado lá!'. 'Nada, nada, gente, eu estava só limpando a garganta!'"

A bagagem da banda agora era enorme, com 30 toneladas de equipamentos manuseados por uma equipe de 50 *roadies*, incluindo o ex-técnico de guitarra de Keith Richards, Allan Rogan, que agora trabalhava com Angus.

Na primeira semana da turnê, em 6 de novembro, foi filmado o vídeo de "Moneytalks" no Spectrum, na Filadélfia, antes do show diante de 200 fãs. As cenas extras foram filmadas durante o show.

Durante a turnê, a música chegava ao ápice com um banho no público de notas de dólar com a imagem de Angus.

Brian: "Acho que arranjamos 1 milhão por vez [de notas de dólar falsas] e só jogávamos no público. Costuma durar uma semana, 1 milhão de dólares. Parece bom, né? Ah, mas por 1 milhão por semana eu prosseguiria [com a turnê]. Sou esse tipo de cara!"

A moeda falsa causou problemas na Inglaterra, mas não em virtude de sua distribuição noturna a milhares de pessoas. A banda recebeu uma multa de 2 mil libras por mostrar ilegalmente a moeda com a efígie de Angus em vez de a rainha na capa do *single* de "Moneytalks".

A segunda etapa da turnê americana e canadense começou em 9 de janeiro com 28 datas. Trouxe consigo o pior pesadelo de qualquer artista.

Com menos de uma semana de turnê, em 18 de janeiro, três fãs morreram esmagados contra o palco durante a apresentação da banda no Salt Palace Arena, em Salt Lake City. Os mortos eram todos adolescentes: Jimmie Boyd e Curtis Child (ambos de 14 anos) e Elizabeth Glausi (19).

Brian ficou tão abalado com o horror e por não poder fazer nada que não conseguiu dormir por uma semana.

O incidente teve um grande destaque na mídia americana e, de novo, embora sem culpa, o AC/DC ficou na berlinda. Exatamente o que aconteceu durante o esmagamento foi assunto de discussão. Algumas testemunhas alegam que, apesar de um pedido para pararem de tocar, a banda continuou com o show.

Os membros da banda ficaram atormentados com as acusações e disseram que pararam tão logo perceberam que havia um problema. O AC/DC fez um pronunciamento em que oferecia os "pêsames sinceros" às famílias e aos amigos das vítimas.

Nesse momento, a Guerra do Golfo começou e, como a turnê americana continuava, alguns acreditavam que Angus baixava as calças para revelar a cueca com estrelas e listras como um comentário sobre o conflito. Na verdade, apenas fazia parte do show e era uma homenagem costumeira ao país onde a banda estava no momento. Jerry Lee Lewis não fazia declarações sociais ou políticas e o AC/DC tampouco.

Mas Brian, ex-paraquedista do Exército, ficou preocupado por ouvir que os ex-membros poderiam ser convocados.

Em 20 de março, começou uma turnê europeia de 26 datas. Shows em Glasgow, Birmingham, Dublin e Belfast foram gravados para um futuro álbum ao vivo e, para a sorte de Angus, não havia câmeras durante o show na Irlanda do Norte.

Angus: "Eu tirei minha jaqueta e estava só de shorts. Normalmente eu puxaria meu short e mostraria outro embaixo dele com uma bandeira ou algo colado. Nessa noite, quando eu puxei o short de cima, o de baixo rasgou e eu não percebi. Eu me virei para os caras e eles diziam: 'Ang! Ang!'. Mas eu estava no mundo da lua. Como Brian disse depois: 'Eu me virei, e lá estava seu bilau balançando!'. Eu tive sorte. O público aceitou bem e, como Brian disse, eu não tinha nada a esconder!"

Tamanho era o sucesso de *The Razor's Edge* que, em 23 de maio, começou a terceira parte da turnê americana e canadense da banda com 36 datas. O LA Guns abria, como na temporada norte-americana de 1988, enquanto Malcolm descansava.

Tracii Guns, membro fundador e quase homônimo do Guns N' Roses, lembra como a banda principal era boa tocando a música de seus ídolos:

"Eu lembro das passagens de som. Eles sempre tocavam Rolling Stones. Eles tocavam as músicas tão bem que era irreal."

O Guns envolveu-se em um incidente surreal quando a turnê chegou a Vancouver. Ele e o guitarrista do LA Guns, Mick Cripps, Angus e Malcolm foram a um bar chamado The Club Soda.

Tracii Guns: "Esse cara aparece na nossa mesa e começa a gritar comigo: 'Quem você pensa que é, saindo por aí com essas lendas?'. E o pequeno Malcolm, ele é tão pequeno, levantou e partiu para cima do cara dizendo: 'Por que você não vai se foder e, quando terminar, por que não se mata?'. Essa é o melhor tipo de reconhecimento que um músico poderia receber na vida, ter alguém como ele me defendendo à custa de perder um fã. Eles eram muito dedicados a nós. Mick Cripps se casou naquela turnê e Angus conseguiu uma limusine particular por uma semana para ele e sua esposa. Eles foram muito bons com a gente."

E o público frequentador dos shows nos Estados Unidos era muito bom com o AC/DC. A turnê americana The Razors Edge faturou 17,8 milhões de dólares, tornando-se a sexta maior do ano.

Mas o trabalho foi duro. Ninguém na banda tinha 19 anos e Brian malhava várias vezes por semana para se manter em forma para os shows, que agora duravam 135 minutos, cerca de meia hora a mais do que na turnê anterior.

Mas sua admiração por Angus superava, de longe, suas próprias dores.

"Vi o sujeito em uma situação em que o doutor entrava e balançava a cabeça para o que via e Angus só dizia: 'Aaah, foda-se, vou tocar'. Nós nunca cancelamos", Brian contou a Stuart Coupe na *Hot Metal* de agosto de 1991.

Foi durante esse período que a banda foi dispensada de ser corré na ação judicial de 10 milhões de dólares por homicídio culposo aberta por Bruce Child, pai de Curtis Child, uma das vítimas do acidente em Salt Lake City, contra a banda, os diretores da arena, a empresa de segurança, entre outros.

Mas as memórias daquele horrível incidente não iam embora.

Contra o trágico cenário houve uma época difícil de tocar em grandes festivais, mas a partir de 10 de agosto a banda tocou no trecho europeu da turnê do festival Monsters Of Rock/Rock Around The Clock com Metallica, Mötley Crüe, Queensryche e The Black Crowes.

O AC/DC criou agora uma zona separada até a frente do palco para evitar de as pessoas serem empurradas e pisoteadas, algo que, desde esse momento, foi adotado em todos os grandes shows em "lugares abertos para festivais" (onde se senta no chão).

Rick Robinson (guitarrista do Crowes): "Nós logo nos sentimos atraídos pelo AC/DC, essa banda de rock. Ao ver o Metallica com 60 mil jovens pirando, lembro de na primeira noite dizermos: 'Cara, é tão estranho como tantas pessoas gostavam de Metallica. Como será que vai ser com o AC/DC?'. Então foi na "Thunderstruck", acho que Angus começou com ela, e todo o público pirou! Nós dissemos: 'Tá bom, esse é o AC/DC. Ninguém chega perto!'."

Para o Mötley Crüe a turnê também foi um paraíso.

Doug Thaler: "O Mötley tinha um respeito enorme por eles. Tommy Lee era um grande fã. Não sei o que o AC/DC pensava deles, talvez os vissem como se fossem um bando de crianças. Eles não cortaram [mudaram] seu som, eles não cortaram [mudaram] as luzes. Foi algo como: 'Vão, deem seu melhor, façam o melhor show que puderem. Nós seremos os próximos e vamos detonar com vocês, mas vão, tentem!"

A turnê de 20 datas a partir de 10 de agosto incluía tocar pela primeira vez em alguns países, como Polônia, Hungria e Rússia, que, até recentemente, ficavam atrás da Cortina de Ferro. Foi uma experiência e tanto para uma banda como o AC/DC, que nunca teve o menor interesse em política ou causas políticas e uma revelação para o público, muitos dos quais viam sua primeira grande banda de rock internacional.

Na Polônia, o show atraiu 40 mil pessoas, enquanto em Copenhague e Barcelona, 25 mil e 45 mil, respectivamente, foram adorá-los.

O show na Iugoslávia foi cancelado por causa de um distúrbio político, assim como outro em Luxemburgo depois de o promotor desaparecer com o dinheiro das vendas antecipadas dos ingressos.

O show em Gelsenkirchen, na Alemanha, foi cancelado graças a um advogado local, que de alguma forma e por algum motivo, influenciou a Câmara dos Vereadores a proibir a apresentação. Dois outros shows foram acrescentados na vizinha Dortmund.

Rick Robinson: "Em Dortmund, eles [AC/DC] estavam no palco e nós saímos e os vimos fazendo tipo umas coisas. Angus estava lá só fazendo *slide* na guitarra; foi tipo, 'Caralho! Que da hora!'. Acho que ele estava com um isqueiro. Ele estava tocando [guitarra *slide*] com um isqueiro."

Em um show, durante "Dirty Deeds Done Dirt Cheap", um casal foi visto por um membro da equipe de iluminação fazendo sexo anal ao som tribal da música. Uma câmera focalizou o casal e transmitiu as imagens nos telões do estádio lotado. Eles nem pararam, talvez por medo de perder o ritmo, e ela cantou a letra da música o tempo todo. Era oficial: o AC/DC era a linguagem internacional do tesão.

Mas, em 17 de agosto, o poder da banda foi além da promoção ativa de sexo, quando eles tocaram no festival Monsters Of Rock em Castle Donington no Reino Unido por uma inédita terceira vez diante de 72.500 pessoas.

Um fã de 15 anos de Bedford, Dan Brooks, que perdera a audição do ouvido esquerdo em um jogo de rúgbi, recuperou-a depois de ficar perto do alto sistema de PA durante a apresentação do AC/DC.

Até "satanistas" operam milagres.

Embora estivessem no evento pela terceira vez, George Young teve de acalmar um nervoso Brian. Não importava quantas vezes eles tocassem em Donington, ele ainda ficava com o coração na boca.

Ele não precisava se preocupar. No fim do show, ele estava rindo quando viu um câmera, um dos 20 filmando um vídeo a ser lançado, passando, aparentemente sem assistência, exatamente quando ele preparava os pulmões para berrar os primeiros versos de "For Those About To Rock".

Malcolm não ficou satisfeito com a experiência em Donington, assim como aconteceu nas ocasiões anteriores. Ele não achou que as apresentações da banda no evento foram inesquecíveis.

Doug Thaler, por outro lado, ficou feliz em ver que a banda tinha voltado com força total.

Thaler: "Malcolm estava sóbrio, não me lembro se todos estavam sóbrios, mas se alguém bebeu foi bem pouco. Foi como se o palco terminasse e eles continuassem e estavam ótimos, firmes e incríveis de novo."

Mesmo grande e prestigioso, Donington foi apenas um aquecimento para o principal evento da turnê, se não de toda a história do AC/DC: Moscou, em 28 de setembro de 1991.

O único jeito de ter uma noção real do número de pessoas era subir no palco e procurar a iluminação nas extremidades do público no Tushino Airfield nas cercanias de Moscou. O número oficial do público quando o AC/DC tocou em um show com EST, Pantera, The Black Crowes e Metallica era de 1,2 milhão de pessoas, embora conseguir uma contagem precisa fosse praticamente impossível.

Quase todos aqueles com menos de 30 anos saíram da cidade de Moscou. Isso não foi uma surpresa porque, depois da queda do Comunismo, os itens mais procurados na Rússia eram qualquer coisa do AC/DC, a linguagem universal da farra, dos Beatles, do Depeche Mode e, é claro, jeans.

Como o crítico musical e escritor Andrei Orlov contou ao *New York Times*, em 29 de setembro: "AC/DC está escrito em todos os muros".

O show aconteceu a convite oficial dos governos da União Soviética e da cidade de Moscou e foi patrocinado pela Time Warner. Foi planejado depois de milhares de fãs viajarem para ver o AC/DC em Varsóvia, Polônia.

O evento gratuito recebeu o aval oficial apenas dois dias antes de ser realizado e aconteceu alguns dias depois de uma tentativa fracassada de golpe dos comunistas.

Dois aviões Antonov, o maior avião de carga do mundo, trouxeram a equipe de 250 pessoas e 30 carretas com equipamento da Espanha. O caos começou no momento em que a banda pisou no aeroporto.

Brian: "Eu ouvi: 'Brian! Brian! Isso é pelo seu aniversário. Feliz aniversário!'. Ele [a pessoa que o chamava] não sabia se era meu aniversário ou não, mas segurava uma garrafa de vodka com algo escrito nela.

Eu ganhei uma linda tela com o dólar do Angus [notas de dólar com a imagem de Angus eram jogadas ao público durante a turnê na música 'Moneytalks'] pintada à mão por um garoto russo. Ele só a vira [a nota de dólar] pela TV, pela TV ocidental ou pelos vídeos, e estava perfeita. Embaixo dela estava escrito: 'Nunca trairemos vocês. Seremos leais para sempre. Este é meu endereço. Por favor, enviem-me qualquer coisa do AC/DC do Ocidente'."

Brian mandou aos dois fãs um programa da turnê quando chegou em casa.

Quando a banda chegou ao local do show, a imensidão do evento o chocou.

Brian: "Uma multidão na altura do olhar é apenas uma multidão, mas quando subimos no palco e vimos a intensidade da coisa, acho que aí começamos a tremer um pouco.

Cara, como estávamos nervosos. Não havia camarim. Havia apenas essas tendas do Exército com tábuas de madeira embaixo delas. Nós estávamos apenas andando para cima e para baixo e mijando no lado de trás da tenda. Toda vez que saíamos para mijar, havia um repórter da CNN ou da BBC perguntando: 'O que você acha disso?'. 'O que eu acho?', eu dizia. 'Você deve estar brincando. Não estou pensando em nada no minuto, quero apenas subir lá [no palco].'"

Não era hora para as representações de praxe de Brian dos personagens de seus amados programas "Fawlty Towers" ou "The Young Ones". Não havia muito motivo para rir.

O que deveria ser um reflexo das reformas sociais e políticas do presidente russo Mikhail Gorbachev e um gesto de agradecimento por resistir a uma tentativa de golpe virou um caos.

Embora o show tenha sido um espetáculo incrível, com a banda arrasando, culturalmente Moscou não estava preparada para algo assim e, com certeza, não para um show nessa escala, nem os fãs e nem a enorme presença dos seguranças fornecidos pela polícia e pelo Exército russo, entre 20 mil e 50 mil soldados. Como resultado, houve uma tensão entre fãs empolgados demais e uma segurança zelosa demais que acabou explodindo.

Jason Newsted (Metallica): "Os guardas batiam muito nos garotos, batiam de verdade! Eles os jogavam na traseira de caminhões e coisas assim. Essa foi uma das piores coisas que já vi."

No fim, o próprio contingente de segurança do AC/DC precisou intervir e tentar acalmar a situação.

Os jornais soviéticos relataram que 76 pessoas ficaram feridas durante o evento, muitos deles sofreram traumatismo craniano após serem atingidos por garrafadas. A mídia comparou o show a uma batalha entre os fãs bêbados e a segurança.

"O festival Monsters of Rock pôs fim a uma euforia efêmera pósgolpe e à ilusão de que somos unidos", relatou o jornal nacional da Rússia, *Komsomolskaya Pravda*.

Na preparação para a turnê australiana e neozelandesa em outubro, que encerraria a jornada mundial enorme de 135 shows em um ano do *Razors Edge*, Brian estava mais despreocupado do que estava em Moscou. Quando perguntado se planejava aparecer no show com o figurino de calça listrada brilhante e botas que ele usou uma vez no palco com o Geordie, ele gargalhou.

"Acho que estou com a metade do tamanho que eu tinha na época. Eu era bem gordinho! Acho que diminui um tamanho. Também acho que alguém queimou a roupa como parte de um ritual. Ainda tenho minha velha camiseta do Geordie. Guardo-a como uma lembrança da bandinha."

O respeito e o afeto que seu antecessor lendário recebeu desde sua morte ainda era um ponto doloroso para ele mais de duas décadas depois.

"Disse que ficava irritado por Bon não ter recebido o respeito que merecia quando estava vivo. Essa é uma coisa horrível de acontecer, sabe. Ficamos mais doidos com isso do que com qualquer outra coisa. O cara merecia muito mais. Ele tinha tanto talento, tanto talento. Não é justo. Ele sempre foi brilhante, sempre ótimo. Os australianos sabiam, eles sabiam. Eles o viram crescer nos clubes com os garotos. Eles sabiam o tempo todo."

A temporada australiana e neozelandesa do AC/DC teve 15 datas a partir de 14 de outubro. No início da turnê, aconteceu uma coletiva no Entertainment Center de Sydney. Várias carretas enormes com força motora serviram de cortina de fundo atrás da banda com o Hell's Bell suspenso e dois canhões em cada lado do palco. Uma ameaçadora e enorme caixa de som ficava atrás com as palavras "artilharia do AC/DC" estampadas nela.

Embora o pai de Brian tenha dito, certa vez, que não ouvia nada tão barulhento quanto um show do AC/DC desde a guerra, poucas coletivas foram tão silenciosas quanto essa. Várias centenas de membros da mídia pareciam emudecidos perante os heróis da terra.

Questões forçadas quebraram vários longos silêncios, com a banda parecendo confusa e desconfortável, até alguém perguntar sua opinião sobre a versão de "Let There Be Rock" feita por Henry Rollins e da banda de Sydney The Hard Ons. A gargalhada cortou a estranha tensão.

Os últimos shows da turnê mundial na Nova Zelândia não foram uma festa e deram munição àqueles que viam o AC/DC como algum tipo de demônio social.

A apresentação no Wellington Athletic Park foi adiada para o dia seguinte depois de o teto do palco cair enquanto colocavam o equipamento da banda. Então, quando o show aconteceu, foi arruinado por incidentes; a maioria fora do local. Fãs rebeldes destruíram carros e muitas brigas começaram. Duas pessoas foram esfaqueadas e a polícia prendeu outras 57.

A situação ficou ainda pior, se é que dava, na última data da turnê em Auckland, em 16 de novembro. A banda nunca tocara nessa cidade antes. Um policial foi esfaqueado fora do estádio durante grandes confrontos com fãs sem ingresso que tentavam forçar sua entrada. Ocorreram 17 prisões.

Um fã no show de Auckland que não precisava entrar de penetra era Phil Rudd, que havia anos morava na Nova Zelândia. Depois ele se divertiu com a banda nos bastidores até de madrugada, só bebendo cerveja e conversando sobre os velhos tempos.

Rudd era um grande admirador de Chris Slade e gostava do jeito como ele combinava com a banda; pôde perceber que eles funcionavam bem com ele. Não havia uma janela de oportunidade, pelo que ele podia ver, mas bateu um papo aberto com Malcolm de qualquer maneira, por via das dúvidas. Pelo menos, ele pensou, Malcolm saberia que ele estava interessado se alguma coisa mudasse.

A turnê The Razors Edge foi a de maior sucesso da banda desde Back In Black, com 10 milhões de cópias do álbum vendidas em todo o mundo. Só na Alemanha foram adquiridas 750 mil cópias, um número que ultrapassava o de *Back In Black* naquele país.

Todo esse sucesso não caiu no colo deles, claro. Como Brian contou a Christie Eliezer na *Juke,* em 13 de julho de 1991: "Malcolm e Angus são viciados em trabalho. Se você pegar pesado no serviço, então está tudo bem, mas quando você começa a pegar mais leve, provocará a ira deles".

Malcolm apenas queria que o AC/DC tocasse com algumas bandas de rock mais de acordo com o que o AC/DC fazia, como os Black Crowes.

Ao longo de 1992, o ano que viu o Nirvana explodir no mundo todo com *Nevermind*, a banda trabalhava em um álbum ao vivo, mixado com algumas sobreposições de sons de guitarra e vocais no Little Mountain Studios em Vancouver com o produtor Bruce Fairbairn. Eles trabalharam com as fitas de uns 30 shows da turnê The Razors Edge, mas só as gravações feitas em Castle Donington, Glasgow, Moscou e Edmonton foram utilizadas.

Se o álbum foi feito para eliminar a pirataria, a ocasião era a ideal. Segundo uma reportagem de agosto de 1992 da *Billboard*, aproximadamente 250 mil CDs piratas foram vendidos apenas na Alemanha durante 1991-1992, em grande parte por causa de uma fenda temporária na lei alemã. Foram mais de 200 AC/DC piratas lançados no mundo todo entre 1979 e 1992.

O álbum *Live* e o vídeo *Live at Donington* foram lançados em 26 de outubro na Europa, em 27 de outubro nos Estados Unidos e em 6 de novembro na Austrália. O álbum vendeu 2 milhões de cópias nos Estados Unidos. O vídeo da banda em toda a sua glória diante de uma enorme multidão empolgada foi projetado em vários cinemas em Londres, na Alemanha e na Austrália.

Embora tenha se passado mais de uma década do falecimento de Bon, a banda estava ciente de que alguns podiam sentir que o álbum foi desrespeitoso à sua memória, com Brian cantando muitas músicas tão pessoais para o antigo vocalista. No entanto, esse era um documento de uma turnê de grande sucesso, que para muitos foi uma apresentação ao AC/DC.

Malcolm achava que Brian fez um grande trabalho sob todos os tipos de pressão, mas ainda tinha um fraco pelo álbum *If You Want Blood* em vez do novo *Live*.

"Eu, particularmente, ainda prefiro o velho álbum", confessou a Howard Johnson na *Metal Hammer*, em novembro de 1992. "Éramos jovens, vigorosos, cheios de vida e arrasávamos... Nosso desempenho ao vivo sempre foi muito forte porque sempre pensei que, no fundo, éramos uma banda bem mediana."

Os álbuns ao vivo favoritos de Angus nem chegavam perto do som que o AC/DC fazia.

Angus: "*The Allman Brothers Band at Filmore East*, este é um grande álbum ao vivo. Tem algumas grandes faixas em *Woodstock*, como The Who fazendo sua versão de 'Summertime Blues'. Outro álbum ao vivo do The Who, *Live At Leeds*, é ótimo, assim como o *Live At The Cook County Jail*, de BB King. Outro grande álbum para mim era uma coisa do Muddy Waters. Logo depois de sua morte, lançaram um álbum ao vivo com Johnny Winter fazendo grande parte da guitarra e tem coisas muito boas nele também."

Em dezembro, *Live* vendeu 600 mil unidades na França, tornando-se o álbum mais vendido do AC/DC nesse país desde *For Those About To Rock*.

The Razors Edge   363

  Nessa ocasião, em companhia do local, do promotor e da companhia de segurança, a banda fez um acordo nas ações judiciais relacionadas ao acidente em Salt Lake City e concordou em pagar uma soma de dinheiro não revelada às famílias das três vítimas.
  Foi um tipo de encerramento para todos, mas não mudava o horror e a perda. A maior era na história do AC/DC, desde *Back In Black,* era mais uma vez de luto silencioso.

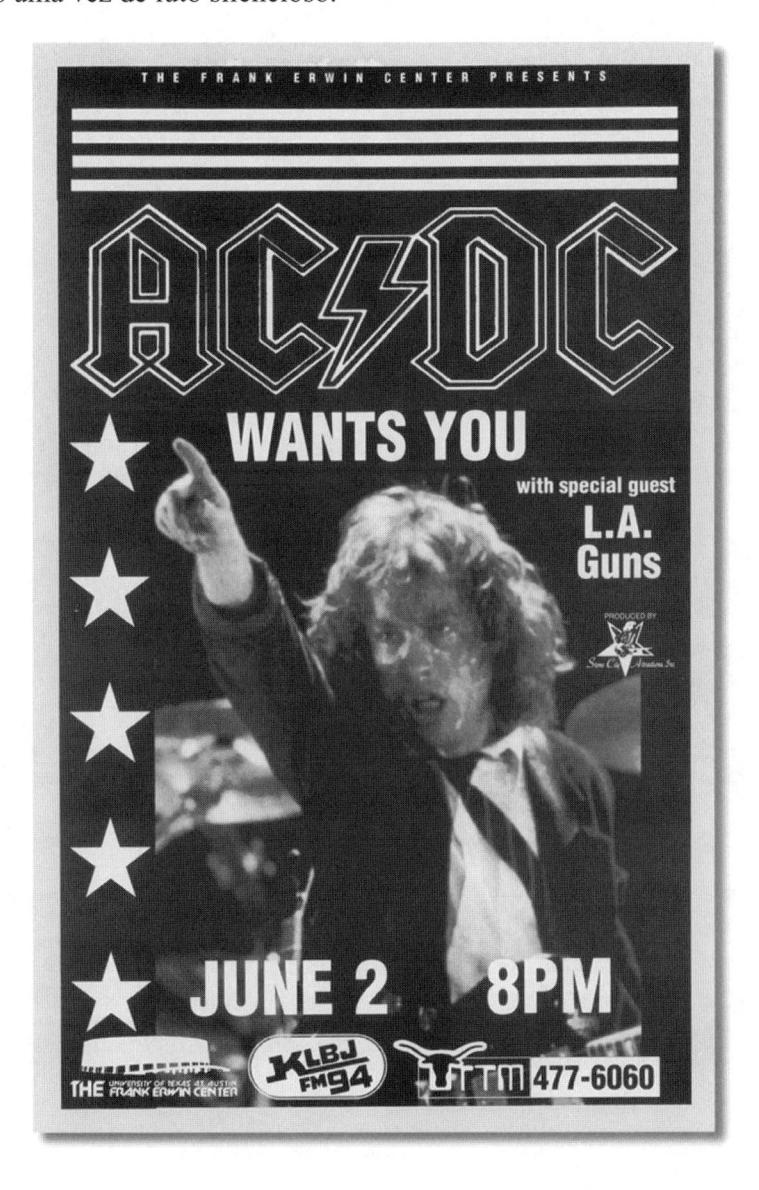

MAMA & RAU
AC/DC
BALLBREAKER
WORLD TOUR
präsentiert
METAL HAMMER
DIENSTAG, 30. APRIL '96 · 20 UHR
30.4. BERLIN DEUTSCHLANDHALLE
BERLIN TICKET
Fritz
concert concept
Kartenvorverkauf: Tel. Kartenservice - 809800 · Fax Kartenservice 8098010; Berlin Ticket im Wintergarten · 2627070 + 2616060 und an allen bekannten Vorverkaufsstellen
Örtliche Durchführung: Concert Concept · Tourneeleitung: Mama Concerts & Rau GmbH
BUNDESWEITER TELEFONISCHER TICKETSERVICE 0190 – 24 11 24 (CompuTel: DM 1,15/min.)

Capítulo 25

Ballbreaker

O homem de meia-idade de terno no bar do hotel de Boston decidiu que era agora ou nunca. Ele caminhou até os membros do AC/DC e se apresentou com educação. Seus dois filhos adolescentes, ele explicou, ficavam o importunando para levá-los a um show de rock. Ele, portanto, decidiu que sua primeira experiência seria com os melhores.

Então os três foram ver o AC/DC.

No início de 1993, outro fã teve a oportunidade de realizar um sonho. Rick Rubin era conhecido por suas ligações opostas, de um lado, com o rap de Beastie Boys e Run DMC, e do outro com o ataque dos reis do metal, Slayer, e da banda no estilo do AC/DC, The Cult.

Rubin queria muito produzir um álbum do AC/DC e pediu para trabalhar com eles em *The Razors Edge*, mas a banda já tinha contratado Bruce Fairbairn.

O primeiro empreendimento de Rubin com seus heróis seria um *test drive* de uma chance para ambos com uma música chamada "Big Gun", gravada para a trilha sonora de *O Último Grande Herói,* com Arnold Schwarzenegger. Com seu som simples, Rubin ganhou destaque para mais oportunidades no futuro.

A filmagem do vídeo dessa música aconteceu no Hangar 104E do Aeroporto Van Nuys, em Los Angeles, com o astro do filme como convidado especial. A princípio, Schwarzenegger apenas ficaria disponível por meia hora. Isso até ele chegar lá, ser bem recebido e se divertir para caramba com a banda, tendo, inclusive, uma aula rápida sobre como fazer o passo de Chuck Berry popularizado por Angus.

A trilha sonora, que também incluía bandas como Alice In Chains e Megadeth, foi lançada em 8 de junho nos Estados Unidos e chegou ao Top 10. Foi lançada na Europa em 12 de julho.

Em 27 de junho, "Big Gun" foi lançada nos Estados Unidos e chegou ao número um da parada de rock da *Billboard* e ao número cinco na parada canadense. Uma reação promissora. O lançamento britânico aconteceu um dia depois do americano e no início de julho na Austrália.

Por volta dessa época, Dweezil Zappa, filho do lendário Frank Zappa, escreveu a Angus perguntando se ele teria interesse em participar de seu projeto "What The Hell Was I Thinking?", uma faixa de música contínua com 75 minutos, pensada para ser o instrumental mais longo já feito.

Frank Zappa viu o AC/DC na Austrália, no início de 1976, e falou sobre a banda por anos com seu filho, que, por ser guitarrista, sem dúvida já tinha levantado suas antenas e sintonizado neles.

"Seu pai [de Dweezil Zappa] disse, 'se quiser saber algo sobre guitarra, aqui estão umas gravações do AC/DC", Angus contou a Phil Lageat na *HM* em dezembro de 1996. "Para nós, isso foi um elogio e tanto, porque Frank Zappa era um grande músico."

Angus não achou certo deixar Malcolm fora de um momento tão especial, então os dois foram às gravações em Los Angeles durante o primeiro semestre do ano. Eles ficaram honrados em se envolver com a família Zappa e em trabalhar com Dweezil, porque assim eles também prestavam uma homenagem a seu pai.

"Ele [Frank Zappa] ainda estava vivo na ocasião, então foi nossa maneira de homenageá-lo", Angus contou à *HM*.

Infelizmente, como as fitas foram perdidas ou roubadas, os frutos da colaboração jamais foram lançados.

No fim de julho, o AC/DC começou a trabalhar em seu novo álbum em Londres. Como de costume, a música era inspirada no ritmo ousado e no sentimento dos antigos álbuns de Muddy Waters e Elmore James. As músicas foram inicialmente trabalhadas em um trio, com Malcolm no baixo, Angus na guitarra base e Chris Slade na bateria.

O fato de os Irmãos Young conseguirem trocar e alternar os instrumentos assim salienta o que tem sido um relacionamento complementar, até sensitivo.

Malcolm: "Nós trabalhamos muito bem juntos, esse é o lado bom. Com a experiência na guitarra nós nos conhecemos bem. Tocamos juntos há mais tempo que o AC/DC existe, então sabemos o que o outro faz e como tocar guitarra juntos. Isso é algo que evoluiu por sermos irmãos. Por outro lado, basicamente quando estamos na estrada e gravando, além de trabalharmos juntos somos irmãos, então temos um relacionamento típico entre irmãos, acho. Sabemos que a banda é maior do que tudo. Sempre consideramos as diferenças musicais pequenas porque não vale a pena terminar por causa disso. Então nunca nos preocuparemos, nós superaremos isso rápido se tivermos de nos entender ou o que for. Quando acontece, sabemos que resolveremos. Depois de 20 anos, acho que você precisa fazer isso."

Enquanto isso, a oferta de Phil Rudd sobre voltar para a banda, feita na Nova Zelândia em novembro de 1991, primeira vez que o viam desde sua saída do AC/DC, não saía da cabeça de Malcolm. A banda realmente nunca foi a mesma desde sua saída. Ele resolveu chamar Rudd de volta para Londres para ver se a velha chama poderia se reacender.

Rudd ficou surpreso e animado quando Malcolm ligou para apresentar a ideia ao baterista. Como Brian se sentiu em relação ao Geordie, Phil acreditava que ele teve seu momento sob o sol e a banda estava em uma trajetória tranquila sem ele.

Embora Rudd estivesse fora dos holofotes, não ficou à toa em Rotorua, Nova Zelândia, onde morava.

Mesmo sem ter contado o ritmo no chimbau, batido na caixa ou pisado em um pedal de bumbo por seis anos depois de deixar a banda, ele se ocupou com satisfação pilotando helicópteros sobre a paisagem de tirar o fôlego da Nova Zelândia, mergulhou em sua paixão antiga por corrida de carros e até ganhou algumas competições de tiro de pistola.

Seu sangue começou a ferver de novo quando comprou o Mountain Studios, o que reacendeu seu interesse em tocar mais uma vez. Ele deixava as bandas locais usar o local, com ele trabalhando como engenheiro de som.

Um material merecedor de um álbum de uma banda que ele formou foi gravado em fita também e as coisas pareciam promissoras para o projeto. Mas então veio um *déjà-vu*.

Rudd sabia bem até demais o que vinha a seguir: turnês, promoções e tudo isso centrado em seu envolvimento no passado com a maior banda de rock do planeta, oito anos antes. Era um cavalo bravo que ele ainda não se sentia confortável de montar de novo.

Com o tempo essa resistência diminuiu e, quando o AC/DC foi para a Nova Zelândia na turnê Razors Edge, em 1991, ele estava ansioso para recomeçar.

Quando se sentou atrás da bateria, em Londres, com a banda pela primeira vez em 11 anos, logo ficou óbvio que a química entre eles ainda era mágica.

"Foi ele quem moldou o estilo de bateria da banda", Angus revelou a Tony Power na *Guitar* de novembro de 1995.

O problema era que o AC/DC tinha agora dois bateristas. Malcolm ligou para Chris para avisá-lo de que Phil voltou e que logo diria o que o futuro lhe reservava.

"Você pode esperar uns dias?", Slade lembra de Malcolm falando, quando o baterista conversou com Phil Lageat na *Rock Hard France*, em junho de 2001. "Mas os dias viraram meses."

Slade cansou de esperar por uma decisão sobre seu papel futuro no AC/DC e avisou que estava saindo. Ele ficou honrado em fazer parte da banda, mas ficou decepcionado por ter chegado a esse ponto.

"Eu fiquei tão desapontado, aborrecido que nem toquei na minha bateria por três anos", Slade confessou à *Rock Hard France*.

Em agosto, depois de conversar sério com sua esposa, Phil Rudd voltou oficialmente ao AC/DC.

"Eu sempre arrasava mais quando tocava com esses caras", Phil contou a Matt Peiken na *Modern Drummer*, em agosto de 1996, "então eu não via por que não fazer isso."

Contudo, não houve um anúncio oficial, pois a banda preferiu restabelecer em silêncio seu relacionamento com Rudd, sem olhares externos.

Em outubro de 1994, o AC/DC começou a gravar no Power Station Studios em Nova York, com a produção de Rick Rubin. Eles tinham oito músicas prontas e um animado Rubin tinha uma câmera na mão para documentar a experiência.

A visão de Rubin e de Malcolm para o álbum era a mesma: voltar ao básico, no mesmo estilo das antigas gravações da banda.

Malcolm estuda esse estilo há quase 30 anos. Como seus heróis, Keith Richards e John Lee Hooker, ele estava mais interessado no que fazia um pedaço da música comover, o que a fazia agitar e o que, literalmente, a tornava rock'n'roll.

Chamar Phil Rudd de volta fazia parte do processo para aguçar seu ataque rítmico e restabelecer seu som clássico.

Malcolm: "[Ter Rudd de volta] era pura magia de novo, sabe? Nós ficamos tão acomodados que precisávamos apenas ter o AC/DC puro de novo. Acho que uma vez nós realmente pensamos nisso, pensamos que, se era para fazer isso direito, deveríamos considerar Phil... Provavelmente é um pouco tarde, mas agora parece a hora certa!"

Apesar do plano perfeito, a sala no Power Station Studios era errada para o toque "old school" que Malcolm imaginava para o álbum, e acertar a bateria provou ser impossível. Rubin tentou isolar a bateria em uma barraca no estúdio e forrar as paredes e o teto com material para absorver o som extra gerado no ambiente, mas foi tudo em vão.

Os problemas realçavam o fato de que as músicas do AC/DC e seu processo de gravação apenas pareciam simples, quando na verdade era um processo muito preciso, com o ouvido afiado de Malcolm orientando tudo.

Angus: "Lembro de um cara há muitos anos fazendo uma coisa sobre Chuck Berry e ele pensava, oh, Chuck Berry, ele é tão inflexível. São sempre os mesmos *licks*. Mas quando ele ouvia, cada vez achava diferente e, então, quando ele realmente começou a entender, passou a ver outras peças do quebra-cabeça. Porque em Chuck tem jazz, country, o elemento do blues e, claro, rock'n'roll. A grande coisa é que ele sempre sabia quando tocar e quando não tocar e ele recuava..."

Berry ensinou Malcolm e Angus direitinho.

Depois de dez semanas em Nova York e 50 horas de material em fita, o AC/DC deciciu, enfim, sair de lá e ir para o Ocean Way Studios, em Los Angeles, no início de 1995.

Eles lembraram das dificuldades em encontrar o estúdio certo para gravar o álbum *For Those About To Rock* e tiveram medo de a história se repetir, mas em Los Angeles foi um jogo totalmente novo.

Tudo pareceu e soou melhor quase de imediato. Talvez o recente terremoto tenha limpado o ar e não apenas partes da paisagem. Afinal, se o estúdio era bom o bastante para Phil Spector, que estava na sala ao lado, era bom para o AC/DC.

Malcolm: "Esperávamos fazer o álbum em Nova York, mas, depois de umas dez semanas mais ou menos por lá, fizemos umas três ou quatro faixas e decidimos dar por encerrado. Tiramos uma folga de algumas semanas para respirar e encontramos um estúdio em Los Angeles. Depois de começarmos a trabalhar em Los Angeles, os sons ficaram um pouco mais reais e as faixas gravadas lá rendiam mais. Então nós praticamente começamos de novo e regravamos três ou quatro das faixas que achávamos já ter. Então basicamente fizemos um recomeço completo."

Uma noite, antes do costumeiro início da banda à meia-noite, Angus foi ver o veterano guitarrista de blues Buddy Guy no Roxy na Sunset Strip e o encontrou depois.

Angus: "Fiquei sem palavras, não conseguia achá-las. Na verdade, ele foi muito bom comigo. Era um cara muito humilde, por tudo o que ele fez. Ele começou muito jovem tocando com Muddy Waters e tal. Foi ótimo vê-lo tocar."

Henry Rollins recebeu um telefonema de Rubin perguntando se ele queria ir até o estúdio ver a banda trabalhar.

Henry Rollins: "[Rubin disse] 'Você tem de vir aqui, cara! Venha e veja Phil Rudd. Apenas veja o Phil Rudd!"

Tommy Lee, do Mötley Crüe, tocou com Brian em um clube em Catalina Island na Califórnia, e seu sonho de consumo era ser Rudd.

Tommy Lee: "Tocamos algumas músicas do AC/DC e, cara, só por um minuto lá eu senti que estava no AC/DC! Estava no paraíso! Tocamos 'Back In Black', ou alguma outra coisa, ou 'Hells Bells' e só por um minuto eu pensei, yeah! Eu sou Phil Rudd! Fantasiei muito."

Rollins, que com seu físico e tatuagens era uma figura imponente, ficou impressionado com o que viu quando chegou ao estúdio.

"A sala estava cheia de fumaça, era um estúdio enorme. Eles estavam todos reunidos em uma sala. Era como se tivessem saído de 1977. Conheci todos eles, são superlegais, pequenos, do tipo, ei Angus, não queria quebrá-lo [no cumprimento] e ele disse: 'Escutamos a 'Let There Be Rock' com The Hard Ons'. E eu esqueci que tinha feito e falei: 'Ah, tá', achando que eles diriam, 'Ficou uma merda, cara!'. Mas eles disseram: 'Nós adoramos!'. Eu respondi: 'Ótimo!'. 'E olhando você agora, se não tivéssemos gostado, nunca contaríamos para você!' Eles foram tão legais. Tinham tipo uns cinco *roadies*. Zero afetação, do tipo de se virar e perguntar: 'Ei, você tem fogo?'. Assim que eles são.

Eu me diverti com Brian Johnson por bem mais de uma hora. Ele sentou comigo e Rick e contou histórias, e em cada uma delas ele era sempre o alvo da piada. Era como: 'E então, me fodi, não conseguia achar a saída, eu sou estúpido mesmo!'. Que cara legal. O melhor. Ele cantava muito forte. Ele estava lá cantando 'Caught With Your Pants Down', eles fazem tudo ao vivo, e ele cantava: 'Caught with your paaannnntttsss!!!!!!!!!!!!!'. Gritando! Ele saía para fazer uma pausa e sua voz ficou um pouco irregular e eu disse: 'Você já usou chá de ervas?'. Ele respondeu: 'Não'. Então eu fiz uma xícara de chá. Ele disse: 'Chá hippie! Tá bom, cara, obrigado!'. E ele bebeu seu chá.

O melhor momento foi quando eles estavam todos sentados lá [esperando para gravar], essa postura horrível, fumando cigarros sem parar, e Rick fala: 'Ok, rapazes. Prontos?'. Eles respondem: 'Sim, vamos lá'. Então levantam [para tocar]. Direto, sem aquecimento, sem nada. Rudd senta atrás da bateria e parece que nem consegue segurar as baquetas! Ele fica com o cigarro pendurado e pergunta: 'Pronto?'. Fita rolando. Faz a contagem e bate no chimbau, aquele som de ch ch ch! Aquilo tudo arrepiava! Eu pensava: 'Meu Deus! O AC/DC é demais!'. Com esse chimbau é como se fosse o início da [música] 'Back In Black', o cabelo fica em pé! Dá para ajustar o relógio ouvindo a banda!"

Ballbreaker

Quando a música foi gravada, na segunda tomada, a banda terminou o serviço e desapareceu como fantasmas.

"Nem os vi guardarem os instrumentos. Eles se foram! Eu digo [ao Rubin]: 'Então, como isso funciona?'. Ele explica: 'Nós entramos às quatro da tarde e, trabalhamos nas guitarras e deixamos tudo perfeito. Eles chegam, arrasam e saem. É só isso. Eles não ficam enrolando. Eles sentam e esperam você avisar que é hora de tocar. Eles se aquecem fumando e filmando toda a coisa.

Nunca vi bandas que conseguem tocar no estúdio assim. É o que eles fazem. É como ver gênios trabalhando."

Nem sempre era tão fácil quanto Rollins observou. Para algumas músicas, Rubin, que meditava no estúdio, exigia *takes* sem-fim, até 50 em alguns exemplos. Outras, como "Hard As A Rock", que vinha das gravações para o álbum *Who Made Who*, saíam em apenas duas tentativas.

Havia a preocupação de que esses métodos tirassem a espontaneidade e, às vezes, o que não era de estranhar, rolavam faíscas entre Rubin e Malcolm, que sabia muito bem como o AC/DC deveria soar, muito obrigado, e não queria ser convencido do contrário.

Insinuava-se que Rubin costumava se ausentar do estúdio deixando a banda fazer o que quisesse enquanto ele cuidava das gravações do álbum *One Hot Minute* do Red Hot Chili Peppers ao mesmo tempo, o que não ajudava a amenizar qualquer tensão que existisse, e o crédito a Mike Fraser no álbum como coprodutor parecia dizer tudo.

Depois de cinco meses em Los Angeles, uma gravação e tanto para o AC/DC, o álbum *Ballbreaker* terminou, assim como a parceria da banda com Rubin. O que parecia ser uma boa ideia não deu nada certo.

"Trabalhar com ele foi um erro", Malcolm confessou a Bruno Lesprit no *Le Monde,* em 31 de outubro de 2000.

Em fevereiro de 1995, a *Kerrang!* anunciou que Phil Rudd voltou ao AC/DC, mas não houve pronunciamento oficial.

Também havia rumores de que a banda era forte candidata a tocar no festival Donington daquele ano, o que supostamente seria sua última apresentação no Reino Unido, como uma parte da turnê mundial de despedida em que Angus abandonaria o uniforme que era sua marca registrada.

Era só especulação, mas, pelo andar da carruagem, não parecia impossível.

Brian fez suas próprias coisas durante o ano. O vocalista, que agora vivia na Flórida, gravou várias demos com a banda de rock local The Naked Schoolgirls. Ele também coescreveu uma música com eles chamada "Deadly Sins", que mais tarde seria gravada por outra banda da Flórida, Neurotica, e incluída em seu álbum de estreia produzido por Brian.

Mas, como sempre, eles deixaram a especulação sobre o fim da banda cozinhando.

Em 22 de agosto, o vídeo para "Hard As A Rock" foi filmado no Bray Studios em Windsor, no Reino Unido, diante de um público de fãs empolgados, mas respeitosos. A filmagem foi a primeira apresentação de Phil Rudd em 12 anos, com a banda diante de uma multidão indescritível e muitos gritaram seu nome como encorajamento quando ele apareceu.

Ele ficou encantado e sorriu nervoso.

O AC/DC atraiu toda uma nova geração de fãs em sua ausência, mas ele obviamente ainda era lembrado com carinho.

Angus? Ele teve dias melhores, ficar pendurado lá no alto em uma bola de demolição não era sua ideia de diversão.

Angus: "Fiquei um pouco pálido naquele dia. Principalmente quando você balança no ar a 12 metros de altura. Tive sorte, só precisei subir, eu acho, umas quatro vezes em coisas diferentes. Eles tinham um dublê e ele me mostrava o que fazer e eu dizia: 'Tá bom, mas eu sou apenas um guitarrista, sabe?'."

Em 22 de setembro, *Ballbreaker* foi lançado na Europa e na Austrália e, em 26 de setembro, nos Estados Unidos. O álbum estreou nas paradas no número quatro nos Estados Unidos e ganhou disco de platina antes do fim do ano.

A faixa título tinha mais uma vez o clássico duplo sentido do AC/DC. Se eles escrevessem um musical, como *Cats*, não haveria prêmios para quem adivinhasse como eles o chamariam.

Mais do que nunca, o álbum foi um exemplo ousado do fato de que o que eles faziam não era tão simples quanto parecia.

Malcolm: "Não é fácil gravar os álbuns. É um trabalho duro, principalmente quando eles precisam soar igual! É difícil fazê-los soar igual quando são diferentes. Digo, eu até li entrevistas com Paul McCartney [dizendo] que as músicas de rock são as mais difíceis de escrever, o bom rock'n'roll."

Embora o álbum fosse um clássico do AC/DC, também tinha o que se poderia considerar as primeiras declarações sociais da banda.

"Burnin' Alive" foi escrita sobre os seguidores da seita de Waco, no Texas, que foram queimados até a morte em 1993 durante uma invasão pelas autoridades. Depois havia "The Furor" e "Hail Caesar", com comentários sociais explícitos, bem incomuns para uma banda que construiu uma carreira ignorando essas coisas. Como sempre, eles não se importaram com o que pensariam.

Malcolm: "Eu pensei: fale o que você pensa. Se houver alguém que ache que queremos promover um regime nazista [em músicas como 'The Furor'] ou algo assim, esses costumam ser aqueles que querem promover um regime cristão total. Não gosto dessa coisa politicamente correta rolando no planeta no momento, para ser honesto. Não me importo se não interfere com você na rua, mas o dia em que eles se meterem com seus cigarros e tudo o mais, e muitos cigarros foram fumados pelo AC/DC em todas essas músicas que ouvem, não pode ser o mesmo se tudo se for. Eu não gosto que me digam o que fazer, como qualquer um."

A banda já foi acusada injustamente antes de ser simpatizante do nazismo aos olhos de alguns que achavam que o logotipo da banda tinha alguma ligação com o Terceiro Reich.

"Isso, na verdade, veio da Alemanha. Foram eles quem começaram. Sabe o que era? Foi o raio [no logo]. Eles acharam que era um S... como o da SS. Então acharam isso. Sempre pensei que qualquer tipo de publicidade era boa. Nunca negamos nem comentamos muito essas coisas, porque é melhor apenas deixá-las de lado. Quem conhece os caras sabem que eles não se interessam por isso e são eles que importam, todos os outros vão especular. Isso aumenta o interesse, eu acho!"

O sucesso do álbum e da turnê de *The Razors Edge* reabriu a porta para um público global enorme para o AC/DC e com isso veio uma leve suavizada na postura da banda sobre várias ideias e propostas que antes seriam rejeitadas na hora.

Um sinal de que o AC/DC se tornava, aos poucos, menos uma "banda de heavy metal" e mais uma mercadoria em voga foi que os cartunistas da lendária Marvel Comics, lar do Homem-Aranha, contribuíram na arte de capa do álbum *Ballbreaker*.

Malcolm: "Eles desenharam algumas coisas. Ficaram bem interessados nos títulos das músicas. Nós lhes demos alguns de nossos títulos antigos e eles criaram algumas coisas boas, então, quando chegou a vez da capa do álbum, achamos que seria uma boa ideia se esses caras pudessem fazer um pequeno desenho em volta de cada um dos títulos, isso seria divertido. Então nós os deixamos ir em frente."

Uma extensão lógica do trabalho da Marvel Comics na arte da contracapa e de dentro do álbum *Ballbreaker* foi a criação de uma revista em quadrinhos do AC/DC com o lançamento planejado para novembro.

Malcolm: "Eles são boa gente, a Marvel. Quando éramos crianças, íamos ao Comic World. Acho que um cartunista australiano, não sei bem quem, ficou enchendo os caras da Marvel: 'Por que vocês não fazem uma [revista] do AC/DC?'. Descobrimos isso quando os caras da Marvel se encontraram com a gente. Eles estavam bem informados sobre a banda, o histórico e tudo o mais por esse cara. Então, como eles fizeram sua lição de casa e tal, nós só nos sentamos e batemos um papo com eles e, em seguida, eles nos enviaram algumas ideias."

O cartunista australiano era Dave Devris, de Adelaide, que criou um enredo com as letras da banda para fazer uma parte da revista. A outra parte era uma reverência respeitosa a Bon, com uma apresentação no inferno, depois de pegar a estrada para lá, claro, que oficialmente traria, enfim, um encerramento a sua era no AC/DC. Infelizmente, a revista nunca viu a luz do dia.

As gravações de Angus com o figurão da música afro-americana Taj Mahal aconteceram por volta da mesma época. Algo como cinco músicas foram gravadas, mas ainda não foram lançadas.

Taj Mahal: "Aquilo foi quente. Nós fizemos uns sons, "44 Blues" e trabalhamos nesse tipo de coisa meio rap. Foi muito bom, bem divertido. Se houver uma versão do demônio da Tasmânia, te digo! Esse cara [Angus] sabe se divertir."

Depois de filmar vídeos para "*Cover* You In Oil" e "Hail Caesar" em novembro, eles ensaiaram para a turnê Ballbreaker em um armazém londrino. Lá, a banda trabalhou 37 músicas, mas apenas 23 foram para o palco. "Big Gun" esteve entre as que foram testadas, mas não deram certo.

Então, no início de janeiro de 1996, aconteceram os ensaios de palco e produção em St. Petesburg, Flórida, no Thunderdome. De lá foi direto para a primeira etapa da turnê americana e canadense do Ballbreaker a partir de 12 de janeiro, com 12 dos uniformes escolares de Angus na bagagem, só por precaução. Com 49 datas ao todo com a banda australiana The Poor, com o baterista James Young, outro parente, abrindo os shows, a temporada incluiu duas datas na Cidade do México pela primeira vez, em fevereiro.

Mas, tragicamente, bem quando a banda começava a ter sucesso com a turnê, no fim de janeiro quatro shows foram adiados na Califórnia para Brian voltar para casa em Newcastle para o funeral de seu pai.

Joe Perry, do Aerosmith, pegou a turnê em Miami e depois sua banda fez um tributo ao AC/DC em seu álbum *Nine Lives*.

Joe Perry: "Nós fizemos nosso tributo ao AC/DC com a música 'Nine Lives'. Sempre amamos a banda, desde a primeira vez que a vimos. Uma das minhas coisas favoritas é tocar as músicas do AC/DC na passagem de som. Então elas ficavam sempre na minha cabeça, precisávamos escrever algumas músicas que fossem tão divertidas de tocar quanto elas. Por isso, depois de os vermos tocar em Miami, no dia seguinte, enquanto compúnhamos para o álbum pensávamos em 'Whole Lotta Rosie' e tal e escrevemos 'Nine Lives'."

Depois, em um show ao ar livre em St. Louis, sob calor e umidade sufocantes, Brian desmaiou e coube a Angus, que raramente falava no palco, dar a má notícia à multidão de 20 mil pessoas.

Angus: "Conseguimos chegar ao fim do show, mas ele desmaiou logo antes do fim, então não conseguimos voltar e fazer o bis. Eu precisava avisá-los. Precisei subir ao palco e explicar para o público manter a calma.

Quando você fica na frente de 20 mil pessoas, pode ficar um pouco nervoso porque todas elas olham para você como um grande animal. Eu me senti um pouco como os cristãos com os leões."

Durante as datas nos Estados Unidos, a banda separou-se do empresário Stewart Young e, desse ponto, passou a empresariar a si mesma, com seu antigo gerente comercial da Prager & Fentos, Alvin Handwerker, passando a lidar com as tarefas adicionais.

Em 5 de julho, um intenso concerto particular foi filmado em Londres para a "VH1's Uncut" na primeira apresentação na televisão com Brian e sua primeira exposição na TV desde a aparição no "Midnight Special" nos Estados Unidos em 1978.

O grande evento com 12 melodias – a princípio seriam só quatro – teve várias músicas nunca antes apresentadas com Brian, incluindo "Go Down" (que eles também nunca tocaram com Bon), "Riff Raff", "Gone Shootin'" e "Down Payment Blues".

Alguns dias depois, a banda tocava diante de adoráveis espectadores espanhóis, alguns dos mais fervorosos seguidores do AC/DC.

Angus: "Quando estávamos na Espanha, vários garotos ficaram emocionados com nossa chegada. É bem estranho ver esses marmanjos com lágrimas nos olhos porque você está lá tocando e eles vão vê-lo."

Como reconhecimento por seu apoio fanático, todo o show de 10 de julho em Madri foi filmado.

O último show da turnê europeia de 48 datas foi a maior apresentação ao ar livre do ano na França. Aconteceu em Bordeaux, na noite do Dia da Bastilha, diante de 30 mil pessoas, aberto por Wildhearts, Sepultura e Silmarils.

Pelo andar da turnê, Brian ficou mais preocupado com seu coração do que com sua voz. E ficou ainda mais com Angus e o dano que ele fazia a si mesmo no palco.

"No fim do trecho europeu, estava ficando bem doido", ele contou a Angus Fontaine no *Daily Telegraph* de Sydney, em 7 de novembro de 1996. "Ele corria pelo palco com machucados em todos os lugares, sangrando nas costas, com sangue nos ombros e nos joelhos."

Eles precisaram prender a respiração para uma apresentação de "You Shook Me All Night Long" no Bryant Park em Nova York para o filme *Howard Stern: Private Parts*, baseado na autobiografia do ousado radialista e grande fã do AC/DC. Após várias tomadas de "You Shook Me" usando playback, a banda tocou uma versão ao vivo improvisada de "The Jack".

Eles alertaram Stern de que a combinação de AC/DC e cinema estava amaldiçoada, baseado em suas experiências com *Trucks – O Comboio do Terror,* de Stephen King, e depois com *O Último Grande Herói*, com Arnold Schwarzenegger, dois fracassos de bilheteria.

A trilha sonora de *Private Parts* seria lançada nos Estados Unidos, em 25 de fevereiro de 1997, um dia após o lançamento europeu, enquanto o filme estrearia nos Estados Unidos em março e incluiria o AC/DC tocando "You Shook Me All Night Long".

A ligação com Stern era, pelo menos, uma boa publicidade para a segunda parte da turnê americana e canadense que começou em 1º de agosto. Foi seguida por uma turnê sul-americana, de 11 a 22 de outubro, quando a banda tocou no Brasil e, pela primeira vez, na Argentina e no Chile.

Como o show em Buenos Aires, no Estádio do River Plate, atraiu uma multidão de 120 mil pessoas, a banda deve ter se perguntado por que demoraram tanto.

Austrália e Nova Zelândia eram as próximas paradas na programação da turnê, a partir de 2 de novembro. No fim de setembro, já tinham sido vendidos 160 mil ingressos para os 13 shows já marcados. Quando eles chegaram, mais dois shows foram agendados por causa da demanda.

Era a última parte da turnê mundial, e o fim não viria tão cedo para a banda. A programação no último ano e adiante se estendeu para quase diária para atender à demanda, chegando a ponto de haver 13 apresentações em apenas 14 dias. Na Austrália não foi diferente.

Lembrando a lendária turnê americana de 1972 dos Stones, a emissora de rádio 2MMM, de Sydney, dava previsões do tempo e do tráfego para os shows.

Um fã de Melbourne não conseguiu ligar para uma emissora de rádio e resolveu ir em pessoa pedir uma música do AC/DC. O fato de ser quatro da madrugada não era problema para ele. Também em Melbourne, um grupo de estudantes pressionava para que fosse erigida uma estátua de Angus na cidade, em resposta a propostas para um monumento a Michael Jackson.

Em Brisbane, William Young (Jr.), um dos irmãos mais velhos de Angus e Malcolm, foi ao show. Quando o AC/DC estava na cidade, a família sempre dava força.

Durante essa agitada agenda de turnês, o AC/DC ainda achou tempo para fazer história com sua primeira apresentação na cidade de Darwin, no interior da Austrália, depois de 21.500 fãs prepararem um abaixo-assinado pedindo para a banda incluir sua cidade em seu abarrotado itinerário.

Havia certa graça e poesia no fato de a capital do consumo de cerveja do mundo receber o show do AC/DC. Bon adoraria isso.

Malcolm até sonhou em encontrar-se com Bon no interior da Austrália.

"Às vezes, eu tinha uns sonhos em que eu encontrava Bon em um lugar bem lá no extremo norte da Austrália ocidental... ele nunca morreu, apenas decidiu que as coisas não estavam mais divertidas para ele e resolveu que sairia e desapareceria. Eram uns sonhos assim. Ainda achamos que Bon está por aí, basicamente, por causa da música e isso que é bom."

Durante sua turnê australiana, Malcolm destruiu os sonhos do ex-primeiro-ministro de Nova Gales do Sul Neville Wran, quando os dois faziam ofertas por uma casa em Balmain, no centro de Sydney. Wran, segundo conta a história, não gostou muito de competir com um pequeno cabeludo apenas para ouvir que esse cabeludo fez uma oferta melhor e conseguiu a casa.

No Bull – Live Plaza De Toros De Las Ventas, a apresentação filmada em Madri, em julho, foi lançada no mundo todo em vídeo durante a turnê australiana. Foi um show intenso em uma praça de touros, um cenário muito diferente do pacote de Live At Donington.

"O som é bem cru", Malcolm contou a Phil Lageat na *Hard Rock,* em fevereiro de 1997, "Isso é No Bullshit, No Bull! [Não é besteira, não é bobagem!]"

Com o ano chegando ao fim, durante uma missa, o cardeal Joseph Ratzinger, atual papa, estigmatizou o rock como "instrumento do Diabo" e fez menções específicas aos Beatles, Eagles, Queen, Rolling Stones e AC/DC. Os oficiais do Vaticano citaram depois "Back In Black", Alice Cooper e AC/DC como os piores pecadores. Os líderes de igrejas também alegavam que as inicias da banda "não se referiam a corrente alternada ou bissexualidade, mas à frase satânica 'Anticristo, Morte a Cristo'".

2001
Já teve a sensação de estar sendo observado?
Angus, Madison Square Garden, Nova York.

Capítulo 26

Stiff Upper Lip

Você pode tirar o garoto da escola de Glasgow, mas não pode tirar Glasgow do garoto.

Estava correndo tudo bem como um relógio no show em Phoenix, Arizona. Isso até o meio da música "Bad Boy Boogie", quando alguém atirou bebida em Angus. Como sempre, ele não aceitava desaforo. Foi até a ponta do palco, apontou para o cara e pediu para ele parar. Então veio outra bebida e ele estourou.

Angus tirou sua guitarra, entregou-a para um *roadie* e passou por debaixo da grade para se aproximar do cara. Quando ele estava perto, Angus puxou firme o nariz do cara e despejou algum veneno verbal antes de o encrenqueiro ser levado pela segurança. Reunido à sua guitarra, Angus fez uma reverência e o show, como sempre, continuou.

Embora a pouca tolerância com merdas sempre tenha sido uma marca registrada do AC/DC, algumas de suas outras atitudes continuavam a mudar e os membros da banda baixavam a guarda aos poucos. Eles pareciam mais tolerantes e abertos a sugestões.

Isso aparecia em coisinhas como o artigo no *Daily Telegraph* de Sydney, de 26 de agosto de 1997, sobre uma coleção de selos que seriam lançados celebrando o rock australiano. Um teria uma imagem de Angus com uma mochila com as palavras "long way to the top" [longo caminho ao topo].

Um exemplo melhor das mudanças que aconteciam veio com a caixa *Bonfire*, um exercício de volta ao início que colocou o holofote de novo sobre Bon Scott, com gravações raras e não lançadas e apresentações ao vivo lendárias.

A banda nunca foi a favor de coletâneas do tipo "maiores sucessos". E o mais importante: o AC/DC praticamente tinha duas carreiras, uma com Bon e outra com Brian, uma governada pelo destino e a outra pela determinação. Misturar as duas com respeito antigamente parecia uma tarefa quase impossível. Mas agora parecia que o tempo e a idade curaram essas feridas e juntaram esses dois momentos.

Em um tributo declarado a Bon, o material com sua marca que nunca vira a luz do dia, como "Dirty Eyes", música que se tornaria o clássico "Whole Lotta Rosie", foi reunido. Além disso, a lendária transmissão da banda no Atlantic Studios em 1977, que por muito tempo foi uma cópia caríssima chegando até a 300 dólares, foi incluída, assim como, por sugestão de Arnaud Durieux, coautor deste livro, um dos quentes shows de Paris do fim de 1979, gravado para o filme *Let There Be Rock*. Durieux desencavou as fitas originais e, embora as fitas masters de 24 faixas tivessem sido destruídas alguns anos antes, uma master da última mixagem sobreviveu.

Em uma homenagem a Brian, o álbum marco da transição do AC/DC, *Back In Black*, também foi incluído, o que acabou mesmo com o desejo declarado da banda de não revender a fãs o que todos eles já tinham. E dezenas de milhões já tinham o *Back In Black*.

O projeto surgiu de uma ideia de Bon no fim dos anos 1970, quando parecia que todos os membros das bandas de sucesso, como o Kiss, faziam um álbum-solo.

Embora Bon, a princípio, não sentisse nada além de desprezo pela ideia, acabou mudando de opinião.

Angus: "Ele disse a Malcolm uma vez: 'Se um dia eu for famoso....e eles quiserem que eu faça um álbum-solo, eu o chamarei de *Bonfire*!'. Segundo ele dizia: 'Quando eu for um figurão!'.

Acho que [a parte mais difícil era] vasculhar tudo, coisas que podíamos lembrar e os lugares onde fizemos shows com Bon em todo o mundo e depois conseguir algumas das fitas, porque, acredite se quiser, várias delas se perderam ou tinham uma péssima qualidade. Eles poderiam ter a cópia da cópia da cópia. Nós tínhamos coisas assim no passado. Lembro de anos atrás tentarmos localizar uma filmagem na Austrália e acho que houve um incêndio em algum lugar e eles não puderam encontrá-la.

Acho que fiquei mais impressionado com a faixa 'She's Got Balls', do Lifesaver em Sydney. Foi a primeira noite de Cliff na banda, a primeira vez dele no palco conosco realmente. Fiquei chocado quando eu ouvi pela primeira vez. Achava, a princípio, por ser a primeira noite de Cliff, que a música ficaria meio fraca, mas com certeza deu certo! Bon, é claro, brilhou como sempre."

Compilar o material para *Bonfire* tornou-se uma autoafirmação e um grande orgulho para a banda duas décadas depois. Resumindo, os valores essenciais e o som do AC/DC não mudaram nada: eles se ajoelhavam aos pés de Chuck Berry, a parte mais importante de qualquer música era seu balanço e ritmo, e eles eram portadores-padrão orgulhosos do mais fundamental rock'n'roll.

"As características básicas eram as mesmas", Angus contou a Winston Cummings na *Hit Parader*, em maio de 1998. "[Mas] passamos a compreender melhor nossa música."

Em 17 de novembro, *Bonfire* foi lançado na Europa e na Austrália e, no dia seguinte, nos Estados Unidos. O lançamento britânico aconteceu um pouco mais tarde, em 6 de dezembro. Nos Estados Unidos, o lançamento coincidiu com as vendas de 16 milhões de cópias de *Back In Black* na América, o que o tornou o segundo álbum de hard rock mais vendido no país de todos os tempos.

Durante esse tempo, acontecia um lento progresso em um novo álbum e, em fevereiro de 1998, terminou o processo de composição, que começou no verão de 1997 em Londres.

As músicas foram escritas na Austrália, na casa de Angus na Holanda, onde ele viveu por algum tempo, e em Londres, com Malcolm na guitarra e Angus na bateria.

Mas houve alguns momentos paralelos antes do início das gravações.

Em março de 1998, Brian e Cliff tocaram juntos em um show beneficente no Opera House em Sarasota, Flórida.

Depois, no mês seguinte, a banda da Flórida Neurotica lançou seu álbum *Seed*, que Brian não apenas produziu como participou nos vocais de fundo. No ano anterior, Brian apareceu no álbum do Jackyl *Cut The Crap* em uma música chamada "Locked and Loaded", que ele interpretou e ajudou a escrever.

Em agosto, o trabalho no novo álbum ficou sério em Londres, uma programação interrompida com prazer em uma noite quando Angus e Brian fizeram uma rara aparição pública fora do palco para receber o Lifetime Achievement Award [Prêmio pelo Conjunto da Obra] da revista *Kerrang!*. Foi outro sinal de tempos mais relaxados.

O trabalho no material novo continuou por vários meses, durante os quais Herm Kovac, o velho amigo de Malcolm, recebeu uma ligação.

"[Malcolm] me ligou perguntado se eu poderia conseguir um desconto para ele em uma bateria. A coisa escocesa aparecendo nele. O cara é um multimilionário e me liga [para perguntar] se eu podia conseguir um desconto em uma bateria Ludwig! Acho que eu incuti por intermédio de Simon Kirke [baterista do Free e do Bad Company, muito admirado por Malcolm] que as baterias Ludwig são ótimas, pois Malcolm é um cara que quando faz uma demo em casa não quer saber de baterias eletrônicas, ele mesmo quer tocar a bateria."

Os planos de gravação tragicamente viraram um caos em 17 de maio de 1999 com a morte do produtor Bruce Fairbairn, aos 49 anos. Malcolm e Angus tinham um grande respeito por ele por causa da sua ética profissional, da facilidade com que ele tornava possível a realização das coisas e de seu forte senso de família. Os dois viajaram para Vancouver para ir ao funeral.

Mas o show, como sempre, tinha de continuar e, em julho, eles entraram no Warehouse Studios de Bryan Adams em Vancouver, Canadá, um ambiente com um toque semelhante ao do Albert Studios original em King Street, Sydney, demolido durante os anos 1980.

George Young foi tirado de sua aposentadoria não oficial para ser produtor, embora não trabalhasse mais com Harry Vanda. Mike Fraser, que trabalhou em *Ballbreaker*, teve a função de coprodutor.

Ter George de volta ao console era um dos prazeres simples e tranquilizadores da vida para a banda. Como Brian brincou uma vez, se seu pinto quebrasse ao meio, George conseguiria encontrar outro para ele que tivesse um encaixe perfeito. Talvez até maior.

E a junção de George com Malcolm contribuía para uma poderosa combinação criativa.

Angus: "Eu mesmo fui meio sortudo, provavelmente desde o início, pois sempre tive Malcolm. Eu poderia sonhar com alguma ideia e ele me diria se era estúpida ou não. Outras vezes ele dizia: 'Não é tão ruim'. E fazia acontecer. Ele, provavelmente, é mais prático do que eu. Sou meio sonhador, então tenho sorte nesse sentido. Ele tem mais energia.

George se unindo a mim e a Malcolm nos pressiona às vezes também quando um quer bater no outro! Então ele é meio como uma mistura de mim e do Malcolm. É uma coisa engraçada. Se temos ideias e tal, eu olho para Malcolm e todas as vezes fico pasmo. Eu sento e ouço o que ele diz, uma ideia de uma fita ou outra coisa, e é sempre diferente. Ele está sempre à frente e na frente de qualquer um que já conheci. É único. Eu gosto de bater o pé. Para mim, se você me der uma melodia de rock fico feliz, seja 'TNT', 'Whole Lotta Rosie' ou algo como isso, ou uma 'Highway To Hell' onde é só [bate seu pé três vezes] direto, isso é o que mais amo. Mas Malcolm sempre olha e quer ficar sempre um passo à frente na abordagem às coisas. Ele dirá: 'Olha, Ang, você já fez isso antes' ou 'nós já fizemos isso'."

"George conhece seu ritmo", Angus contou a Patrick Donovan na *The Age,* em 6 de fevereiro de 2001. "Isso é tudo de que se precisa nessa banda e muitos produtores não têm isso. Eles têm os ouvidos e o tempo, mas não o ritmo. É matemática para eles, não entendem o balanço."

Já para Brian, estar no estúdio com Malcolm e Angus era uma coisa, estar na mesma sala com Malcolm, Angus e George era outra.

"É como um sanduíche de merda, né, Brian?", Malcolm riu no programa Allan Handleman na WRFX, em 25 de março de 2001. "E você fica no meio!"

"Nós nos damos muito bem e temos os buracos de bala para provar!", Angus interrompeu depois, brincando, quando o assunto era o relacionamento dos três irmãos.

Era para o novo álbum ser uma volta ao básico, onde pouco parecia ser muito mais com o mínimo de tecnologia.

Angus: "Temos apenas duas guitarras, baixo e bateria e a única cor que todos eles usam sou eu, para um pouco do trabalho de guitarra. Você tenta manter tudo minimalista, eu acho, se estiver pensando em arte, mantém tudo básico. As boas bandas de rock são sempre as mais simples.

Sempre acho que o melhor rock é algo com um elemento de blues nele. Eles nos bombardeiam, hoje em dia, com imagem e isso parece ser cada vez mais o caso. Acho que eles todos estão se perdendo."

Em geral, o conceito básico era continuar de novo a refinar o que o AC/DC começara 25 anos antes.

"Algo próximo do que os caras nos anos 1950 faziam", Malcolm explicou a Tim Henderson na revista *BW + BK,* em junho de 2000. "Nós vamos manter essa bandeira. Acho que somos os únicos, com a exceção dos Rolling Stones."

Como sempre, as músicas ficaram prontas com alguns *takes*. Malcolm tocou o solo em "Can't Stand Still", enquanto Angus fez os vocais de fundo de "Hold Me Back".

Durante as gravações, Joe Strummer, do Clash, visitou a banda, assim como o dono do estúdio, Bryan Adams, que entrou no que poderia ser o pior pesadelo de um vegetariano de vida regrada, um estúdio cheio de fumaça de cigarros e os sons e o cheiro de Brian assando um animal morto.

Um membro dos Beastie Boys ligou para Malcolm pedindo permissão para usar o *riff* de "Back In Black" como um sample para o relançamento da música de 1984 dos Beastie Boys "Rock Hard" em uma nova coletânea. Ele os ignorou. Samplear ia contra tudo em que o AC/DC acreditava e defendia.

Angus: "Como Malcolm disse uma vez [em um exemplo semelhante]: 'Bem, se você tem talento, por que não compõe? Onde está seu sucesso? Você pegou o sucesso desses caras!'. Eles provavelmente gastaram um tempão, se esforçaram e suaram para consegui-lo. Raio, eles criam algo original, fazem um sucesso e esse foi um trabalho duro. É como um cara escrevendo um livro por alguns anos. Você não vai querer pegá-lo e ver que o parágrafo C foi plagiado ou, se eu fizer um filme, não vou querer ver pedaços dele usados para vender outro filme.

[As pessoas] querem pegar nossa música, pegar o que eles acham ser o gancho, mantê-lo e colocar o nome deles como se fosse um trabalho de Ciências. Malcolm até disse a eles [The Beastie Boys]: 'Vocês estão livres para fazer isso, nada os impede... mas, meu chapa, nós sabemos que é 'Back In Black' assim como todas as pessoas que compraram o álbum sabem que é 'Back In Black'. Você pode chamar do jeito que quiser, mas é 'Back In Black'."

Um total de 18 músicas foram gravadas para o que seria o álbum *Stiff Upper Lip* e foram mixadas por Mike Fraser em Vancouver durante outubro e novembro.

Em 25 e 28 de fevereiro de 2000 respectivamente, o álbum foi lançado na Europa e na Austrália e, em 29 de fevereiro, nos Estados Unidos e no Canadá.

Angus pensou no conceito por trás do título do álbum, *Stiff Upper Lip*, enquanto estava preso no trânsito um dia. Ele percebeu que os lábios são uma parte vital da cultura roqueira, de Elvis a Mick Jagger, e carregavam certa rebeldia. Havia também talvez um sentido do significado tradicional da atitude de "durão", do cara que mantém a bandeira erguida e avança.

Angus: "Havia um pouco disso e também conosco sempre tem um pouco de humor. Mesmo quando começamos, sempre costumava dizer: 'Eu tenho lábios maiores do que os do Jagger e maiores do que os de Presley quando faço bico'. Na realidade, se você olhar o álbum *Highway To Hell*, eu faço bico assim [ele dobra o lábio]. Quando era criança, eu me lembro de ter visto um filme antigo em preto e branco da

Brigitte Bardot e ela tinha aqueles lábios carnudos e você pensava: 'Ah, sim! Ela é bem gostosa'."

Como ocorreu com *The Razors Edge* e *Ballbreaker*, o álbum logo chegou bem às paradas do mundo todo, ficando entre os cinco primeiros em muitos países. A estátua de Angus na capa era como um cavalo de Troia do rock. Ele parecia inofensivo o bastante até ser plugado na tomada.

Há muito Angus é o foco das capas dos álbuns da banda, de *Powerage* em diante, mas era um papel com o qual ele nunca se sentiu confortável por sua timidez fora dos palcos.

Angus: "Sempre estranho isso. Acho que Malcolm disse: 'Vamos pôr você [na capa]'. Eu respondi: 'Eles sempre me fazem pagar mico fazendo algo em algum lugar da capa'. Ele disse: 'Mas as pessoas conhecem você, sabem que faz parte do AC/DC, assim elas podem focar. Mesmo se alguém não souber seu nome, sabe que é o garoto ou o cara de short'. Olha, eu sempre tento me arrastar para o fundo, me escondendo. Mesmo no início era a mesma coisa também. Malcolm e George sempre diziam: 'Você precisa ficar lá na frente. Nós todos sabemos que você toca bem guitarra, mas as pessoas precisam saber!'. E eu dizia: 'Mas [a frente] é onde eles jogam as coisas também!'."

A música "Can't Stop Rock'N'Roll" referia-se a tempos mais remotos e era outra declaração do sentimento de "Rock And Roll Ain't Noise Pollution".

Angus: "Alguns tentam se ligar à última moda. Eles olham para o agora e o que acontece a seu redor e esquecem. A música vira algo descartável nesse sentido. É disponível tão livremente, mas por ser assim há também o abuso. Dá para entender por que a mídia sempre diz: 'Precisamos de algo novo. Escrevo uma coluna sobre música em um jornal todos os dias. Preciso de algo novo'. Dá para entender esse lado. Mas isso assusta, de certa forma, quando... você vê o cara [Pete Townshend] que escreveu 'My Generation' [do The Who] mudar de opinião e aparecer com coisas como: 'Ah, o rock está morto' e coisas assim. Então você diz: 'Você não foi à minha casa!'"

Stiff Upper Lip foi lançado apenas um pouco mais de 20 anos depois do falecimento de Bon, mas não se tinha a intenção de marcar esse momento. Para Angus, a memória dele deveria ser celebrada em particular todos os dias em vez de ser o centro de qualquer tipo de ritual a cada fevereiro.

Angus: "Nunca fiz nada. Não sou do tipo de sentar e celebrar. Sabe, na época em que Bon faleceu, eu também tinha acabado de casar. Então é tanto um período para lembrar como também meu aniversário de casamento. E, se eu me esquecesse disso, poderia haver outra morte! [*risos*] Eu veria Bon mais cedo do que pensava!"

As lembranças de Bon poderiam ser evocadas nas situações mais improváveis.

"Malcolm e eu ouvimos um cantor de blues no rádio do carro. Malcolm disse: 'Caralho!'. Havia apenas um elemento dele [Bon] lá. Poderia ser a voz rouca, o *bourbon* ou seja lá o que fosse, mas havia aquele elemento. Então eu lembro de uma vez, quando procurava discos e ouvia um velho blues, um acústico, feito em 1928. Eu ouvi e disse: 'Caralho! É a voz dele?'. Assim que ouvi, fiquei todo arrepiado."

Espantoso também foi Angus, Malcolm e Brian apresentando uma versão acústica de "You Shook Me All Night Long" ao vivo no programa "Out To Lunch" da K-ROCK em Nova York.

Os tempos, com certeza, mudaram e até toda a mídia, de repente, parecia incentivar, mesmo aquelas publicações mais intelectuais que antes reviravam os olhos só com a menção do nome da banda.

Entre os espectadores agora estavam celebridades com camisetas do AC/DC, e alguns até ostentavam tatuagens.

Em março, a banda fez um vídeo para a faixa título do novo álbum em Nova York, enquanto dois outros vídeos foram feitos em Los Angeles dois meses depois. Dessa vez a Elektra resolveu não contratar seu diretor favorito, David Mallet. Malcolm não ficou feliz.

Naquele mesmo mês, a banda tocou ao vivo no "AC/DC@MTV" da MTV e, uma semana depois, eles tocaram de novo, dessa vez no "Saturday Night Live", onde mais do que nunca pareceram anões ao lado dos outros convidados, os lutadores The Rock e Triple H. Presenças nesses programas eram o tipo de situação que eles evitaram por muito tempo como uma praga, mas, como demoraria alguns meses para a turnê, esses eventos eram uma boa oportunidade para enfiar o novo álbum goela abaixo de alguns milhões.

Tão surpreendente em termos de presenças incomuns da banda foi a festa depois do Warner Music Juno Awards em Toronto, para a qual Angus, Malcolm e Phil não só foram como se juntaram ao The Royal Crowns no palco para tocar "Stiff Upper Lip".

O sinal mais palpável da invasão da cultura dominante veio em 22 de março, quando a Calle De AC/DC [Rua AC/DC] foi exibida oficialmente em Leganes, Madri, Espanha, em uma homenagem à imensa popularidade da banda lá.

Quase tão surpreendente foi o fato de Malcolm e Angus estarem presentes à cerimônia, junto a uns mil fãs, e depois darem uma coletiva.

Angus: "Eles ficam falando que vários fãs continuam a roubar as placas das ruas, então já as tinham trocado seis vezes até agora.

Acho que é melhor [a rua ter nosso nome]. Ou era nosso nome ou o de algum servidor civil local que ninguém conhecia. Então, por que não, sabe? A área é como uma área musical. Eles têm cultura, música e tal e é uma região da classe operária da Espanha."

A mudança óbvia na visão da banda chegou ao ápice em junho.

Desde o primeiro dia de sua carreira, o AC/DC foi um acompanhamento musical bem alto das fotos em revistas como *Penthouse* e *Playboy*. Poucos imaginariam a banda participando em uma dessas publicações em algo além de um texto. A *Playboy* alemã consertou isso.

A entrevista com Angus era uma coisa, mas o ensaio incrível de oito páginas com ele usando a mais nova moda masculina, cercado de lagartos e outras criaturas exóticas, estava em outro nível. Não havia uniforme escolar em nenhuma das imagens.

Era, de certa forma, o AC/DC politicamente incorreto com orgulho em evidência.

Angus: "No fim, essas coisas [politicamente corretas] se tornam a lei. Esse é o lado assustador disso. Nenhum disco jamais atirou no peito de alguém, mas há vários cadáveres de ideologia.

Meu pai costumava martelar isso na nossa cabeça enquanto crescíamos. Ele sempre dizia: 'Fodam-se eles, filho'. Ele ficava irritado se eu fosse à escola e algum professor estivesse discursando sobre uma questão ou coisa do governo. Ele dizia: 'Estou mandando você para uma porra de escola estadual e não quero que saia de lá como um membro de algum Reich do caralho!'.

Eu sempre achei estranho eles tentarem enfiar uma coisa política [na música] quando, porra, como todos sabem, você teve trechos de toda a esquerda, da direita e do centro e, para o público em geral, esquerda e direita é 'de que lado do avião estou sentado?'

Por algum motivo eu sabia se um país era mais de esquerda pela aspereza do papel higiênico! Eu dizia, bem, não acho que essa cultura vá muito longe. Toda banda que eu conheço foi para Moscou e o primeiro item na lista de pedidos era esse [papel higiênico]. Era o item mais importante porque você não ia conseguir o papel. Essa era a prova número um. Acho que eles podem dizer qualquer merda que quiserem sobre o capitalismo, mas eles com certeza sabem como é um papel suave!"

Os ensaios para a turnê aconteceram em julho em Grand Rapids, Michigan, no River City Studios, e foram depois para o DeltaPlex para todos os preparativos da produção. Eles ensaiaram "Touch Too Much",

"Can't Stand Still" e "You Can't Stop Rock And Roll", mas elas não foram escolhidas.

Em 1º de agosto, começou a primeira etapa de 33 datas da turnê americana e canadense, com abertura do Snakepit, a nova banda de Slash, o ex-guitarrista do Guns N'Roses.

Além da banda, o que chamava a atenção no palco era uma estátua enorme de Angus à imagem da capa do *Stiff Upper Lip*. Embora deva ter demorado para Angus se acostumar a dividir o palco com seu modelo de visual demoníaco com uma altura de vários andares, em um show, Malcolm a viu em close quando a estátua quase caiu sobre ele.

Angus: "Um pedaço dela balançou uma noite porque ela é em pedaços, sabe? Acho que um deles estava solto e caiu, e ele [Malcolm] tinha acabado de se mover. Ele nem percebeu, ele disse, mas sentiu algo fazendo barulho atrás da sua perna."

O público do AC/DC cruzava várias gerações. Os pais que viram a banda na turnê Back In Black iam agora aos shows com seus filhos. Poucos viram Bon cantar e para muitos o vocalista do AC/DC sempre foi Brian.

Para o cantor, o show ainda era divertido, mas um trabalho árduo por algumas horas por noite. Ele também tinha de lembrar palavras demais de músicas demais todas as noites e decidiu contra sua vontade que precisaria de um *teleprompter* para ajudá-lo quando necessário.

"Meu cérebro não é grande o bastante para aprender todas as músicas", Brian contou a Roger Lotring na *Metal Edge,* em junho de 2003. "Que é isso, 17 álbuns?"

Essa conta não chegava nem perto da produção gravada de alguém como John Lee Hooker, mas receber um espaço na Calçada da Fama do Hollywood Rock com The Hook e outros heróis como BB King, Eric Clapton e Jimi Hendrix era motivo para sorrir.

Mais uma vez eles foram mesmo à cerimônia e colocaram as mãos no cimento no Guitar Center, no Hollywood Boulevard.

Enquanto isso, por vários meses rolaram boatos de que a banda participaria da cerimônia de abertura ou da de encerramento dos Jogos Olímpicos que aconteceriam em Sydney em setembro de 2000. Nada disso aconteceria, mas tanto faz.

O AC/DC poderia ser um tesouro nacional e atingir um grande público, mas a banda seria um pouco forte demais para muitos em uma situação como essa. Além disso, *playback* não era algo que eles queriam fazer e toda a coisa tinha muito pouco a ver com rock de qualquer forma.

"Nós fomos pegos no antidoping!", Malcolm contou rindo a Cameron Adams no *Herald Sun,* em Melbourne, em 8 de março de 2001.

Em todo caso, eles tinham de se preparar para levar a força de *Stiff Upper Lip* para a Europa em 14 de outubro. A turnê correu bem, tirando uma apresentação em Madri em que Malcolm decidiu que deveria tocar "Sin City" sem ensaiar e o pobre Brian tropeçou pela música, sem lembrar nem metade da letra.

A turnê chegou à Austrália para 15 datas a partir de 19 de janeiro, com abertura de The Living End. Mais shows precisaram ser remarcados para atender à demanda, com seis noites no Sydney Entertainment Centre. A banda também se apresentou em Hobart, Tasmânia, pela primeira vez em 24 anos.

Angus: "Apareceu um cara com um boné da vez [anterior], que ele ganhou de alguém da equipe. Era genuíno."

A Tasmânia trouxe de volta todos os tipos de lembranças, como ver uma Rosie drasticamente menor pela última vez em fevereiro de 1976 e Phil Rudd na farra com uma gangue de motoqueiros durante a turnê Giant Dose.

Quando chegaram a Adelaide, Phil sentiu como se todo o peso da forma original de Rosie se concentrasse na parte inferior de seu abdome. Ele desmaiou na passagem de som e o show foi adiado: mais tarde ele foi diagnosticado com infecção renal.

Em Queensland, uma emissora de rádio promoveu um concurso no qual, para ganhar ingressos para ver a banda no Brisbane Entertainment Centre, os concorrentes tinham de fornecer uma prova fotográfica de suas ações mais sujas.

Um fã foi filmado comendo vermes, outro bebendo vômito. Para não perder, outro foi a um *pub* e rolou no mictório.

O Homem Mijo ganhou o concurso e levou seus outros amigos ao show, encontrando a banda nos bastidores depois. Ele pediu para Angus autografar seu braço, um pedido nada maluco, mas, quando ele arregaçou a manga, o guitarrista ficou chocado ao ver vários de seus autógrafos de encontros anteriores tatuados no lugar.

O Japão, um país que o AC/DC nunca entendeu, era a próxima parada da turnê, mas um fã japonês não podia esperar. Tomoaki Baba foi aos oito shows da turnê australiana e, como parte de sua peregrinação, ele e sua esposa apareceram no Albert's, em Sydney, e perguntaram se alguém queria ver sua tatuagem. Nas suas costas, da nuca até a cintura, havia um desenho de Angus tirado da capa de *Highway To Hell.*

Ele voltou alguns dias depois com algo mais para exibir. Mas dessa vez ele baixou as calças e tinha AC/DC tatuado em seu bumbum em letras grandes, como Bon sonhara fazer um dia.

A turnê japonesa, a primeira da banda desde 1982, começou em 19 de fevereiro, logo depois da visita à Austrália. Eles não tinham pressa em voltar ao Japão após sua viagem anterior, quando houve problemas técnicos no uso de sua produção de palco completa e em alguns shows o sino nem fora desembrulhado.

Nesse ponto, as vendas de *Back In Black* passavam de 19 milhões apenas nos Estados Unidos, tornando-o um dos dez mais bem vendidos do mercado de todos os tempos. Os números das vendas do catálogo americano completo da banda, até o momento, chegaram a 63 milhões, o que fez do AC/DC a nona banda de maior vendagem de todos os tempos nos Estados Unidos e a quinta de melhor vendagem, atrás apenas de Beatles, Led Zeppelin, Pink Floyd e Eagles. Foi o modo perfeito de retornar para a segunda etapa da turnê americana e canadense, que começou em 18 de março.

Em abril, a banda voltou a Salt Lake City pela primeira vez desde a tragédia dez anos antes. Por trás do volume, das luzes e da empolgação, as memórias horrendas de sua última visita ainda estavam frescas na mente de todos.

Até o fim da turnê de 34 datas, alguns shows foram adiados em razão dos problemas na garganta de Brian. Esse não foi o único problema de manutenção.

Angus: "Acho que os sapatos são os mais prejudicados. Eles levam a pior. A sola deles parece estragar tão rápido hoje em dia. Certa noite, eu escorregava muito pelo suor no palco e pedia para um dos caras: 'Você pode jogar um pouco de Coca-cola para deixar o chão mais grudento?'. Como eles tinham uma parte transparente no palco, ele disse: 'Eu estava olhando seus pés e você precisa comprar uns sapatos! Esses estão sem sola!'."

As guitarras também estragavam rápido com o suor.

"Elas ficavam como pranchas de surfe, ensopadas. Então quase todas as semanas eles tinham de desmontá-las e trocar as partes, porque elas enferrujam rápido demais."

Como nas turnês anteriores, satisfazer a demanda para ver a banda já era uma tarefa e tanto, e para isso ocorreu uma monumental turnê de 15 datas em estádios europeus entre junho e julho. Foi a maior proeza já realizada pelo AC/DC, que passou por 15 cidades juntamente com vários outros nomes como Megadeth, The Offspring, Buddy Guy, The Black Crowes e Die Toten Hosen.

O fato de ser uma visita de retorno significava repensar o que seria tocado.

Angus: "Nós fomos à Europa nos meses de inverno e não sabíamos que voltaríamos no verão. Quisemos fazer o show um pouco diferente, então resolvemos que provavelmente o melhor seria tocar algumas músicas que a maioria do público não ouvia ao vivo, bem, há tempos. A última vez que tocamos "Up To My Neck In You" foi durante uma das primeiras vezes na América com Bon, acho, em um velho clube de San Francisco. Então nem testamos algumas delas [desde então]. Nós nos sentimos ousados!"

A resposta foi tamanha que em algumas cidades houve um segundo bis após seu encerramento tradicional com "For Those About To Rock", algo sem precedentes na história moderna da banda.

A reação em Paris, que mais no início de sua carreira não era nada acolhedora, foi incrível, e não apenas a reação das 80 mil pessoas no público, o que tornou este o maior show da cidade de todos os tempos. Uma frota de policiais em motos escoltou a banda, que ficou no mesmo hotel do presidente americano Bill Clinton.

A apresentação em Paris foi filmada e, pela primeira vez na história da banda, a blueseira "Ride On" foi incluída no fim do show. A música foi relembrada rápido no camarim. John Lee Hooker faleceu um dia antes, um acontecimento que mexeu com malucos por blues, como Malcolm e Angus, embora "Ride On" não fosse um tributo a esse cantor veterano.

Foi um indício de que Bon podia ter morrido, mas, mais de 20 anos depois, não foi esquecido. Era um momento também de Brian, que há muito sentia que a música era muito a cara de Bon para ele cantá-la. Mas agora parecia certo.

Brian ficou comovido e emocionado ao mesmo tempo. "Essa é uma música de Bon Scott", ele anunciou, vestido, como o resto da banda, com o uniforme do time de futebol francês que ganhara sua primeira Copa do Mundo naquele mesmo estádio três anos antes. Foi como um rito final de passagem para Brian, embora ele tenha merecido sua posição há muito tempo.

Era adequado, ao mesmo tempo, Kirriemuir, na Escócia, abrir o Gateway to the Glens Museum em junho para homenagear sua herança cultural. O garoto local Bon e o AC/DC, é claro, estavam retratados.

Enquanto isso, a reação ao trecho alemão da turnê foi tão entusiasmado quanto havia sido em Paris. O show no Olympia Stadium, em

Munique, diante de 80 mil pessoas, foi a primeira data a ter todos os ingressos vendidos e eles resolveram filmar esse show.

As condições do dia não eram as ideais. Alguns que não conseguiram entrar no show ficaram em um morro do lado de fora. Infelizmente, lá foi onde prepararam um enorme espetáculo de fogos, então a polícia teve de ser chamada.

A decisão de voltar para um segundo bis foi tanto um ato de agradecimento extra aos fãs como uma tentativa de esfriar algumas cabeças quentes.

Angus: "Acho que durante aquele dia também impediria algum problema, porque a polícia estava lá fazendo sua coisa, mandando nas pessoas [e], imagina, bem, você não quer que a situação fique feia."

Tamanho foi o sucesso do trecho alemão da turnê que a banda recebeu um prêmio do promotor pelas vendas de ingressos, passando de meio milhão em apenas sete shows.

O DVD e a fita de vídeo resultantes, *Stiff Upper Lip Live*, foram lançados no Japão e na Europa em novembro e na Austrália e nos Estados Unidos no mês seguinte.

O sucesso da turnê deve ter feito os departamentos de marketing de várias grandes empresas salivar com as possibilidades de patrocínio. Mas, para Angus, um contrato desse tipo o levaria junto com a banda direto à estaca zero.

"Acho que, com os anos, diversas pessoas apareceram querendo nos patrocinar por várias coisas. Mas você chega a um ponto em que pensa, bem, eu sou um fumante inveterado, mas ainda não sentaria lá e diria, serei patrocinado por uma empresa de cigarro ou algo assim [ele disse antes de dar uma forte tragada em um cigarro].

Porque eu acho, então, que seria como se você trabalhasse para outra [companhia]. No início você dizia, bem, esse foi o motivo pelo qual eu entrei no rock, para começo de conversa. Você sempre diz, bem, quem sabe? No fim eu não terei um chefe!"

Ticket for AC/DC with The Offspring, Milton Keynes Bowl, Friday 8th June 2001, 4.00pm. Tickets £28.50. SFX Presents. Ticket number 11233.

2001
Onde tudo começou. Brian e Angus, Hammersmith Apollo, Londres.

Capítulo 27

Nenhum Lugar Específico para Ir

Mick Jagger, Keith Richards, Ron Wood e Charlie Watts ficaram confusos na entrevista coletiva australiana dos Rolling Stones em Sydney, em fevereiro de 2003. O problema foi uma pergunta de um jornalista que saiu como uma única palavra: "Evocêsgostamdoacdc?".

A segunda tentativa do repórter foi bem mais clara.

Mick Jagger: "Keith gosta deles."

Keith Richards: "Ah, sim! Sim! Amo Accadacca, Angus e Malcolm, um grande time, cara. Ótimo mesmo."

Foi uma discussão breve, mas profética. Avance 30 horas para o Enmore Theatre de Sydney, onde a apresentação emocionante dos Stones foi o show mais quente que a cidade viu em muitos anos. Com uma hora de show, o pequeno corpo de Malcolm Young podia ser avistado na penumbra do fundo do palco. Ele se divertia demais acompanhando "Start Me Up" e socando o ar ao seu redor de um modo que provavelmente tinha mais a ver com nervosismo e com ele não acreditar que estava naquela situação.

Depois de "Start Me Up", Jagger, sem muita cerimônia, apresentou Malcolm e o ainda não visto Angus, que logo foi até a frente do palco e fez seu costumeiro cumprimento.

Com Angus de jeans, em vez de seu uniforme escolar habitual, e o corte de cabelo mais curto que ele já mostrou em público por quase 30 anos, entrando no palco junto de Malcolm, que não foi reconhecido de imediato, demorou um ou dois minutos para o público registrar a real importância do momento. Então foi uma loucura quando Keith, Ron,

Angus e Malcolm formaram uma linha de frente de quatro guitarristas para uma versão de "Rock Me Baby".

Malcolm uniu-se a Wood e ficou na guitarra base no fundo do palco, apesar de Jagger insistir para eles saírem correndo. Angus não precisava de encorajamento e se movimentava pelo palco como se fosse dele, com Wood fazendo o *duck walk* junto em certo momento. A visão de Angus de frente para um sorridente Richards era inestimável. Depois eles se foram.

Em agosto de 2001, com o fim da turnê Stiff Upper Lip, Brian aproveitou a oportunidade para se divertir sozinho. Primeiro, reuniu-se no palco com Ringo Starr, na Flórida, no USF Sun Dome de St. Peterburg. Depois, em setembro e outubro, reuniu-se com seus velhos companheiros do Geordie II para uma curta turnê por clubes no norte da Inglaterra, seu território nos anos 1970. Brian até os levou com orgulho ao palco no Opera House de Newcastle. Para registrar o momento, a banda gravou duas tradicionais músicas do nordeste, "Lost His Liggy" e "Biker Hill", do Geordie, em Newcastle, para uma coletânea.

Brian ainda sorria em março de 2002 quando ele e Cliff Williams, que compôs recentemente uma música para um filme chamado *Chalk*, uniram-se a Billy Joel no palco no Ice Palace em Tampa, Flórida, para uma versão de "Highway To Hell".

Mas o vocalista do AC/DC tinha planos ainda maiores e mais dramáticos do que ser um convidado nas apresentações dos outros. Em abril, ele anunciou que estava trabalhando em um musical baseado em Helena de Troia com Robert De Warren.

A produção de 1,2 milhão de dólares, preparada em silêncio durante seis anos, teria letra e música compostas por Brian com o ator britânico Brendan Healy.

Tudo isso foi interrompido, com prazer, em 7 de novembro de 2002, quando se anunciou que o AC/DC entraria para o Hall da Fama do Rock and Roll com The Clash, The Police, Elvis Costello e os Righteous Brothers.

A ocasião era mais badalada e prestigiada do que os planos de Cliff Williams naquele momento. Ele estava prestes a fazer quatro shows em clubes no fim de novembro e no início de dezembro na Bósnia-Herzegovina com a banda croata The Frozen Camel Projecto. Cliff também tocou em seu álbum.

Em dezembro, anunciou-se que, após uma sociedade de 27 anos, o AC/DC saía do grupo Warner Music para assinar um novo contrato com a Epic/Sony Music no valor de 50 milhões de dólares pelo catálogo antigo e as novas gravações da banda. O fato de o presidente da Epic ser o antigo coempresário Steve Barnett com certeza ajudou.

No Ano-Novo, Malcolm e Angus voltaram para a Austrália em uma visita que coincidiu com a turnê dos Rolling Stones. Com o ex-gerente de produção do AC/DC agora com os Stones, combinou-se de o par tocar junto de seus heróis no palco em Sydney.

Embora eles nunca tenham se encontrado com os Stones antes, Angus sabia que Keith Richards era grande admirador do AC/DC.

Angus: "Sei que [Keith] Richards é um grande fã. Alguém disse que em uma entrevista um repórter comentou: 'Soube que você é fã do AC/DC'. E ele disse: 'Sou'. E Jagger disse: 'Sim, e ele coloca para tocar toda santa noite!.'

Quando os Stones tocaram no Enmore, Malcolm e Angus não deixariam passar a chance de prestar seus respeitos.

"Eles estão tocando em nosso quintal", Malcolm contou ao Rollingstones.com em fevereiro de 2003. "Nós estávamos a dez minutos de lá, mas é ótimo encontrá-los depois de todos esses anos. Nós estávamos mais preocupados com eles arrasarem a gente!"

Em 10 de março, aconteceu a cerimônia de posse no Hall da Fama do Rock And Roll no salão do Waldorf-Astoria, um dos hotéis mais luxuosos do mundo, na cidade de Nova York. Embora ser empossado por heróis como Chuck Berry ou Keith Richards, que segundo dizem já haviam indicado o AC/DC em várias ocasiões anteriores, fosse perfeito, o fato de Steve Tyler do Aerosmith fazer as honras agradou bastante a Malcolm.

Mais uma vez, o guitarrista tinha uma longa memória. O AC/DC fez muitas turnês com o Aerosmith em 1978 e teve sua primeira presença no grandioso festival Day On The Green de Bill Graham em San Francisco com a banda de Boston em julho daquele ano. Quando o Foreigner não queria ter o AC/DC perto deles na programação, Tyler, que tocou "You Shook Me All Night Long" com a banda no Hall da Fama, interferiu e lançou um ultimato: se o AC/DC não tocasse, eles também não tocariam.

O AC/DC, que nunca se sentiu bem em tais circunstâncias de autoelogio como o Hall da Fama, preferiria aceitar o prêmio por algum tipo de transmissão via satélite, pelo correio ou por um mensageiro, em vez de em um salão diante de mesas repletas da elite da indústria fonográfica mundial.

Eles não foram ingratos, mas, de certa forma, eram inscritos em um clube para o qual, obrigado mesmo assim, eles escolheram não entrar por 30 anos. Estaria tudo bem se eles nem fossem indicados.

Angus: "Acho que, de alguma maneira, eles usam o termo errado quando dizem 'rock'n'roll' e então você vê alguém como James Taylor sentado lá [começa a gargalhar]. Sabe como é? Fica um pouco forçado."

Mas pelo menos Bon estava representado por seus sobrinhos Paul e Daniel Scott, que foram apresentados por Brian em um gesto caloroso do homem que substituiu seu tio com muito orgulho.

O Clash, sem o falecido Joe Strummer, participou da cerimônia e também não estava acostumado a tamanha adoração pela indústria. Mas, embora o AC/DC estivesse pelo menos familiarizado com o Clash, o baixista dos veteranos punk Paul Simonon não sabia quase nada do AC/DC.

"Para ser honesto, não conheço bem sua música. Imagina, talvez se eu ouvir uma faixa no rádio..."

Malcolm não teve nenhum problema com o Clash, mas reclamou muito da chatice do comprimento do discurso feito por The Edge, do U2, para marcar o falecimento de Strummer.

"Nós ficamos ao lado [do palco], esperando e ficando cada vez mais furiosos", Malcolm contou a Geoff Barton, em 2005, na revista *Metal Hammer and Classic Rock Present AC/DC*. "Quando eles disseram para começar, nós voamos. Foi um desempenho instigado pela raiva. Nós arrasamos com o lugar. Eles ficaram dançando nos balcões de *smoking*. Foi um momento e tanto para nós."

No dia seguinte à cerimônia, o AC/DC fez um show gratuito intimista no Roseland Ballroom de Nova York visto por 3 mil vencedores de um concurso, com Billy Joel e Steve Tyler na coxia.

O encontro com os Stones em Sydney aconteceu de novo em junho, mas em uma escala ainda maior, quando eles foram chamados por seus heróis para fazer participações especiais em três shows ao ar livre enormes na Alemanha, mediante um pagamento de 4 milhões de dólares.

Fechou-se o círculo que começara no Chequers, em Sydney, 30 anos antes, com uma banda novata e uma apresentação que incluía um punhado de músicas dos Stones. Como foi o caso no Enmore Theatre em Sydney, Malcolm e Angus juntaram-se aos Stones para uma versão de "Rock Me Baby" em cada apresentação.

"A firmeza deles sempre me impressionou", disse Keith Richards no DVD *Four Flicks* em 2003. "Nós nos divertimos fazendo essas apresentações juntos e eu também gosto de ser mais alto do que qualquer outro guitarrista!"

O AC/DC também fez dois shows em clubes de Munique e Berlim. O show com 1.700 lugares em Munique foi filmado pela Epic/Sony e estava tão quente que Malcolm suava quase tanto quanto Angus. Em uma decisão muito incomum, dez minutos depois de a banda deixar o palco e com muitas pessoas deixando o local achando que o show tinha terminado, as luzes da casa apagaram-se de novo e a banda voltou e tocou "Whole Lotta Rosie".

Em julho, eles ensaiavam no Cherry Beach Sound em Toronto, Canadá, onde seu empreendimento com os Stones continuou em 10 de julho como parte de um enorme show beneficente ao ar livre em uma antiga base militar para ajudar a cidade a se recuperar após o vírus SARS ter assolado sua economia.

Além de Rolling Stones e AC/DC, o evento incluía The Guess Who, que Malcom vira em Sydney no início dos anos 1970, Rush e The Flaming Lips. Uma multidão de 490 mil pessoas assistiu ao show, e Malcolm e Angus tocaram de novo "Rock Me Baby" com os Stones.

Apesar do óbvio respeito mútuo entre as duas bandas, o AC/DC não perdeu sua veia competitiva.

"A melhor coisa que já fiz com essa banda foi fazer os Rolling Stones comer fumaça em Toronto na frente de 485 mil pessoas", Phil Rudd falou a Don Zulaica na *Drum*, em junho de 2005. "Os Stones nos deram uma hora, isso é perigoso. Você não nos dá uma hora antes de vocês tocarem, cara... A banda inteira arrasou. Nós entramos na van fora do palco e dissemos: 'Ah, faz melhor do que isso agora!'."

Em junho de 2004, a Warner Home Video lançou *Toronto Rocks*, uma coletânea em DVD do evento, que incluía duas faixas do AC/DC ("Back In Black" e "Thunderstruck") e sua apresentação com os Stones.

Eles fizeram mais história, ou talvez apenas revisitaram, em 21 de outubro de 2003, quando a banda retornou para seu primeiro show no Hammersmith Apollo, antigo Hammersmith Odeon, após 21 anos. Os ingressos se esgotaram em quatro minutos com vendas pela internet, mas o show quase foi cancelado, pois Brian estava doente e precisou fazer inalação logo antes.

Bobby Gillespie, do Primal Scream, estava entre os poucos sortudos que garantiram ingressos.

"Era tão emocionante quanto ver The Clash e Thin Lizzy quando eu era criança. Sabe quando você vai a shows de rock pela primeira vez quando é criança, e é tudo novo, emocionante e incrível a cada segundo? Foi esse tipo de experiência, essa emoção. Era como um filme e tal. Era tão perfeito que parecia irreal. Essa é a banda favorita da minha namorada desde a adolescência. Ela disse: 'Que grande noite!'."

Em novembro de 2003, a Epic/Sony Music lançou *Live At Donington*, a apresentação de 1991, pela primeira vez em DVD, com uma trilha sonora remixada e remasterizada. Ele vendeu mais de 1 milhão de unidades em todo o mundo e ganhou disco de platina nos Estados Unidos por seis vezes.

No início de 2005, Brian trabalhava com a banda da Flórida Big Machine, compondo com seu amigo e guitarrista Doug Kaye. Algumas das músicas já tinham sido gravadas pelo The Naked Schoolgirls, em 1995. O Big Machine estreou ao vivo em 24 de março no Khrome, no sul da Flórida, e Brian juntou-se a eles no palco.

O vocalista não compunha para o AC/DC desde o álbum *Blow Up Your Video* de 1998. Todas as músicas, desde então, têm apenas Young-Young nos créditos.

Phil Carson (Atlantic Records): "Brian é um vocalista e um compositor brilhante e é uma pena ele ter sido excluído da composição do AC/DC nos últimos anos. Eu ouvi músicas que Brian escreveu, incluindo uma cedida para Jesse James Dupree, do Jackyl. São grandes músicas. Elas começam a chegar a outras pessoas, sei de uma composta por ele chamada 'Deadly Sin' que Vince Neil [do Mötley Crüe] quer gravar. Mas tem um monte de músicas que ele escreveu que seriam sucessos estrondosos para o AC/DC."

O lançamento da caixa de DVDs *Family Jewels* incluía filmagens clássicas de Bon e Brian. Foi o DVD de música mais vendido de todos os tempos na Alemanha, onde passou 11 semanas no topo das paradas. Fez um sucesso semelhante em nada menos do que nove países e tornou-se um dos produtos de maior sucesso na história do AC/DC, algo irônico para uma banda que sempre desprezou os vídeos.

Em setembro, Brian tocou com o Velvet Revolver no Led Zeppelin's Rock And Roll no Hard Rock Live de Orlando, e em novembro um nervosíssimo Angus apresentou Ozzy Osbourne no Hall da Fama da música britânica no Alexandra Palace de Londres. Phil Rudd produziu o álbum de estreia da banda neozelandesa Jaggedy Ann em fevereiro de 2006.

Brian e Cliff continuaram a manter sua parceria com o Classic Rock Cares, um projeto de caridade criado para dar a crianças menos favorecidas uma base musical em sua educação. O empreendimento incluía, entre outros, Joe Lynn Turner, ex-integrante do Deep Purple, e Mark Farner, do Grand Funk Railroad. Eles não apenas gravaram, como fizeram cinco shows de clássicos do AC/DC e uma canção original chamada "Chain Gang On The Road" nos Estados Unidos, em julho de 2007.

Em outubro, veio o lançamento da retrospectiva da carreira ao vivo do AC/DC, a caixa com três DVDs *Plug Me In*. A fome pela banda era tanta que os pedidos antecipados ofuscaram os recordes anteriores e não surpreendeu ao estrear no número um das paradas de DVD em todo o mundo.

Durante todo esse tempo, Angus e Malcolm trabalhavam nas músicas novas bem longe dos holofotes e, desde 2002, entravam e saíam de estúdios fazendo demos.

Cliff Williams: "Acho que eles [Malcolm e Angus] estão em estúdio, o pequeno estúdio de Mal em Londres, cinco dias por semana fazendo tudo o que querem, depois fazem uma pausa e fazem tudo de novo. É o estilo de vida que criaram. Se um dos caras fica pronto para fazer um projeto, como um álbum, recebemos uma ligação. Eles trabalham assim há 30 anos e funciona muito bem."

No início de 2008, quando Malcolm e Angus ficaram prontos, veio a ligação. Uma segunda turnê americana do Classic Rock Cares agendada para fevereiro foi cancelada.

Em 1º de março, a banda entrou no Warehouse Studios de Vancouver, onde o álbum *Stiff Upper Lip* fora criado, para gravar seu 20º trabalho e primeiro álbum novo em quase nove anos. Embora Mutt Lange, que trabalhara em *Highway To Hell* e *Back In Black*, tivesse sido cogitado para produzir o álbum, a missão coube a Brendan O'Brien (Bruce Springsteen, Pearl *Jam*, Stone Temple Pilots).

As gravações estenderam-se por março e abril.

Com o álbum novo completo, em 22 de abril, três das faixas gravadas em 2007 por Brian e Cliff com o projeto Classic Rock Cares, "Chain Gang On The Road", "Who Phoned The Law" e "Chase That Tail", entraram na trilha sonora do filme *Totally Baked*. Brian também foi o produtor executivo dessa comédia.

Em 15 de agosto, as coisas começaram a ficar bem sérias, quando o AC/DC fez sua primeira aparição pública em cinco anos em Londres diante de 300 fãs convidados especialmente para a filmagem do vídeo para o primeiro *single* do álbum novo, "Rock'N' Roll Train", dirigido pelo antigo aliado David Mallet. Eles fizeram várias tomadas da música, para deleite da multidão, que depois recebeu de seus heróis uma sessão de autógrafos improvisada.

Em 28 de agosto, o resto do mundo teve a oportunidade de ouvir "Rock'N' Roll Train", originalmente chamada de "Runaway Train", quando a música estreou no rádio e na internet.

Uma versão do diretor de No Bull saiu em 9 de setembro com a filmagem de duas faixas bônus não tocadas no show original em Madri: a explosiva e raramente tocada "Down Payment Blues" (no Ocean Center, Daytona, Flórida em janeiro de 1996) e "*Cover* You In Oil", (na Escandinávia, Gothenburg, Suécia, em abril de 1996). A sensação continuou em outubro, quando o clássico do AC/DC "Let There Be Rock" entrou como faixa principal do famoso videogame Rock Band 2.

Embora o AC/DC seja um dos últimos artistas remanescentes a se recusar a distribuir sua música pelo iTunes, por odiarem o formato MP3 e não permitirem *downloads* de faixas únicas, eles ainda têm enormes números de vendas em um mercado de CD decadente e apenas perderam para os Beatles em vendas do catálogo de 2005 a 2008, provando que sua decisão comercial ousada até agora vem dando certo.

Então, em 20 de outubro de 2008, finalmente saiu o muito aguardado álbum *Black Ice*, lançado no mundo todo pela Columbia Records. Com 15 faixas, é a gravação mais longa da banda e foi lançado com três diferentes variações de capa, incluindo uma edição de "luxo" com um encarte de 30 páginas.

Nos Estados Unidos, o álbum está disponível apenas no Walmart e nas lojas do Sam's Club e pelo correio, pelo novo site oficial da banda.

Uma turnê mundial de 18 meses, a mais longa da banda, começou nos Estados Unidos no fim de outubro. A resposta na bilheteria foi extraordinária.

Para quem perdeu, a outra melhor coisa era o videogame Rock Band exclusivo da banda, o AC/DC Live: Rock Band Track Pack, lançado em novembro. Dava acesso virtual ao palco para todo o DVD *Live At Donington* e todo o conforto de qualquer quarto quente e cheio de suor.

O lançamento de *Black Ice* marca o retorno triunfante de uma das maiores bandas de rock do mundo e tem sido uma jornada incrível. Quem pensaria que dois irmãos escoceses estimulados pelos sons dos Stones e do The Who em seus quartos, no subúrbio de Sydney, seriam admirados por esses mesmos heróis e dividiriam o palco com eles? Que suas brincadeiras animadas no "Countdown" se transformariam em produções de palco grandiosas com bonecas infláveis, um sino, canhões e uma estátua gigantesca de Angus? Que um guitarrista magérrimo de uniforme escolar poderia, por 30 anos, encantar o público em todo o mundo sem a novidade de seu uniforme perder a força? Que apesar do grande amor de Malcolm e Angus pelo toque simples do blues, do jazz e do rock'n'roll dos anos 1950, eles seriam classificados por alguns como banda de heavy metal e seriam alvo de forças políticas americanas por suas supostas ligações "satânicas"? Quem diria que, apesar de os membros do AC/DC se importarem pouco, ou nada, com qualquer música produzida desde o fim dos anos 1960 ou, no máximo, desde o início dos anos 1970, a banda permaneceria no padrão para quase todos os grupos modernos?

Eles são, como sempre foram, um exemplo de foco e determinação, com uma atenção apurada aos detalhes, enquanto outros não conseguem ver as filigranas.

"Isto é isto", Robert De Niro disse em *O Franco Atirador*. Da mesma forma, o AC/DC é o AC/DC.

Como Brian perguntou no *Los Angeles Times,* em 12 de abril de 2001: "Quem vai ocupar o lugar da banda quando ela se for?".

A resposta é ninguém. Ninguém mesmo.

Discografia

ÁLBUNS

High Voltage
(Austrália – Albert Productions) fevereiro de 1975
Baby, Please Don't Go • She's Got Balls • Little Lover • Stick Around • Soul Stripper • You Ain't Got A Hold On Me • Love Song • Show Business
Produzido por Harry Vanda e George Young

T.N.T.
(Austrália – Albert Productions) dezembro de 1975
It's A Long Way To The Top (If You Wanna Rock'n'Roll) • The Rock'n'Roll Singer • The Jack • Live Wire • T.N.T. • The Rocker • Can I Sit Next To You, Girl • High Voltage • School Days
Produzido por Harry Vanda e George Young

High Voltage
(Reino Unido e Europa – Atlantic, Estados Unidos – Atco) abril de 1976
It's A Long Way To The Top (If You Wanna Rock'n'Roll) • The Rock'n'Roll Singer • The Jack • Live Wire • T.N.T. • The Rocker • Can I Sit Next To You, Girl • Little Lover • She's Got Balls • High Voltage
Produzido por Harry Vanda e George Young

Dirty Deeds Done Dirt Cheap
(Austrália – Albert Productions) setembro de 1976
Dirty Deeds Done Dirt Cheap • Ain't No Fun (Waiting 'Round To Be A Millionaire) • There's Gonna Be Some Rockin' • Problem Child • Squealer • Big Balls • R.I.P. (Rock In Peace) • Ride On • Jailbreak
Produzido por Harry Vanda e George Young

Dirty Deeds Done Dirt Cheap
(Reino Unido e Europa – Atlantic) novembro de 1976
Dirty Deeds Done Dirt Cheap • Love At First Feel • Big Balls • Rocker • Problem Child • There's Gonna Be Some Rockin' • Ain't No Fun (Waiting 'Round To Be A Millionaire) • Ride On • Squealer
Produzido por Harry Vanda e George Young

Let There Be Rock
(Austrália – Albert, Reino Unido e Europa – Atlantic, apenas em LP) março de 1977
Go Down • Dog Eat Dog • Let There Be Rock • Bad Boy Boogie • Overdose • Crabsody In Blue • Hell Ain't A Bad Place To Be • Whole Lotta Rosie
Produzido por Harry Vanda e George Young

Let There Be Rock
(Estados Unidos - Atco) junho de 1977
Go Down • Dog Eat Dog • Let There Be Rock • Bad Boy Boogie • Problem Child • Overdose • Hell Ain't A Bad Place To Be • Whole Lotta Rosie
Produzido por Harry Vanda e George Young

Powerage
(Estados Unidos – Atlantic, Austrália – Albert Productions) maio de 1978
Rock'n'Roll Damnation • Down Payment Blues • Gimme A Bullet • Riff Raff • Sin City • What's Next To The Moon • Gone Shootin' • Up To My Neck In You • Kicked In The Teeth
Produzido por Harry Vanda e George Young

Powerage
(Reino Unido e Europa – Atlantic, apenas em LP) maio de 1978
Rock'n'Roll Damnation • Gimme A Bullet • Down Payment Blues • Gone Shootin' • Riff Raff • Sin City • Up To My Neck In You • What's Next To The Moon • Cool Hearted Man • Kicked In The Teeth
Produzido por Harry Vanda e George Young

If You Want Blood
(Atlantic) outubro de 1978
Riff Raff • Hell Ain't A Bad Place To Be • Bad Boy Boogie • The Jack • Problem Child • Whole Lotta Rosie • Rock'n'Roll Damnation • High Voltage • Let There Be Rock • Rocker
Produzido por Harry Vanda e George Young

Highway To Hell
(Atlantic) julho de 1979
Highway To Hell • Girl's Got Rhythm • Walk All Over You • Touch Too Much • Beating Around The Bush • Shot Down In Flames • Get It Hot • If You Want Blood (You've Got It) • Love Hungry Man • Night Prowler
Produzido por Robert John "Mutt" Lange

Back In Black
(Atlantic) julho de 1980
Hells Bells • Shoot To Thrill • What Do You Do For Money Honey • Given The Dog A Bone • Let Me Put My Love Into You • Back In Black • You Shook Me All Night Long • Have A Drink On Me • Shake A Leg • Rock and Roll Ain't Noise Pollution
Produzido por Robert John "Mutt" Lange

For Those About To Rock
(Atlantic) novembro de 1981
For Those About To Rock (We Salute You) • Put The Finger On You • Let's Get It Up • Inject The Venom • Snowballed • Evil Walks • C.O.D. • Breaking The Rules • Night Of The Long Knives • Speelbound
Produzido por Robert John "Mutt" Lange

Flick Of The Switch
(Atlantic) agosto de 1983
Rising Power • This House Is On Fire • Flick Of The Switch • Nervous Shakedown • Landslide • Guns For Hire • Deep In The Hole • Bedlam In Belgium • Badlands • Brian Shake
Produzido por AC/DC

'74 Jailbreak
(Atlantic) outubro de 1984
Jailbreak • You Ain't Got A Hold On Me • Show Business • Soul Stripper • Baby, Please Don't Go
Produzido por Harry Vanda e George Young

Fly On The Wall
(Atlantic) junho de 1985
Fly On The Wall • Shake Your Foundations • First Blood • Danger • Sink The Pink • Playing With Girls • Stand Up • Hell Or High Water • Back In Business • Send For The Man
Produzido por Angus Young e Malcolm Young

Who Made Who
(Atlantic) maio de 1986
Who Made Who • You Shook Me All Night Long • D.T. • Sink The Pink • Ride On • Hells Bells • Shake Your Foundations • Chase The Ace • For Those About To Rock (We Salute You)
Produzido por Harry Vanda e George Young, Robert John "Mutt" Lange, Angus Young e Malcolm Young

Blow Up Your Video
(Atlantic) janeiro de 1988
Heatseeker • That's The Way I Wanna Rock'n'Roll • Meanstreak • Go Zone • Kissin' Dynamite • Nick Of Time • Some Sin For Nuthin • Ruff Stuff • Two's Up • This Means War
Produzido por Harry Vanda e George Young

The Razors Edge
(Atco) setembro de 1990
Thunderstruck • Fire Your Guns • Moneytalks • The Razors Edge • Mistress For Christmas • Rock Your Heart Out • Are You Ready • Got You By The Balls • Shot Of Love • Let's Make It • Goodbye And Good Riddance To Bad Luck • If You Dare
Produzido por Bruce Fairbairn

Discografia

Live
(Atco) outubro de 1992
Thunderstruck • Shoot To Thrill • Back In Black • Who Made Who • Heatseeker • The Jack • Moneytalks • Hells Bells • Dirty Deeds Done Dirt Cheap • Whole Lotta Rosie • You Shook Me All Night Long • Highway To Hell • T.N.T. • For Those About To Rock (We Salute You)
Produzido por Bruce Fairbairn

Live – Collector's Edition
(Atco) outubro de 1992
Thunderstruck • Shoot To Thrill • Back In Black • Sin City • Who Made Who • Heatseeker • Fire Your Guns • Jailbreak • The Jack • The Razors Edge • Dirty Deeds Done Dirt Cheap • Moneytalks • Hells Bells • Are You Ready • That's The Way I Wanna Rock'n'Roll • High Voltage • You Shook Me All Night Long • Whole Lotta Rosie • Let There Be Rock • Bonny • Highway To Hell • T.N.T. • For Those About To Rock (We Salute You)
Produzido por Bruce Fairbairn

Ballbreaker
(EastWest) setembro de 1995
Hard As A Rock • *Cover* You In Oil • The Furor • Boogie Man • The Honey Roll • Burnin' Alive • Hail Ceaser • Love Bomb • Caught With Your Pants Down • Whiskey On The Rocks • Ballbreaker
Produzido por Rick Rubin, coproduzido por Mike Fraser

Bonfire
(EastWest) novembro de 1997
Caixa de CD incluindo:
Live From The Atlantic Studios: Live Wire • Problem Child • High Voltage • Hell Ain't A Bad Place To Be • Dog Eat Dog • The Jack • Whole Lotta Rosie • Rocker
Let There Be Rock The Movie – Live In Paris: Live Wire • Shot Down In Flames • Hell Ain't A Bad Place To Be • Sin City • Walk All Over You • Bad Boy Boogie • The Jack • Highway To Hell • Girl's Got Rhythm • High Voltage • Whole Lotta Rosie • Rocker • T.N.T. • Let There Be Rock
Volts: Dirty Eyes • Touch Too Much • If You Want Blood (You've Got It) • Back Seat Confidential • Get It Hot • Sin City • She's Got Balls • School Days • It's A Long Way To The Top (If You Wanna Rock'n'Roll) • Ride On

Back In Black: Para saber os títulos das músicas, veja acima

Stiff Upper Lip
(East West, Elektra) fevereiro de 2000
Stiff Upper Lip • Meltdown • House Of Jazz • Hold Me Back • Safe In New York City • Can't Stand Still • Can't Stop Rock'n'Roll • Satellite Blues • Damned • Come And Get It • All Screwed Up • Give It Up
Produzido por George Young

Black Ice
(Columbia) outubro de 2008
Produzido por Brendan O'Brien

Observações:
Todos os lançamentos da Atlantic após 1979 na Austrália foram pela Albert Productions. Todos os álbuns americanos foram remasterizados pela Epic/Sony em 2003 e lançados no mundo todo.

Coletâneas de Interesse
Albert Archives
(Austrália – Albert) março de 1980
Contém "Rockin' In The Parlour"
Produzido por Harry Vanda e George Young

Boogie Balls & Blues
(Austrália – Raven) outubro de 1988
Contém "Dirty Deeds Done Dirt Cheap" ao vivo em Sydney, janeiro de 1977

Last Action Hero – **Music From The Original Motion Picture**
(Columbia) junho de 1993
Contém "Big Gun"
Produzido por Rick Rubin

Private Parts
(Warner Bros.) fevereiro de 1997
Contém versão ao vivo de "You Shook Me All Night Long"

SINGLES DE INTERESSE

Listados aqui estão apenas *singles* com faixas não disponíveis nos álbuns, marcadas com *.

7" Can I Sit Next To You Girl* • Rockin' In The Parlour* (Austrália, Albert) julho de 1974

7" Jailbreak • Fling Thing* (Austrália – Albert, Reino Unido – Atlantic) junho de 1976

7" Dog Eat Dog • Carry Me Home* (Austrália – Albert) 1978

7" Whole Lotta Rosie • Dog Eat Dog (ao vivo)* (Austrália – Albert) 1978

12" Touch Too Much • Live Wire (ao vivo)* – Shot Down In Flames (ao vivo)* (Europa – Atlantic) março de 1980

12" Let's Get It Up • Back In Black (ao vivo)* – T.N.T. (ao vivo)* (Europa – Atlantic) janeiro de 1982

12" For Those About To Rock • Let There Be Rock (ao vivo)* (Europa – Atlantic) abril de 1982

12" Nervous Shakedown – Sin City (ao vivo)* • This House Is On Fire (ao vivo)* – Rock'n'Roll Ain't Noise Pollution (ao vivo)* (Europa – Atlantic) julho de 1984

12" Shake Your Foundations • Jailbreak (ao vivo) (Europa – Atlantic) janeiro de 1986

12" Who Made Who (versão extendida)* • Guns For Hire (ao vivo)* (Europa – Atlantic) maio de 1986

12" You Shook Me All Night Long • She's Got Balls – You Shook Me All Night Long (ao vivo)* (Atlantic) agosto de 1986

CD-*Single* Heatseeker – Go Zone – Snake Eye* (Europa – Atlantic) janeiro de 1988

CD-*Single* Moneytalks – Mistress For Christmas – Borrowed Time* (Europa – Atco) novembro de 1990

CD-*Single* Moneytalks – Mistress For Christmas – Down On The Borderline* (Austrália – Albert) novembro de 1990

CD-*Single* Highway To Hell (ao vivo) – Hells Bells (ao vivo)* – The Jack (ao vivo)* (Europa – Atco) outubro de 1992

CD-*Single* Highway To Hell (ao vivo) – Hell Ain't A Bad Place To Be (ao vivo)* – High Voltage (ao vivo)* (Europa – Atco) outubro de 1992

CD-*Single* Dirty Deeds Done Dirt Cheap (ao vivo) – Shoot To Thrill (ao vivo) – Dirty Deeds Done Dirt Cheap (ao vivo)* (Europa – Atco) fevereiro de 1993

CD-*Single* Titres Inedits En Concert' Whole Lotta Rosie – Shoot To Thrill* – Back In Black – Hell Ain't A Bad Place To Be* – Highway To Hell (todas ao vivo)

CD-*Single* Big Gun – For Those About To Rock (ao vivo)* – Shoot To Thrill (ao vivo)* (Europa – Atco) junho de 1993

CD-*Single* Hail Caesar – Whiskey On The Rocks – Whole Lotta Rosie (ao vivo)* (Europa – EastWest) dezembro de 1995

CD-*Single* Hard As A Rock* – Dog Eat Dog* – Hail Caesar* (todas ao vivo) (Europa – EastWest promo) novembro de 1996

CD-*Single* Stiff Upper Lip – Hard As A Rock (ao vivo)* – Ballbreaker (ao vivo)* (Europa – EastWest) março de 2000

CD-*Single* Satellite Blues – Whole Lotta Rosie (ao vivo)* – Let There Be Rock (ao vivo)* (Europa – EastWest) outubro de 2000

CD-*Single* Safe In New York City – Cyberspace* – Back In Black (ao vivo)* (Europa – EastWest) junho de 2000

Vídeos

Todos disponíveis em DVD, exceto onde houver observação. Títulos lançados na Austrália pela Albert Productions.

Let There Be Rock
(Warner Home Video, VHS) julho de 1985
Longa-metragem filmado em Paris em dezembro de 1979

Fly On The Wall
(Atlantic, VHS) setembro de 1985
Clipes de 1980-1986

Who Made Who
(Atlantic, VHS) setembro de 1985
Clipes de 1980-1986

AC/DC
(Austrália – Albert Productions, VHS) dezembro de 1987
Clipes de 1988-1990

Clipped
(Atco, VHS) Junho de 1990
Clipes de 1988-1990

For Those About To Rock – Monsters In Moscow
(Warner Home Video) outubro de 1992
Inclui quatro faixas do AC/DC ao vivo em Moscou, setembro de 1991

Live At Donington
(Atco, VHS) outubro de 1992
Concerto de Castle Donington, agosto de 1991

No Bull
(Warner Music Vision) novembro de 1996
Concerto de Madri, julho de 1996

Stiff Upper Lip
(Elektra) novembro de 2001
Concerto de Munique, julho de 2001

Live At Donington
(remixado) novembro de 2003
Concerto de Castle Donington, agosto de 1991, remasterizado e remixado

Live '77
(Japão – VAP Video) janeiro de 2003
Concerto de Londres, outubro 1977

Family Jewels
(Epic) março de 2003
Quarenta faixas, clipes promocionais, aparições na TV e faixas ao vivo, 1975-1991

Plug Me In
(Columbia Video) outubro de 2007
DVD duplo, faixas ao vivo de 1975 a 2003, cinco horas de filmagem
Edição de luxo com DVD bônus, duas horas de filmagem adicionais

No Bull – The Directors Cut
(Columbia Video) setembro de 2008
Concerto de Madri reeditado e remixado, julho de 1996

Agradecimentos

A informação neste livro, que demorou longos cinco anos para ser feito, veio de um oceano de entrevistas e artigos sobre o AC/DC nos últimos 30 anos.

As revistas que foram nossas joias, por assim dizer: *Juke (The Age), RAM, Go-Set, Kerrang!, Guitar World, Mojo, Classic Rock, NME, Sounds, Melody Maker, Record Mirror, Rock Hard e Hard Rock.*

Queremos também agradecer por nossa respeitosa caça por informações às seguintes fontes:

2JJ, 2JJJ, 2MMM, 2SM, 2UE, 5KA, 92 City FM, 98 Rock, A2, ABC (Austrália, incluindo "GTK" e "Countdown"), ABC (América), site AC/DC No Nonsense, site AC/DC Resource Center, *Adelaide News*, Albert Productions, *Album Network*, AlexisKorner.net, "The Allan Handelman Show", American Forces Radio, Antenne 2, *Arizona Republic*, Atco Records, *Atlanta Gazette*, Atlantic Records, AXS, BAM, *Bass Player*, Bayern 3, BBC NorthEast, BBC Radio 1, BBC Sheffield, Beat, *Beat Instrumental, Best*, BFBS, *Billboard, Boston Globe, Boston Herald*, BR3, *Bravo, Brisbane Courier Mail, Daily Sun, Buffalo News, Burrn, BW&BK, Calgary Sun*, Canal+, Canoe.ca, Capital Radio, *Cashbox*, Channel Seven, Channel Nine, *Chicago Sun Times, Chicago Tribune, Cincinnati City Beat, Circus, Columbus Dispatch*, "Continuous History Of R&R", *Cornerstone, Creem, Daily Mirror, Daily Planet, Daily Telegraph*, DC 101, debbiekruger.com, *Denver Rocky Mountain News*, Desert News, Detroit Free Pass, Disc, Drum Media, East Coast Rockers, EastWest Records, Edmonton Journal, Elektra Records, *Enfer, Esky, Europe 1, Evening Chronicle, Everybody's, Express, Eye, Faces Rock, FHM, Florida Times-Union, Foundations*, FR3, Fun Radion, GalleryOfSound.com, *GAS, Geelong News*, Gibson.com, *GIG, Goldmine, Grand Rapid Press, Guitar, Gutar Club, Guitar For The Practicing Musician, Guitar Heroes, Guitar One, Guitar Parts, Guitar Player, Guitar School, Guitar Shop, Guitare & Claviers, Hard Force, Hard N Heavy, Hartford Courant, Heavy Metal Creem, Heavy Rock, Hit Parader,*

Hitkrant, HM, Hobart Mercury, Hollywood Press, Hot Metal, Hot Press, "In The Studio", *International Musician, Island Ear, It, It's Here, It's Only Rock & Roll,* Jamm, *Joepie, Juice,* KISW, KNAC online, K-Rock, KSJO, *Le Monde, Let It Rock, London Daily Express, Long Beach Press Telegram, Look-In, Los Angeles Times,* M6, MCM, *Mean,* Media America, *Melbourne Herald, Melbourne Observer, Melbourne Sun, Metal Attack, Metal CD, Metal Edge, Metal Forces, Metal Hammer, Metal Mania,* "Metalshop", *Miami Herald,* Milesago.com, *Minneapolis City Pages, Minneapolis Star Tribune, Modern Drummer, Montreal Gazette,* MTV, Much More Music, Much Music, Music Box, *Music Express, Music Life,* MusicMAX, *Music Star, Music Week, Music Week Austrália,* MusicCentral.com, *Musician, Musicians Only, Music Joker, Muziek Express, National Rock Star,* NDR, *New York Times, Newcastle Chronicle, Newcastle Evening Chronicle, News & Observer, News Journal,* "Nights With Alice Cooper", "Off The Record", *On The Street, OOR, Orange County Register,* ORB, *Orlando Sentinel, Penetration, People, Perth Daily News, Filadélfia Inquirer,* Picadilly Radio, *Pix People, Playboy, Player, Pollstar, Pop, Pop Corn, Pop Rocky, Popswop, Popular 1, Poster, Prairie Sun,* PRO7, *Punk, Pure Concrete, Q,* Q104, Q104.3, *Radio & Records,* Radio Clyde, Radio Forth, Radio Hallam, Radio Stockholm, Radio Trent, Radio Victory, Ralph, *RAW, Record Collector, Record Review,* Remedy.com, "Retrorock", *Riff Raff, RIP,* RMF FM, *Rock & Folk, Rock En Stock, Rock Gossip, Rock Power,* Rock Radio Network, Rockcentral, *Rockline, Rolling Stone, Rolling Stone Austrália,* Rollingstones.com, "Royalty Of Rock", RTL e Francis Zégut, RTL2, SabbathLive.com, *Salt Lake Tribune, Salut, Sarasota Herald Tribune, Scene, Scream,* SDR 3, *Seattle Post Intelligencer, Seattle Times,* SF1, Sky Channel, SonicNet.com, *Sono,* Sony Music, Sony Music TV, *Sound Blast, Spin, Spunky, Star News Pasadena, St. Louis Dispatch, St. Petersburg Times, St. Paul Pioneer Press,* STGT3, Sudfunk, *Sun Herald, Sun Sentinel, Super Polly,* SVTV1, *Switch, Sydney Morning Herald, Sydney Sun, Sydney Sunday Mirror, Tampa Tribune, Tamworth Herald,* Tele24, Tele5, Ten, *Tennessean,* TF1, *The Age, The Aquarian, The Chronicle, The Herald Sun, The Journal,* "The Source", *The State, Times Picayune, Toledo Blade, Toronto Globe & Mail, Toronto Sun, Total Guitar, Triad, Trouser Press, TV Week* (Austrália), TV4, TV6, TVE1, Tyne Tess, "Up Close", *Vancouver Province, Vancouver Sun,* VanHalen.com, *Veronica,* VH1, VH1 Classic, Viva, VIVA2, VPRO, WABX, Warner Brothers, *Washington Post,* WBCN, WEA, WEBN, *Weekend Australian supplement, Wellington Evening Post, West Aus-*

Agradecimentos

tralian, Westword, Who Put The Bomp, WIN, *Winnipeg Sun, Wisconsin State Journal*, WITN, WMMR, WRFX, *Young Guitar*, ZDF e ZTV.

Achamos que isso é tudo. Esperamos que nosso trabalho faça justiça aos esforços de todos os envolvidos.

Vários livros também nos ajudaram no caminho. Principalmente o esforço pioneiro de Clinton Walker, *Bon Scott: Highway To Hell,* foi crucial para mapear os últimos dias de Bon e continua a ser uma referência sobre a vida e a época do grande homem. *Shock to the System*, de Mark Putterford, também ajudou.

O capítulo sobre os Easybeats não existiria sem as surpreendentes e abrangentes informações no encarte da *The Easybeats' Absolute Anthology 1965-1969*, que, pelo menos em vinil, compõem um livro de tamanho considerável.

Além dessas fontes, os autores fizeram muitas das entrevistas.

Nem sempre foi uma estrada fácil. Desanimava as memórias completas de algumas testemunhas, de repente, evaporarem da noite para o dia. Em outros exemplos, a lembrança de eventos bem documentados ficou inexplicavelmente vaga, enquanto outros relutaram em responder de qualquer forma às perguntas mais inocentes.

Ainda bem que houve muitos bem mais afáveis, às vezes além do necessário, e nós queremos registrar nosso muito obrigado às seguintes pessoas que se apresentaram para a entrevista:

Colin Abrahams, Angry Andernos, John Andreoni, Ray Arnott, Barry Bergman, Buzz Bidstrup, Big Al, John Bisset, John Brewster, David Brown, Jen Jewel Brown, Coral Browning, Michael Browning, Colin Burgess, Bernie Cannon, Phil Carson, Brian Carr, Helen Carter, Russell Coleman, Perry Cooper, Stuart Coupe, Roger Crosthwaite, Bob Daisley, Leeno Dee, Bob Defrin, Eric Dionysius, Paul Drane, Mal Eastick, Phil Eastick, Phil Emmanuel, Dave Evans, Allan Fryer, Chris Gilbey, Ed Golab, Roger Grierson, Peter Head, Warner Hodges, Kim Humphreys, Noel Jefferson, Ian Jeffery, Herm Kovac, Eddie Kramer, David Krebs, Geordie Leach, Lobby Loyde, Richard Lush, Greg Macainsh, Barrie Masters, Paul Matters, Bob McGlynn, Wyn Milson, Steve Morcom, Philip Morris, Rick Neilsen, Mark Opitz, Fess Parker, Guy Picciotto, Tony Platt, Paul Power, Jason Ringenberg, John Rooney, Neil Smith, Mark Sneddon, Colin Stead, John Swan, Deniz Tek, Doug Thaler, Billy Thorpe, Jon Toogood, Chris Turner, Larry Van Kriedt, Peter Wells, Wizard, Simon Wright, Yogi e Rob Younger.

Obrigado, também, a quem preferiu que sua contribuição continuasse anônima.

Também gostaríamos de dar um destaque especial a Sam Horsburgh, Fifa Riccobono, Herm Kovac, Ian Jeffery, Christie Eliezer, Anthony O'Grady e Glenn A. Baker por sua ajuda.

Agradecemos, também, a Joel McIver, Clinton Walker, Mark Brennan, da Captain Oi Records, Bob Stevenson e Tom Oliver pela aula de geografia escocesa, Alan Paul, Ian MacKaye, Henry Rollins, Jenny Lens, Steve Lorkin, Maggie Montalbano, Vince Lovegrove, Jonas Herbsman, Rod Yates, Craig Regan e o I-94 Bar.

Agradecemos também a 2SM, Simon Kain e a ABC da Austrália por gentilmente abrirem seus arquivos para nós.

Para nossa editora-chefe na HarperCollins, Alison Urquhart, que sempre acreditou neste livro desde o princípio e ao nosso revisor, Patrick Mangan, que fez um trabalho esplêndido e cujas habilidades e destrezas afiadas elevaram o projeto a outro nível. Ficamos felizes de nos envolver com os dois.

Murray: Obrigado, antes de tudo, a minha sofredora família, Tracey, Kylie e Keira, e meus incríveis pais, Milton e Lilian. Não tenho palavras. Ninguém poderia querer amigos, conselheiros ou divulgadores melhores do que Mark e Ruth Corbett, Tim Pittman, Robert Grieve e Mississippi Peter Smith.

Um obrigado especial a Christie Eliezer, que não apenas entra na categoria mencionada, mas tem a honra de ser meu mentor e padrinho.

Obrigado, também, a Peta Levert por seu entusiasmo e encorajamento para enfim tirar esse projeto da garagem, e a Sarah Levett e Atosha McCaw por todo seu apoio.

Arnaud: Um obrigado pessoal pelo apoio, fins de semana e noites sem-fim perdidos durante este projeto, a Sydney; por suportarem os decibéis todos esses anos, a meus pais, Bernadette, Alain, Bertrand, Christophe e Sophie; por estarem ao meu lado, Angus e Ascar, os melhores.

Obrigado à entusiasmada "gangue de fãs" do AC/DC, Carl Allen, Brian Carr, Cyril Desagneaux, Stephan Deshaie, Mark Franklin, Goulash, Anders Hedman, Dan Johnson, Loic Kermagoret, Philippe Lageat, Alex McCall, Neil McDonald, Thierry Nourry, Pekko Paivarinta, Sam Prevot, Michel Remy, Glenn Robertson, Thomas Shade e Alan Shailes.

Por fim, mas não menos importante, ao AC/DC, saudações de ambos os autores!

Arnaud Durieux tem um site oficial muito respeitado sobre o AC/DC, www.ac-dc.net. Comentários e opiniões sobre este livro em info@ac-dc.net são bem-vindos.

Créditos das Fotos

Herm Kovac 24
Mark Sneddon 34
Philip Morris www.RockPhotograph.com 46, 90, 100, 130, 270
John Newhill 64
Kerri Armour 80
Tim Petts 114
Bob Hope 136
Bob King, 4ª capa, 154
Photo David Thorpe/Rex Features 166
©2006 Jean Constant. www.hermay.org 186
© 2005 Ron Pownall/Boston 206
Richard Young/Rex Features 228
Remy Cohen 254
Michel Ludovicy 286, 312
Musicfoto.com 322
Arnaud Durieux 332
George Chin 348, 394
RodolpheBaras.com 378

Fotos da primeira seção
Cortesia de Herm Kovac (1, embaixo)
Cortesia de Mark Sneddon (2, topo)
Cortesia de Dave Evans (2, embaixo; 4, topo à direita)
Phillip Morris www.RockPhotograph.com (3, topo à esquerda e embaixo; 4, embaixo à esquerda; 6, topo e centro; 8)
Kerry Armour (5, topo; 6, embaixo)
ABC (7, embaixo)

Fotos da segunda seção
Philip Morris www.RockPhotograph.com (1, embaixo à esquerda)
Kerri Armour (1, embaixo à direita)

ABC (2, topo à esquerda)
Chris Capstick/Rex Features (2, topo à direita e embaixo)
Bob Hope 3
JohnathanPostal.com (4; 5, embaixo)
© Jenny Lens Punk Archive (5, topo)
Tony Fasulo, Sydney (6, topo à esquerda)
Alan Perry www.concertphotos.uk.com (6, topo à direita)
Michel Chaurand (7, centro; 8)
Copyright 1979 Michael N. Marks (7, embaixo)

Fotos da Terceira seção

George Chin (1, embaixo à esquerda)
Worth Chollar (1, embaixo à direita; 2, topo à esquerda; 4)
Michel Ludovicy (2, topo à direita)
© 2005 Ron Pownall/Boston (3, topo)
Alex Mitram/Intervision (5, topo)
© 2006 Tom Farrington (5, centro)
Alan Perry www.concerphotos.uk.com (5, embaixo)
Janet Macoska Photography (6; 7, topo à direita)
Arnaud Durieux (7, topo à esquerda, centro e embaixo à esquerda; 8)

Fotos da quarta seção

Bob King (1; 2, em cima e embaixo; 3)
George Chin (4, em cima e embaixo)
Philippe Lageat (5, em cima e embaixo)
RodolpheBaras.com (6, topo)
Arnaud Durieux (6, embaixo)
Kevin Mazur/WireImage (7, topo)
William Martin (7, centro)
www.GaelleGhesquiere.com (7, embaixo)
Paul Frati/Intervision 8

Itens históricos por cortesia de Arnaud Durieux, Dan Johnson e Mark Franklin

---

Nota do Editor Internacional:

Todos os esforços foram feitos para identificar os detentores dos direitos autorais das imagens neste livro, mas alguns não foram localizados. Agradeceríamos se os fotógrafos em questão entrassem em contato conosco.

Índice Remissivo

A

Abbey Road Studios 18, 22
Accept 149, 330
"AC/DC@MTV" 386
Acidente em Salt Lake City 354, 356, 363, 390
Acusações de adoração ao demônio 251, 337, 338, 361, 374
Adams, Bryan 382, 383
Adams, Cameron 389
Aerosmith 172, 196, 203, 216, 218, 224, 236, 241, 242, 243, 374, 397
Agência Cowbell 149
agente 48, 73, 92, 140, 172, 211, 330
"Ain't No Fun" 156
Air Supply 318
Albert, Alexis 16, 180
Albert Productions 17, 55, 56, 60, 172, 329, 334, 405, 406, 410, 413, 415
Albert Studios 88, 115, 124, 132, 135, 167, 181, 208, 382
Albert, Ted 16, 17, 18, 33, 55, 56, 88, 134, 147, 158, 172, 173, 216, 219, 221, 222, 232, 241, 307
Alemanha 13, 14, 148, 149, 175, 180, 199, 245, 250, 275, 276, 278, 304, 308, 310, 320, 329, 345, 357, 361, 362, 373, 398, 400
Alexander, Arthur 67
Allen, Rick 143, 171, 203, 220, 226, 242, 245, 248, 259, 267, 273, 341, 356, 357, 365, 368, 370, 409, 410, 417
Allman Brothers Band 362

Altman, Billy 52, 62, 69, 77, 87, 91, 93, 98, 99, 105, 135, 152, 260, 265, 396, 398, 417
American Music Awards 318
Amon Duul II 77
Anderson, Angry 96, 181, 215, 268, 272, 308, 417
Andreoni, John 329, 417
Angels, The 119, 124, 140, 168, 169, 171, 208, 209, 210, 226, 288, 305
Apollo, Glasgow 157, 201, 213, 214, 225, 303, 399
Apresentação do Thin Lizzy em Detroit 222
Apresentação em Sydney Showgrounds 50, 307
Argent 41, 179
Armageddon 103
Armstrong, Louis 187
Arnold, Ray 59, 365, 376
Arnott, Ray 121, 230, 232, 233, 417
Atlantic Records 123, 138, 143, 147, 152, 153, 158, 163, 193, 195, 211, 225, 230, 236, 248, 297, 305, 309, 327, 400, 415
Australian Concert for Bangladesh 106
Aztecs, The, veja Billy Thorpe & The Aztecs 69, 70, 77, 87, 91, 98, 99, 138

B

Baba, Tomoaki 389
"Baby, Please Don't Go" 105, 233, 252
"Back In Black" 291, 297, 299, 377, 384, 399
Back In Black, álbum 10, 11, 18, 19, 20, 21, 22, 28, 29, 38, 39, 42, 43, 55, 56, 60, 68, 69, 73, 75, 76, 88, 89, 91, 92, 94, 97, 101, 102, 103, 104, 107, 109, 110, 115, 116, 119, 124, 125, 126, 129, 130, 132, 133, 140, 141, 148, 150, 151, 152, 153, 156, 158, 160, 163, 167, 168, 169, 170, 171, 172, 173, 174, 176, 179, 180, 188, 192, 193, 195, 200, 201, 202, 203, 207, 208, 209, 210, 211, 212, 213, 214, 215, 218, 221, 224, 225, 226, 227, 229, 230, 232, 233, 236, 237, 238, 239, 240, 242, 243, 244, 247, 248, 249, 253, 256, 257, 258, 259, 267, 269, 274, 276, 277, 278, 279, 283, 284, 289, 290, 291, 293, 294, 295, 296, 299, 300, 304, 308, 309, 314, 315, 316, 318, 319, 320, 321, 323, 324, 325, 326, 327, 328, 329, 330, 331, 333, 334, 335, 338, 339, 341, 342, 343, 344, 350, 351, 352, 353, 355, 361, 362, 365, 366, 367, 368, 369, 371, 372, 373, 374, 375, 380, 381, 383, 384, 385, 386, 396, 400, 401, 402
"Back Seat Confidential" 132
Back Street Crawler 124, 138, 139, 141, 142, 272
"Bad Boy Boogie" 207, 221, 379
Bahamas, gravando nas 288, 289, 321, 323, 324, 325, 338, 339
Bailey, Rob 46, 59, 88, 93, 94
Baker, Glenn A. 17, 20, 336, 418

Índice Remissivo 423

Ballbreaker, álbum 10, 11, 18, 19, 20, 21, 22, 28, 29, 38, 39, 42, 43, 55, 56, 60, 68, 69, 73, 75, 76, 88, 89, 91, 92, 94, 97, 101, 102, 103, 104, 107, 109, 110, 115, 116, 119, 124, 125, 126, 129, 130, 132, 133, 140, 141, 148, 150, 151, 152, 153, 156, 158, 160, 163, 167, 168, 169, 170, 171, 172, 173, 174, 176, 179, 180, 188, 192, 193, 195, 200, 201, 202, 203, 207, 208, 209, 210, 211, 212, 213, 214, 215, 218, 221, 224, 225, 226, 227, 229, 230, 232, 233, 236, 237, 238, 239, 240, 242, 243, 244, 247, 248, 249, 253, 256, 257, 258, 259, 267, 269, 274, 276, 277, 278, 279, 283, 284, 289, 290, 291, 293, 294, 295, 296, 299, 300, 304, 308, 309, 314, 315, 316, 318, 319, 320, 321, 323, 324, 325, 326, 327, 328, 329, 330, 331, 333, 334, 335, 338, 339, 341, 342, 343, 344, 350, 351, 352, 353, 355, 361, 362, 365, 366, 367, 368, 369, 371, 372, 373, 374, 375, 380, 381, 383, 384, 385, 386, 396, 400, 401, 402
Bandit 180
Band, The 22, 45, 56, 73, 75, 84, 88, 89, 116, 125, 134, 170, 178, 195, 201, 275, 279, 344, 362, 402
Barnes, Jimmy 78, 126, 138, 232, 255, 256, 272
Barnett, Steve 397
Barry, Jack 13, 145, 146, 187, 189, 190, 194, 198, 202, 203, 263, 417
Bartlett, Bill 198
Barton, Geoff 257, 398
Bay City Rollers 159
Beastie Boys, The 365, 384
Beast, The 176, 353
Beatles, The 14, 15, 16, 18, 19, 21, 22, 25, 27, 28, 47, 48, 52, 54, 96, 178, 187, 231, 300, 358, 377, 390, 402
Becher, Paul 328
Beck, Jeff 38, 41, 42, 49, 52, 62, 96, 179
"Bedlam in Belgium" 327
Beelzebub Blues 28, 29, 40
Belushi, John 318
Benton, Michael 276
Bergman, Barry 190, 194, 198, 202, 263, 417
Berry, Chuck 9, 14, 27, 36, 48, 52, 54, 66, 95, 107, 112, 119, 126, 181, 187, 188, 200, 225, 242, 255, 269, 276, 281, 320, 365, 369, 381, 397
Berry, Jake 261
Bidstrup, Buzz 140, 168, 169, 209, 417
"Big Balls" 151, 156, 171, 172
"Big Gun" 365, 366, 374, 410
Big Machine 400
Big Swifty 182
Bill Haley and the Comets 15
Billy Thorpe & The Aztecs 69, 77, 87, 91, 93, 98, 99, 105, 135, 417
Bilzen Festival, Bélgica 175, 199, 244, 296, 297, 310, 326

Bisset, John 72, 76, 77, 417
Black Crowes, The 356, 358, 361, 391
Black Eyed Bruiser 89, 116
Blackfeather 60, 73, 74, 75
Blackfoot 298, 313
Black Ice, álbum 402, 410
Blackmore, Ritchie 149, 150, 152, 196, 350
Black Sabbath 28, 74, 88, 175, 176, 249, 310, 330
Bloomfield, Mike 27
Blue Öyster Cult 313
Bluesbreakers 27, 28, 38
Blush, Stephen 265
Bogert, Tim 76
Bolan, Marc 30, 51, 144
Bondi Lifesaver 115, 135, 181, 182, 201, 305
Bonfire, coletânea 379, 380, 381, 409
Bon Jovi 342, 352
Boranjee, Bevan 28
Borich, Kevin 216
Boston 216, 220, 221, 224, 225, 239, 346, 365, 397, 415, 419, 420
Bowie, David 174, 231, 339
Boyd, Jimmie 354
Braithwaite, Daryl 117, 120
Brasil 333, 334, 376
Brewster, John 119, 168, 169, 171, 209, 226, 227, 288, 417
Brewster, Rick 119, 168, 169, 171, 209, 226, 227, 288, 417
Brooks, Dan 357
Browning, Coral 86, 87, 89, 91, 92, 99, 100, 106, 116, 117, 118, 122, 123, 124, 127, 128, 133, 137, 138, 140, 141, 142, 145, 146, 147, 151, 156, 160, 162, 163, 172, 176, 177, 178, 190, 192, 193, 195, 197, 212, 213, 217, 219, 231, 232, 235, 236, 237, 240, 241, 260, 303, 417
Browning, Michel 86, 87, 89, 91, 92, 99, 100, 106, 116, 117, 118, 122, 123, 124, 127, 128, 133, 137, 138, 140, 141, 142, 145, 146, 147, 151, 156, 160, 162, 163, 172, 176, 177, 178, 190, 192, 193, 195, 197, 212, 213, 217, 219, 231, 232, 235, 236, 237, 240, 241, 260, 303, 417
Brown, Jen Jewel 28, 63, 96, 97, 98, 127, 132, 219, 272, 280, 417
Buddy Holly and the Crickets 15, 275
Buenos Aires 376
Buettel, Tony 72
Burgess, Colin 48, 50, 51, 55, 56, 118, 119, 201, 260, 417
Burnel, J.J. 147, 245
Buster Brown 63, 96, 97, 98, 272
Butler, Geezer 176
Butterfield, Paul 27, 275

C

Cactus 41, 42, 43, 76, 123
Cahill, Tony 20
Calder, Clive 236
Calle De AC/DC, Madri 386
Camden Music Machine 259
"Can I Sit Next To You, Girl" 55, 58, 60, 126, 138, 170
Cannon, Bernie 61, 343, 417
"Can't Stand Still" 383, 388
Carlotta 83
Carr, Brian 214, 417, 418
"Carry Me Home" 148
Carson, Phil 123, 124, 138, 139, 142, 143, 145, 153, 163, 188, 195, 212, 244, 289, 305, 309, 326, 328, 329, 400, 417
Casey, Mr. 41, 53
Castle Donington Monsters Of Rock, festival 309, 313, 329, 330, 356, 357, 360, 413
Cave, Johnny (William Shakespeare) 57
Cave, Nick 70, 183, 408
Chalk, Farm Studios 238
Chalk, trilha sonora 15, 125, 156, 314, 338, 339, 365, 366, 376, 400, 401
Chapman, Barry 187, 268
Chapman, Roger 187, 268
Charlemagne 96
Cheap Trick 203, 219, 220, 221, 242, 245, 264, 267, 268, 288, 341
Chequers 41, 43, 46, 53, 54, 55, 57, 58, 103, 262, 398
Child, Bruce 156, 157, 188, 198, 320, 336, 354, 356, 406, 407, 409
Child, Curtis 156, 157, 188, 198, 320, 336, 354, 356, 406, 407, 409
Chord Music, Burwood 39
Cinderella 346
Clack, Peter 46, 88, 94
Clapton, Eric 27, 28, 31, 38, 96, 388
Clapton, Richard 9, 14, 15, 22, 27, 31, 36, 48, 52, 54, 55, 95, 140, 142, 159, 171, 173, 187, 200, 215, 280, 293, 305, 333, 417, 419
Clarion Records 67
Clash, The 107, 200, 396, 399
Cocker, Joe 284
Cocks, Mick 215, 248
Cold Chisel 78, 126, 208, 226, 272
"Cold Hearted Man" 214
Coleman, Russell 56, 94, 95, 417
Coloured Balls, The veja Lobby Loyde and the Coloured Balls 77, 87, 91, 97, 98, 183
Coltrane, John 173, 187

Columbus, Ohio 172, 192, 193, 221, 239, 415
Compass Point Studios, Nassau 288, 323, 338
Connolly, Billy 62
Contraband 176
Contrato com a Epic/Sony Music 396, 400, 416
Cook, Mick 179, 362
Cooper, Alice 41, 110, 131, 216, 366, 377, 416
Cooper, Perry 41, 110, 131, 188, 191, 193, 194, 198, 202, 204, 216, 248, 268, 297, 298, 327, 346, 377, 416, 417
"Countdown" 89, 95, 103, 104, 105, 106, 108, 121, 129, 132, 133, 135, 137, 175, 183, 214, 215, 273, 402, 415
Coupe, Smart 232, 234, 356, 417
"Cover You In Oil" 374, 402
"Crabsody in Blue" 174, 188, 293, 406
Cranhill, Glasgow 13, 14
Creedence Clearwater Revival 146
Cripps, Mick 355
Criteria Studios, Miami 232
Crosthwaite, Roger 262, 417
Cult, The 203, 221, 260, 313, 341, 365
Cummings, Winston 381
Curby, Brian 28
Currenti, Tony 88

D

Daisley, Bob 196, 417
Daltrey, Roger 276, 278
Damned, The 151, 200, 410
Daniels, Charlie 191, 218, 233, 342, 343
Darwin 377
Davis, Miles 52, 187, 217
Dawson, Dave 274
Day For The Kids, Florida 191
Day, Ray 29, 59, 121, 123, 230, 232, 233, 284, 417
Deep Purple 30, 33, 41, 49, 74, 96, 98, 99, 149, 177, 180, 278, 334, 350, 400
Def Leppard 248, 268, 298, 331
Defrin, Bob 188, 225, 417
Delroy/Williams Soul Show 179
De Muir, Harold 335
Devris, Dave 374
De Warren, Robert 396
Diamonde, Dick 16
Dictators, The 194, 224

Die Toten Hosen 391
Dionysius, Eric 250, 251, 297, 417
Dio, Ronnie James 279, 350
"Dirty Deeds Done Dirt Cheap", álbum 157, 171, 357
"Dirty Eyes" 148, 380
Dixon, Willie 52
"Dog Eat Dog" 171, 173, 175
Dokken 344
Donington, veja Castle Donington Monsters of Rock Festival 309, 313, 314, 315, 330, 357, 358, 362, 371, 377, 400, 402, 413, 414
Donovan, Patrick 383
Doobie Brothers, The 239
Douglass, Jimmy 202
"Down Payment Blues" 214, 375, 402
Dracula Rock, filme 248
Dragon 212
Drane, Paul 105, 133, 135, 417
Drashin, Sidney 193
Drayson, Mike 117
Drogas 190
Duffy, Billy 260
Dupree, Jesse James 400
Durieux, Arnaud 380, 418, 419, 420
Dye, Crispin 329

E

Eagles, The 134, 158, 195, 377, 390
Eastick, Phil 83, 108, 160, 161, 164, 182, 306, 307, 417
Easybeats, The 10, 13, 16, 17, 18, 20, 21, 22, 23, 26, 27, 43, 47, 48, 54, 55, 60, 67, 71, 81, 84, 94, 172, 183, 188, 221, 272, 277, 417
EB Marks Music 190
Eddie and The Hot Rods 15, 146, 147, 151, 178, 217, 231, 232, 234, 235, 320, 417
Edge, The 8, 20, 349, 353, 355, 356, 360, 361, 365, 367, 373, 385, 388, 398, 408, 409, 416
Ekland, Britt 156, 161
Electric Lady Studios 295, 341
Eliezer, Christie 11, 19, 149, 152, 163, 296, 334, 361, 418
Elliott, Joe 214
Ellis, Robert 256
Embareck, Michael 252
EMI 22, 45, 55, 60, 101, 102, 279, 314
Emmanuel, Tommy e Phil 233, 417
Entrevista coletiva depois da turnê britânica 137, 141, 150, 201, 304, 320

Epstein, Brian 19, 21
Ertegun, Ahmet 163, 195, 309
Ertegun, Nesuhi 163, 195, 309
Espanha 304, 310, 329, 358, 375, 386, 387
EST 358
Estados Unidos 13, 18, 19, 20, 22, 23, 28, 38, 52, 73, 75, 94, 132, 139, 143, 152, 153, 157, 158, 163, 164, 167, 172, 176, 177, 179, 180, 187, 188, 189, 190, 191, 192, 193, 197, 198, 199, 202, 208, 211, 212, 214, 215, 219, 221, 225, 226, 230, 231, 233, 236, 239, 240, 243, 244, 245, 247, 248, 277, 278, 298, 299, 301, 303, 304, 305, 307, 310, 315, 316, 318, 319, 320, 324, 325, 327, 328, 330, 339, 343, 346, 353, 356, 362, 366, 372, 375, 376, 381, 384, 390, 392, 400, 402, 405, 406
Estúdio de ensaio Vanilla 76, 273
Evans, Dave 33, 43, 46, 48, 49, 51, 54, 55, 58, 59, 60, 61, 62, 81, 83, 84, 85, 87, 102, 104, 105, 122, 130, 132, 138, 168, 176, 177, 190, 308, 417, 419
Evans, Keith 18, 33, 50, 190, 199, 200, 214, 345, 354, 368, 395, 397, 398
Evans, Mark 43, 44, 45, 104, 122, 130, 132, 138, 168, 176, 201, 208, 209, 210, 211, 217, 223, 224, 227, 316, 336, 400, 417, 418, 419, 420
Everett, Todd 326
"Evie" 45, 56, 60, 102
E-Zee Hire Studios 272, 288

F

Fairbairn, Bruce 352, 353, 361, 365, 382, 408, 409
Family Jewels, DVD 400, 414
Fang 77, 277
Farnham, John 344
Fãs 69, 361
Fats Domino 9, 14, 52, 171, 187
Fay, Liam 352
Festival de Sydney 170
Festival Hall, Melbourne 17, 92, 107, 108, 159
Festival Myponga 74
Finch 134, 176
Finlândia 199
Firm, The 351
Flaming Lips, The 399
Flash and the Pan 231
Flavin, Ian 160
Fleet, Gordon "Snowy" 16, 20, 94
Fleetwood Mac 27, 158, 195
Flick Of The Switch, álbum 8, 323, 324, 327, 328, 330, 331, 333, 334, 339, 341, 343, 408

Índice Remissivo

"Fling Thing" 132, 213
Fly On The Wall, álbum 8, 333, 334, 335, 338, 339, 342, 343, 408, 413
Fontaine, Angus 376
Foreigner 193, 216, 217, 218, 224, 397
"For Those About To Rock" 315, 318, 337, 339, 358, 391
For Those About To Rock We Salute You, álbum 314, 316
4 O'Clock Club, Fort Lauderdale 198
França 76, 175, 245, 249, 251, 256, 288, 304, 310, 318, 320, 330, 335, 343, 362, 375
Franklin, Tony 123, 202, 351, 418, 420
Fraser, Mike 280, 352, 371, 382, 384, 409
Fraternity 72, 73, 74, 75, 77, 78, 79, 82, 84, 86, 123, 138, 139, 144
Free 32, 42, 49, 50, 74, 88, 96, 123, 138, 177, 238, 276, 325, 350, 382, 415
Freeman, John 72, 82
Freeway Gardens Motel 108, 270
Fricke, David 239
"Friday On My Mind" 19, 20, 22, 94
Fryer, Allan 283, 417

G

Gaines, Cassie 201
Gaines, Steve 10, 20, 29, 40, 48, 49, 53, 60, 96, 104, 151, 174, 200, 201, 221, 226, 241, 268, 272, 284, 298, 299, 397, 398, 417, 418
Gaita de fole 122
Gamma 298
Gateway to The Glens Museum, Kirriemuir 391
Geordie 58, 63, 77, 96, 97, 98, 110, 270, 272, 274, 275, 276, 277, 278, 279, 280, 281, 282, 283, 285, 287, 309, 313, 319, 320, 335, 360, 367, 396, 417
"Geordie Aid – Try Giving Everything" 335
George Hatcher Band 201
Gett, Steve 226
Gibbons, Billy 52, 62, 69, 77, 87, 91, 93, 98, 99, 105, 135, 152, 260, 265, 396, 398, 417
Gibson, Brian 10, 11, 19, 21, 28, 30, 58, 76, 77, 200, 214, 226, 270, 274, 275, 276, 277, 278, 279, 280, 281, 282, 283, 284, 286, 287, 289, 291, 292, 293, 295, 296, 297, 298, 299, 300, 302, 303, 305, 306, 307, 308, 309, 310, 313, 315, 316, 317, 318, 319, 320, 321, 324, 326, 334, 335, 336, 337, 338, 340, 343, 352, 354, 355, 356, 357, 358, 359, 360, 361, 362, 367, 370, 371, 372, 374, 375, 376, 380, 381, 382, 383, 384, 386, 388, 389, 390, 391, 396, 398, 399, 400, 401, 403, 408, 417, 418
Gibson, SG 35, 38, 39, 52, 215, 275, 415
Gilbey, Chris 55, 58, 60, 89, 101, 104, 108, 109, 117, 118, 128, 157, 174, 219, 417
Gillespie, Bobby 399

Gilmour, Dave 351
"Gimme A Bullet" 214
"Girls Got Rhythm" 257
"Given The Dog A Bone" 282
Glasgow City Hall 143, 150, 172, 278
Glasgow Rangers 14
Glausi, Elizabeth 354
Gobi Desert Canoe Club, The 274
Goddard, Kent 308
"Go Down" 173, 375
Golab, Ed 18, 28, 29, 40, 193, 202, 257, 417
Golab, Les 30, 32, 35, 39, 40
"Gone Shootin'" 229
Gore, Tipper 336
Graham, Bill 176, 216, 217, 236, 242, 397
Grandjean, Pierre 296
Granny's 111
Grapefruit 21, 22
Greenberg, Jerry 124, 163, 164, 188, 247, 309, 326
Green, Peter 27, 59, 122, 124, 201, 216, 218, 221, 225, 241, 242, 275, 337, 397
Green, Wayne 27, 59, 122, 124, 201, 216, 218, 221, 225, 241, 242, 275, 337, 397
Gretsch Jet Firebird 26
Grierson, Roger 115, 183, 417
Griffiths, Richard 140
Grohl, David 315
Gross, Jonathan 299
Grundy, Bill 162
"GTK" 61, 71, 415
Guerra do Golfo 355
Guess Who, The 399
Guilliatt, Richard 159
"Guns For Hire" 327
Guns'N'Roses 342, 343, 346, 355, 388
Guns, Tracii 327, 342, 343, 346, 355, 388, 408, 409, 411
Guy, Buddy 37, 123, 204, 369, 391, 417

H

Haffy's Whisky Sour 22
Hagar, Sammy 301
"Hail Caesar" 372, 374
Haley, Bill 15
Halford, Rob 249
Hall, Les 17, 30, 35, 40, 77, 85, 92, 107, 108, 116, 143, 150, 159, 161, 163, 164,

Índice Remissivo

172, 277, 278, 396, 397, 400
Hammersmith Odeon/Apollo 142, 151, 197, 201, 214, 226, 248, 252, 257, 303, 320, 399
Hampton Court Hotel 57
Handelman, Allan 415
Handwerker, Alvin 375
"Hard As A Rock" 371, 372
Hardie, Sebastian 134
Harding, Penny 272, 284
Hard Ons, The 360, 370
Hard Time Killing Floor 75
Harris, Bob 179
Harvey, Alex 84, 125, 201, 203, 268
"Have A Drink On Me" 258, 299, 301
Head, Peter 417
Healy, Brendan 396
Heart 240, 408
Heath, Jim 240
Heath, Patty 240
"Heatseeker" 343
Heaven 176, 283, 327
Heavy metal 91, 149, 188, 200, 294, 309, 310, 335, 336, 350, 352, 365, 373, 402
Helena de Troia, musical 396
Hell's Bell 294, 360
"Hells Bells" 291, 294, 297, 299, 339
Henderson, Tim 383
Hendrix, Jimi 28, 36, 41, 52, 58, 142, 146, 149, 231, 263, 269, 302, 388
Henry, Hamish 73, 74, 360, 369, 370, 418
"High Voltage" 104, 108, 109, 120, 126, 137, 150, 306
High Voltage, álbum 7, 88, 89, 97, 100, 101, 102, 103, 104, 107, 108, 109, 119, 120, 125, 126, 129, 131, 134, 137, 140, 141, 148, 150, 152, 224, 306, 310, 405, 407, 409, 412
"Highway To Hell" 235, 245, 257, 267, 297, 396
Highway To Hell, álbum 7, 229, 235, 236, 238, 239, 242, 243, 244, 245, 247, 248, 253, 256, 257, 258, 259, 267, 274, 288, 290, 291, 295, 297, 300, 324, 326, 327, 333, 341, 383, 384, 389, 396, 401, 407, 409, 412, 417
Hill, Dusty 52, 274, 275, 396
Hill, Tom 52, 274, 275, 396
Hipgnosis 152
Hlubek, Dave 246
Hobbs, Mary Jane 344
Hodges, Warner 342, 417
Hogan, Richard 293
Holanda 175, 242, 297, 310, 344, 381

Holder, Noddy 272, 276, 284
"Hold Me Back" 383
Holton, Gary 138, 272
Home 148, 173, 179, 191, 329, 399, 411, 413
Homem Mijo 389
Hooker, John Lee 368, 388, 391
Hopkins, Anthony Pickford 19, 273
Hopkins, Nicky 19, 273
Horowitz, David 47
Houghton, Jim 225
Howard Stern: Private Parts 376
Howe, Bruce 53, 82
Howe, Steve 53, 82
Howlin' Wolf 187, 284
Humble Pie 10, 96, 231, 298
Humphreys, Kim 31, 42, 417

I

"If You Want Blood You've Got It", álbum 213, 225
Iggy Pop 196
"I'm A Rebel" 148
Imlah, Andy 30, 32, 33
Irlanda 352, 355
Iron Maiden 333
"It's A Long Way To The Top" 122, 132, 134, 135, 137, 138, 152, 172, 252, 344

J

Jackson, John 149, 158, 328, 377
Jackson, Rex 149, 158, 328, 377
Jacksonville, Florida 191, 192, 193, 219
Jackyl 381, 400
Jaggedy Ann 400
Jagger, Mick 339, 384, 395, 396, 397
"Jailbreak" 124, 132, 134, 135, 137, 146, 152, 156
James Brian 10, 40, 59, 66, 162, 200, 277, 278, 279, 336, 350, 366, 374, 398, 400
James, Dennis 10, 40, 59, 66, 162, 200, 277, 278, 279, 336, 350, 366, 374, 398, 400
James, Trevor 10, 40, 59, 66, 162, 200, 277, 278, 279, 336, 350, 366, 374, 398, 400
Jam, The 218, 225, 240, 301, 401
Janssen, Volker 122
Japão 207, 236, 242, 278, 305, 319, 389, 390, 392, 414
Jason and the Scorchers 341
Jasper 57

Índice Remissivo 433

Jefferson, Noel 30, 69, 417
Jeffery, Ian 143, 189, 190, 203, 213, 218, 222, 237, 239, 241, 246, 248, 257, 258, 259, 261, 265, 266, 267, 268, 271, 273, 280, 281, 282, 284, 293, 295, 298, 301, 303, 313, 314, 316, 319, 324, 327, 329, 417, 418
Jeffery, Suzie 143, 189, 190, 203, 213, 218, 222, 237, 239, 241, 246, 248, 257, 258, 259, 261, 265, 266, 267, 268, 271, 273, 280, 281, 282, 284, 293, 295, 298, 301, 303, 313, 314, 316, 319, 324, 327, 329, 417, 418
Joel, Billy 396, 398, 418
Johns, Neil 60
Johnson, Boni 10, 11, 30, 58, 77, 218, 226, 233, 274, 276, 277, 280, 289, 292, 309, 310, 324, 346, 362, 370, 418, 420
Johnson, Brian
  Back In Black, álbum 10, 11, 30, 58, 77, 218, 226, 233, 270, 274, 276, 277, 280, 289, 292, 309, 310, 324, 346, 362, 370, 418, 420
  Big Machine 10, 11, 30, 58, 77, 218, 226, 233, 270, 274, 276, 277, 280, 289, 292, 309, 310, 324, 346, 362, 370, 418, 420
  Boatos sobre 10, 11, 30, 58, 77, 218, 226, 233, 270, 274, 276, 277, 280, 289, 292, 309, 310, 324, 346, 362, 370, 418, 420
  Chalk, trilha sonora 10, 11, 30, 58, 77, 218, 226, 233, 270, 274, 276, 277, 280, 289, 292, 309, 310, 324, 346, 362, 370, 418, 420
  Compondo 10, 11, 30, 58, 77, 218, 226, 233, 270, 274, 276, 277, 280, 289, 292, 309, 310, 324, 346, 362, 370, 418, 420
  Desmaio no palco 10, 11, 30, 58, 77, 218, 226, 233, 270, 274, 276, 277, 280, 289, 292, 309, 310, 324, 346, 362, 370, 418, 420
  Estreia ao vivo COM O AC/DC 10, 11, 30, 58, 77, 218, 226, 233, 270, 274, 276, 277, 280, 289, 292, 309, 310, 324, 346, 362, 370, 418, 420
  Funeral do pai 10, 11, 30, 58, 77, 218, 226, 233, 270, 274, 276, 277, 280, 289, 292, 309, 310, 324, 346, 362, 370, 418, 420
  Geordie 10, 11, 30, 58, 77, 218, 226, 233, 270, 274, 276, 277, 280, 289, 292, 309, 310, 324, 346, 362, 370, 418, 420
  Geordie Aid single 10, 11, 30, 58, 77, 218, 226, 233, 270, 274, 276, 277, 280, 289, 292, 309, 310, 324, 346, 362, 370, 418, 420
  Gravações de Geordie como álbum "solo" 10, 11, 30, 58, 77, 218, 226, 233, 270, 274, 276, 277, 280, 289, 292, 309, 310, 324, 346, 362, 370, 418, 420
  Havaí 10, 11, 30, 58, 77, 218, 226, 233, 270, 274, 276, 277, 280, 289, 292, 309, 310, 324, 346, 362, 370, 418, 420
  Helena de Troia 10, 11, 30, 58, 77, 218, 226, 233, 270, 274, 276, 277, 280, 289, 292, 309, 310, 324, 346, 362, 370, 418, 420
  Historic 10, 11, 30, 58, 77, 218, 226, 233, 270, 274, 276, 277, 280, 289, 292, 309, 310, 324, 346, 362, 370, 418, 420
  Naked Schoolgirls, The 10, 11, 30, 58, 77, 218, 226, 233, 270, 274, 276, 277, 280, 289, 292, 309, 310, 324, 346, 362, 370, 418, 420
  Projetos paralelos 10, 11, 30, 58, 77, 218, 226, 233, 270, 274, 276, 277, 280, 289,

292, 309, 310, 324, 346, 362, 370, 418, 420
Teleprompter 10, 11, 30, 58, 77, 218, 226, 233, 270, 274, 276, 277, 280, 289, 292, 309, 310, 324, 346, 362, 370, 418, 420
Teste para o AC/DC 10, 11, 30, 58, 77, 218, 226, 233, 270, 274, 276, 277, 280, 289, 292, 309, 310, 324, 346, 362, 370, 418, 420
Trabalhando com George 10, 11, 30, 58, 77, 218, 226, 233, 270, 274, 276, 277, 280, 289, 292, 309, 310, 324, 346, 362, 370, 418, 420
Johnson, Brian (Velvet Underground) 10, 11, 30, 58, 77, 218, 226, 233, 274, 276, 277, 280, 289, 292, 309, 310, 324, 346, 362, 370, 418, 420
Johnson, Greg 10, 11, 30, 58, 77, 218, 226, 233, 274, 276, 277, 280, 289, 292, 309, 310, 324, 346, 362, 370, 418, 420
Johnson, Howard 10, 11, 30, 58, 77, 218, 226, 233, 274, 276, 277, 280, 289, 292, 309, 310, 324, 346, 362, 370, 418, 420
Johnson, James 10, 11, 30, 58, 77, 218, 226, 233, 274, 276, 277, 280, 289, 292, 309, 310, 324, 346, 362, 370, 418, 420
Johnson, Robert 10, 11, 30, 58, 77, 218, 226, 233, 274, 276, 277, 280, 289, 292, 309, 310, 324, 346, 362, 370, 418, 420
Jones, Brian 21, 96, 127, 151, 174, 200, 325, 350, 351
Jones Dickie 21, 96, 127, 151, 174, 200, 325, 350, 351
Jones, John Paul 21, 96, 127, 151, 174, 200, 325, 350, 351
Jones, Kenny 21, 96, 127, 151, 174, 200, 325, 350, 351
Jones, Mick 21, 96, 127, 151, 174, 200, 325, 350, 351
Jones, Steve 21, 96, 127, 151, 174, 200, 325, 350, 351
Jones, Tom 21, 96, 127, 151, 174, 200, 325, 350, 351
Joseph, Bill 92, 377
Journey 221, 243, 273
Judas Priest 176, 249
Jurd, Mick 72

K

Kakoulli, Koulla 260
Kakoulli, Zena 260
Kalodner, John 188
Kantuckee 40, 43
Keystone Angels, The 119
"Kicked In The Teeth Again" 180, 198
Kids, The 138, 191, 272
Kilpatrick, Dean 201
King, BB 16, 120, 152, 208, 261, 275, 338, 339, 362, 376, 382, 388, 419, 420
King, Stephen 16, 120, 152, 208, 261, 275, 338, 339, 362, 376, 382, 388, 419
Kinks, The 52, 231
Kinnear, Alistair 260, 261
Kirke, Mikael 340

Kirke, Simon 50, 88, 96, 125, 319, 325, 328, 333, 334, 337, 345, 346, 349, 350, 382, 417, 418
Kiss 142, 158, 196, 197, 203, 204, 208, 231, 235, 380
Kissick, Allan 16, 48, 53, 57
Klenfner, Michael 188, 230
Knebworth Festival 207
Kontich, Bélgica 199
Korner, Alexis 180
Kossoff, Paul 42, 50, 139, 142
Kovac, Herm 30, 31, 32, 33, 35, 38, 39, 40, 88, 124, 344, 381, 417, 418, 419
Kramer, Eddie 231, 232, 234, 235, 236, 417
Krayne 96
Krebs, David 172, 216, 240, 241, 242, 265, 314, 319, 417
Krokus 298
Kushnes, Cedric 241

L

Lageat, Phil 118, 132, 324, 351, 353, 366, 368, 377, 418, 420
LA Guns 346, 355
Laing, Corky 96
Lane, Ronnie 294, 352
Lange, Mutt 236, 237, 238, 239, 247, 248, 274, 288, 291, 292, 295, 314, 335, 401, 407, 408
Lansdowne Road, St. Kilda 92, 93, 97, 104, 108
Larstead, Larry 108
Las Vegas 340
Laughlin, Dennis 63, 82, 83
Leach, Geordie 63, 96, 97, 98, 110, 417
Leary, Kristine 267
Leber-Krebs 216, 240, 241, 242, 265, 314, 319
Leber, Steve 216, 240, 241, 242, 265, 314, 319
Led Zeppelin 29, 38, 50, 69, 71, 91, 123, 145, 152, 174, 179, 187, 207, 217, 231, 244, 255, 288, 305, 307, 310, 325, 327, 341, 351, 390, 400
Lee, Alvin 9, 15, 27, 48, 52, 72, 73, 86, 142, 156, 181, 187, 219, 320, 355, 356, 368, 370, 388, 391
Leeds, Harvey 203, 362
Lee, Tommy 9, 15, 27, 48, 52, 72, 73, 86, 142, 156, 181, 187, 219, 320, 355, 356, 368, 370, 388, 391
Lemmy 141
Lennon, John 9, 21, 262, 304
Lesprit, Bruno 371
"Let Me Put My Love Into You" 258, 259, 291, 297
"Let's Get It Up" 318

Let There Be Rock, álbum 7, 168, 169, 170, 171, 173, 174, 180, 181, 188, 193, 200, 201, 207, 210, 212, 224, 230, 233, 245, 250, 266, 279, 297, 300, 303, 304, 310, 314, 315, 319, 335, 360, 370, 380, 402, 406, 407, 409, 411, 412, 413
Let There Be Rock, filme 15, 19, 111, 124, 125, 134, 157, 182, 188, 214, 248, 250, 251, 266, 297, 304, 309, 310, 314, 315, 319, 328, 335, 339, 365, 376, 380, 384, 396, 399, 401
Levine, Sir Montague 262
Lewis, Dave 9, 15, 27, 48, 52, 72, 73, 76, 86, 142, 156, 181, 187, 263, 269, 280, 287, 315, 318, 320, 355
Lewis, Jeannie 9, 15, 27, 48, 52, 72, 73, 76, 86, 142, 156, 181, 187, 263, 269, 280, 287, 315, 318, 320, 355
Lewis, Jerry Lee 9, 15, 27, 48, 52, 72, 73, 76, 86, 142, 156, 181, 187, 263, 269, 280, 287, 315, 318, 320, 355
Lindisfarne 335
Little Big Horn 349
"Little Lover" 88, 102
Little Mountain Studios, Vancouver 352, 361
Little Richard 9, 14, 15, 27, 36, 48, 52, 54, 95, 142, 171, 173, 187, 215, 280, 305
Little River Band 134, 170, 195, 344
Live, álbum 91, 126, 146, 178, 182, 195, 202, 244, 320, 335, 336, 337, 362, 377, 386, 392, 400, 402, 405, 409, 411, 413, 414
Live at Donington, DVD 362
Live at Donington, vídeo 362
Live From The Atlantic Studios, álbum 202, 409
"Live Wire" 126, 178, 195, 244, 320
Lofgren, Nils 244
Lofven, Chris 134
loja de discos Our Price, Londres 200
Lonely Hearts 255, 256
Lonesome No More 260
Los Angeles 10, 75, 152, 161, 196, 216, 236, 260, 327, 346, 365, 366, 369, 371, 386, 403, 416
Lotring, Roger 388
Love 30, 68, 71, 76, 102, 103, 148, 152, 157, 202, 203, 230, 231, 235, 255, 258, 259, 267, 291, 297, 405, 406, 407, 408, 409
"Love At First Feel" 148, 152, 202
Lovegrove, Vince 21, 66, 67, 70, 73, 79, 81, 111, 184, 219, 221, 267, 268, 418
"Love Hungry Man" 235
"Love Song (Oh Jene)" 102, 103
Loyde, Lobby 18, 19, 76, 77, 91, 97, 98, 125, 137, 138, 183, 308, 417
Lush, Richard 22, 55, 417
Lyceum, Londres 143
Lyde, Barry veja Loyde, Lobby 13
Lydon, John (Johnny Rotten) 225

Lynott, Phil 222
Lynyrd Skynyrd 191, 201, 216, 298

M

Macainsh, Greg 110, 417
Madison Square Garden 243, 317, 328, 333
Mad Mole 96
Mahogany Rush 216, 242
allet, David 339, 343, 353, 386, 401
Manfred Mann 49, 50, 74, 177, 178, 279, 350, 351
Mant, Arthur 263
Marbles, The 194
Marcus Hook Roll Band 22, 56, 88
Marquee, Londres 18, 141, 142, 143, 144, 145, 146, 149, 151, 196, 276, 291, 318
Marriott, Steve 10, 49, 174, 268, 272, 284, 298
Marten, Neville 239
Martin, George 18, 267, 420
Marvel Comics 373
Masters Apprentices 48, 49
Masters, Barrie 48, 49, 146, 151, 278, 417
Matlock, Glen 140, 177
Matters, Paul 103, 417
Maximum Overdrive, trilha sonora 338
Mayall, John 27, 38, 275, 335
Maynard, Simon 125
McCartney, Paul 21, 372
McGlynn, Bob 40, 41, 42, 43, 417
McGrath, Steve 104
Megadeth 366, 391
Meldrum, Ian "Molly" 105, 129, 273
Mensch, Peter 216, 218, 241, 250, 261, 262, 314
Metallica 356, 358, 359
Midnight Oil 226
"Midnight Special" 221, 226, 375
Miller, George 28
Milson, Wyn 66, 67, 68, 69, 71, 84, 417
Missing Links, The 36
Mississippi River Jam II, festival 240
Mistler, Eric 250, 251, 297
"Mistress For Christmas" 353
Mitchell, Mitch 149
Mogg, Phil 240, 259
Molly Hatchet 216, 246

"Moneytalks" 353, 354
Monsters Of Rock, festival 309, 330, 356, 357
Montalbano, Maggie 260, 418
Montrose, Ronnie 216, 298
Moomba, festival 173
Mooney, Jack 181
Moore, Gary 222, 223, 330, 351
Morcom, Steve 40, 53, 417
Morgan, Warren "Pig" 232
Morris, Doug 241, 309, 417, 419
Morrison, Richard 10, 200
Morte de Bon 377
Moscou 358, 359, 360, 362, 387, 413
Mötley Crüe 176, 216, 356, 370, 400
Motörhead 141, 299
Mott The Hopple 179, 351
Mountain 39, 41, 42, 43, 62, 73, 75, 96, 334, 352, 361, 367, 415
Mountain Studios, Montreaux 334
Mountain Studios, NZ 334, 352, 361, 367
Mount Lofty Rangers 78
Move, The 18, 29
Moxy 189
Muddy Waters 27, 37, 47, 52, 187, 193, 316, 323, 362, 366, 369
Mulcahy, Russell 157, 173
Mulry, Ted 33, 88, 134, 173
Murcia, Billy 265
Myer Music Bowl, Melbourne 106, 134, 159, 201, 344

N

Naked Schoolgirls, The 371, 400
Nashville, West Kensington 140, 141, 147, 299, 341
Nazareth 240
Neeson, Doc 124, 226
Neil, Vince 57, 59, 60, 216, 400, 417, 418
"Nervous Shakedown" 327, 328
Neurotica 372, 381
Newsted, Jason 359
New York Dolls 110, 241, 265
Nielsen, Rick 203, 220, 242, 245, 267, 268
"Night Prowler"
   Assassino em série inspirado por 238, 333, 336, 338
Nirvana 315, 361
No Bull – Live Plaza De Toros De Las Ventas, vídeo 377

Nomis Studios, Londres 325, 342
Noriega, Manuel 352
Normington, Jules 116
Notas falsas de dólar 103, 170, 196, 246, 354, 359
Nova York 20, 29, 132, 139, 193, 194, 195, 198, 202, 217, 220, 232, 236, 243, 247, 295, 303, 315, 317, 325, 328, 334, 336, 341, 343, 353, 368, 369, 376, 386, 397, 398
Nova Zelândia 361, 367, 376
Nugent, Ted 147, 158, 172, 216, 219, 221, 222, 241, 242, 243
Numan, Gary 351

O

Ocean Way Studios 369
Octagon Hotel, Prahran 92, 124
O'Driscoll 52
Offspring, The 391
Ono, Yoko 9, 21
Open Air, Zeppelinfeld, festival 245
Opitz, Mark 201, 208, 209, 210, 211, 217, 223, 224, 225, 227, 417
Orlov, Andrei 358
Osbourne, Ozzy 74, 175, 262, 330, 333, 400
O Último Grande Herói, trilha sonora 365, 376
"Out Of Bounds" 323
Oz, filme 134

P

Page, Jimmy 49, 50, 59, 187, 305, 351
Paice Ashton Lord 180
Paine, Bruce 220
Paintbox 22
Palladium, Nova York 194, 195, 220, 276, 315
Paradise Theatre, Boston 220, 225
Paris 175, 201, 202, 225, 226, 249, 250, 251, 304, 314, 320, 330, 380, 391, 409, 413
Parker, Fess 182, 236, 417
Part Rock Management 336
Pattenden, Colin 50, 177, 178, 351
Peel, John 140, 142, 143, 148, 152, 179
Peiken, Matt 98, 368
Perry, Joe 188, 191, 193, 194, 198, 202, 204, 216, 248, 268, 297, 298, 327, 346, 374, 375, 417, 420
Peters, Frank 131
Petrie, Rory 160

Philips, Simon 350
Phillipson, Steve 29
Picciotto, Guy 204, 417
Pink Fairies 77
Pink Floyd 152, 351, 390
Plant, Robert 244, 326
Platt, Tony 238, 274, 288, 290, 291, 292, 293, 294, 295, 304, 323, 324, 331, 341, 417
Poison 342
"Polaroid In Concert" 106
Polônia 357, 358
Pony 32, 33, 43, 48
Pooraka Hotel 81
Powerage, álbum 7, 10, 180, 207, 208, 210, 211, 212, 214, 215, 216, 224, 227, 229, 230, 289, 385, 406, 407
Power, Paul 101, 368, 408, 416, 417
Power Station Studios 368
Power, Tony 101, 368, 408, 416, 417
Presley, Elvis 15, 25, 173, 269, 384
"Problem Child" 156, 157, 188, 198, 320
Proby, P. J. 67
Programa de TV "Sight & Sound" 201
Proud, John 88
Public Image Limited 225
Purple Hearts, The 13, 18, 20
Putterford, Mark 336, 417

Q

Queen 43, 98, 190, 248, 333, 339, 377
Queensryche 339, 356

R

Rabbit 85, 123
Radiators, The 182
Radio Birdman 116, 183, 184
Radio Luxembourg 27, 138
Radio WIOQ 202
Rainbow 149, 172, 179, 196, 219, 220, 277, 279, 350
Ralphs, Mick 351
Ramirez, Richard 333, 336
Ramone, Dee Dee 143
Ramones, The 143, 163
Ratzinger, Cardeal Joseph 377

Reading Festival 147, 221
Red Bus Records 275, 284
Red Cow, Hammersmith 140, 318
Redding, Noel 149
Red Hot Chili Peppers 371
Red House 28
Reed, Jerry 20, 29, 41, 52, 61, 83, 276
Reed, Lou 20, 29, 41, 52, 61, 83, 276
Relf, Keith 50
REO Speedwagon 191
Revista Playboy 387, 416
Revista Ribald 39
Rhino Bucket 350
Riccobono, Fifa 334, 418
Richards, Keith 18, 33, 199, 200, 214, 345, 346, 354, 368, 395, 396, 397, 398
"Ride On" 156, 157, 238, 258, 320, 339, 391
"Riff Raff" 211, 375
Riley, Robin 176
Ringenberg, Jason 342, 417
"RIP" 156
Rizet, Jean Louis 314
Robinson, Rich 66, 356, 357
Robson, Dave 279
"Rock And Roll Ain't Noise Pollution" 291, 297, 307, 385
Rockdale Masonic Hall 85
"Rocker" 133, 152, 213, 221, 245
Rock In Rio, festival 333
"Rock'n'Roll Damnation" 212, 214, 215
"Rock'n'Roll Singer" 55
Rodgers, Paul 351
Rogan, Allan 354
Rolling Stones, The 18, 19, 21, 33, 68, 132, 142, 163, 199, 201, 214, 234, 241, 247, 316, 355, 377, 383, 395, 397, 399
Rollins, Henry 360, 369, 370, 371, 418
Rooney, John 255, 256, 417
Rose Tattoo 10, 96, 174, 176, 215, 226, 232, 248, 252, 263, 265, 268
Rosie 109, 148, 173, 214, 242, 245, 279, 281, 283, 310, 335, 342, 375, 380, 383, 389, 399, 406, 407, 409, 411, 412
Rossi, Francis 152
Rottinger 193
Roundhouse Studios, Londres 237, 290
Royal Crowns, The 386
Royal, Dallas "Digger" 96, 159, 386
Rubberband 28

Rubin, Rick 341, 365, 368, 369, 370, 371, 409, 410
Rudd, Phil
   '74 Jailbreak, miniábum 95, 96, 97, 98, 102, 108, 110, 116, 118, 124, 127, 138, 150, 164, 170, 211, 230, 246, 259, 262, 272, 299, 301, 303, 308, 324, 325, 326, 328, 329, 331, 339, 361, 367, 368, 370, 371, 372, 389, 399, 400
   Buster Brown 95, 96, 97, 98, 102, 108, 110, 116, 118, 124, 127, 138, 150, 164, 170, 211, 230, 246, 259, 262, 272, 299, 301, 303, 308, 324, 325, 326, 328, 329, 331, 339, 361, 367, 368, 370, 371, 372, 389, 399, 400
   Drogas 95, 96, 97, 98, 102, 108, 110, 116, 118, 124, 127, 138, 150, 164, 170, 211, 230, 246, 259, 262, 272, 299, 301, 303, 308, 324, 325, 326, 328, 329, 331, 339, 361, 367, 368, 370, 371, 372, 389, 399, 400
   Jaggedy Ann 95, 96, 97, 98, 102, 108, 110, 116, 118, 124, 127, 138, 150, 164, 170, 211, 230, 246, 259, 262, 272, 299, 301, 303, 308, 324, 325, 326, 328, 329, 331, 339, 361, 367, 368, 370, 371, 372, 389, 399, 400
   Montain Studios 95, 96, 97, 98, 102, 108, 110, 116, 118, 124, 127, 138, 150, 164, 170, 211, 230, 246, 259, 262, 272, 299, 301, 303, 308, 324, 325, 326, 328, 329, 331, 339, 361, 367, 368, 370, 371, 372, 389, 399, 400
   Nova Zelândia 95, 96, 97, 98, 102, 108, 110, 116, 118, 124, 127, 138, 150, 164, 170, 211, 230, 246, 259, 262, 272, 299, 301, 303, 308, 324, 325, 326, 328, 329, 331, 339, 361, 367, 368, 370, 371, 372, 389, 399, 400
   Saída do AC/CD 95, 96, 97, 98, 102, 108, 110, 116, 118, 124, 127, 138, 150, 164, 170, 211, 230, 246, 259, 262, 272, 299, 301, 303, 308, 324, 325, 326, 328, 329, 331, 339, 361, 367, 368, 370, 371, 372, 389, 399, 400
   Volta ao AC/DC 95, 96, 97, 98, 102, 108, 110, 116, 118, 124, 127, 138, 150, 164, 170, 211, 230, 246, 259, 262, 272, 299, 301, 303, 308, 324, 325, 326, 328, 329, 331, 339, 361, 367, 368, 370, 371, 372, 389, 399, 400
Rude Dudes álbum 232
Rush 202, 216, 242, 399
Rússia 357, 358, 360

S

Saints, The 163, 183
Santana 4, 69, 193
"Saturday Night Live" 386
Savoy Brown 28, 219
Saxon 298
Sayer, Leo 175
Schaffer, Kenny 194, 197, 246
"School Days" 126, 242
Schwarzenegger, Arnold 365, 376
Sciaky, Ed 202
Scorpions, The 245, 333
Scott, Bill 10, 21, 65, 77, 84, 102, 105, 109, 123, 232, 234, 240, 253, 255, 256,

Índice Remissivo

262, 267, 277, 288, 308, 309, 350, 380, 391, 398
Scott, Bon
  Acidente de moto 10, 21, 65, 77, 84, 102, 105, 109, 123, 232, 234, 240, 253, 255, 256, 262, 267, 277, 288, 308, 309, 350, 380, 391, 398, 417
  Bonfire, caixa 379, 380, 381, 409
  Comunidade Adelaide Hills 10, 21, 65, 77, 84, 102, 105, 109, 123, 232, 234, 240, 253, 255, 256, 262, 267, 277, 288, 308, 309, 350, 380, 391, 398, 417
  Desejo de sossegar 10, 21, 65, 77, 84, 102, 105, 109, 123, 232, 234, 240, 253, 255, 256, 262, 267, 277, 288, 308, 309, 350, 380, 391, 398, 417
  Gaita de fole 10, 21, 65, 77, 84, 102, 105, 109, 123, 232, 234, 240, 253, 255, 256, 262, 267, 277, 288, 308, 309, 350, 380, 391, 398, 417
Scott, Daniel 398
Scott, Irene 10, 21, 65, 77, 84, 102, 105, 109, 123, 232, 234, 240, 253, 255, 256, 262, 267, 277, 288, 308, 309, 350, 380, 391, 398, 417
Scott, Paul 10, 21, 65, 77, 84, 102, 105, 109, 123, 232, 234, 240, 253, 255, 256, 262, 267, 277, 288, 308, 309, 350, 380, 391, 398, 417
Scott, Sra. 10, 21, 65, 77, 84, 102, 105, 109, 123, 232, 234, 240, 253, 255, 256, 262, 267, 277, 288, 308, 309, 350, 380, 391, 398, 417
Screaming Lord Sutch 149
Sealey, Ian 111, 128
Secher, Andy 243
See, Sam 75, 76
Seger, Bob 302
Sensational Alex Harvey Band 84, 125, 201
Serelis, Vytas 74
'74 Jailbreak, miniálbum 331, 408
Sex Pistols 107, 140, 141, 146, 147, 151, 162, 164, 171, 177, 180, 200, 217, 225
"Shake Your Foundations" 334, 339
Sharpe, Debbie 145
Shaw, Greg 60
Sheffzick, Mick 28, 29, 30, 48
Sherbet 39, 109, 110, 117, 120
Sheridan, Tony 14
Shernoff, Andy 194
"She's Got Balls" 84, 85, 88, 102, 195
"Shot Down In Flames" 242
Show beneficente em Toronto 299, 386, 399, 416
"Show Business" 102, 108
Show dos Stones no Enmore Theatre 395, 397, 398
Simmons, Gene 196, 197, 203, 338
Simonon, Paul 398
"Sin City" 221, 242, 389
"Sink The Pink" 334, 336, 339
Sino, veja Hell's Bell 294, 360

Sixx, Nikki 330
Skinny Herbert 283
Skyhooks 62, 97, 98, 107, 109, 110, 128, 212
Slade 31, 47, 50, 77, 179, 272, 276, 278, 313, 350, 351, 353, 361, 366, 368
Slade, Chris
  Admiração de Rudd 31, 47, 50, 77, 179, 272, 276, 278, 313, 350, 351, 353, 361, 366, 368
  Entrada no AC/DC 31, 47, 50, 77, 179, 272, 276, 278, 313, 350, 351, 353, 361, 366, 368
  Histórico 31, 47, 50, 77, 179, 272, 276, 278, 313, 350, 351, 353, 361, 366, 368
  Saída do AC/DC 31, 47, 50, 77, 179, 272, 276, 278, 313, 350, 351, 353, 361, 366, 368
Slash 388
Slesser, Terry 139, 272
Smack 96
Small Faces, The 10, 20, 49, 52, 67, 96, 107, 163, 231, 272
Smith, Neil 57, 58, 59, 224, 260, 296, 417, 418
Smith, Robin 57, 58, 59, 224, 260, 296, 417, 418
Snakepit 388
Sneddon, Mark 43, 44, 45, 417, 419
Soave, Daniela 65
"Soul Stripper" 89, 109
Spector, Phil 66, 369
Spektors, The 66
Spencer Davis Group 52
"Squealer" 156
Starfighters 304, 345
Starr, Ringo 21, 96, 396
Stars 180
Starwood, Los Angeles 152, 216
Station Hotel, Prahran 92, 104
Status Quo 47, 75, 76, 152
Stead, Colin 157, 174, 175, 417
Stern, Howard 376
Stevens, John 40, 41, 44
Stewart, Al 96, 147, 149, 156, 179, 189, 272, 333, 336, 375
Stewart, Rod 96, 147, 149, 156, 179, 189, 272, 333, 336, 375
"Stick Around" 102
"Stiff Upper Lip" 386
Stiff Upper Lip, álbum 8, 379, 384, 385, 386, 388, 389, 392, 396, 401, 410, 412, 413
Suécia 144, 175, 176, 199, 288, 329, 402
Swain, Pam 237, 246
Swanee 126, 255, 273, 305
Swan, John 75, 88, 103, 126, 232, 255, 256, 262, 272, 273, 305, 307, 417

Sweet, The 30, 68, 73, 74, 191, 277
Swingle Singers 19
Sydney Entertainment Centre 389

T

Taj Mahal 374
Talmy, Shel 18
Tantrum 44, 45
Tasmânia 109, 164, 267, 374, 389
Taylor, Barry 57, 59, 189, 190, 398
Taylor, Noel 57, 59, 189, 190, 398
Ted Mulry Gang 33, 88, 134
Tek, Deniz 183, 417
Texas 189, 190, 192, 216, 221, 240, 246, 372
Texxas World Music Festival 216
"The Furor" 372
"The Jack" 115, 126, 159, 171, 172, 174, 191, 203, 238, 247, 302, 376
The Last Picture Show 61
The Living End 389
The Loved Ones 36
The Razors Edge álbum 8, 353, 356, 361, 365, 373, 385, 408, 409
"TNT" 126, 133, 170, 251
Train 59, 274, 401
Travers 216
T. Rex 30, 51
Trust 202, 225, 249, 258, 259, 260, 267, 320
Turner, Chris 10, 52, 174, 281, 284, 346, 400, 417
Turner, Ike e Tina 10, 52, 174, 281, 284, 346, 400, 417

U

UFO 202, 221, 239, 240, 257, 259, 350
"Up To My Neck In You" 180, 198, 391
Uriah Heep 96, 278, 279, 310, 351

V

Valentines, The 21, 66
Vance, Tommy 317
Vandenberg, Johannes, veja Vanda, Harry 16
Vandersluys, Dingeman, veja Diamonde, Dick 16
Van Halen 216, 217, 218, 307, 330
Van Halen, Eddie 216, 217, 218, 307, 330

Van Kriedt, Larry 28, 29, 38, 48, 51, 54, 55, 56, 417
Van Zant, Johnny 191, 201, 298
Van Zant, Ronnie 191, 201, 298
Vaughan, Mike 16
Velvet Revolver 400
Velvet Underground 29, 30, 32, 39, 41, 43, 44, 48, 196, 276, 344
Veronica TV 242
"VH1's Uncut" 375

W

Wagner, Dick 41
Wakeman, Rick 143, 259, 273
Waller, Alan (Wally Allen) 22
War and Peace, Parramatta 215
Warehouse Studios, Vancouver 382, 401
Warhol, Andy 20
Warner Music Juno Awards 386
Watt, Frank 218
Watts, Charlie 324, 395
Way, Pete 121, 122, 126, 132, 134, 135, 137, 138, 152, 156, 172, 252, 257, 259, 344, 369, 405, 408, 409
Webb, Al 131
Wells, Peter 5, 123, 232, 252, 263, 265, 270, 308, 417
Wener, Ben 106
West, Leslie 39, 42, 62, 140, 159, 191, 196, 200, 217, 267, 342, 410, 416
Whitesnake 313, 333
Who, The 17, 18, 27, 29, 39, 49, 52, 60, 68, 107, 134, 142, 174, 175, 187, 196, 244, 245, 272, 276, 326, 338, 339, 342, 362, 371, 385, 399, 401, 402, 408, 409, 411, 413, 417
Williamstown Rock Festival 212
Wilson, B.J. 66, 325
Windmill Lane Studios 352
Winter, Johnny 101, 193, 298, 323, 362
Wisefield, Laurie 179, 329
Wishbone Ash 179
Wolfman Jack 152

Y

Yes 53, 143, 259, 273, 333
Yesterday & Today 216
Young, Alex 9, 10, 13, 14, 15, 16, 17, 18, 19, 20, 21, 22, 25, 27, 30, 35, 37, 41, 43, 47, 48, 49, 50, 51, 52, 54, 56, 57, 60, 61, 62, 63, 67, 68, 69, 81, 82, 84, 88,